es 1420

edition suhrkamp

Neue Folge Band 420

Spätestens seit der Boykottbewegung gegen die Volkszählung ist der Datenschutz in die öffentliche Diskussion geraten, eine Diskussion, die durch die Volkszählung 1987 einen neuen Anlaß bekommen hat. Das Movens dieser Bewegung bildet die Furcht, der Staat könne angesichts der gegenwärtig verfügbaren Technologien zum »Überwachungsstaat« werden. In diesem könne von einer Freiheit der Bürger keine Rede mehr sein. Auf diese soziale Bewegung reagierte die Exekutive mit unterschiedlichen Gesetzen bzw. Gesetzesentwürfen. Ziel des vorliegenden Bandes ist, einen Überblick über die aktuellen Probleme und Risiken des Datenschutzes und eine Bewertung der Technisierung der Kommunikation zu geben. Zu den Autoren dieses Bandes gehören A. Podlech, B. Großfeld, W. Steinmüller, O. Massing, H. Heußner, E. Denninger, H.P. Bull, M. Bergmann, J. Simon, H. Bäumler, J. Seifert, E. Schwan, C.H. Schapper, K. Linnenkohl, S. Simitis, E. Gradek und F. W. Schwartz.

Freiheitssicherung durch Datenschutz

Herausgegeben
von Harald Hohmann

Suhrkamp

edition suhrkamp 1420
Neue Folge Band 420
Erste Auflage 1987

Erstausgabe

Satz: Gutfreund, Darmstadt
Druck: Nomos Verlagsgesellschaft, Baden-Baden
Umschlagentwurf: Willy Fleckhaus
Printed in Germany

1 2 3 4 5 6 – 92 91 90 89 88 87

Inhalt

Einleitung

Datenschutz ist die Balance zwischen legitimer, im öffentlichen Interesse liegender Informationssammlung und -auswertung und dem von der Verfassung geschützten Interesse der einzelnen an fairem, angemessenem Umgang mit den Informationen, die ihn betreffen, also: Schutz vor der Entfremdung von Person und Information, d.h. Schutz vor Manipulation und unverhältnismäßigen Kontrollen. Es geht um den Schutz der Menschenwürde und des allgemeinen Persönlichkeitsrechts; der Mensch darf nicht zum bloßen »Datenobjekt« werden. »Das Zusammenleben in der Gesellschaft macht unzählige Formen von Informationsgewinnung und -auswertung nötig, ... aber die Verwirklichung des Rechts auf Information wirft erhebliche Probleme auf.«[1] Individualrechtsschutz in Form des Datenschutzes ist zu sehen vor dem Hintergrund des Übergangs von der Industrie- zur Informationsgesellschaft. Stimmt die These von *Weizenbaum*[2], daß die Informationsgesellschaft den Überwachungsstaat bedeutet?

Nach einer Infratest-Umfrage von Mai/Juni 1984[3] waren nur 33 % der Befragten der Ansicht, der Staat solle über jeden einzelnen möglichst viel wissen, damit er die Interessen und Bedürfnisse der Bürger besser befriedigen könne, während im August 1975 noch 62 % der Befragten diese Ansicht teilten; gegenüber 1975 war also die Tendenz umgekippt: Der Prozentsatz derjenigen, die wollten, daß der Staat möglichst wenig wisse, damit das Privatleben der Bürger gesichert bleibe, hatte sich in den 9 Jahren annähernd verdoppelt (von 36 % auf 65 %). Die Unbefangenheit der Bürger gegenüber Staat und Verwaltung, die 1975 fast noch ungeschmälert vorhanden war, ist in den letzten Jahren weitgehend verlorengegangen; gegenüber Datensammlungen der Wirtschaft bestand schon vor 9 Jahren ein Mißtrauen, das sich noch weiter verstärkt hat. Die Anzahl der Personen, die davon ausgehen, daß der Computer dem Staat zu viel Macht und zu viele Möglichkeiten zur Ausübung von Kontrolle gebe, wächst ständig (1976: 49 %, 1983: 60 %). Die Anzahl der Befragten, die beim Staat inzwischen einen Datenmißbrauch für wahrscheinlich hält, ist fast genauso groß wie die Anzahl derjenigen, die davon ausgeht, der Staat achte sorgfältig auf die rechtmäßige Nutzung. Aus Umfragen der Gesellschaft für

Mathematik und Datenverarbeitung 1983 ergibt sich, daß die Bevölkerung nicht nur Hoffnungen mit dem Einsatz von Computern verbindet (z. B. Erleichterung körperlicher Arbeit etc.), sondern daß auch Befürchtungen sehr stark sind, an erster Stelle die von 81 % der Befragten geäußerte Befürchtung: »Der Computer wird dazu beitragen, daß man uns besser überwachen kann.« Der Einsatz von Computern in der Verwaltung wird demnach voraussichtlich dazu beitragen, das Mißtrauen der Bevölkerung gegenüber der Speicherung personenbezogener Daten durch die Verwaltung zu erhöhen. Der Protest gegen die Volkszählung wäre dann kein einmaliger Vorgang, sondern eine durchaus wiederholbare Manifestation des Mißtrauens der Bevölkerung gegen eine unheimlicher werdende Informationstechnik, die den übermächtig erscheinenden Staat dazu verführen könnte, immer stärker in die Privatsphäre des Bürgers vorzudringen. So heißt es im Volkszählungsurteil: »Die Möglichkeiten der modernen Datenverarbeitung sind weithin nur noch für Fachleute durchschaubar und können beim Staatsbürger die Furcht vor einer unkontrollierbaren Persönlichkeitserfassung selbst dann auslösen, wenn der Gesetzgeber lediglich solche Angaben verlangt, die erforderlich und zumutbar sind.«

Ähnliche Akzeptanzprobleme sieht die *Zeit*[3a] für die Volkszählung 1987: Es würden nicht nur Personen, Wohnungen und Arbeitsplätze gezählt, sondern es würde sozusagen auch die Stimmung abgefragt, wie weit der gutwillige Bürger seinem Staat noch traue. Daß die Regierungsparteien in den vergangenen vier Jahren keine Priorität für den Datenschutz hätten erkennen lassen, habe ein Mißtrauen verstärkt, das sogar auf die notwendige und verfassungsrechtlich kaum zu beanstandende Volkszählung 1987 zurückwirke. Diese Beobachtung – so meine ich – zeigt einmal mehr, daß die konsequente Beachtung des Datenschutzes zu einer immensen Steigerung der Akzeptabilität unserer Gesellschaftsordnung beiträgt. Daraus resultieren auch zwei Anforderungen an die Behandlung des Themas Datenschutz durch den Staat: Einmal darf der Staat nicht so tun, als ob der Datenschutz technikfeindlich sei und somit *a priori* einer effizienten Bewältigung der Staatsaufgaben durch den Einsatz modernster Kommunikationstechniken entgegenstehe. Denn er verbietet diesbezüglich dem Staat lediglich, »auf dem Rücken der Bürger neue, unausgegorene Technologien zu erproben und von weniger riskanten auf riskantere Systeme umzusteigen«.[3b] Zum anderen darf der Staat die verfassungsrechtliche Freiheitssicherung durch den Datenschutz nicht herunterspielen, und er muß den verhängnisvollen Eindruck vermeiden, das Bürgerrecht auf Datenschutz sei lediglich eine lästige Randbedingung modernen Verwaltungshandelns.

Datenschutz und zunehmende Technisierung hängen untrennbar zusammen. Ohne daß die Rechte etwa der Sicherheitsbehörden erweitert werden, beinhalten die bloßen Potentiale der modernen Technologien Überwachungsmöglichkeiten, die bisher nicht gegeben waren. Ein Band zum Datenschutz muß daher Chancen und Risiken der neuen Informations- und Kommunikationstechnologien aufzeigen. Auf philosophische Fragen, etwa ob in der Informationsgesellschaft die Naturbeherrschung ihren endgültigen Triumph feiere, indem das Nicht-Identische, die Individualität, ausgerastert wird,[4] oder noch umfassender, ob die gegenwärtigen technologischen und wirtschaftlichen Entwicklungen nicht eine »Krise der Erwerbsgesellschaft« darstellen,[5] konnte allenfalls kursorisch eingegangen werden; das Gleiche gilt für das Daten-Strafrecht[6] und die Datenverarbeitung durch die Werbe-Wirtschaft und Banken,[7] die ebenfalls nur am Rande – aus Raumgründen – erwähnt werden konnten. Mein Beitrag stellt die *modernen Bürotechnologien* vor und fragt danach, welche sozialen Auswirkungen sie in der Verwaltung (Jobkiller oder Jobknüller?) und in der Gesellschaft hervorrufen: Müssen wir in Zukunft eher Kommunikationsverhinderung als Kommunikationsbereitstellung betreiben? *Großfeld* geht der Frage nach, ob der Computer sich vom Diener zum Herrn aufschwingen könnte und welche Folgen dies für die Rechtsordnung hätte. Der Informationsrechtler *Steinmüller* behandelt die schon jetzt anstehenden Probleme der Verbindung der Computerisierung mit der *Digitalisierung* sämtlicher Kommunikationswege, die zu »offenen Netzen« führen, also zu Kommunikationsnetzen, die beliebigen Nutzern zu beliebigen Zwecken offenstehen und die sich weitgehend in einem rechtsfreien Raum bewegen. Sein Nachdenken über normative Voraussetzungen sozialer Tolerierbarkeit offener Netze ist zugleich ein Plädoyer für Zeitgewinn zugunsten eines gesellschaftlichen Nachdenkens, um konstruktiv eine weithin ungestaltete technische Entwicklung nach gesellschaftlichen Bedürfnissen formen zu können. Der Politologe *Massing* analysiert – nach einer theoretischen Reflexion über Herrschaftsrationalisierung – die Volkszählungsbewegung: Von der Bewegung zur Verrechtlichung?

Im zweiten Teil des Buches werden aktuelle Datenschutzprobleme nach dem Volkzählungsurteil[8] untersucht. *Heußner* und *Denninger* beleuchten die Voraussetzungen der Datenverarbeitung nach dem Grundgesetz im Lichte des *Volkszählungsurteils. Heußner* verdeutlicht dabei die Stellung des Bundesverfassungsgerichts im Spannungsfeld von Recht und Politik;[9] *Denninger* konkretisiert das Recht auf informationelle Selbstbestimmung. Der ehemalige Datenschutzbeauftragte *Bull* kontrastiert die Konsequenzen, die der Gesetzgeber in Bund und Ländern aus diesem Urteil ziehen müßte, mit den aktuellen Gesetzgebungsvorhaben; sein Resümee: Meist handelt es sich um rechtsstaatlich unzureichende Gesetze, die oft nur die bisherige Praxis absichern wollen. Auch er sieht – wie *Simitis*[10] – eine »poröse rechtliche Infrastruktur«, die ein neues Datenschutzkonzept mit präzise umschriebenen Konfliktbereichen erfordere. (Der Entwurf zur Novellierung des nordrhein-westfälischen Datenschutzgesetzes vom Dezember 1984, in dem u. a. die Zweckbindung der Datenverarbeitung verstärkt und die Datenübermittlung auf enumerativ aufgezählte Fälle beschränkt wird, dürfte ein Schritt in die richtige Richtung sein.) *Bulls* Beitrag enthält deswegen (ähnlich wie *Steinmüllers* Aufsatz) Forderungen zum Erweitern der Regelungsansätze des Bundesdatenschutzgesetzes (BDSG) und erlaubt weitergehende Fragen zum Verhältnis Verwaltung-Bürger. Die konträren Interessen beim *grenzüberschreitenden Datenfluß* und die Regelungsansätze auf EG- und Weltebene (Stichwort: internationale Informationsordnung) beschreibt *Bergmann.* Zum *Volkszählungsgesetz 1987* – dessen Durchführung ja unmittelbar bevorsteht – äußert sich *Simon* skeptisch: es sei nicht unbedingt verfassungsgemäß.

Es folgen Beiträge zu den drei drängendsten Problembereichen des Datenschutzes: Datenverarbeitung bei den Sicherheitsbehörden, bei Arbeitgebern (Personalinformationssysteme) und bei den Krankenkassen (Transparenzprojekte). Hier werden Fragen behandelt, die weit über den Datenschutz hinausreichen: das Verhältnis Bürger-Verwaltung, das Verhältnis Arbeitgeber-Arbeitnehmer sowie das Verhältnis Arzt-Patient angesichts der Diskussion um Kostendämpfung im Gesundheitswesen.

Aus dem Bereich der *polizeilichen Datenverarbeitung* wird immer wieder in Tageszeitungen berichtet; in letzter Zeit hat der *Spiegel* Skandale bei der Datensammelwut des Verfassungsschutzes und der Polizei aufgegriffen.[11] Teilnehmende Beobachtungen eines Soziologen bei der Polizei haben gezeigt: Der Erfolgsdruck in der Polizeibürokratie ist so hoch, daß Polizisten häufig zur Verletzung von Normen gezwungen sind, um »effizient« zu sein.[12] Der Konflikt ist vorprogrammiert: Polizeibehörden zielen auf Optimierung des Datenflusses im Interesse höchstmöglicher Effizienz bei der Wahrnehmung ihrer Aufgaben und streben daher möglichst ungehinderten Zugang zu allen vorhandenen Daten an; der Datenschutz zielt dagegen aus Gründen des Persönlichkeitsschutzes auf eine Reduktion der Datenströme. Es ist fraglich, ob die Erkenntnis des ehemaligen BKA-Präsidenten *Herold* zum Allgemeingut wird, daß weite Teile der kriminalistischen Arbeitsweisen den Anforderungen des Volkzählungsurteils widersprechen und somit verfassungswidrig sind.[13] Auf diese Fragen geht *Bäumler* ein, indem er aufzeigt, welche Entwicklungen der Datenverarbeitung bei den Sicherheitsbehörden zu beobachten sind und welche Folgen diese und der *maschinenlesbare Ausweis* – dessen Einführung jetzt stattfindet – für das Recht auf informationelle Selbstbestimmung bedeuten. *Schwan* hält ein sehr engagiertes Plädoyer für eine betont rechtsstaatliche Datenverarbeitung bei der Polizei. Beide Autoren behandeln gemeinsam mit *Seifert* die in letzter Zeit heftig umstrittenen *Sicherheitsgesetze.*[14] Unter der Überschrift »Erfaßt-überwacht-kontrolliert: Das Tor für die Geheimpolizei steht offen« berichtete der *Spiegel* ausführlich über den zu befürchtenden Abbau von Liberalität und Rechtsstaatlichkeit durch die Sicherheitsgesetze.[15] Ebenso warnte die Humanistische Union im Dezember 1985: Die Gesetzentwürfe hätten eine ähnliche Bedeutung wie einst die Notstandsgesetze. Die Befugnisse der Sicherheitsbürokratien würden so weit gefaßt, daß es im Sicherheitsbereich das Grundrecht auf informationelle Selbstbestimmung faktisch nicht mehr gebe. Diese Gesetze dienten nicht dem Bürger, sondern seien Instrumente einer perfektionistischen Sicherheitsrationalität von Geheimdiensten und Polizei.[16] Und in einer von der Humanistischen Union initiierten Erklärung namhafter Juristen vom April 1986 zu den Sicherheitsgesetzen heißt es:[17]

»Werden diese Gesetze beschlossen und ausgeführt, so haben wir eine andere Republik. Die neuen Gesetze schränken nicht nur die individuellen Entfaltungschancen ein, sondern auch die freien Handlungs- und Mitwirkungsmöglichkeiten des Bürgers in einem demokratischen Gemeinwesen. Wir halten fest am Grundgesetz. Staatliche Gewalt muß transparent sein.

›Sicherheitsbürokratien‹ dürfen nicht aus dem Dunkeln heraus in die Privatsphäre des Bürgers eindringen. Bürgerinnen und Bürger müssen erkennen, daß diese Überwachungsgesetze nicht ihrer Sicherheit dienen, sondern zum Risiko für ihre Freiheit werden.«

Inzwischen sind nicht nur die Regelungen zur Einführung maschinenlesbarer Personalausweise und Reisepässe sowie der Schleppnetz-Fahndung von der Bundestagsmehrheit verabschiedet worden, sondern ganz überraschend – im Zusammenhang mit den jüngsten Anti-Terror-Gesetzen – auch die Regelung zur Einführung des »Zentralen Verkehrsinformationssystems« (Zevis) beim Kraftfahrt-Bundesamt in Flensburg, das die Daten von 33 Millionen Fahrzeugen nebst Namen und Adressen ihrer 23 Millionen Halter umfaßt. Datenschützer befürchten[18] mit guten Gründen die Gefahr einer Zweckentfremdung von *Zevis* zu einem beliebig nutzbaren Bundesadreßregister, die Erweiterung der Möglichkeiten für »Bewegungsprofile« sowie unzulässige Speicherungen durch Bundesgrenzschutz und Geheimdienste, die ebenfalls an diese Daten herankommen.

Die zu erwartende Verabschiedung der Sicherheitsgesetze[19] könnte – selbst wenn man die obigen Einschätzungen nicht ganz teilt – zu einer noch breiteren Volksbewegung als die Volkszählungs-Boykott-Bewegung (1983) führen. Auch die *Zeit* konstatiert, daß die Sicherheitsgesetze gegen den Geist der Verfassung verstießen und zu einem Abbau staatlicher Liberalität beitrügen.[20] Die Konferenz der Datenschutzbeauftragten des Bundes und der Länder kritisierte im April 1986 an der Änderung des Bundesverfassungsschutz-Gesetzes vor allem die zu unpräzisen Regelungen, durch die die Voraussetzungen für Erhebung, Speicherung und sonstige Verwendung personenbezogener Daten nicht transparent geregelt seien. *Seifert* setzt sich mit den Möglichkeiten eines »Lauschangriffs« durch den Musterentwurf eines Polizeigesetzes auseinander. Die unterschiedlich pronocierten Beiträge von *Bäumler, Bull* einerseits und *Schwan, Seifert* andererseits ermöglichen dem Leser eine eigene Einschätzung der Sicherheitsgesetze.

Die Kontrollmöglichkeiten der Arbeitgeber durch *Personalinformationssysteme* hat eine Journalistin sehr plastisch beschrieben:[21]

»Wir sind bereit zu akzeptieren, daß unsere Lohn- und Gehaltsabrechnungen über Computersysteme gemacht werden ... Aber wir sind nicht bereit, daß alles das, was unser Verhalten ausmacht, was der Unternehmer früher in Form von Meistern und Vorgesetzten mit uns persönlich auskämpfen mußte..., jetzt alles aus der Ferne gesammelt und gespeichert wird, ohne daß wir das merken... Wenn sich jemand vorstellt, er müsse sich in seinem Privatleben so bewegen wie in einem Betrieb mit einem funktionierenden Zugangskontrollsystem, mit maschinenlesbaren Werksausweisen, und es würde ständig gespeichert, durch welche Tür er geht, wie lange er sich irgendwo aufgehalten hat – selbst wenn nie irgendetwas Verwerfliches mit diesen Daten angefangen wird, allein das Bewußtsein, sich nicht mehr frei bewegen zu können, das Wissen darum, daß alles festgehalten wird über sehr lange Zeiträume, wirkt sich verheerend aus auf das Minimum an Persönlichkeit, das wir überhaupt im Betrieb noch haben.«

Zu den daraus resultierenden Anforderungen an Datenschutz und Mitbestimmung und zu Forderungen an den Gesetzgeber äußern sich der Datenschutzbeauftragte *Schapper* (gemeinsam mit *Waniorek*) und der Arbeitsrechtler *Linnenkohl.*

Der Zwang zur Kostendämpfung im Gesundheitswesen hat zu den sog. *Transparenzprojekten* und ähnlichen Datensammlungen der Krankenkassen geführt. Schlagzeilen wie »Der gläserne Arzt – AOK Dortmund probt die Totalkontrolle« häuften sich in letzter Zeit; und viele Zeitungen (bis hin zu *Bild*) fragten, ob das umfangreiche Datensammeln und -verarbeiten nicht auch den »gläsernen Patienten« schaffe. Gleichzeitig wurde von angeblichen Abrechnungs-Skandalen durch die Ärzte berichtet. *Gradek* verteidigt das Transparenz-Forschungsprojekt der AOK Lindau; von der Ärzteschaft antworten ihm *Schwartz/Meye* und von Datenschützerseite *Simitis.* Ob das informationelle Selbstbestimmungsrecht der Patienten in solchen Projekten voll gewahrt wird *(Gradek)* oder ob es verletzt oder zumindest bedroht wird *(Schwartz, Simitis),* diese Frage bleibt dem Leser überlassen. Auf das Krebs- oder AIDS-Register konnte nicht eingegangen werden.[22]

Das vorliegende Buch gibt einen Überblick über die aktuellen Streitfragen zum Datenschutz. Es ist gleichermaßen für Experten wie für jeden interessierten Laien gedacht, der sich mit den Chancen und Risiken der modernen Informationstechnologie auseinandersetzen und die Problemstellungen des Datenschutzes kennenlernen möchte. Die Autoren sind teils im Hochschulbereich tätig (als Juristen, Politologen bzw. Mediziner), sind teils Datenschutzbeauftragte, Verwaltungspraktiker oder interessierte Bürger, und ein Autor ist Verfassungsrichter *(Heußner).* Diese Vielfalt erlaubt die Darstellung unterschiedlicher Ansätze und Aspekte. Eine kritische Stimme zum Volkszählungsurteil[23] konnte aus Raumgründen nicht zu Wort kommen.

Am Anfang des Buches stand eine von mir (gemeinsam mit *Bergmann*) organisierte Datenschutz-Fachtagung des Cusanuswerks (Begabtenförderungswerk der katholischen Bischöfe) und die Erkenntnis, daß ein Band mit Beiträgen aus verschiedenen Federn fehlt,[24] der über sämtliche zur Zeit diskutierten Datenschutzprobleme einen Überblick gibt.

Münster, im Januar 1987 *Harald Hohmann*

Anmerkungen

1 *Bull,* in diesem Band.

2 *Joseph Weizenbaum,* Die technische Revolution auf dem Gebiet der Datenverarbeitung, in: Hessische Landesregierung, Informationsgesellschaft oder Überwachungsstaat, 1984, Protokoll, S. 19–26.

3 Diese und die nachfolgenden Umfrage-Ergebnisse werden zitiert nach: *Horst Becker,* Bürger in der modernen Informationsgesellschaft, in: Hess. Landesregierung [Anm. 2], Gutachten, S. 343–434.

3a Die Zeit vom 20. 2. 1987, S. 4.

3b *Ruth Lenze* in: Die Zeit Nr. 26 vom 20. 6. 1986, S. 31.

4 *Rainer Wagner,* in: Neue Gesellschaft/Frankfurter Hefte 1985, S. 176; vgl. dazu auch das Interview mit dem deutschen Computer-Erfinder *Konrad Zuse* im Spiegel Nr. 25 vom 17. 6. 1985, S. 72–77.

5 So das Memorandum des *Bensberger Kreises* »Die Krise der Erwerbsgesellschaft« (1987), im Druck (erhältlich bei Funk, Rathausstr. 36, 7981 Schlier)

6 Dazu *Harald Hohmann,* Der praktische Fall: Die Daten des Studentensekretariats, in: Juristische Schulung 1987.

7 Vgl. dazu die Rechtsprechung zur »Schufa-Klausel« in Kreditverträgen, insbes. BGH NJW 1986, S. 46; sowie BGH NJW 1984, S. 436; BGH NJW 1984, S. 1889; OLG München BB 1984, S. 1965; *Roland Kirchherr/Rudolf Stützle,* Aktuelle Probleme zu Bankgeheimnis und Bankauskunft, in: Zeitschrift für Wirtschaftsrecht (ZIP) 1984, S. 515–523 (mit weit. Nachweisen); zur Zusendung von unverlangtem Werbematerial vgl. *Wilfried Alt,* Die Zusendung von Werbematerial trotz Widerspruchs des Umworbenen, NJW 1986, S. 1597 (mit weit. Nachw.); zur Zulässigkeit der Weitergabe von Daten über Patienten durch ein Krankenhaus vgl. LG Frankfurt NJW 1985, S. 2767. Zu Da-

tensammlungen von Arbeitgebern vgl. die Beiträge von *Linnenkohl* und *Schapper/Waniorek* in diesem Band.

8 Vollständiger Abdruck des Volkszählungsurteils in: Europäische Grundrechts-Zeitschrift (EuGRZ) 1983, S. 577–596, sowie im amtlichen Sammelband des Bundesverfassungsgerichts Band 65, S. 1 ff. Kurzfassung u. a. in: NJW 1984, S. 419 ff.

9 Sicher auch eine Folge des Volkszählungsurteils dürfte folgendes Umfrageergebnis sein: Nach einer Infas-Umfrage vom Juni 1985 entschieden sich unter 10 für einen Vertrauenstest ausgewählten Institutionen die meisten Befragten für das Bundesverfassungsgericht (79 %); Bundestag und Kirchen rangierten dagegen an 6. Stelle.

10 *Spiros Simitis,* Reicht unser Datenschutzrecht angesichts der technischen Revolution?, in: A. von Schoeler (Hrsg.), Informationsgesellschaft oder Überwachungsstaat, Opladen 1986

11 Spiegel Nr. 25 vom 17. 6. 1985, S. 22–24; Spiegel Nr. 30 vom 22. 7. 1985, S. 17–22; Spiegel Nr. 2 vom 6. 1. 1986, S. 30–31; und öfter.

12 *Roland Girtler,* Polizei-Alltag, Strategien, Ziele und Strukturen polizeilichen Handelns, Opladen 1980; dazu *meine* Rezension in: Kyklos 1981, S. 122–125.

13 *Horst Herold,* Perspektiven im Bereich der Sicherheitsbehörden, in: A. von Schoeler (Anm. 10); ähnlich *Karlheinz Merten,* in: DÖV 1985, S. 518–521; vgl. auch das ausführliche Interview mit *Herold* in: Spiegel Nr. 37 vom 8. 9. 1986; S. 38–61 (zu Rasterfahndung u. ä.)

14 Zu den Sicherheitsgesetzen gehören: Entwürfe zur Änderung des BDSG, des Verwaltungsverfahrensgesetzes (VwVfG), des Bundesverfassungsschutz-Gesetzes (BVerfSchG), Entwürfe eines Gesetzes über den MAD und eines Gesetzes über die informationelle Zusammenarbeit der Sicherheits- und Strafverfolgungsbehörden (Zusammenarbeitsgesetz ZAG), sowie Musterentwurf für ein einheitliches Polizeigesetz des Bundes und der Länder (MEPolG); bereits verabschiedet sind: Paßgesetz, Gesetze zur Änderung der Strafprozeßordnung (StPO) und des Straßenverkehrsgesetzes (StVG) und 2. Gesetz zur Änderung personalausweisrechtlicher Vorschriften.

15 Spiegel Nr. 7 vom 10. 2. 1986, S. 22–29.

16 Informationsblatt der HU vom Dezember 1985, Nachdruck in: Spiegel Nr. 2 vom 6. 1. 1986, S. 31 f.; vgl. auch Frankfurter Rundschau v. 22. 10. 1985 *(E. Spoo); Jürgen Seifert,* Die Überwachungsgesetze, in: Kritische Justiz 1986, S. 42–51.

17 abgedruckt in: Kritische Justiz 1986, S. 236–239 (238).

18 Vgl. die Befürchtungen von *Schapper* und *Simitis,* zit. im Spiegel Nr. 46 vom 10. 11. 1986, S. 42–44.

19 Zu den Sicherheitsgesetzen vgl. auch den bald erscheinenden Reader *H. P. Bull* (Hrsg.), Polizeipolitik und Sicherheitsgesetze (Arbeitstitel), Nomos Verlag (i. E.)

20 ZEIT Nr. 4 vom 17. 1. 1986, S. 1 *(R. Leicht)* und S. 3 *(H. Bieber).*

21 *Didi Benoit,* in G. Myrell (Hrsg.), Daten-Schatten. Wie die Computer dein Leben kontrollieren, Reinbek 1984, S. 58.

22 Nach einem nordrhein-westf. Krebsregistergesetz-Entwurf vom November 1984 soll die Übermittlung dieser Daten grundsätzlich nur mit schriftlicher Einwilligung des Patienten zulässig sein. – Allgemein zum Datenschutz im Sozialrecht vgl. *Josef Medding,* Das Sozialgeheimnis und seine Durchbrechung, in: Sozialgerichtsbarkeit (SGb) 1986, S. 55–60.

23 Vgl. insbes. die Kritik von *Hans Schneider,* in: DÖV 1984, S. 161–164.

24 Als Einzelarbeit, die das Themenfeld umfassend darstellt, sei genannt: *Hans Peter Bull,* Datenschutz oder die Angst vor dem Computer, München 1984. – Wegen des verwandten Gebiets der *neuen Medien* sei noch verwiesen auf den Reader von *J. Rau/P. v. Rüden* (Hrsg.), Die neuen Medien – eine Gefahr für die Demokratie?, Frankfurt 1984.

Abkürzungsverzeichnis

ArbuR	Arbeit und Recht (Zschr.)
AU	Arbeitsunfähigkeit
BAG	Bundesarbeitsgericht
BB	Betriebsberater (Zschr.)
BDSG	Bundesdatenschutzgesetz
BetrVG	Betriebsverfassungsgesetz
BfD	Bundesbeauftragter für Datenschutz
BfV	Bundesamt für Verfassungsschutz
BGBl.	Bundesgesetzblatt
BT-Drs.	Bundestags-Drucksache
BVerfG	(oder BVG) Bundesverfassungsgericht
BVerfGE	Entscheidungen des BVerfG (amtl. Sammlung Band und Seite)
BVerfSchG	Bundesverfassungsschutzgesetz
CAD	Computer Aided Design
CIAM	Computer Integrated and Automated Manufacturing
CuR	Computer und Recht (Zschr., 1. Jahrgang 1986)
DB	Der Betrieb (Zschr.)
DÖV	Die öffentliche Verwaltung (Zschr.)
DSB	Datenschutz-Berater (Zschr.)
DSWR	Datenverarbeitung Steuern Wirtschaft Recht (Zschr.)
DuD	Datenschutz und Datensicherung (Zschr.)
DVBl.	Deutsches Verwaltungsblatt (Zschr.)
DVR	Datenverarbeitung im Recht (Zschr., letzter Jahrgang: 1985, seit 1986 vereinigt mit IUR)
EuGRZ	Europäische Grundrechtszeitschrift (Zschr.)
FR	Frankfurter Rundschau
GKV	gesetzliche Krankenversicherung
GM	Gewerkschaftliche Monatshefte (Zschr.)
IUR	Informatik und Recht (Zschr., 1. Jahrgang 1986)
JuS	Juristische Schulung (Zschr.)
KJ	Kritische Justiz (Zschr.)
LAG	Landesarbeitsgericht
MEPolG	Musterentwurf eines Einheitlichen Polizeigesetzes
NG/FH	Neue Gesellschaft/Frankfurter Hefte (Zschr.)
NJW	Neue Juristische Wochenschrift (Zschr.)
NVwZ	Neue Zeitschrift für Verwaltungsrecht

NZA	Neue Zeitschrift für Arbeitsrecht und Sozialrecht
OM	Office Management (Zschr.)
oN	offene Netze
ÖVD	Öffentliche Verwaltung und Datenverarbeitung (Zschr.)
PIS	Personalinformationssystem
RDV	Recht der Datenverarbeitung (Zschr., 1. Jahrgang 1985)
RVO	Reichsversicherungsordnung
SGB X	Sozialgesetzbuch (Zehntes Buch)
SGb	Sozialgerichtsbarkeit (Zschr.)
StPO	Strafprozeßordnung
StVG	Straßenverkehrsgesetz
SZ	Süddeutsche Zeitung
TB	Tätigkeitsbericht
VOP	Verwaltungsführung Organisation Personal (Zschr.)
VwVfG	Verwaltungsverfahrensgesetz
VZG	Volkszählungsgesetz
ZAG	Zusammenarbeitsgesetz
zfo	Zeitschrift Führung und Organisation
ZRP	Zeitschrift für Rechtspolitik
Zschr.	Zeitschrift

Adalbert Podlech
Der Datenschutz und die Akzeptabilität unserer Gesellschaftsordnung

Ein Vorwort

Der Datenschutz beginnt, Bürger, Behörden-Angehörige und wissenschaftlich arbeitende Juristen in zwei Lager zu spalten. Die einen sehen durch den ständig wachsenden Rechner-Einsatz mit immer neuen technischen Möglichkeiten auf immer mehr Gebieten ihre Freiheit und ihre Selbstentfaltungsmöglichkeiten bedroht und erwarten vom Datenschutz eine Einschränkung dieser Gefahr. Der Boykott der Volkszählung 1983, der sich aus kleinen Splittergruppen in wenigen Wochen zu einer Volksbewegung entwickelt hatte, und das Volkszählungsgesetz-Urteil des Bundesverfassungsgerichts geben diesem Lager seinen sozialpsychologischen und juristischen Halt. Die anderen sehen in diesem Anwachsen der Datenschutzbewegung und dem Eindringen datenschutzrechtlicher Gesichtspunkte in immer neue Rechtsmaterien und immer mehr Behörden- und Unternehmens-Organisationen die Gefahr, daß die Aufgabenerfüllung dieser Organisationen zunehmend erschwert und der technische Fortschritt gebremst wird. Selbst die Autorität des Bundesverfassungsgerichts reicht nicht aus, die in den letzten Jahren ständig größer werdende Kluft zwischen beiden Lagern zu überbrücken. Die eine Seite zieht aus dem Urteil zum Volkszählungsgesetz häufig Folgerungen, die zwar rechtspolitisch vertretbar oder gar erwünscht sein mögen, die als geltendes Verfassungsrecht auszugeben von den Entscheidungsgründen des Gerichts aber nicht getragen wird. Die andere Seite geht auf kritische Distanz zu dem Urteil. Die Haltungen reichen hier von der Ablehnung über einschränkende oder verharmlosende Interpretationen bis zur verzögernden Behandlung der Gesetzgebungsverfahren, die durch das Urteil erzwungen werden. In einigen Behörden, besonders, aber nicht nur der inneren Sicherheit herrscht kaum verhohlene Verbitterung über die Erschwerungen der täglichen Arbeit durch den Datenschutz und die Interventionen der Datenschutzbeauftragten. Im Bereich der Wirtschaft werden bestimmte Vorschriften des Datenschutzrechts weitgehend einfach nicht angewandt. Politiker geben angesichts der noch immer virulenten Gefahr des Terrorismus oder angesichts der Arbeitslosigkeit offen die Parolen aus: »Sicherheit geht vor Datenschutz!« oder »Datenschutz fördert Arbeitslosigkeit!« – und hoffen ganz offensichtlich auf Stimmen aus dem zweiten Lager.

Sachlich gleicht die Situation zwei weiteren Problemfeldern, politisch davon nur einem. Sachlich ist die Datenschutzproblematik zu vergleichen mit der des Umweltschutzes und der der Gen-Manipulation. Dabei ist die mit äußerstem Finanz- und Zeitaufwand betriebene Erforschung und Anwendung der Möglichkeiten der Gen-Manipulation nur deswegen noch zu keinem dem Umwelt- und Datenschutz vergleichbaren Politikum geworden, weil den Bürgern weder der Stand von Forschung und Anwendung bekannt ist, noch die Frage auch nur annähernd sachlich fundiert und hinreichend genau zu beantworten ist, wie sich die Einfügung von durch Gen-Manipulation erzeugten Pflanzen- und Tier-Rassen oder -Arten in die Gesamtheit des Lebensverbandes der Erde in Zukunft auswirken wird.

Allen drei Problemfeldern – Umweltschutz, Datenschutz, Gen-Manipulation – sind drei strukturelle Eigenarten gemeinsam.

Die erste Gemeinsamkeit ist die Universalität der Probleme. Umweltschutz ist die Reaktion auf den Umstand, daß die durch die Ausweitung der gesellschaftlich verwirklichten Technik im Bereich der Wirtschaft, der militärischen Aufrüstung und der privaten Haushalte zu einer Belastung des Lebensraumes der Erde geführt hat, die es nicht mehr gestattet, einzelne Belastungsfaktoren und einzelne belastete Räume der Erde oder belastete Sektoren (Luft, Wasser, Boden- Tier- oder Pflanzenarten) getrennt zu betrachten. Die gesellschaftlich verwirklichte Technik hat die ganze Erde zur Voraussetzung, zum Gegenstand und zum Resultat technischer Prozesse gemacht. Datenschutz ist die Reaktion auf den Umstand, daß die Informations-Technologien Informationen universell verfügbar machen und die menschlichen Kommunikationsformen, -situationen und -inhalte grundlegend verändern. Die Universalität dieses Problems rührt daher, daß erstens Informationen als Modelle von Welt Voraussetzung jedes Verhaltens von Einzelmenschen oder Organisationen sind und daß zweitens jedes soziale Handeln, vom intimen und persönlichen Kontakt von Menschen untereinander bis zum diplomatischen Verkehr oder militärischen Auseinandersetzungen zwischen Staaten, im Informationsaustausch besteht oder mit ihm Informationsvorgänge verbunden sind. Das Problem selbst besteht darin, daß der Einsatz informationsverarbeitender Maschinen den Menschen »ihre« Informationen entfremdet, indem diese und damit die Menschen fremden Interessen in einer Weise verfügbar werden, die es den Menschen nicht mehr gestattet, dies zu durchschauen und darauf sinnvoll zu reagieren, da sie zunehmend nicht mehr in der Lage sind zu wissen, wer was wann wo und bei welcher Gelegenheit über sie weiß. Diese Situation gestattet es denjenigen, die über die rechnerunterstützten Informationsprozesse verfügen, Macht auszuüben. In technisierten Gesellschaften hat der moderne Staat als organisierte Großbürokratie die Anwendung physischer Gewalt weitgehend durch die Ausnützung von Informationsvorsprüngen und die effektive Stabilisierung unterschiedlicherInformationsniveaus ersetzt. Bürgerinitiativen und vergleichbare Bewegungen versuchen, genau diese Entwicklung, die zu einer Entdemokratisierung des Gemeinwesens führt, zu durchbrechen. Die Gen-Problematik schließlich schließt die Universalität von Anfang an ein. Die Einfügung neuer, technisch geschaffener Lebensformen in den Zusammenhang irdischen Lebens hat Einwirkungen auf dieses Leben im Ganzen, da das gesamte irdische Leben über die nicht lebenden Lebensvoraussetzungen, die Nahrungskreisläufe und die gegenseitigen Krankheitsabhängigkeiten ein einheitlicher Lebenszusammenhang ist. Auch Menschen sind biologisch nur ein Bestandteil, und zwar ein besonders empfindlicher Bestandteil dieses Zusammenhangs, von dem man nicht weiß, wie er auf Dauer auf technisch geschaffene Lebensformen reagiert.

Die zweite Gemeinsamkeit der drei Problemfelder besteht darin, daß sie alle drei das Selbstverständnis europäischer und nordamerikanischer Menschen berühren. Vor dreißig Jahren hätte man unbefangen gesagt, daß ihre Probleme »existentiell« seien. Während der ganzen Neuzeit, die die heutigen Gesellschafts-, Wirtschafts- und Staatsformen hervorgebracht hat, war »Fortschritt« die treibende Kraft der Entwicklung. Es begann mit dem Fortschritt der Aufklärung, ging weiter mit dem Fortschritt der Technik und führte zum Fortschritt der Verbesserung der Lebensbedingungen. Erst war es der Fortschritt der Wissenschaft, dann der Fortschritt der Wirtschaft und schließlich der Fortschritt aller Bürger. Die Selbstverständlichkeit, Entwicklung als Fortschritt zu begreifen, eine Selbstverständlichkeit, die in Europa und dann in Nordamerika seit Jahrhunderten Denken, gesellschaftliche Verhaltensmuster und politische Zielsetzungen prägte, verlor plötzlich innerhalb einer Generation ihre Überzeugungskraft. Da in jeder Generation das Vergangene noch wirksam, das Gegenwärtige bestimmend und das Zukünftige bereits gestaltend ist, muß dies zu einem Auseinanderfallen der Einstellungen zum Fortschritt überhaupt und zu den Grenzen des Fortschritts führen. Die gegensätzlichen Lager des Datenschutzes bilden diese allgemeine Situation nur ab.

Die dritte Gemeinsamkeit ist vielleicht eine deutsche Besonderheit, weil in Deutschland Bürger politische Forderungen eher an den Staat als an die Gesellschaft und damit an sich selbst richten. Alle drei Problembereiche berühren das Verständnis des Staates und sind damit nicht nur existentiell, sondern zugleich eminent politisch. Erst die europäische Durchsetzung des rechtsstaatlichen Prinzips, daß Bürger und wirtschaftliche Unternehmen alles dürfen, was ihnen nicht ausdrücklich verboten ist, hat auf der ökonomischen Grundlage privatrechtlich organisierter Großunternehmen zu der oben beschriebenen Universalität der Probleme geführt. Jeder Versuch, die Entwicklungen in den drei Problembereichen zu bremsen, zu steuern oder im positiven Sinne zu fördern, berührt die Funktion des Staates in unserer Gesellschaft. Dabei ist die Auswirkung solcher Versuche auf die Funktion des Staates nicht eindeutig. Regelung der Belastung der Umwelt setzt staatliche Ordnungspolitik, also Eingriffe des Staates in gesellschaftliche und wirtschaftliche Abläufe, voraus. Ähnlich ist es im Bereich der Gen-Manipulation, wobei aber mit der Durchsetzung eines Verbots im wirtschaftlichen Bereich gleichzeitig ein Verzicht des Staates auf von ihm planend selbst vorzunehmende, zu fördernde oder zu genehmigende Gen-Manipulationen einhergehen kann oder soll, Staat also gleichzeitig stark als ordnender und schwach als verzichtender erfahren werden kann. Ordnung des Informationsverhaltens staatlicher, gesellschaftlicher und wirtschaftlicher Stellen setzt eine Selbstbeschränkung des Staates hinsichtlich seines eigenen Informationsbedarfs, aber auch ordnendes Eingreifen des Staates in den gesellschaftlichen und wirtschaftlichen Bereichen voraus. Da der politisch Stellung nehmende Bürger selten die ganze Problematik überblickt, wird sie häufig auf die politische Dichotomie »Bejahung des starken Staates und Unterordnung des Datenschutzes unter staatliche Notwendigkeiten gegen Betonung der Freiheit der einzelnen Bürger und Vorzug des Datenschutzes vor Effektivität staatlichen Handelns« verkürzt.

Die vorstehende Skizze hat den Zweck, den Stellenwert einzelner Datenschutzdiskussionen besser beurteilen zu können. Erstens sollte deutlich gemacht werden, daß der Datenschutz keine modische Erfindung oder gar eine von Systemveränderern – die wollen einen »anderen Staat!« – als Rechtsfigur getarnte Waffe ist, sondern eine durch die technische Entwicklung unserer Gesellschaft bedingte notwendige Ergänzung unserer Rechtsordnung, soll diese für die Bürger akzeptabel bleiben. Zweitens sollte deutlich gemacht werden, daß gerade die Universalität des Problems und seine abstrakte Fassung es ausschließen, einfache Antworten wie Ja oder Nein zu geben. Im Bereich des Umweltschutzes etwa ist die Frontstellung »Umweltschutz oder Arbeitsplätze« unsinnig. Akzeptabel kann in Zukunft nur eine Gesellschafts- und Wirtschaftsordnung sein, die allen Bürgern Arbeit gibt, ohne die Umwelt so zu belasten, daß sie den kommenden Generationen als Lebensraum zerstört ist. Auch im Bereich der Gen-Manipulationen ist die wirtschaftliche Entwicklung wohl schon so weit fortgeschritten, daß es ausgeschlossen ist, und angesichts der Hungerkatastrophen auf der Erde es wohl auch nicht zu verantworten ist, jede Gen-Manipulation zu verbieten. So ist es im Bereich des Informationsverhaltens unsinnig, staatliche Aufgabenerfüllung oder Sicherstellung der Lebensbedürfnisse der Bürger durch die Wirtschaft gegen Datenschutz auszuspielen. So wie die Ausübung hoheitlicher Gewalt generell nur in den Grenzen des Rechtsstaates für die Bürger akzeptabel sein kann – und auch diese Einsicht mußte gegen die Befürworter des starken Staates durchgesetzt werden –, so kann staatliches Informationsverhalten nur unter Einhaltung datenschutzrechtlicher Regelungen akzeptabel sein. Und wie die Inanspruchnahme unternehmerischer Freiheit generell nur in den Grenzen des Wirtschaftsrechts akzeptabel sein kann – und auch diese Einsicht mußte gegen die Anhänger des Manchester-Liberalismus durchgesetzt werden –, so kann wirtschaftliches Informationsverhalten nur akzeptabel sein, wenn die Informationen der Bürger nicht losgelöst vom Willen der Betroffenen als Waren, den Marktgesetzen unterliegend, zirkulieren und zur Stärkung wirtschaftlicher Macht benützt werden. Datenschutz ist wie der Umweltschutz und die Möglichkeit der Gen-Manipulation ein Problem, dessen Lösung mit darüber bestimmt, ob unsere Rechtsordnung und die durch diese Rechtsordnung mitbestimmte Gesellschaftsordnung in Zukunft für die Bürger unseres Gemeinwesens noch akzeptabel sein kann oder nicht. Die folgenden Beiträge sollten im Rahmen dieser Fragestellung gelesen werden.

Harald Hohmann
Folgen des Einsatzes neuer Bürotechnologien

Bezüglich der Bewertungen moderner Technologien sind die Meinungen stark gespalten; hieran knüpfen sich sowohl sehr große Ängste als auch übersteigerte Hoffnungen. Noch 1966 hielten 72 % der Bevölkerung der Bundesrepublik ab 16 Jahren die modernen Technologien eher für einen Segen, 1980 waren dies nur noch 34 %; eher als einen Fluch beurteilten sie 1966 3 %, 1980 dagegen 13 % der Bevölkerung.[1] *Hans Sachsse* hat dies 1981 folgendermaßen ausgedrückt: »Unsere Lebensform bis in die private Sphäre ist von der Technik geprägt. Der Technik verdanken wir eine unwahrscheinliche Beweglichkeit auf dem Erdenball, sie hat den Bereich der sinnlichen Wahrnehmung und der Erkenntnis außerordentlich vergrößert, sie liefert uns einen Informationsreichtum, der eine noch nie dagewesene Repräsentation der menschlichen Geschichte und Gegenwart in unserem Bewußtsein gestattet. Nicht nur unsere materielle, sondern auch unsere geistige Existenz wird von der Technik getragen. Wir leben ganz und gar auf technische Weise. Aber wir sind nicht glücklich mit der Technik. Mißtrauen und Vorwürfe häufen sich.«[2] Und die 1983 in New York erschienene Studie *Megatrends* von *John Naisbitt* kommt zu dem Ergebnis, daß wir uns nicht mehr in einer Industriegesellschaft, sondern in einer Wirtschaft befinden, die auf der Erzeugung und Verteilung von Informationen beruht *(Informationsgesellschaft).* Die unpersönliche, antipersonalistische, inhumane Natur der Technik werde durch ein neues persönliches Wertesystem (sozial-human-individualistische Bestrebungen) kompensiert.[3] Unter Umständen gibt es so etwas wie eine *Entropie des Fortschritts,* d. h., ein Teil des Gewinns, der durch den Fortschritt erzielt wird, muß dazu verwendet werden, nachteilige Einflüsse vorausgegangener oder gleichzeitiger Entwicklungen aufzufangen. Und selbst Befürworter einer Technisierung der Verwaltung müssen betonen, daß Technologie ihren Preis hat, sowohl ökonomisch als auch menschlich: »Technologie sollte nicht länger eine blinde und optimistische Anwendung von wissenschaftlichen und Ingenieurleistungen sein. Die Frage des Sinns und des Werts muß gestellt werden, während die Veränderungen vorbereitet werden, nicht danach.«[4]

Dazu soll dieser Beitrag dienen, der zahlreiche wirtschafts-, verwaltungs- und sozial-wissenschaftliche Zeitschriften auswertet.[5] Gefragt wird danach, welche Chancen und Gefahren der Computer und insbesondere der Einsatz neuer Bürotechnologien in sich birgt, inwieweit Verwaltungstätigkeiten und Qualifikationen der Mitarbeiter sich verändern und schließlich, welche Vorteile und Risiken daraus für die Gesamtgesellschaft und das Verhältnis der Verwaltung zum Bürger erwachsen.

1. Möglichkeiten und Gefahren durch Computer

Nach einem Bericht des Club of Rome sind wir »auf Gedeih und Verderb« darauf angewiesen, den Weg in eine computerisierte Gesellschaft zu gehen. Dies hängt primär damit zusammen, daß der nationale und internationale Wettbewerb uns zwingt, mit den besten Produktionsverfahren zu arbeiten und damit auch das Büro weiterzuentwickeln sowie modernste Produkte auf dem Weltmarkt anzubieten; verzichtet man hierbei auf Informationstechnik, so wird man international bald abgeschlagen sein. Die physikalische Leistungsfähigkeit der Computer der 1. Generation (fünfziger Jahre) beruhte auf Kathodenstrahlröhren, die der 2. Generation (sechziger Jahre) auf Transistoren, die der 3. Generation (siebziger Jahre) auf integrierten und der 4. Generation (ab 1980) auf hochintegrierten Schaltungen. Dem Computer werden die zu verarbeitenden Daten und die genaue Anordnung des Verarbeitungsablaufs eingegeben; derartige Verfahren führen zum einen zu *Algorithmen* (Prozeduren, die sicher zum Erfolg führen) und zum anderen zu *Heuristiken* (Verfahren, die nur mit einer gewissen Wahrscheinlichkeit zum Erfolg führen). Die in Japan 1981 erstmals vorgestellte 5. Computer-Generation (höchstintegrierte Schaltungen) hat nicht nur die Fähigkeit zur Datenverarbeitung, sondern auch zur Wissensverarbeitung: Fragestellungen werden auf der Grundlage einer Regelbasis automatisch erkannt und von einem Ableitungsprogramm auf der Grundlage vorgegebener oder »erlernter« Strategien gelöst; während in Datenbasen alle Informationen explizit gespeichert werden, werden in diesen »Wissensbasen« aus den explizit gespeicherten Regeln mit Hilfe sog. Inferenzregeln weitere Informationen abgeleitet.[6] Die dadurch ermöglichte

»künstliche Intelligenz« findet Lösungsansätze für die Beschreibung komplexer Sachverhalte, für das sachgemäße Hantieren solcher Modellwelten und schließlich für die Programmierung zielorientierter Lösungsstrategien.

Praktische Anwendung findet die künstliche Intelligenz vor allem bei der Sprach-, Bild- und Dokumentverarbeitung, bei Expertensystemen und Robotern. Zur *Sprachverarbeitung* gehören Projekte zur Spracherkennung oder Schreibmaschinen mit vorgesetztem Spracheingabeteil, bei der das gesprochene Wort in eine Zeichencodierung umgesetzt wird; ebenfalls dazu gehören Projekte wie das Hamburger »Redepartnersystem«, das einen Hotelmanager simuliert, der alle Fragen eines Anrufers beantworten und Zimmer vermieten kann. Zur *Bildverarbeitung* gehören u. a. die Konstruktion von Bildern aus Daten, das Erfassen und Verändern von Bildern und Bildsequenzen. Zum Bereich der *Dokumentverarbeitung* sind zu rechnen Wissensextraktionen für die automatische Herstellung von Kurzfassungen oder Schlagwortlisten, die Vernetzung von Dokumenteninhalten, z. B. im Rechtswesen, die inhaltsorientierte Archivierung und Recherche im Zusammenhang mit Expertensystemen, bis hin zur textkritischen Literaturanalyse und zur Sprachübersetzung. *Expertensysteme* sind dialogfähige Auskunfts- und Schlußfolgerungs-Systeme für kleine, sehr spezielle Fachgebiete; sie machen Experten-Faktenwissen und die darauf beruhende Fähigkeit zur Schlußfolgerung maschinell verfügbar. Das Expertensystem MYCIN ist ein System zur Beratung von Ärzten für Entscheidungen bei der Behandlung bakteriogener Infektionskrankheiten, seine Wissensbasis besteht aus etwa 450 heuristischen Regeln; in einem Beratungsdialog erfragt es Angaben über einen Patienten und entwickelt daraus zuerst eine Diagnose und dann auch Therapievorschläge. Expertensysteme können auch für alle möglichen anderen Gebiete gebaut werden, z. B. zur Fehlerdiagnose von Autos oder von Rechnern selbst; inzwischen wurden in den USA auch Managementinformationssysteme und Expertensysteme zur Ölsuche aufgebaut. Nach Ansicht vieler Forscher auf dem Gebiet der »künstlichen Intelligenz« ist ein Expertensystem schon wesentlich mehr als ein Superlexikon, da es Informationen nicht nur bereithält, sondern sie auch selbst benutzt. Repräsentativ dürfte hier die Ansicht des Informatikprofessors *Jörg Siekmann* (1984) sein, daß es bezüglich der kognitiven Fähigkeiten keine prinzipiellen Unterschiede zwischen einem

Computer und dem Menschen gebe. Daß dies verständlicherweise Emotionen wecke, gibt er selber zu: »Mit dieser These ist eine weitere Relativierung der Position des Menschen verbunden, vergleichbar der Annahme des heliozentrischen Weltbildes im siebzehnten oder der Darwinschen Evolutionstheorie in der zweiten Hälfte des vorigen Jahrhunderts. So problematisch diese angedeuteten philosophischen, sozialen und politischen Konsequenzen auch sind, so stehen wir damit doch am Anfang einer der faszinierendsten wissenschaftlichen Entdeckungen.«[7]

Es ist aber bekannt, daß gerade einige bekannte »künstliche Intelligenz«-Forscher – erwähnt sei hier nur *Joseph Weizenbaum*[8] – wegen der konzeptuellen Grenzen des Computers darauf hingewiesen haben, es sei gar nicht möglich, auf dem Rechner menschliche Intelligenz mit vergleichbaren Leistungsmerkmalen funktionell nachzubilden. Auch ich gehe davon aus, daß ein Expertensystem zwar zu einem bedeutenden Hilfsmittel wird, daß es aber immer ein Werkzeug bleibt und nie ein Partner werden kann: Experten folgern nicht – wie das Expertensystem – auf der Grundlage vieler Wenn-Dann-Regeln, sondern auf der Grundlage eines umfassenden Wissens, zu dem u. a. situative Erfahrungen und kritische Reflexionen des eigenen Wissens gehören.[9] Dazu ist ein Computer aber nicht in der Lage; er kann auch nicht die Verantwortung für seine Handlungen tragen oder die Zweckmäßigkeit seines Einsatzes beurteilen. So betont der »Diebold«-Geschäftsführer *Gerhard Adler* (1982), ein Computer könne nur das ausführen, was man ihm vorprogrammiert habe, er könne nur nach bestimmten Regeln handeln: Der Mensch aber solle interpretieren, bewerten und entscheiden, und hier höre letztendlich jedes technische System auf. Insofern ist es auch problematisch, durch Bezeichnungen wie »künstliche Intelligenz« dem Computer menschliche Fähigkeiten wie Intelligenz oder Wissen anzudichten, da hierdurch die Grenzen zwischen Mensch und Maschine verwässert werden. Auch der deutsche Computer-Erfinder *Konrad Zuse* bestätigt, daß das Verhältnis Mensch – Maschine schwierig genug sei; ein Computer könne sich aber vorläufig noch nicht selbständig machen in dem Sinn, daß er als Individuum handelt und in unsere Wirtschaft eingreifen kann. Auf die Frage: »Müssen die Menschen eigentlich alles tun, was sie können?« antwortet er: »Wir glauben immer, soviel Freiheit zu haben, daß wir dieses tun und jenes lassen können. Tatsächlich ist das gar nicht so ... Trotzdem müssen wir den Mut haben, im Rahmen des Möglichen alle negativen Entwicklungen zu vermeiden.«[10] Auch der Vorsitzende der Gesellschaft für Organisation, *Hans Müller-Nobiling* (1984) warnt vor diesen Gefahren: »Wir haben uns mit unserer eigenen Kraft ein ähnliches Schicksal beschert wie der Besen dem Zauberlehrling, wir haben Entwicklungen eingeleitet, die wir nicht mehr endgültig zu beherrschen wissen, die im Gegenteil uns beherrschen, und wir müssen sogar alles tun, diese Entwicklungen weiter zu fördern, ohne selektieren zu können, was nun förderungswürdig ist oder nicht... Aber hier ist nun weniger der einzelne Verbraucher als der Staat gefordert, Grenzen in der Anwendung bestimmter Technologien dort zu setzen, wo aus dem Gebrauch solcher technischer Mittel echte Gefahren entstehen.«[11] Die wichtigste Grenze bildet hier der Datenschutz, da aus den neuen Möglichkeiten der Datenverarbeitung große Gefahren für die Grundrechte der Betroffenen resultieren.[12]

2. Verbesserte Kommunikation durch neue Bürotechnologien

Wenn von »neuen« Büro- und Informationstechnologien gesprochen wird, ist das eine willkürliche Festlegung insofern, weil mit Blick auf die Geschwindigkeit, mit der Neues auf dem Gebiet der Informationstechniken erfunden und vermarktet wird, »neue« Informations- und Bürotechnologie 1990 mit Sicherheit etwas anderes darstellt als 1985. So wurden in den letzten 4 Jahren folgende neue Fernmeldedienste eingeführt: 1980 Telex, Telefax, Datex-P, Videotext; seit Juni 1982 Teletex; seit August 1983 Videokonferenz und Bildschirmtext seit Juni 1984. *Gerhard Wittkämper*[13] schlägt vor, für den Begriff der neuen Informations- und Kommunikationstechniken der Einteilung des EKOM-Berichts von 1982 aus Baden-Württemberg zu folgen. Demnach gehören dazu:

a) die *Sprachkommunikation:* Fernsprechen, Fernsprechkonferenz/Audiokonferenz, voice-mail, Mensch-Maschine-Sprachdialog (bei Spracheingabe Umwandlung von Worten in Zeichen, bei Sprachausgabe Umwandlung in Worte);
b) *Textkommunikation:* Telex, teletex, Bildschirmtext, Videotext, Kabeltext;

c) *Textbildkommunikation:* Telefax, Einzelbildübertragung, Festbildfolgen und Fernzeichnen;
d) *Bewegtbildkommunikation:* Bildfernsprechen, Videokonferenz, Bewegtbildabruf aus zentralen Bilddatenbanken;
e) *Datenkommunikation:* nachrichtentechnische Übermittlung verschlüsselter Informationen zwischen rechnergestützten Endeinrichtungen;
f) *Bürokommunikation:* Kommunikationsterminals an den Büroarbeitsplätzen, wie etwa Textstationen, Datenstationen oder Faksimilegeräte, die ein breites Spektrum von Sprach-, Bild-, Text- und Datenkommunikation benutzen.

Folgende Technologien gehören auf jeden Fall zu den neuen Bürotechnologien:[14] Mikrocomputer, Rechnernetze, Teletex, Telefax, Bildschirmtext, Textverarbeitungssysteme, Diktieren über das öffentliche Netz, Videotext, Datex-L und Datex-P, optische Speichersysteme (Bildplatte), Expertensysteme und lokale Netze (LAN). Durch den *Mikrocomputer* können immer mehr Beschäftigte im Verwaltungssektor an ihrem Arbeitsplatz ihre Aufgaben im Dialog mit der Datenverarbeitung (DV) bewältigen; d. h., sie sind weitgehend unabhängig von der früher benötigten zentralen Datenverarbeitung. Mikrocomputer bieten eine schnellere und sicherere Entscheidungsfindung, eine Verkürzung von Planungsprozessen, eine Vermeidung von unnötigen Redundanzen bei der Abwicklung von Aufgaben und schnell zur Verfügung stehende DV-Lösungen für kleine, isolierte Aufgabenstellungen. Weltweit miteinander verbundene Rechner *(Rechnernetze)* haben vor allem in Großunternehmen entscheidend zu einer Verbesserung des Informationsflusses zwischen der Hauptverwaltung und den einzelnen Außenstellen (Tochtergesellschaften, Niederlassungen etc.) geführt. *Teletex* ist eine Zusatzeinrichtung moderner Textverarbeitungsanlagen: Der Teilnehmer benutzt elektronische Schreibmaschinen oder Textautomaten, die über das öffentliche Netz verbunden sind und überträgt inhalt- und formatgetreu Texte auf den Speicher der Teletex-Maschine des Empfängers, der sie dann bei Bedarf abrufen kann. Der »Brief« erreicht den Empfänger billiger und praktisch ohne Zeitverlust in knapp 10 Sekunden pro DIN-A4-Seite. Bei *Telefax* verbindet das öffentliche Fernsprechnetz Kopiergeräte derart miteinander, daß Bilder von einem Gerät zum anderen elektronisch übertragen werden; die Übertragung einer DIN-A4-Seite dauert heute noch drei Minuten. Teletex wird langfristig weitgehend die traditionelle Geschäftskommunikation und den Telexverkehr in den Industrieländern ersetzen, zumal bald mit kombinierten Teletex-/Telefaxgeräten zu rechnen ist, die dann gleichzeitig Graphiken, Skizzen und Textinformationen übertragen können. *Bildschirmtext (Btx)* nutzt Komponenten der Fernsprech-, Fernseh- und Datenverarbeitungstechnik: Jeder, der über einen Fernseher mit eingebautem Btx-Decoder – welcher über ein Modem an die Fernsprechleitung angeschlossen ist – verfügt, erreicht zu Nahbereichsgebühren die nächste Btx-Zentrale der Deutschen Bundespost und kann über diese Zentrale Teilnehmerdienste in Anspruch nehmen, insbesondere Abruf von gespeicherten Informationen, Mitteilungen für andere Teilnehmer und Dialoge mit angeschlossenen DV-Systemen einzelner Informationsanbieter für interaktive Dienste (z. B. Bestellen, Buchen, Überweisen, individuell ermittelte Auskünfte, Berechnungen, Unterricht, Spiele). Telefax und Teletex sind wie die Datenfernübertragung Kommunikationsmittel zwischen den Betrieben und den Behörden; dagegen verbindet Btx die privaten Haushalte untereinander und mit den Betrieben und den Behörden. Btx dient dem Anwender als Informationsinstrument für allgemeine und individuelle Nachrichten (es gibt die Wahl zwischen allgemeinen und geschlossenen Benutzergruppen), als Terminal zu externen Computern, als Einkaufsinstrument, das zur größeren Markttransparenz führt, und schließlich als Verkaufsinstrument für regionale und überregionale Märkte. Btx ermöglicht also sowohl Informationsaustausch mit einem bestimmten Partner als auch mit einer vorher festgelegten Benutzergruppe und schließlich das Informationsangebot an alle, die diese Information anfordern, sowie den Anschluß an den Computerverbund. Der Computerverbund macht das Btx-Gerät zu einem Terminal für jedermann, bei dem auch der heute übliche Dialogverkehr möglich ist. Der Einsatz von *Textautomaten* bedeutet die ständige Zugriffsmöglichkeit auf gespeicherte Textbausteine, die von Änderungen nicht berührten Texte können erheblich schneller (mit über 3300 Zeichen pro Minute) automatisch geschrieben werden. Zur Funktionsvielfalt der *Textverarbeitungssysteme* gehören u. a. die Texterkennung, Texterstellung, die Reproduktions-, Archivierungs- und Textrekonstruktion. Durch Aufrüstung mit Zusatzgeräten wird nicht nur die Textbe- und -verarbeitung erleichtert, sondern ebenso wird Unterstützung geleistet bei der Ablage von Schriftstücken, beim Aufbereiten von Statistiken, bei der Adreßpflege etc. Textverarbeitungssysteme werden zunehmend in elektronische Büroverbundsysteme integriert. Bald kann auch über das öffentliche Netz diktiert werden, der Diktierende kann dann über das öffentliche Netz auf Geräte sprechen, die beliebig weit entfernt aufgestellt sind. Automatisch arbeitende Registratursysteme fußen auf sehr leistungsfähigen *optischen Speichersystemen:* Ein Speicher in der Größe einer Langspielplatte kann den Inhalt von ca. 1 Million DIN-A4-Seiten aufnehmen: Das ist der Text, für dessen Ausdruck 2,8 Tonnen Schreibpapier (d. h. 2000 gefüllte Aktenordner) benötigt würden. Die durch Teletex oder Btx übertragenen Daten werden automatisch und unlöschbar registriert. Jeder Berechtigte kann sie sich mit Hilfe von Computern nach jedem gewünschten Kriterium (Empfänger, Datum oder Suchwort) jederzeit automatisch heraussuchen lassen. Die *lokalen Netze* (local area networks LAN) sind neuartige interne Netze, die alle Informationsquellen eines Unternehmens miteinander und mit der Außenwelt verbinden und die ein Gegenstück zu digitalen Nebenstellenanlagen darstellen. Alle diese Geräte werden zunehmend in elektronischen Verbundsystemen integriert: Der *bildschirmtextfähige Mikrocomputer* wird bald die jetzigen Btx-Terminals verdrängen, weil er die Daten vor Ort verarbeiten und nicht gespeicherte Daten (durch »Verwandlung« in ein Btx-Gerät) automatisch von externen Datenbanken anwählen kann. Durch funktionale Modularisierung werden Gerätekonfigurationen immer mehr in der Lage sein, mehrere Funktionen zu übernehmen (Multifunktionalität); bereits jetzt sind Anlagen im unteren Preisbereich verfügbar, die in den vier Standardfunktionen relativ gleichwertig arbeiten: Textverarbeitung, Verarbeitung von Daten (einschließlich graphischer DV), Aufbau von Datenbasen und Kommunikation über Netze. Aufgrund der hohen Multifunktionalität der Geräte werden immer weniger Geräte im Büro erforderlich sein. Der multifunktionale Arbeitsplatzcomputer kann Sprache, Text, Daten und Bilder verarbeiten; mit nur einem Gerät wird bald der Zugriff zu allen Informationsquellen und das Zusammenspiel mit anderen Menschen oder Maschinen möglich. In naher Zukunft wird *Kabeltext* höhere Übertragungsgeschwindigkeiten als Btx aufweisen, die *Spracheingabe* wird u. a. die sprachgesteuerte Schreibmaschine erlauben, Bildschirm-Konferenzen *(Videokonferenzen)* treten als Konkurrenz zu Dienstreisen auf, die *Satelliten-Kommunikation* wird den Datenaustausch beschleunigen und durch das *Fernzeichnen* können Skizzen und

Schriftzüge auf einer Halbleiterplatte gezeichnet und parallel hierzu auf der Empfängerseite abgerufen werden. Die Möglichkeiten des Datenaustauschs und der Datenverarbeitung werden also immer leichter: Die Qualität der Dienste nimmt ständig zu bei gleichzeitiger Kostenreduzierung; parallel dazu werden die Übertragungszeiten für Daten immer kürzer. Es kann weiterhin die Schlußfolgerung gezogen werden, daß das *»automatisierte« oder »papierlose« Büro* vorläufig noch nicht die Realität ist, sich der Weg dorthin aber bereits anbahnt.

Heinz Munter (1983b) sieht fünf Integrationsstufen der Bürokommunikationstechnologie: Auf der ersten Entwicklungsstufe standen Mikrocomputer, die prinzipiell für Text- und Datenverarbeitung eingesetzt werden konnten, aber für beides spezielle Programme besaßen und daher für jedes Einsatzgebiet gesonderte Dateien auf Floppys oder Magnetplatten brauchten. Die zweite Entwicklungsstufe löste die Datenfernübertragung aus, die jedoch nur in »geschlossenen Kommunikationssystemen« stattfand, was bedeutete, daß die datenabgebende Stelle sich mit der datenempfangenden über alle Prozeduren einigen (bzw. vom gleichen Hersteller Geräte beziehen) mußte. In der dritten Integrationsstufe arbeiteten die Computer für die beiden Einsatzgebiete – Daten- und Textverarbeitung – mit kombinierten Programmen und gemeinsamen Dateien. Seit dem vierten Integrationsgrad nutzt der Anwender kombinierte Terminals (Computer), die nicht nur Daten- und Textverarbeitungsaufgaben lösen, sondern auch verschiedene Postdienste (Telefax, Teletex, Btx) zur Informationsweiterleitung nutzen können; diese sind nun international standardisierte »offene Kommunikationsdienste«, bei denen alle langwierigen Abstimmungsprozesse wegfallen. Beim künftigen fünften Integrationsgrad ist von erweiterten Postdiensten auszugehen, die uns die künftige Breitbandverkabelung (Glasfasernetze) erlauben: »Dann können wir den Informationsaustausch in beliebigen Darstellungsformen durchführen (Text, Daten, Bild, Sprache), die Darstellungsformen miteinander kombinieren und jede Darstellungsform in eine andere transformieren. Damit wird dann ein Informationsaustausch möglich, der auch bewegte Bilder (Bildtelefon) und die Sprache enthält.«[15] Am Beispiel eines Bürgers, der einen fehlerhaften Grundsteuer-Bescheid erhält und sich deswegen an Kommune und Finanzamt wendet, zeigt *Heinz Munter* (1983b) dann auf, welche Vorteile die integrierte Bürotechnologie bei diesem

Vorfall gegenüber der bisherigen Verwaltungstätigkeit hätte. Das jetzige Verfahren ist durch folgende Schritte gekennzeichnet:

1. Bürger ruft bei Kommune an; 2. Sachbearbeiter setzt Information von Sprache in Schrift um und gibt sie in Terminal ein; er findet den Fehler nicht. 3. Sachbearbeiter wandelt diese Information wieder in Sprache um: er ruft Bürger an; 4. Kommune schreibt an das Finanzamt (Umwandlung in Text via Schreibmaschine); Finanzamt findet Fehler und schreibt an Kommune (Meßbetrag geändert); 5. die neuen Daten tippt der Sachbearbeiter in sein Terminal; 6. für den Bürger erstellt er neuen Grundsteuerbescheid aus Computer. Also: für den Sachbearbeiter sechs Arbeitsschritte mit vierfacher Informationseingabe, Mängel: Informationen müssen mehrfach eingegeben werden, sie müssen von Sprache in Text und wieder in Sprache umgewandelt werden; es ist schwer, Informationen im System zu ergänzen und es gibt keine automatische Informationseingabe an der Informationsquelle.

Bei integrierter Bürotechnologie wäre das Verfahren dagegen einfacher:

Der Bürger verfügt über ein Btx-Gerät und wählt damit den Computer seiner Kommune an; er sieht sein Konto, auf dem zwei mögliche Ursachen (formeller Fehler oder falscher Meßbetrag) genannt werden. Bei Beanstandung des Meßbetrags wählt er dann den ebenfalls am Rechnerverbund angeschlossenen Computer des zuständigen Finanzamtes an und hinterläßt dort den Einspruch gegen den Meßbetrag. Das System informiert den zuständigen Beamten. Dieser berichtigt den Meßbetrag und leitet ihn elektronisch an die Grundsteuerstelle der Kommune (über Btx oder Datex-P). Dort wird automatisch der Grundsteuerbescheid geändert, der dann im elektronischen Briefkasten (Btx) des Bürgers hinterlegt wird. (Beim 5. Integrationsgrad könnten solche Änderungen sogar über Spracheingaben gelöst werden.)

Für *Munter* (1983b) können aus der integrierten Bürotechnologie nur Vorteile folgen: Die Bearbeitung eines Vorgangs sei mit einer einmaligen Informationseingabe möglich, die meisten abrechnungstechnischen Vorgänge würden automatisch ablaufen, die Arbeitsweise würde transparenter, Fehlerquellen würden minimiert, die Reaktionszeiten seien außerordentlich kurz und die Verwaltung werde somit wirklich zeit- und bürgernah. Insgesamt beseitige die integrierte Bürokommunikation Zeitdruck, Kostendruck und mangelnde Effizienz; sie helfe mit der steigenden Informationsflut und den komplexer werdenden Entscheidungen fertig zu werden.

Es ist aber fraglich, ob dies *nur* positiv gesehen werden kann.

Zuzugeben ist zunächst, daß angesichts der Kostenexplosion im Bürobereich die Eindämmung des Kostenwachstums zur Sicherung der Wettbewerbsfähigkeit erforderlich ist. Wenn also – wie *Roland Schwetz* (1984) feststellt – 18 % der täglichen Arbeitszeit für reines Informationsumsetzen (z. B. von Wort in Schrift etc.) ohne Wertzuwachs für den Vorgang verbraucht wird, stellt dies ein unbedingt zu nutzendes Rationalisierungspotential dar. Im Gegensatz zur Landwirtschaft, bei der nur 2 % der Bevölkerung beschäftigt und die Kapitalinvestition pro Arbeiter am höchsten ist, sind im Informations- und Dienstleistungssektor, in dem 50 % der arbeitenden Bevölkerung beschäftigt sind, die Produktivitätssteigerung und die Kapitalinvestition sehr gering. Dies und die immer komplexer werdenden Entscheidungsvorgänge verlangen eine Verbesserung der Kommunikation. Produktivitätssteigerung der Verwaltung und langfristig kostengünstige Arbeitsplätze wären demnach die Ziele. Ob allerdings – wie *Jürgen Ostermann* (1984) meint – der Einsatz neuer Informationstechniken in der Verwaltung Impulswirkungen für die Innovationsbereitschaft und -fähigkeit der Wirtschaft haben kann, erscheint ungewiß. Gegenüber diesen positiven Seiten müssen jedoch auch negative Folgen bedacht werden. Zu fragen ist insbesondere: Sind diese neuen Bürotechnologien Jobkiller oder Jobknüller? Beseitigen sie also Arbeitsplätze, ohne gleichzeitig neue zu schaffen? Führen sie zu einer Verschlechterung oder Verbesserung der Tätigkeit und dementsprechend zu Qualifikationsminderung oder -steigerung? Schließlich: Welche Gefahren (neben den Vorteilen) ergeben sich aus diesen enormen Datenzugriffsmöglichkeiten der Verwaltung?

3. Veränderungen von Verwaltungstätigkeiten und Qualifikationen im Büro

Bezüglich der Frage, ob Arbeitsplätze vernichtet werden, ist den meisten Aufsätzen zu entnehmen, daß langfristig nur rentable Arbeitsplätze sichere Arbeitsplätze sind. So gehen *E. Staudt/N. Schepanski* (1983) davon aus, daß der Substitutions- und Rationalisierungseffekt der Mikroelektronik nur vordergründig die Arbeitsmarktproblematik zu verschärfen scheint, daß jedoch eine Drosselung der Geschwindigkeit des Technikeinsatzes die Situation tatsächlich weiter verschlechtern würde, weil damit die Marktposition im internationalen Wettbewerb gefährdet wäre. Für *Werner Dostal* (1984) hat der Technikeinsatz auch den Sinn, ohne Beschäftigungsausweitung höhere Leistungen zu realisieren; dies gelte besonders im Bürobereich, wo Wachstumsgrenzen kaum erkennbar seien. Nach *Roland Stolz* (1984) kommt die Bundesanstalt für Arbeit zu dem Ergebnis, daß von den 10 Millionen Erwerbstätigen im Büro- und Verwaltungsbereich im kommenden Jahrzehnt rund ein Drittel aller jetzt Beschäftigten auf neu geschaffenen Arbeitsplätzen tätig sein wird, rund ein Fünftel den Arbeitsplatz innerhalb des Betriebes wechseln und rund ein Zehntel seinen Arbeitsplatz im bisherigen Betrieb verlieren wird. Durch die mit der Einführung neuer Technologien verbundene Ausweitung von Aufgabenstellungen (durch das Entstehen neuer Bedürfnisse) würde der Freisetzungseffekt teilweise kompensiert. Nahezu alle Beschäftigten würden bis Ende dieses Jahrhunderts mit neuen Informationstechniken arbeiten und müßten sich den neuen Arbeits- und Qualifikationsanforderungen stellen. Nach *Josef Stingl* (1979) müssen vor allem Mitarbeiter mit mittlerem und relativ niedrigem Ausbildungsniveau, die sich wenig bereit zur weiteren Qualifizierung zeigen oder aus sonstigen Gründen den Anforderungen der neuen Technik nicht gewachsen sind, um ihren Arbeitsplatz bangen; wer jedoch bereit sei, sich umzustellen und immer wieder dazuzulernen, werde zumeist wieder seine Chance finden.

In den vom DGB herausgegebenen *Gewerkschaftlichen Monatsheften* waren ursprünglich sehr pessimistische Einschätzungen geäußert worden: Oft kehrte die Formulierung von der »Arbeitsplatzvernichtung« und der »Entwertung traditioneller Qualifikationen« (*Eugen Loderer*, 1977) wieder. 1982 stellt *Klaus Ahlheim* klar, daß noch 1976 die Gewerkschaften eindeutig nicht rationalisierungsfeindlich waren, daß aber die Erfahrungen der letzten Jahre *auch* innerhalb der Gewerkschaften zu einer skeptischeren Beurteilung des technischen Wandels geführt haben; diese Skepsis sei aber nicht gegen die modernen Technologien als solche, sondern nur gegen die Art und Weise ihres Einsatzes gerichtet.[16] So argumentiert auch *Ernst Breit* (1984), der Arbeitgebern und Bundesregierung nur vorwirft, das Beschäftigungsrisiko zu verniedlichen, weil doch auch die vom Bundestag eingesetzte Enquete-Kommission »Neue Informations- und Kommunikationstechniken« mit einem Rationalisierungspotential von 10% aller Arbeitsplätze rechne: »Zwischen dem rücksichtslosen Einsatz neuer Techniken, begleitet von beruhigenden Sonntagsreden, und der radikalen Ablehnung neuer Technologien, begleitet von Visionen unmittelbar bevorstehender Katastrophen, muß es einen vernünftigen dritten Weg geben. Das gewerkschaftliche Konzept der sozialen Beherrschung des technischen Wandels versucht die Bedingungen zu formulieren, die erfüllt werden müssen, soll das Wort vom Segen der Technik seine Berechtigung behalten. Arbeitszeitverkürzung, umfassende Mitbestimmung und Humanisierung der Arbeit sind die wesentlichen Elemente dieses Konzepts.«[17] Bezüglich Vorwürfen wie: Qualifikationsminderung, extreme Arbeitsteilung, maschinenorientierte Tätigkeit und stärkere Leistungskontrolle konnte von Gewerkschaftsseite auf Aufsätze von Experten in anderen Zeitschriften verwiesen werden (z. B. *Hans-J. Warnecke et alii* 1979, *Pitter A. Steinbuch* 1978, *Peter Stein* 1980, *H. W. Heibey et alii* 1977 und *Karin Lüsebrink* 1982).

Durch die Weiterentwicklung der Bürotechnologien sind inzwischen die Voraussetzungen geschaffen worden, die extreme Arbeitsteilung und auch die Maschinenorientierung weitgehend abzubauen: Durch die Möglichkeit, unmittelbar vor Ort (also im Dialogverkehr; ohne einen zentralen Rechner wie im Stapelsystem) Daten erfassen, verarbeiten und übertragen zu können, wird einer extremen Arbeitsteilung entgegengewirkt und statt dessen werden neue Formen der Arbeitsorganisation mit ganzheitlichen Aufgabenstellungen begünstigt; die Technik hat dann im wesentlichen arbeitsstützende Funktionen. Die künftige Büroarbeit wird durch projekt- bzw. aufgabenbezogene Teamstrukturen geprägt sein; die inhaltliche Aufgabe wird in ihrer Gesamtheit die Arbeitsstrukturen bestimmen.[18] Auch die Möglichkeit der elektronischen Heimarbeit ist technisch gegeben. Viele Berufsfelder werden sich ändern: Aus der bisherigen Sekretärin wird zunehmend eine Informations- und Kommunikationsmanagerin; aus dem Bankkaufmann wird der kreative Bankkunden-Berater. Routine- und einfache Sachbearbeitertätigkeiten werden zunehmend entfallen. Ob es zu einer Polarisierung von Qualifikationen oder einer Höherqualifikation kommt, ist durchaus steuerbar; die Technik erlaubt durchaus Höherqualifikationen und humanere Arbeitsplätze. Nach dem Informatikprofessor *Klaus Haefner* (1984) ist die menschliche Informationsverarbeitungsleistung gekennzeichnet durch hohe Flexibilität und schnelle Anpassungsfähigkeit; demgegenüber kann der Rechner außerordentlich große Informationsmengen in kürzester Zeit bearbeiten; angesichts dieser Komplementarität von menschlicher Leistung und technischer Informationsverarbeitung sei die Gefahr der Massenarbeitslosigkeit keine unabdingbare Konsequenz. Nur wenn es nicht gelänge, die menschlichen Leistungen jenseits der Fähigkeiten der Informationstechnik zu entfalten, würden Substitutionseffekte in breitem Maße zum Tragen kommen. Es käme jetzt darauf an, zum einen die modernen Techniken zu beherrschen (d. h. ihre Einsatzmöglichkeiten zu kennen) und zum anderen komplementär zu ihnen originär menschliche Qualifikationen zu entfalten (Kreativität, strukturiertes Durchschauen von Vorgängen in einem Unternehmen etc.). Sowohl der »Fachidiot« als auch der »Technik-Freak« habe im Büro der Zukunft keine Chance. Auch aus der Stellungnahme des Arbeitskreises »Verwaltungsausbildung und Informatik« der Gesellschaft für Informatik vom Mai 1984 geht hervor, daß eine zusätzliche organisatorisch-technische Grundqualifikation für die Verwaltungstätigkeit unabdingbar sei.[19]

4. Auswirkungen auf die Gesellschaft und das Verhältnis Bürger – Verwaltung

Für den Informationswissenschaftler *Gernot Wersig* (1983) ist klar: »Natürlich sind alle diese Entwicklungen nicht unproblematisch.« Ähnlich wie bei der Einschätzung der Veränderungen der Verwaltungstätigkeit gibt es auch hier Stimmen, die Gefahren für die Gesellschaft und das Verhältnis Bürger – Verwaltung sehen, und solche, die nur Verbesserungen erkennen können.

Der Jurist *Rupert Scholz* (1981) sieht einen Strukturwandel der öffentlichen Verwaltung und befürchtet eine technokratische Autokratie und Bedrohungen des Rechtsstaatsprinzips wegen folgender vier Gefahren: stillschweigende Zuständigkeitsübertragungen auf private Träger; eine unvertretbare Ratlosigkeit beim Bürger aufgrund automatisierter Verwaltungsbescheide; Zurücktreten der Möglichkeiten von Einzelfallgerechtigkeit/Individualisierung wegen erhöhter Formalisierung; und die Tendenz zu verstärkter Zentralisierung, Arbeitsteilung und Spezialisierung mit der Gefahr, daß Verwaltungsverantwortlichkeiten auseinanderfallen und sich in Bindungslosigkeit verflüchtigen. Ähnlich befürchten *H. W. Heibey et alii* (1977) ein Ausblenden von Verantwortungsbereitschaft, Kritikfähigkeit, Kreativität und Einzelfallgerechtigkeit. Es könnten Verfahren formal richtig und fehlerfrei, aber mit unsinnigem Ergebnis (z. B. unlesbarer Computerausdruck) abgewickelt werden, daher habe der Computereinsatz den Verwaltungen auch keine Kostenersparnisse oder erheblichen Arbeitserleichterungen gebracht. *Klaus Grimmer* (1982) und *Franz Kroppenstedt* (1982) sehen Chancen für mehr Bürgerfreundlichkeit, aber auch verschiedene Gefahren: Zunahme an Anonymität, selektiver Problemwahrnehmung, Typisierung und Entfremdung des Verwaltungshandelns, und an Möglichkeiten mißbräuchlicher Datennutzung; Zunahme an Inflexibilität und Rigidität sowie an Undurchschaubarkeit der Verwaltung durch Zerlegen von Entscheidungsabläufen, durch Beschränkung der Kontakte mit dem Bürger, Unverständlichkeit von Bescheiden und Formularen, Verlängerung der Bearbeitungszeit, umständlichere Verfahren der Fehlerberichtigung und durch Abnahme des Verantwortungsgefühls der Mitarbeiter gegenüber den Bürgern; der Bürger könne letztlich keinen zuständigen Gesprächspartner in der Verwaltung finden.[20] 1984 hat *Grimmer* diese Ausführungen um folgende Gefahrenhinweise ergänzt: Die strikte Standardisierung und Algorithmisierung könne eine Selektivität der Informationsaufnahme, eine Einschränkung der Sachverhaltsermittlung und eine Reduzierung von Ermessensspielräumen bewirken und in der Folge zu einer Überbewertung gespeicherten Wissens und quantitativer gegenüber qualitativen Aspekten sowie einer Einengung von Sprach- und Kommunikationskompetenz führen, aber auch eine gleichmäßige und einheitliche Rechtsanwendung gewährleisten. Durch arbeitsteilige Aufgabenerledigung könne der Aufgabenzusammenhang aufgelöst werden, durch die Abgabe formularmäßiger Sachverhaltserklärungen (entsprechend dem maschinellen Verarbeitungsprogramm) könnten Zugangsbarrieren zur Verwaltung erhöht werden, durch die EDV-Speicherung und Verteilung von Informationen könne u. U. der Zusammenhang von Informationen und ihre Zweckbindung aufgelöst werden; durch die Ausrichtung auf maschinelle Verarbeitungsprogramme könnten arbeitssituative Reflexität, Handlungsspielräume und individuelle Verantwortlichkeit überformt werden; schließlich könnte durch die Verwendung entindividualisierter Schablonen zur Begründung einer Einzelfallentscheidung[21] gegen verfassungsrechtliche Pflichten (Willkürverbot) der Verwaltung verstoßen werden. *Günter Hartkopf* (1981) nennt die Gefahren erhöhter Abhängigkeit von technischen Geräten und der Bildung privilegierter »pressure groups« (Technik-Spezialisten); der Technikeinsatz könne zum Selbstzweck werden und die Verwaltung könnte durch ein Übermaß an Arbeitszerlegung und Standardisierung nicht mehr in der Lage sein, sich den ändernden Umweltbedingungen anzupassen; die »zerdatete Verwaltung« oder mangelnde Innovationsfähigkeit könnten nicht das Ziel sein: »Ein Einsatz der Technik, der zu mangelnder Bürgernähe, zur Verringerung der Transparenz und der Verständlichkeit des Verwaltungshandelns für den Bürger führt, ist nach meiner Auffassung ebenso indiskutabel wie ein Einsatz, der für die Mitarbeiter den totalen Verlust der Arbeitsautonomie und der Qualität der Arbeitsinhalte zur Folge hat.«[22] *Heinz Zielinski* (1977) befürchtet (aus berechtigten Gründen!) eine bemerkenswerte Erweiterung der Macht der Verwaltung gegenüber dem Bürger durch den enormen Informationsvorsprung der Verwaltung und die erhöhte Gefahr möglichen Machtmißbrauchs und unkontrollierter Eingriffe in die Privatsphäre; zusammen mit Formalisierung/Standardisierung könne dies zu einer Intensivierung der »politischen Ohn-Macht-Nicht-Privilegierter« führen. Insbesondere *Peter König* (1982) und *Klaus Lenk*[23] befürchten – als Auswirkung von Btx – eine Überforderung des Menschen durch die Informationslawine, eine computerangepaßte Denkweise (der Kinder), eine Verdatung aller Lebensbereiche und eine Massenkontrolltechnologie à la Orwell mit veränderten Machtbalancen.

Daß man die Einführung von Btx auch völlig anders werten kann, zeigt *Heinz Munter* (1983 a), der keinerlei Anhaltspunkte für einen beginnenden Überwachungsstaat feststellen kann: Es gäbe *nur* Vorteile durch den Einsatz neuer Bürotechnologien (insbesondere: Dezentralisierung und Entgegenwirken zur Spezialisierung im tayloristischen Sinn). Viele neuere Aufsätze bleiben bei rein ökonomischen Kosten-Nutzen-Analysen stehen, betonen allein die ökonomischen Vorteile, ohne genügend Ängste, Akzeptanz und Nachteile zu berücksichtigen. So nennen z. B. *Bullinger* (1984), *Ostermann* (1984), *Dostal* (1983), *Munter* (1983 a und 1983 b), *Heinrich Reinermann* (1980), *Armin Mathy* (1982), *Heinz Hofmann* (1982), *Günter Gruppe* (1984) und *Roland Schwetz* (1984) folgende Vorteile: Produktivitätssteigerung der Verwaltung, sinnvollere Organisationsstrukturen, humanere Büroarbeitsbedingungen, mehr Transparenz, weniger Fehler, mehr Bürgernähe,

Dezentralisierung, weniger Hierarchie, weniger Bürokratie, Verbesserung der Informationsbeziehungen, qualifizierteres Arbeiten, mehr Verantwortung, rentable Arbeitsplätze und schließlich weniger Behördenlauferei durch Datenfernverarbeitung und Computer am Arbeitsplatz (das computergestützte Bürgeramt als Anlaufstelle für den Bürger). Der Verwaltungswissenschaftler *H. Reinermann* (1984) sieht sogar in der Informationstechnik einen Auslöser von Verwaltungsreform, weil jetzt durch die neue Technik eine neue Qualität von Bürgerinformationen, Öffentlichkeitsarbeit, von Aufklärung über Rechte und Pflichten möglich sei, der den Informationsvorsprung der Verwaltung verkürze; die Informationstechnik könne sogar für den Datenschutz eingesetzt werden.

Müller-Nobiling (1984) und *Müller-Golchert* (1984) betonen, Führungskräfte dürften nicht so tun, als ob es mit der Technik keine Probleme gebe, die Kritik am technischen Fortschritt und die Angst vor dem Überwachungsstaat sei ernstzunehmen. Eine sehr differenzierte Betrachtung über Chancen und Gefahren liefern – neben den erwähnten Aufsätzen von *Hartkopf*, *Kroppenstedt* und *Grimmer* – insbesondere *Gernot Wersig* (1983), der Medizin-Informatiker *P. L. Reichertz* (1984) und der Geschäftsführer der »Scientific Control« *Joachim Schweim* (1984). Als positiv wird von ihnen angesehen: bessere Koordination, Wegfall von Routinetätigkeiten, Dezentralisierung, weniger Hierarchie, bessere Motivation, bessere Arbeitszeiten, Möglichkeit zu mehr Planung etc. *Schweim* nennt als Probleme: Die Informationsquantität steige sprunghaft an ohne Selektion des Essentiellen; die zunehmende Transparenz ermögliche auch die Vision des »big brother«; neue Abhängigkeiten und ungeahnte Möglichkeiten des Informationsdiebstahls würden entstehen: »Es ist zu vermuten, daß wir in den neunziger Jahren mehr Gedanken im Bereich der ›Kommunikationsverhinderung‹ anstellen müssen als in der Kommunikationsbereitstellung.«[24] *Wersig* (1983) macht darauf aufmerksam, daß hinter allen Dezentralisierungen gleichzeitig eine stark zentralisierende Komponente stünde (»das ›Netz‹ kann alles wissen«); es wäre technisch sehr einfach, die Tendenzen zur Auflösung fester hierarchischer Beziehungen durch eine Intensivierung von Kontrollverfahren zu ergänzen, wie sich dies etwa bei Personalinformationssystemen andeute, die mit Arbeitsplatzerfassungssystemen gekoppelt sind. Räumlich disperse Arbeitsplätze, Heimarbeitsplätze, Wegfall der persönlichen Begegnung seien alle technisch machbar, gingen aber zu Lasten der informalen Strukturen. Die neuen Technologien ständen nicht ganz zu Unrecht im Verdacht, die Grade von »Unmenschlichkeit« zu erhöhen: Algorithmisierung bedeute Unterdrücken »menschlicher Auswege«, Abstraktion unterdrücke die Einzigartigkeit des Einzelfalls, die zunehmende Reduzierung von Interaktion auf wenige Dimensionen werde als formal empfunden. Die Automatisierung des Büros kann mit *Wersig* als Kulminationspunkt von drei sehr realen *Ängsten* der Bevölkerung angesehen werden: die Angst vor der identitätsbedrohenden Wirkung der neuen Informationstechnologien (Befürchtung der Ersetzung des Menschen durch Maschinen), die Angst vor der alles steuernden Bürokratie als undurchschaubarem Herrschaftsinstrument und die Angst vor dem elektronisch alles kontrollierenden »Großen Bruder«. Büroautomatisierung muß sich zunächst mit Akzeptanzfragen beschäftigen. So hat *Werner Hilbig* (1984) nachgewiesen, daß sich vor allem ein großer Handlungs- und Entscheidungsspielraum sowie frühzeitige persönliche und zutreffende Informationen sehr akzeptanzfördernd auswirken, während Unsicherheitsgefühle und Befürchtungen vor zu großen Arbeitsbelastungen sowie Ängste vor Qualifikations- und Statusverlust einen stark negativen Einfluß auf die Akzeptanz haben.

Nach Ansicht des Medienwissenschaftlers *Hans-Dieter Kübler* (1985), des Informatikers *Otto Ulrich* (1985), des Politikers *Rainer Wagner* (1985) und der Psychologin *Regina Becker-Schmidt* (1985) verändern Computer und die neuen Bürotechnologien die sozialen Beziehungen tiefgreifend: Der Computer verändere die Anatomie der Gesellschaft fundamental, er werde das Denken und die Wahrnehmung beeinflussen, und durch die Verschmelzung der Mikroelektronik mit der optischen Nachrichtentechnik werde es zu einem mächtigen Industriepotential kommen, bei dem durch das Diktat der Ökonomie alle Lebensbereiche vernetzt würden im Sinne einer völlig ungezügelten konsum-orientierten Produktions-Gesellschaft. Ausdrücke wie »Compunication« (für: Computer-Communication) und ähnliche unter Informatikern übliche Ausdrücke würden den Beginn der Orwellschen »Neusprache« (»Neusprech«) bedeuten. Die unter rein technischen Vorzeichen instrumentierte Kommunikation verliere nicht nur ihre persönliche Unmittelbarkeit, ihre Chance zur Spontaneität und ihre individuelle Zufälligkeit, sie verliere darüber hinaus auch ihren emotionalen Beziehungsaspekt (Metakommunikation) und werde somit auf den strikten Informationsaustausch reduziert. Der elektronische Bildschirm ermögliche die Messung kognitiver Arbeiten in Zeiteinheiten, das tayloristische Prinzip erobere nahezu sämtliche Tätigkeiten. Selbst die vorindustrielle Routine-Heimarbeit *(Telearbeit)* kehre in rationalisierter Form wieder und würde von Politikern als attraktive Chance für Mütter mit Kleinkindern gefeiert, ohne daß dabei berücksichtigt würde, daß Heimarbeiterinnen alle positiven Erlebnisfaktoren der eigenen Leistung sowie Anerkennung durch andere und die Erweiterung des Lebensraumes und der sozialen Kontakte verlieren würden.[25] Diese *Deprivationen* würden alle erfassen: »Wenn die alltäglichen Besorgungen, das Einkaufen, der Behördengang, die Erledigung bei Post und Bank, der Bezug öffentlicher Leistungen, allmählich jenem instrumentell-ökonomischen Kalkül zu gehorchen haben, dürfte die soziale Kontaktarmut noch weiter um sich greifen.«[26] Zu befürchten seien ungewohnte Belastungen durch die neuen Technologien: Reizdeprivation in einem hochtechnifizierten sterilen Arbeitsklima; einseitige Beanspruchung durch Entkörperlichung der Arbeit und Entstofflichung des Arbeitsprozesses; Intensivierung der Beanspruchung durch ein kontinuierlich fließendes Programm und einen ständigen Zwang zur Konzentration angesichts einer Vielzahl von Kontrollaufgaben. Als Auswirkungen eines dauerhaften Umgangs mit computergesteuerten Anlagen seien zu befürchten: Veränderungen von Denk- und Wahrnehmungsstrukturen, von Problemlösungsstrategien, von Sprachverhalten, von Realitätseinschätzungen. Auch *S. Turkle*[27] geht aufgrund ihrer Beobachtungen davon aus, daß die Computer nicht nur neue Chancen, sondern auch neue Gefährdungen in sich bergen: Verstärkung von Omnipotenzphantasien und Regressionsbedürfnissen, Verwechslung von Symbolwelten mit wirklich gelebter Realität, Programmierung auch des Alltags und des Privatlebens, die Menschen könnten schließlich zu »fühlenden Computern, zu emotionalen Maschinen« degenerieren.

5. Was ist zu tun?

Man kann diese zuletzt genannten Einschätzungen vielleicht als übertrieben und etwas zu pessimistisch bezeichnen; die neuen Technologien haben selbstverständlich unbestreitbare Vorteile. Dennoch ist es nicht möglich, so zu tun, als gäbe es bei der Einführung neuer Technologien gar keine Probleme: Die neuen Bürotechnologien eröffnen *Chancen und Risiken.* Da die Technologie auch menschlich ihren Preis hat, muß die Frage des Sinns rechtzeitig gestellt werden. So müßte mit *Reichertz* (1984) nicht nur in der Medizin der Zielkonflikt zwischen Zeitgewinn und Entpersönlichung oder zwischen einer effizienteren Medizin und der Gefahr von seelenlosen Großsystemen und Datenmißbrauch rechtzeitig gestellt werden, bevor die Veränderungen vorbereitet werden. Es geht natürlich nicht um anachronistische Maschinenstürmerei – dies wäre dumm und unrealistisch. Es geht um das *Erkennen der Grenzen der Technisierung der Verwaltung,* die insbesondere in der *Akzeptanz* und im *Datenschutz* liegen. Und es geht um das rechtzeitige Nachdenken über Zielkonflikte und das Aufstellen wesentlicher Einsatzprinzipien, die einen allzu hektischen und perspektivlosen Informatisierungsprozeß kanalisieren und eine Einheit mit wichtigen gesellschaftlichen Zielen herstellen können.[28] Dann wird man von einer »Systemökologie« sprechen können, bei der die neuen Technologien für die Menschen tatsächlich fast nur Vorteile darstellen.

Literaturempfehlung

- *Hans Peter Bull,* Datenschutz oder die Angst vor dem Computer, München/Zürich 1984, S. 11–70.
- *Gerhard Wittkämper/Harald Hohmann,* Die Auswirkungen des technischen Wandels auf die Verwaltung. Eine Literaturanalyse, in: Verwaltungsführung Organisation Personal (VOP) 1984, S. 70–73 und S. 155–160 (mit vielen Nachweisen).
- *Dieter Bullinger,* Die Neuen Technologien, Entwicklungsstand-Perspektiven-voraussehbare Auswirkungen, in: Aus Politik und Zeitgeschichte (Beilage zu »Das Parlament«) B 4/85, S. 47–61.

Benutzte Zeitschriften (und ihre Abkürzungen):

1 Bürotechnik, (zitiert: bürotechnik), (jetzt fortgeführt als: Office Management), Fachverlag für Büro- u. Organisationstechnik.
2 Data Report (zitiert: data), hrg. von Siemens.
3 Datenverarbeitung Steuer Wirtschaft Recht (zitiert: DSWR), Beck Verlag.
4 Gewerkschaftliche Monatshefte (zitiert: GM), hrg. vom DGB.
5 Die Neue Gesellschaft/Frankfurter Hefte (zitiert: NG/FH), hrg. von der Friedrich-Ebert-Stiftung.
6 Die Öffentliche Verwaltung (zitiert: DÖV), Kohlhammer Verlag.
7 Öffentliche Verwaltung und Datenverarbeitung (zitiert: ÖVD), kombiniert mit: Online, R. Müller Verlag.
8 Office Management (zitiert: OM), siehe oben (unter: Bürotechnik).
9 Personal (zitiert: Personal), Verlag Mensch und Arbeit.
10 Die Verwaltung (zitiert: Verwaltung), Duncker und Humblot-Verlag.
11 Verwaltungsführung Organisation Personal (zitiert: VOP), Fachverlag für Büro- und Organisationstechnik.
12 Zeitschrift Führung und Organisation (zitiert: zfo), hrg. von der Gesellschaft für Organisation, Fachverlag f. Büro- und Organisationstechnik sowie die Bayerischen Verwaltungsblätter (BayVBl.) und das Deutsche Verwaltungsblatt (DVBl.).

Literatur

Adler, Gerhard »Integrierte Bürotechnologie – Wunsch oder Wirklichkeit?«, in: OM 1982, S. 14–18
Ahlheim, Klaus »Technischer Wandel und Strategien gewerkschaftlicher Bildungsarbeit«, in: GM 1982, S. 164–175
Arbenz/Helmrich/Jurk »Bedeutung und Auswirkungen der Telekommunikation im Büro«, in: zfo 1977, S. 392–400
Ballerstedt, Eike »Telearbeit«, in: NG/FH 1985, S 219–226
Becker-Schmidt, Regina »Apparate denken – Menschen lenken? Überlegungen zum Verhältnis Computertechnologie und Arbeitspolitik«, in: NG/FH 1985, S. 447–452
Behrens/Simons »Veränderte Personalanforderungen im Bankgewerbe«, in: zfo 1984, S. 409–415
Breit, Ernst »Arbeitszeitverkürzung – Der entscheidende Schritt voran muß gelingen«, in: GM 1984, S. 65–77
Brinckmann, Hans »Zweierlei Experten für die gleiche Aufgabe«, in: ÖVD 3/1981, S. 4–8
Bullinger, Hans Jörg »An der Schwelle zur Büroautomation – vom Mythos zur Realität«, in: zfo 1984, S. 295–301
Dostal, Werner »Zukunftssichere Arbeitsplätze durch neue Technolo-

gien«, in: data 3/1983, S. 4–9
Dostal, Werner »Neue Berufe im Büro?«, in: OM 1984, S. 646–650
Gerstenberger, Friedrich »Rationalisierung und Arbeitsverhältnis: das Beispiel Sachbearbeiter«, in: GM 1982, S. 155–163
Grimmer, Klaus »Die Automation und das Verhältnis der Verwaltung zum Bürger«, in: DÖV 1982, S. 257–265
Grimmer, Klaus »Pflichten der Verwaltung beim Einsatz der Informationstechnologie«, in: ÖVD 11/1984, S. 83–87 und ÖVD 12/1984, S. 90–92
Gruppe, Günter »Personalpolitische Zielsetzungen und Handlungsstrategien zur Steuerung des technologischen Wandels«, in: zfo 1984, S. 335–338
Haefner, Klaus »Neue Berufe – Qualifikationen jenseits der Leistung der Informationstechnik gefordert«, in: OM 1984, S. 676–678
Hartkopf, Günter »Kapazitätssteigerung oder verbesserter Dienst am Bürger, Chancen, Alternativen, Grenzen der Verwaltungstechnisierung«, in: VOP 1981, S. 62–68
Heibey/Lutterbeck/Töpel »Arbeitsbedingungen und Verwaltungsleitung im automatisierten Verfahren«, in: ÖVD 10/1977, S. 3–8
Hilbig, Winfried »Akzeptanzforschung neuer Bürotechnologien«, in: OM 1984, S. 320–323
Hofmann, Heinz »Haben wir unsere Zukunft schon verschlafen? Oder gehen wir nur den falschen Weg?«, in: VOP 1982, S. 244–250
Karcher, Harald »Kommunikationsstrukturen an Büroarbeitsplätzen und Einsatzchancen für Bürokommunikationssysteme«, in: zfo 1982, S. 385–393
Kinder, Klaus »Bürokommunikation der Zukunft. Ein Aufgabenfeld für den Organisator«, in: zfo 1982, S. 11–19
Koch, Alexander »Personalpolitik und technologischer Wandel«, in: zfo 1984, S. 339–342
König, Peter »Bildschirmtext bringt Möglichkeiten für das Personalwesen«, in: Personal 1982, S. 230–233
Kroppenstedt, Franz »Neue Technologien in der Verwaltung – Möglichkeiten, Chancen und Gefahren«, in: DÖV 1982, S. 109–113
Kübler, Hans Dieter »Compaktionen. Wie verändern die Computer die sozialen Beziehungen?«, in: NG/FH 1985, S. 28–33
Lambrecht, Rudolf »Soziale Wirkungen der Mikrocomputer«, in: data 4/1984, S. 6–10
Leue, Günther »Bürokommunikation im Wandel«, in: OM 1982, S. 786–791
Loderer, Eugen »Strukturelle Arbeitslosigkeit durch technologischen Wandel«, in: GM 1977, S. 409–417
Lüsebrink, Karin »Humanisierungsprojekt: Mischarbeitsplätze durch elektronische Textverarbeitung«, in: ÖVD /Online 5/1982, S. 87–92

Mathy, Armin »Mehr Bürgerservice durch Bildschirmtext«, in: VOP 1982, S. 326–330
Müller-Golchert, Wolfgang »Technikfeindlichkeit und Mitarbeiterverhalten«, in: zfo 1984, S. 406–408
Müller-Nobiling, Hans M. »Können neue Technologien unserer Gesellschaft nutzen?«, in: zfo 1984, S. 343–346
Munter, Heinz »Künftige integrierte Bürotechnologie«, in: zfo 1982, S. 370–374
Munter, Heinz »Bildschirmtext verändert die (Büro-) Welt«, in: OM 1983, S. 162–167 (Munter 1983 a)
Munter, Heinz »Die integrierte Bürokommunikation in der öffentlichen Verwaltung«, in: OM 1983, S. 707–709 (Munter 1983 b)
Ostermann, Jürgen »Neue Informationstechniken – eine Herausforderung für die Kommunalverwaltung«, in: ÖVD/Online 8/1984, S. 47–50
Reichertz, P. L. »Die Auswirkungen der Informationstechnologie im Gesundheitswesen«, in: ÖVD 9/1984, S. 95–98 und ÖVD 10/84, S. 118–122
Reinermann, Heinrich »Organisation und Informationstechnik. Wie reagiert die öffentliche Verwaltung . . .?«, in: VOP 1980, S. 274–282
Reinermann, Heinrich »Öffentliche Verwaltung und Informationstechnik«, in: ÖVD/Online 11/1984, S. 77–82
Siekmann, Jörg H. »Auf der Schwelle zu einer neuen Computergeneration« (Interview), in: data 1/1984, S. 4–9
Scholz, Rupert »Technisierung der Verwaltung – Steuerung und Kontrollprobleme für den Rechtsstaat«, in: BayVBl. 1981, S. 193–201
Schuchmann, Hans R. »›Artificial Intelligence‹ als Informationstechnologie«, in: data 3/1984, S. 4–11
Schwabl, Angela »Künstliche Intelligenz und Expertensysteme«, in: NG/FH 1985, S. 24–28
Schweim, Joachim »Auswirkungen neuer Informationstechnologien auf die Organisation«, in: zfo 1984, S. 329–334
Schwetz, Roland »Einfluß kommunikationsfähiger Bürotechnik auf die Bürotätigkeit und Ablauforganisation«, in: DSWR 1984, S. 207–214
Staudt/Schepanski »Innovation, Qualifikation und Organisationsentwicklung: Folgen der Computer-Technik für Ausbildung und Personalwirtschaft«, in: zfo 1983, S. 307–316 und S. 363–369
Stein, Peter »Büroarbeit morgen. Verändert die Dialog-DV Arbeitsinhalte und Personalqualifikation?«, in: Personal 1980, S. 96–98
Steinbuch, Pitter A. »Dialogarbeit im Büro. Verändern Terminals die Personalstruktur?«, in: Personal 1978, S. 224–227
Stingl, Josef »Zum Fortschritt im Bürobereich. Tendenzen im Arbeitsmarkt der Verwaltungsberufe«, in: data 3/1979, S. 4–7
Stolz, Roland »Informationstechnologie und Berufsstrukturen im Bürobereich«, in: OM 1984, S. 654–657
Ulrich, Otto »Computer-Totalitarismus. Zur Mechanisierung der geisti-

gen Arbeit«, in: NG/FH 1985, S. 21–23
Wagner, Rainer »Wie fortschrittlich sind die neuen Technologien?«, in: NG/FH 1985, S. 14–20 und S. 168–176 (insbes. S. 172ff)
Warnecke/Bullinger/Schlauch »Auswirkungen neuer Technologien auf das Büro der Zukunft«, in: bürotechnik 1979, S. 1396–1406
Wegener, Hans-Ulrich »Telearbeit für das Büro«, in: data 1/1983, S. 4–7
Wersig, Gernot »Folgen des Einsatzes von Bürocomputern«, in: DSWR 1983, S. 213–217
von Weizsäcker, Carl Christian »Bildschirmtext als Wirtschaftsfaktor«, in: data 5/1981, S. 4–7
Wittkämper, Gerhard »Die Führungsverantwortung im Bereich der Informationsorganisation in den 80er Jahren«, in: ÖVD 11/1980, S. 7–13
Wittkämper, Gerhard »Möglichkeiten und Grenzen neuer Technologien in der öffentlichen Verwaltung«, in: Verwaltung 1983, S. 161–177
Zielinski, Heinz »Probleme der Automation in der öffentlichen Verwaltung«, in: Verwaltung 1977, S. 197–215

Anmerkungen

1 Repräsentative Bevölkerungsumfrage des Instituts für Demoskopie Allensbach, die über mehrere Jahre gelaufen ist; zitiert nach: *Wittkämper*, Verwaltung 1983, S. 161f (S. 162).

2 *Hans Sachsse*, »Die moderne Technik und die heutige Technik-Diskussion«, in: Universitas 1981, S. 337ff.

3 So die Zusammenfassung der beiden ersten Trends bei *Koch*, zfo 1984, S. 339.

4 *Reichertz*, ÖVD/Online 1984, S. 118ff (S. 122).

5 Literaturverzeichnis (einschließlich Abkürzungen für Zeitschriften) am Ende des Beitrags. Es handelt sich um die Fortsetzung *meiner* gemeinsam mit *Wittkämper* vorgelegten Literaturanalyse in: VOP 1984, S. 70–73 und S. 155–160 (dort wurde Literatur bis 1982 verwertet).

6 Vgl. hierzu und zum folgenden: *Siekmann*, data 1/1984, S. 4ff; *Schuchmann*, data 3/1984, S. 4ff; *Haefner*, OM 1984, S. 676ff; *Schwabl*, NG/FH 1985, S. 24ff.

7 *Siekmann* a.a.O., S. 9.

8 *Joseph Weizenbaum*, Die Macht der Computer und die Ohnmacht der Vernunft, Frankfurt 1977.

9 Ebenso die Einschätzung der Informatikerin *Schwabl*, a.a.O., S. 28.

10 Interview mit *Konrad Zuse* (»Wir gehen einen gefährlichen Weg«) im Spiegel Nr. 25 vom 17. 6. 1985, S. 72ff (S. 77).

11 *Müller-Nobiling*, zfo 1984, S. 343ff (S. 343).

12 Vgl. dazu den Beitrag von *Heußner* in diesem Band.

13 *Wittkämper,* »Die Herausforderungen der öffentlichen Verwaltung und der Verwaltungslehre durch neue Technologien«, in: Festschrift für Karl-Heinz Mattern zum 65. Geburtstag, Regensburg 1983, S. 217ff (S. 220–222).

14 Hierzu und zum folgenden vgl. insbes. *Bullinger,* zfo 1984, S. 295ff; sowie *Munter,* zfo 1982, S. 370ff; *Leue,* OM 1982, S. 786ff; *Munter,* OM 1983, S. 707ff; *ders.,* OM 1983, S. 162ff; *Wittkämper* a.a.O. (Anm. 13).

15 *Munter,* OM 1983, S. 707ff (S. 708). *Munter* ist Direktor der Philips Kommunikations-Industrie Hamburg. Zu den Gefahren offener Netze und zum Betroffenenschutz bei offenen Netzen vgl. *Steinmüller* in diesem Band.

16 Vgl. hierzu *Helmut Schelsky,* Funktionäre – Gefährden sie das Gemeinwohl?, Stuttgart 1982, S. 51, und dazu *meine* Rezension in: Der Staat 1985, S. 287–290.

17 *Breit,* GM 1984, S. 65ff (S. 76). Zur Mitbestimmungsforderung vgl. auch die Beiträge von *Linnenkohl* und *Schapper* in diesem Band.

18 Hierzu und zum folgenden vgl. *Haefner* a.a.O.; *Stolz,* OM 1984, S. 654ff; *Dostal,* OM 1984, S. 646ff; *Wersig,* DSWR 1983, S. 213ff; ausführlich die Analyse bei *Wittkämper/Hohmann* a.a.O. (Anm. 5).

19 Vgl. den Bericht des Arbeitskreises in: DÖV 1984, S. 584–585; demnach muß mit der organisatorisch-technischen Grundqualifikation u. a. erreicht werden, daß alle Beschäftigten »Bearbeitungsvorgänge, Informationsstrukturen und Kommunikationsflüsse kennen und ggf. aktiv mitgestalten können« und daß sie »ein Gespür dafür entwickeln, wo informationstechnische Lösungen den Fachaufgaben angemessen sind und wo sie innerhalb und außerhalb der Verwaltung zu Problemen führen können« etc.

20 Allesamt Indikatoren von Überbürokratisierung, vgl. dazu *Wittkämper/Hohmann,* Indikatorenraster aufgrund Literaturanalyse, in: Wittkämper (Hrsg.), Bürokratisierung und Entbürokratisierung, Regensburg 1982, S. 70–111.

21 Einer Begründung des Verwaltungsbescheids bedarf es nach § 39 Abs. 2 Nr. 3 Verwaltungsverfahrensgesetz nicht, »wenn die Behörde Verwaltungsakte mit Hilfe automatischer Einrichtungen erläßt und die Begründung nach den Umständen des Einzelfalls nicht geboten ist«.

22 *Hartkopf,* VOP 1981, S. 62ff (S. 67).

23 *Klaus Lenk,* »Implikationen der Verwaltungsautomation für das Verhältnis von Verwaltung und Bürger«, in: Wolfgang Hoffmann-Riem (Hrsg.) »Bürgernahe Verwaltung?«, Neuwied/Darmstadt 1980, S. 140–160 (S. 148f).

24 *Schweim,* zfo 1984, S. 329ff (S. 333).

25 Zur Telearbeit vgl. die Argumentation von *Wegener,* data 1/1983, S. 4ff

(positive Bewertung) einerseits und von *Eike Ballerstedt*, NG/FH 1985, S. 219 ff (Vorteile und Risiken) andererseits; *Gerhard Adler* (OM 1982, S. 14 ff) spricht von einer »Horrorvorstellung«.

26 *Kübler*, NG/FH 1985, S. 28 ff (S. 32).

27 *S. Turkle*, Die Wunschmaschine. Vom Entstehen der Computerkultur, Reinbek 1984.

28 Ebenso *Otto Ulrich*, NG/FH 1985, S. 21 ff (S. 23).

Bernhard Großfeld
Computer und Recht

1. Einleitung

Der Computer, die Computertechnik erscheinen als neue Riesen am kulturellen Horizont – in vielen Bereichen haben sie den Horizont überschritten. Wir Juristen werden zwar mit dem Computer schon befaßt, fühlen uns ihm aber noch nicht ausgeliefert.

Gewiß stellen sich für uns neue Rechtsfragen.[1] Im Vordergrund stehen bisher der Datenschutz[2] (Recht auf informationelle Selbstbestimmung[3]), die Computerkriminalität[4] und mit einigem Abstand die Schutzfähigkeit von Computerprogrammen.[5] Im Bilanzrecht haben uns inzwischen die Fragen nach der Aktivierbarkeit von Programmen erreicht[6] sowie nach der Überprüfung von Programmen für die Rechnungslegung.[7] Jeder einzelne Teilbereich drängt zu Diskussionen, richterlichen Entscheidungen – vielleicht – zu gesetzgeberischen Maßnahmen.

Den neuen Entwicklungen sehen wir noch mit Gelassenheit entgegen. Wir werden sie mit unseren traditionellen Mitteln schon meistern! Die Zuversicht ist um so größer, als wir uns natürlich des Computers zur Bezwingung des Computers bedienen werden.[8] Wir setzen unsere Hoffnung auf Dateninformationssysteme, wie Datev und Juris, wir bauen auf Computerprogramme für die Rechtsanwendung. Beispiele dafür finden wir bei den Finanzbehörden, wenn sie durch Computer Steuererklärungen bearbeiten lassen; wir sehen aber auch, wie der Computer für Routinevorgänge in die Tätigkeit des Anwalts eindringt. Kein Grund zur Beunruhigung, kein Anlaß zum kritischen Überdenken. Wir haben das Werkzeug Computer in der Hand!

Oder doch nicht? Könnte es sein, daß die über den Computer eindringenden rechtlichen Informationen, daß die Art ihrer Aufbereitung, ihrer Darstellung und Nachfrage die Jurisprudenz verändern, daß der Computer sich vom Diener zum Herren aufschwingt – wie es Goethe im *Zauberlehrling* geschildert hat? Das sind schwer zu beantwortende Fragen an die Zukunft. Tasten wir uns vorsichtig an diese Problemfelder heran.

2. Informationssteuerung

Befassen wir uns zunächst mit den Datenbanken nach Art von Datev und Juris. Die Generation der jetzt tätigen Juristen kann sich die künftige Bedeutung dieser Systeme nicht recht vorstellen. Wir sind groß geworden mit Büchern, mit Zeitschriften, mit Entscheidungssammlungen, kurz mit Bibliotheken. Diese Ausrichtung wird sich wandeln, wenn die Datenbanken erst in die Juristischen Fakultäten ihren Einzug gehalten haben. Das Beispiel von Lexis in den Vereinigten Staaten von Amerika zeigt uns, daß wir damit rechnen müssen.[9] Der Student wird dann lernen, bei Rechtsproblemen „den Computer zu befragen" und die entsprechenden Texte sogleich abzurufen. Für die so geschulten Juristen wird auch in der späteren Praxis der Computer zur ersten Quelle der Information. Damit wird aus dem Computer ein zentraler Ort, über den Information über das Rechtssystem in unser Rechtssystem gespeist wird.

Informationsinstrumente sind Herrschaftsmittel. Wer über die Information bestimmt, bestimmt über den Inhalt des Rechts. Ob und welche Informationen aufgenommen werden, ist daher wichtig. Es deutet sich ein Problem an, wie wir es von der Diskussion um die Organisation von Rundfunk und Fernsehen kennen[10] – nur daß sich die Probleme hier akzentuieren, weil die Rechtsinformation einen so hohen Wert für unsere staatliche und gesellschaftliche Ordnung hat. Es ist daher von größter Bedeutung, wer die in den Computer einzugebenden Informationen nach welchen Gesichtspunkten auswählt. Denn jede Wahl steuert das Rechtssystem. Die angeblich »neutrale« Information kann zur Manipulation werden; sie kann zu einer Sprachregelung und von daher zu einer Rechtsregelung werden. Die herrschende Meinung läßt sich über den Computer »machen«. Bei Juris hat man diese Gefahr erkannt; deshalb entscheiden dort die Gerichte selbst über die einzugebenden Erkenntnisse. Es bleibt aber das Problem, wer Leitsätze formuliert und wer die Stichworte festlegt.

3. Informationsflut

Hat man die Neutralität der Informationseingabe gesichert, taucht sogleich das Problem der Informationsflut auf; es ist mir in den

Vereinigten Staaten von Amerika aufgefallen. Als ich einen Studenten bat, über die Immunität staatlicher Wirtschaftsunternehmen zu arbeiten, kam er am nächsten Tag zurück: Er habe mehr als 150 Entscheidungen gefunden – und wisse nicht mehr ein noch aus. In den Vereinigten Staaten von Amerika begegnen wir sogenannter »Computerliteratur«. Diese Literatur »lebt« aus dem Computer, indem sie das dort abgerufene Material neu zusammenstellt, vergleicht und gegeneinander abgrenzt. »Computer-Fußnoten« – bei uns noch Gegenstand der Satire[11] – sind dort ernste Gegenwart.

Die Informationsflut kann zu einem Angriff auf das Rechtssystem werden. Denn wer alle Energie braucht, um seinen Kopf über dem Meer der Informationen zu halten, hat keine weiten Ausblikke – wie sie für die Jurisprudenz nötig sind.

4. Gegeninformation, Informationsausschluß

»Wissen ist Macht« (Francis Bacon), mehr Information ist der halbe Sieg. Das gilt verstärkt im Computerzeitalter. Wenn eine Partei sich des Computers bedient, muß die andere Partei mitziehen, sonst fehlt es an der Chancengleichheit. Jeder Beteiligte am Rechtsverkehr unterliegt dem faktischen Zwang, den Computer zu benutzen.

Die Anhäufung von Informationen im Computer führt zu einem verschärften Kampf mit Informationen. Diesen Kampf kann nur durchstehen, wer Zugang zum Computer hat, wer selbst die Informationen sinnvoll sichten kann. Das vermag allein eine kleine Gruppe in der Gesellschaft. Sie hat die technischen und finanziellen Mittel, sie hat das know how, sich den Zugang zur Information zu erschließen. Das breite Publikum bleibt mehr noch als heute hoffnungslos abgeschlagen zurück.

Die mit der Veröffentlichung von Gesetzen und Urteilen eingeleitete historische Entwicklung[12] kommt damit an ihren Ausgangspunkt zurück. Die Veröffentlichung sollte dem Recht den Charakter des Geheimnisvollen, des Exklusiven nehmen, sollte das Recht berechenbar machen. Durch die Speicherung im Dateninformationssystem wird das Recht aber wiederum nur dem Insider zugänglich. Das führt zu Spannungen mit der Idee des Rechtsstaates, mit der Freiheitsgarantie und mit der Würde des Menschen. Das Problem Sprache und Recht[13] entsteht auf einer neuen Ebene.

5. Versteinerung

Die Probleme zeigen sich noch stärker, wenn man einen vertikalen Schnitt durch unser Rechtssystem zieht, einen Schnitt von der jüngeren zur älteren Generation. Computer speichern Wissen, sie speichern die Wertvorstellungen und Erfahrungen der Vergangenheit, der voraufgegangenen Generationen. Der Computer vergißt nichts: kein Gesetz, keine Verordnung, keinen Erlaß, keinen Aufsatz, kein Urteil und keinen Beschluß. Alles bleibt jederzeit abrufbar, kann auf das Heute wirken.

Die Zeit ist abzusehen, in der fast alles schon einmal irgendwie entschieden ist oder die Spielräume ganz eng werden. Natürlich mag man versuchen, neue Antworten zu finden; aber wegen der Macht der Tradition auf das Recht[14] werden das vereinzelte Versuche bleiben. »Es erben sich Gesetz' und Rechte wie eine ewge Krankheit fort« (Goethe). Was wird aus der Entscheidungsfreiheit der jüngeren Generation, was bleibt »vom Rechte, das mit uns geboren ist«? Die Autoritäten der Vergangenheit sind stets präsent, sind durch Knopfdruck abrufbar; sie umstellen immer dichter die nachwachsende Generation.

Die Rechtsordnung kann so einerseits versteinern; sie kann andererseits zu einem Hort von Subtilitäten werden. Das und ein Gefühl der Ohnmacht und Ausgeliefertheit hat weiland Thibaut gegenüber dem römischen Recht verspürt:

»Die Masse des Positiven und Historischen ist zu ungeheuer. Der gewöhnliche Jurist ... kann diese Masse nur nothdürftig mit dem Gedächtniß festhalten, aber nie geistvoll verarbeiten. Daraus entsteht dann eine Hölzernheit und Aengstlichkeit, welche Schauern erregt, und am Ende liegt immer ein alter Tröster im Hintergrunde, woraus mechanisch der nöthige Rath geschöpft wird.«[15]

Eine Vorahnung unserer Computer-Zukunft?

Der Computer macht uns wieder bewußt, welche heilende Kraft, welche freiheitsschützende Wirkung das Vergessen hat, nicht nur für den Einzelnen und ein Volk, sondern auch für die Rechtsordnung. Der Gedanke liegt den Verjährungsregeln zugrunde. Wann »verjähren« Rechtsautoritäten? Zugespitzt formuliert: Wie lange darf die Meinung eines Landgerichts über den entschiedenen Fall hinaus durch den Computer »Amtsautorität« behalten? Das Recht bildet sich ferner nicht nur dadurch fort, daß neue Fragen neue Antworten erheischen, sondern auch dadurch, daß frühere Entscheidungen übersehen werden, die einen Rechtsstreit, eine Berufung oder eine Revision als aussichtslos hätten erscheinen lassen. Das Übersehen, das Vergessen hat also rechtsfortbildende Kraft.

Mit dem immer gegenwärtigen Wissen des Computers verliert auch das Gewohnheitsrecht weiter an Boden. Es ist schon heute kaum noch Rechtsquelle, bewirkt aber, daß positiv gesetztes Recht an Beachtung verliert. Das macht die heutige Normenflut gerade noch erträglich.[16] Damit räumt der Computer auf. Das Problem der Fortgeltung des Rechts in der Zeit stellt sich in bisher ungeahnter Schärfe. Die Kenntnis alles Früheren führt leicht zu Immobilität, weil alles bedacht werden will. Jeder Doktorvater weiß, daß aus einer Dissertation oft nichts mehr wird, wenn der Doktorand erst einmal alles Material sammeln will. Er sieht den Wald vor lauter Bäumen nicht mehr, verliert – schlimmer noch – den Mut, selber weiterzudenken: Es scheint alles vorweggenommen. Phantasie und selbständiges Denken – *die* Säulen der Jurisprudenz – gedeihen nicht in einem ganz umstellten Raum; sie bedürfen einer gewissen Naivität, vielleicht eines Informationsmangels – weil dieser Mangel die Kräfte herausfordert. Es kann dann schon Bekanntes herauskommen (»Literaturkenntnis schützt vor Neuentdekkung«), nicht selten öffnen sich aber unerwartete neue Wege. Mit der Last der Information sinkt der Mut, neue Wege zu beschreiten.[17]

6. Haftung

Auch für die Haftung zeichnen sich ernste Folgen ab. Die Rechtsprechung ist bei der Haftung der rechtsberatenden Berufe nicht zimperlich. Haftungsgrund ist vor allem das Übersehen wichtiger Entscheidungen, die in der allgemeinen Literatur zugänglich sind.[18] Wir müssen damit rechnen, daß es in Zukunft Haftungsgrund ist, wenn man den Computer nicht befragt hat. Haftung hat bewußte und gewollte Steuerungswirkungen: Sie führt zur Vorsicht, kann aber auch Immobilität bewirken. Eine Gesellschaft, die sich ihres Wohlstandes bewußt ist, die sich selbst an der Spitze des technischen Fortschritts sieht, nimmt das leichter hin. Sie vergißt, daß ihr materieller und geistiger Wohlstand von schöpferischen, wagemutigen Menschen erarbeitet wurde. Das tritt uns erst wieder ins Bewußtsein, wenn es nicht mehr so läuft, wie man sich das für alle Zeit gedacht hat.

Die mögliche Haftung verschärft den Zwang zum Gebrauch des Computers, sie verstärkt dessen Folgen. Die Berufung auf ein »Übersehen« hat kaum noch Chancen. Die Computerindustrie wird sich freuen: Recht ist ein wichtiger Umverteiler.[19]

7. Systemgefährdung

Doch die Wirkungen des Computers gehen in das Innerste unserer Rechtsordnung, sie treffen unser Rechtssystem. Das beginnt bei der Ausbildung der Juristen am Computer. Bei Juris liegt der Schwerpunkt umfangmäßig bei Gerichtsentscheidungen; auf sie richtet sich vor allem die Nachfrage. Diese Nachfrage orientiert sich zumeist an Schlagwörtern; dafür gibt es bei Juris ein umfangreiches Verzeichnis. Das ist etwa so, als wenn wir die Studenten lehren würden, Probleme mit dem Stichwortverzeichnis des Schönfelders anzugehen. Der Computer zwingt zwar nicht, aber verführt doch dazu, eine Frage nicht vom System her aufzugreifen, sondern vom Stichwort und vom Einzelfall her.[20]

So geschulte Studenten erhalten schwer eine Beziehung zum systematischen Rechtsdenken.[21] Die Zukunft unseres Rechtssystems aber lebt in den Köpfen der Studenten, an die es durch eine entsprechende Ausbildung herangetragen wird. Auf eine solche systematische Durchdringung kann eine auf Sparsamkeit angewiesene Gesellschaft nicht verzichten. Amerika ist dafür kein Gegenbeispiel, denn das dortige »Denken im Überfluß«[22] kann nicht Vorbild für unsere beschränkteren Möglichkeiten sein.

8. Denkveränderung

Noch wichtiger scheint mir ein anderer Gedanke: Die Art, in der ein Rechtsstoff aufbereitet und dargestellt wird, wie er den Studenten entgegentritt, hat Einfluß auf das juristische Denken. Wir wissen, wie die Gestaltung der Information den Inhalt des Denkens beeinflußt. Wir haben dafür ein Beispiel aus der Geschichte: die Erfindung des Buchdrucks. Diese Erfindung hat das europäische

Denken verändert.[23] Ähnlich wie die Sprache das Denken lenkt, ordnet die strenge Form des gedruckten Buches das Denken des Lesers und begründet Denkgewohnheiten.[24] Es entsteht eine »ABC-Gesinnung«.

Die Darstellung des Rechts durch den Computer wird ebenfalls auf unser Rechtsdenken wirken. Dafür ist schon bedeutsam, wie der Computer die Gesetzestechnik verändern wird. Wir haben bereits Ansätze, rechtliche Vorgänge über den Computer abzuwickeln. Heute aber ist die Frage noch, wie der Gesetzesbefehl in die Sprache des Computers übertragen werden kann, demnächst muß das Gesetz »computergeeignet« sein; es gibt dazu schon Überlegungen.[25] Damit steuern Gesichtspunkte der computermäßigen Verarbeitung unser Rechtssystem.

Wie wandelt sich eine Rechtsordnung, wenn sie in die logische, rationale Computersprache gefaßt wird? Was geschieht, wenn etwas so Irrationales wie das Recht ein streng rationales Kleid erhält? Wir wissen um den großen Einfluß der Sprache auf unser Denken und damit auf unser Recht,[26] das als positives Recht nur in und durch Sprache lebt. Was wir nicht wissen: Wie wird der Einsatz der Computer dieses Recht über die Sprache verändern?[27] Hier stellt sich das Problem Sprache und Recht in einer neuen Größenordnung. Der Computer könnte der Erfindung des Alphabets,[28] der Erfindung der Buchdruckerkunst vergleichbar sein, zu einer »Computer-Gesinnung« im Recht führen.

9. Strategie

Vielleicht sind einige Probleme zu scharf gezeichnet. Aber das ist wohl notwendig, wenn man auf engem Raum deutlich sein möchte – gewisse karikaturhafte Züge lassen sich dann nicht vermeiden. Es geht aber auch gar nicht um die Einzelheiten, um ihre Bewertung im Detail. Es geht darum, die mögliche Entwicklung tendenziell zu erkennen und über Strategien nachzudenken.

Dabei ist eines klar: Wir können den Computer nicht ignorieren, wir können uns ihm nicht widersetzen. Wir dürfen uns nicht von ihm abwenden oder nur vor ihm warnen. Denn der Computer kommt auch für die Jurisprudenz, wenn nicht mit uns, dann ohne uns und gegen uns. Deshalb kann es nicht das Ziel sein, den status quo unseres Rechtssystems zu bewahren; bloßes Bewahren scheitert am Sturm der Zeit, an der Dynamik neuer Kräfte. Wir müssen versuchen, die Entwicklung im Griff zu behalten.

Dafür bieten sich mehrere Ansätze an. Wenn man ein systematisches Rechtsdenken für unverzichtbar hält, dann müssen wir uns mehr um dieses System bemühen. In der Ausbildung werden wir die Überflutung mit »Fällen« einschränken, den Glauben aufgeben, daß »Fälle, mehr Fälle und noch mehr Fälle« schon Ausbildung sei. Wir müssen fortschreiten zu übergreifenden Darstellungen, die zwar durch »Fälle« aufgelockert und erläutert werden, aber zuerst die Zusammenhänge betonen. Denn nur im Zusammenhang gewinnt das Rechtssystem Leben.[29]

Doch das genügt allein nicht: Die Daten sind unter systematischen Gesichtspunkten in den Computer einzugeben; sie müssen in erster Linie unter systematischen Gesichtspunkten abrufbar sein. Gerichtsentscheidungen dürfen das Rechtssystem und das Gesetzessystem auch faktisch nicht überfluten. Das ist nicht nur ein Gebot der Gewaltenteilung (sic!), sondern Gebot einer auf Sparsamkeit verpflichteten, einer auf Zustimmung der Bürger angelegten demokratischen Rechtsordnung. Der Computer muß den Anforderungen des Rechtssystems von der Eingabe bis zur Ausgabe untergeordnet bleiben.

Auch der Gefahr der Versteinerung müssen wir steuern. Das beginnt bei der Frage, ob die Nichtbenutzung des Computers Haftungsgrund sein kann. Das hängt von Entwicklungen ab, die sich nicht voraussehen lassen. Aber eine Zurückhaltung erscheint angebracht; denn die Haftung könnte die Versteinerung des Rechtssystems noch einmal verschärfen.

Es begegnet uns damit der Gesichtspunkt der »Verewigung«: Der Computer vergißt nicht, sein Wissen wird »unsterblich«. Damit stoßen wir auf ein Grundproblem, das unsere Rechtsordnung immer wieder beunruhigt hat.[30] Sie läßt daher Daten von Zeit zu Zeit sterben. Es soll ein Neubeginn möglich sein, der nicht mit früheren Informationen belastet ist (keine Vor-Urteile); das ist Ausdruck der Freiheitsgarantie.

Es ist zu erwägen, diese Prinzipien auf computer-relevante Rechtsdaten anzuwenden: Man könnte zunächst daran denken, daß gewisse Rechtsdaten (z. B. Urteile unterer Instanzgerichte) gar nicht gespeichert werden *dürfen*. Hinsichtlich gespeicherter Literatur und Gerichtsentscheidungen könnte in Betracht gezogen werden, diese nach einer gewissen Zeit im Computer zu löschen.

Diese Löschung richtet sich nicht gegen einen bestimmten geistigen Gehalt der Rechtsdaten, ist also keine »Bücherverbrennung« oder ein »Zitierverbot« unseligen Angedenkens; sie wehrt nur einer Überdehnung der zeitlichen Geltungskraft. Auch die Einführung des Bürgerlichen Gesetzbuches hat ja zur Überfülle gewordene Rechtsdaten »sterben« lassen. Die neue Generation bleibt frei, selber zu denken, ihre Gegenwart und Zukunft zu gestalten. Gegenargumente drängen sich indes auf: Die Rechtspraxis verlöre den kulturell-historischen Bezug. Man wird Zwischenlösungen überlegen müssen; jedenfalls können wir nicht hoffen, daß sich das Problem durch Kapazitätsenge, Preisgestaltung oder Benutzergewohnheiten von selbst erledigt.

10. Schluß

Wir Juristen dürfen gegenüber dem Computer nicht passiv bleiben. Wir können nicht darauf vertrauen, daß er unser still gehorchender Diener ohne eigenen Einfluß bleibt. Gerade das ist der Computer nicht. Er kann unser Herr werden, wenn wir uns nicht seiner bemächtigen. Rechtsinformatik wird von zentraler Bedeutung für unsere Rechtsordnung!

Anmerkungen

1 Siehe dazu die zahlreichen Veröffentlichungen in der Zeitschrift Datenverarbeitung im Recht (DVR), Bd. 1 (1972/73) – Bd. 13 (1984); *Kilian*, Juristische Entscheidung und elektronische Datenverarbeitung, Frankfurt 1974. *Luhmann*, Recht und Automation in der öffentlichen Verwaltung, Berlin 1966; *Wieacker*, Recht und Automation, in: FS Bötticher, Berlin 1965, 383 ff. [392].

2 Bundesdatenschutzgesetz vom 21. 1. 1977 (BGBl. I 201).

3 BVerfG NJW 1984, 419.

4 *Lenckner*, Computerkriminalität und Vermögensdelikte, Heidelberg u. a. 1981; *Sieber*, Computerkriminalität und Strafrecht, Köln 1977.

5 *Brutschke*, Urheberrecht und EDV, München 1972; *Haberstumpf*, Zur urheberrechtlichen Beurteilung von Programmen für Datenverarbeitungsanlagen, GRUR 1982, 142; *Kienzle*, Die Patentierbarkeit von

Computerprogrammen, o. A., 1975; *Kolle,* Der Rechtsschutz der Computersoftware in der Bundesrepublik Deutschland, GRUR 1982, 443; *Seisler,* Zum Schutz von Bildschirm-Computerspielen gegen Raubkopien, DB 1983, 1292; *Sieber,* Der urheberrechtliche Schutz von Computerprogrammen. Eine Bilanz der ersten landgerichtlichen und oberlandesgerichtlichen Entscheidungen, BB 1983, 997; *Ulmer/Kolle,* Der Urheberrechtsschutz von Computerprogrammen, GRUR Int. 1982, 489; *Wittmer,* Der Schutz von Computersoftware, Urheberrecht oder Sonderrecht?, Bern 1981; Stellungnahme des *Bundesjustizministeriums,* daß zum Zwecke des urheberrechtlichen Schutzes von Computerprogrammen keine besonderen gesetzlichen Regelungen erforderlich sind, GRUR 1982, 670; *BAG* WM 1984, 442; *OLG Frankfurt* BB 1983, 1745; *OLG Karlsruhe* BB 1983, 986; *OLG Koblenz* BB 1983, 992; *Hans. OLG Hamburg* GRUR 1983, 436; *LG Mosbach* BB 1982, 1443; *LG München I* BB 1983, 273.

6 Vgl. *Dellmann,* Rechnungslegung zum Forschungs- und Entwicklungsbereich in Japan, ZBetrWi. 53 (1983), 939.

7 *Ahlers/Emmerich/Kremer/Pocsay/Scheer/Siebert,* Neuere Tendenzen in der EDV Prüfung, WPg 1984, 1; *Storn,* Die Prüfung von programmierten Verfahren: Zur Bedeutung und zur Durchführung von EDV-Programmprüfungen im Rahmen der Jahresabschlußprüfung, WPg 1983, 105; *Zepf,* EDV-Systemprüfung bei kleinen EDV-Anwendern, WPg 1983, 205.

8 *Haft,* Der Dschungel um uns, Süddeutsche Zeitung v. 4./5. 2. 1984, Nr. 29, Feuilleton-Beilage, S. I.

9 *McCarty,* Intelligent Legal Information Systems: Problems and Prospects, Rutgers Computer & Technology L. J. 9 (1983), 265; *Kennedy,* Computer Assisted Legal Research Systems: Is Invention The Mother of Necessity? Proceedings of the National Online Meeting, New York, March 30/April 1, 1982.

10 *BVerfGE* 57, 295 = JZ 1981, 581 (dazu *Scholz,* S. 561); *Großfeld/Ebke,* Strukturprinzipien des Rundfunks und privatrechtliche Organisationsformen im EG-Bereich, in: *Hübner* u. a. (Hrsg.), Satellitenfernsehen und deutsches Rundfunksystem, 1983, S. 29.

11 Vgl. *Rieß,* Vorstudien zu einer Theorie der Fußnote, Berlin u. a. 1983.

12 *Dawson,* The Oracles of the Law, Ann Arbor 1968, S. 148 ff.; *Kroeschell,* Deutsche Rechtsgeschichte, Bd. II, 4. Auflage, Opladen 1970, 267 ff.

13 *Großfeld,* Sprache und Recht, JZ 1984, 1.

14 Dazu *Großfeld,* Macht und Ohnmacht der Rechtsvergleichung, Tübingen 1984, 77.

15 *Thibaut,* Ueber die Nothwendigkeit eines allgemeinen bürgerlichen Rechts für Deutschland, Heidelberg 1811, in: *Stern* (Hrsg.), Thibaut und Savigny, Darmstadt 1955, 47.

16 *Heldrich,* Normüberflutung, in: FS Zweigert, Tübingen 1981, 811, 824; dazu *Großfeld,* Besprechung FS Zweigert, RabelsZ 47 (1983) 180.

17 Vgl. dazu den Bericht in der Neuen Züricher Zeitung »EDV – ein Instrument für den Juristen – Eine Tagung an der Universität Zürich«, Neue Zürcher Zeitung v. 12.4. 1984, Fernausgabe Nr. 86, S. 29.

18 *Palandt,* Bürgerliches Gesetzbuch, 43. Auflage, München 1984, § 276, Anm. 4) C) d); BGH NJW 79, 877.

19 *Großfeld,* Haftungsverschärfung, Haftungsbeschränkung, Versicherung, Umverteilung, in: FS Coing, Bd. 2, München 1982, 111.

20 Vgl. *Großfeld,* Besprechung Wollny, Dokumentation Internationales Steuerrecht, JZ 1982, 304.

21 Dazu *Coing,* Bemerkungen zum überkommenen Zivilrechtssystem, in: FS Dölle, Bd. 1, Tübingen 1963, 25.

22 *Großfeld,* Macht und Ohnmacht [Anm. 14], 119.

23 *Elisabeth Eisenstein,* The Printing Press as an Agent of Change, 2 Bände, Cambridge 1979.

24 *Posman,* Das Verschwinden der Kindheit, 2. Auflage, Frankfurt 1983, 23, 41 f.

25 *Bauer-Bernet,* Rechtsdokumentation. Zur elektronischen Verarbeitung juristischer Texte im nationalen und internationalen Bereich, Frankfurt 1973; *Kerkau,* Automatische Datenverarbeitung – Kybernetik in Rechtswissenschaft und Praxis, Berlin 1970; *Steinmüller,* EDV und Recht. Einführung in die Rechtsinformatik, Berlin 1970; *Winkler* (Hrsg.), Rechtstheorie und Rechtsinformatik, Wien 1975.

26 *Großfeld,* Macht und Ohnmacht [Anm. 14], 144.

27 *Grossmann/Solomon,* Computers and Legal Reasoning, ABA J. 66 (1983) 66; *Müller* (Hrsg.), Beiträge zur Sprachverarbeitung in juristischen Dokumentationssystemen, Berlin 1976; *B. B. Lockwood,* »Electronic Shock«: The Impact of Computer Technology on the Practice of Law, The Dalhousie Law Journal, 7 (1983), 743 ff.; Zur Rationalität des Rechts allgemein: *von Mettenheim,* Recht und Rationalität, Tübingen 1984.

28 Dazu *Moziani,* Torah des Alphabets, Herborn 1983.

29 *Wittgenstein,* Philosophische Untersuchungen, Teil I, Frankfurt 1967, Nr. 122: »Die übersichtliche Darstellung vermittelt das Verständnis, welches eben darin besteht, daß wir die ›Zusammenhänge‹ sehen.«

30 *Großfeld,* »Unsterblichkeit« und Jurisprudenz, in: FS Kummer, Bern 1980, 3.

Wilhelm Steinmüller
Betroffenenschutz bei offenen Netzen

Funktion dieses Vorschlags

Technologisch steht unsere hochindustrialisierte Gesellschaft an einem Wendepunkt. Viele spüren es, reden vom Datenzeitalter, post-industrieller Informationsgesellschaft oder ähnlichem. Zwar ist es wichtig zu sehen, worin sie unrecht haben: nämlich wo sie glauben, daß eine *bessere* Zeit heraufzöge – nicht unverständlich angesichts einer Existenz zwischen atomaren, biologischen und chemischen Pulverfässern, der man zu entrinnen hofft. Wichtiger ist zu erkennen, worin sie alle recht haben: daß eine *andere* Zeit im Anbruch ist, die gebieterisch Nachdenken verlangt – die Phase der zweiten Industrialisierung (der Kopfarbeit, ja der Biosphäre überhaupt). Wenn nämlich die alte Kraftmaschine uns die Industrialisierung der letzten hundert Jahre beschert hat, mit ihren Umwälzungen, Wunscherfüllungen und Zerstörungen, was werden die neuen Denk-, Kommunikations- und sensorischen Maschinen uns neues bringen: die Computer, bis ins Unsichtbare verkleinert (Mikroprozessor), doch weltweit verteilt (Telekommunikation), mit de-facto-Zwangsanschluß für alle, bei Strafe sozialer Isolation (»offene [Informations- und Kommunikations-] Netze«)? *Werden wir Zeit genug haben nachzudenken und das Ergebnis des Nachdenkens zu gestalten?* Der »Fortschritt« eilt in unfaßlicher Geschwindigkeit voran. *Dabei genügt nicht, daß einzelne nachdenken oder Eliten. Alle* sind betroffen, alle geht es an. Es bedarf eines *gesamtgesellschaftlichen Entscheidungsprozesses,* und es ist entscheidend, daß dies *jetzt* geschieht. Denn Bürokraten der Post wie Technokraten der Wirtschaft versuchen einen zweiten »point of no return« unbemerkt passieren zu lassen: nach der (trotz aller Rückstände) nicht-rückholbaren *Computerisierung* von Staat und Wirtschaft (um 1965) nunmehr die *Digitalisierung* sämtlicher Kommunikationswege auf einer Alternativen ausschließenden Monotechnologie namens ISDN. Hinter diesem Kürzel verbirgt man die Computerisierung des Telefonnetzes zu einer technisch gesteuerten und überwachten Großtechnologie der Kommunikation, Verdatung und Rationalisierung mit vorprogrammiertem Übergang zur Glasfaser als Verbindung aller Elemente und Technologien der

Gesellschaft in einem einzigen »Netz«, hier »offenes Netz« (oN) genannt. Bereits vor dem Übergang zur breitbandigen Glasfaser begründet ISDN eine neue Organisationsform der Gesellschaft. Die Umwälzung, die die vielen isolierten Computer und Computersysteme gebracht haben, sind womöglich vergleichsweise gering gegenüber denjenigen, die durch die *Vernetzung aller Lebensbereiche mit Daten- und Kommunikationstechnologie* (im folgenden Informationstechnologie genannt) geschehen werden – noch vor jeder zusätzlichen Komplizierung durch Biotechnik und Bio-Informationstechnologie.

Zwar haben viele schon bisher Technik-Moratorien verlangt, dabei aber im wesentlichen nur versucht, naturereignishaft dräuende Technik zeitlich hinauszuschieben. Hier geht es um mehr und schwierigeres: *Es soll Zeit für gesellschaftliches Nachdenken gewonnen werden, um konstruktiv eine weithin ungestaltete,* d.h. bisher nur gesellschaftlichen Teilinteressen zur Gestaltung überlassene, *technische Entwicklung, die uns alle angeht und verändern wird, nach gesamtgesellschaftlichen Zielen und Bedürfnissen,* d.h. mindestens gemäß unserer Gesellschaftsverfassung, *zu formen.* Noch ist es dafür nicht zu spät, wenngleich die Pläne zur Digitalisierung bereits seit voriges Jahr ins Werk gesetzt sind.

Ein solches Nachdenken zu ermöglichen ist Funktion des folgenden Vorschlags.* Seine Tragweite ergibt sich aus der bisherigen informationstechnologischen Entwicklung, deren Kenntnis in Umrissen hier vorausgesetzt werden muß.[1]

1. Ausgangspunkt

Die herrschende Meinung vor allem unter Datenschutzfachleuten besagt, offene Netze seien sozial nicht beherrschbar. Gemeint ist

* Erweiterte Fassung eines vor der GI am 30. Oktober 1985 gehaltenen Vortrags. Er ist entstanden anläßlich eines Forschungsseminars an der Technischen Universität Wien (Institut für Praktische Informatik). Für wesentliche Beiträge danke ich den Teilnehmern des Seminars, namentlich Walter Blumberger (Interessenanalyse), Benjamin Davy (Rechtsfragen), Walter Dohr (Datenschutz), Edgar Gusenbauer (Unbeherrschbare Dienste), Paul Kolm (Rationalisierungsschutz), Michael Latzer (Teledienste), Max Pešek (Organisation), Franz Reichl (ISO-Schichten-Modell), Manfred Schmutzer (Sozialstrukturen), Herbert Schentz (Konsumentenschutz), Bernhard Steiner (Eigenschaften offener Netze), Hans Zeger (Genehmigungsverfahren). Frieder Nake danke ich herzlich für förderliche Diskussion.

aber häufig nur, daß effektiver Datenschutz nicht gewährleistet werden könne; andere denken an nicht mehr finanzierbare Arbeitsmarktrisiken, an die Möglichkeit allgegenwärtiger staatlicher Repression oder an die Probleme der Verwundbarkeit der Gesellschaft durch ein Kommunikationsnetz, das alle bisherigen Netze ersetzt und verdrängt.

Ich meine dagegen, soziale Beherrschung in einem umfassenden Sinne[2] sei unter bestimmten Bedingungen möglich. Aufgabe ist, die Bedingungen der Beherrschbarkeit in einem Lösungsmodell zu formulieren, das auf der Stufe prinzipieller Plausibilität stehen bleibt.

Oder in der Sprache der Politik: Es geht um die Wiederherstellung der Politikfähigkeit von oN, die angesichts der postalischen Ausbaupläne und der Komplexität der Folgen bereits verloren gegangen zu sein schien.[3]

Damit soll zugleich das 1970 entwickelte Datenschutz-Lösungsmodell[4] im Hinblick auf die neuere technische Entwicklung weitergedacht und auf »Betroffenenschutz« erweitert werden.[5]

2. Was das Lösungsmodell nicht leisten soll

Es beschränkt sich auf eine Teilfrage; sicher nicht die wichtigste,[6] möglicherweise aber die vordringlichste. Es diskutiert z. B. nicht, ob oN überhaupt zugelassen werden sollten, etwa weil sie als menschenstürmerische Großtechnologie überwiegend sozialschädlich sein könnten; desgleichen erörtert es nur ansatzweise die weitergehende Frage, ob und wie sie betroffenen- oder gar menschenfreundlich gestaltet werden könnten, insbesondere ob und welche Alternativen bestehen.[7] Erst recht sind »systemüberschreitende« Fragen nicht berücksichtigt. Gemeint ist also lediglich ein *Minimalmodell*, das die *normativen Voraussetzungen sozialer Tolerierbarkeit von oN* formuliert.

Nicht gedacht ist ferner an

– mathematisch genaue Beherrschung: Es genügt ein Systemverhalten innerhalb von durch soziale Regeln vorgegebenen Toleranzen;[8] völlige Beherrschung ist anscheinend prinzipiell unmöglich.

– Soziale Verträglichkeit: Sie ist das über bloße soziale Beherrschbarkeit hinausgehende anzustrebende Ziel der Beherrschung sozialer Folgen, das aber, um es zu erreichen, anderer und zusätzlicher Mittel bedarf, weil sie Modelle zur Abschätzung der sozialen Risiken, zur Folgenbewertung und deren Bewältigung benötigt und soziale Beherrschung voraussetzt. Hier wird also nur ein Ausschnitt der sozialen Verträglichkeit behandelt.

– Soziale Gestaltung: Sie ist weniger als soziale Beherrschung, da diese zusätzlich die technische Gestaltung mit umfaßt, die bei jener (vor allem im gewerkschaftlichen Sprachgebrauch) normalerweise unberücksichtigt bleibt.

Schließlich ist der Vorschlag insgesamt lückenhaft, da er lediglich auf einige Schwerpunkte eingeht, andere – möglicherweise schwierigere – der weiteren Ausforschung und Ausgestaltung überläßt (z. B. das noch zu schaffende Telekommunikationsrecht).

3. Definitionen

(1) *Netz* = technische Verbindung von Datenveränderungstechnologien (Rechner und Informationssysteme aller Größen)[9] mittels Datenübertragungstechnologien[10] mit Rechnerunterstützung (Telekommunikation) *einschließlich* der darauf realisierten Anwendungen.[11]

(2) *Offen* ist ein solches Netz, wenn es beliebigen Nutzern für deren beliebige[12] Zwecke[13] im Rahmen der technischen Möglichkeiten und der rechtlichen Teilnahmebedingungen zugänglich ist. Praktisch wichtigstes, weil vordringlichstes Beispiel: das ehemalige Telefonnetz nach Digitalisierung. (Als entferntes Analogat vergleiche man das bisherige Eisenbahnnetz.) Gegensatz: beschränktes Netz:

(a) *geschlossenes Netz* (für einen beschränkten Nutzerkreis)
(b) *dediziertes Netz* (für beschränkte Zwecke)
(c) *Sondernetz* (für beide zusammen).

Bisherige Rechnerverbunde sind in diesem Sinne meist Sondernetze, bisherige Telekommunikationssysteme dedizierte Netze, da sie anderweite Nutzer/Zwecke durch ihre Organisation ausschließen. Bildschirmtext (Btx) ist eine Übergangserscheinung zu oN, weil seine morbide Technikkombination von veralteter Telefon- mit modernster Rechnertechnik die theoretisch und vom Design her an sich fast unbeschränkten Verwendungsmöglichkeiten drastisch reduziert.[14] – An Btx wurde das vorliegende Lösungsmodell entwickelt – auch deswegen, weil die Entstehung von Btx

zeigt, wie immer wieder Gestaltungsalternativen mit geringerer sozialer Problematik durch das gesellschaftlich unverantwortete »Spiel der Kräfte« ausgeschieden wurden zugunsten anderer mit vermutlich höherem Technikbedarf oder höherem Machtzuwachs.
(3) *Beherrschbarkeit* ist Herstellung von Beherrschung.[15] Ein Netz ist beherrscht, wenn es das tut, was es tun soll, d. h. wenn Soll- und Ist-Wert innerhalb der gesellschaftlich zugelassenen Toleranzen übereinstimmen. Den Soll-Wert bestimmen die zuständigen gesellschaftlichen Instanzen.
(4) *Sozial* meint den Inhalt und Grad der Übereinstimmung. Sozial beherrscht ist ein oN bereits dann, wenn es der nach der Verfassung erforderlichen Mindestmenge an sozialen Regeln entspricht, sein Verhalten also innerhalb bestimmter vorgegebener Toleranzen sozial erwart- und berechenbar ist; und zwar erwartbar für die Gesellschaft, d. h. nicht nur für die normgebenden Instanzen, sondern auch und vor allem für den Staatsbürger in seinen verschiedenen sozialen Rollen (als Arbeitnehmer, Sozialversicherter, Postkunde, ...) und für die ihn vertretenden gesellschaftlichen Institutionen (Betriebsräte, Gewerkschaften, Konsumentenverbände, Parlamente, ...). Nicht gemeint ist Beherrschbarkeit für die Betreiber oder den Staat, namentlich für Sicherheitskräfte und Geheimdienste: Sie ist durch Digitalisierung der gesamten öffentlichen und einen Gutteil der privaten Kommunikation bei der geplanten Netzstruktur ohnedies so sehr gewährleistet, daß genau diese ein Problem sozialer Beherrschbarkeit darstellt.
(5) *Soziale Regeln* in diesem Sinn sind die durch die zuständigen Instanzen für das oN (bzw. den Netztyp) getroffenen *technischen*[16] (hard- und software-), *organisatorischen* (orgware, Betreiber- und Systemzweck, sonstiges Nutzerverhalten) *und rechtlichen* (prozessuale und inhaltliche juristische Einbettung des oN in seine Systemumwelt) *Vorkehrungen* einschließlich der zugehörigen Institutionen.[17]

4. Das Problem

Das zu lösende Problem zeigt sich deutlich beim Vergleich mit mündlicher Kommunikation. Sie ist zwar unbeschränkt hinsichtlich der Teilnehmerzahl (innerhalb gewisser räumlicher Grenzen) und der Zwecke, trägt insofern Netzcharakter, aber kennt keine maschinelle Verstärkung, ist zeit-/ortsgebunden, sinn- und kontextreich sowie körperbezogen.

Offene Netze dagegen stellen ein zusätzliches neuartiges und mächtiges Mittel dar, um (alte und neue) legale oder illegale Zwekke zu verfolgen – enthalten also eine (qualitativ?!) neue Problematik. Mächtig ist das Mittel, weil es die Daten-, Text-, Ton- und Bild- sowie Programmkommunikation in quasi-industriellem Maßstab steigert und dazu tendiert, bisherige Kommunikationsformen zu verdrängen; neuartig ist es wegen der neuen Eigenschaften dieses Informationssystems und weil es ein historisch bisher nicht vorhandener Netztyp ist:

4.1 Neue Eigenschaften

Die neuen Eigenschaften dieses Maschine-Mensch-Verbundes sind vor allem diejenigen aller Computernetze: weitgehende Orts- und Zeitunabhängigkeit des Systems, Flexibilität (wegen organisatorischer und technischer Vielfalt, multifunktionaler Programmierbarkeit und Computersteuerung),[18] Überkomplexität (verglichen mit Grenzen menschlicher Komplexitätsverarbeitung) bei gleichzeitiger Primitivität (aus nur zwei elementaren logischen Bausteinen aufgebaut) und seine Immaterialität (der Information der Verarbeitungsprogramme, damit aber auch Unsichtbarkeit der in ihnen ver»körper«ten Zwecke).

4.2 Neuer Netztyp

Es gab bisher 2 bzw. 3 Netztypen; nämlich Netze[19] zum Transport von

(1) Gütern und Menschen, also materieller Objekte (Straßen + Automobile, Bahn, Luft- und Raumfahrt)

(2) Rohstoffen (Wasser, Erdgas, Öl) – also ebenfalls materieller Dinge

(3) Energie (Elektrizität, Wärme).

Sie wurden dadurch »gezähmt«, d. h. beherrschbar gemacht, daß zum einen eine Fülle von »sozialen Regeln« eingeführt wurde, die sich an die Netznutzer (Produzenten, Lieferanten, Verbraucher) richteten, *und* zum anderen das materielle und institutionelle Substrat (die »Infrastruktur«) technisch und organisatorisch so gestaltet wurde, daß viele mögliche Teilprobleme gar nicht auftreten konnten oder minimiert wurden, was durch weitere soziale Regeln (z. B. DIN-Normen) abgesichert wurde: z. B. Beschaffenheit des Straßenbelags, Straßenklassen, Kurvenradien, Kreisverkehr usf.

Daß soziale Beherrschung noch keine Sozialverträglichkeit bedeutet, dürfte anhand der bisherigen Beispiele klar sein: Exzessive Automobilnutzung, wiewohl durch Verkehrsregeln und Infrastrukturgestaltung sozial beherrscht, zeitigte die Sekundärfolgen »Tote und Schwerverletzte durch Verkehrsunfälle« sowie (zusammen mit anderen Ursachen) »Waldsterben durch sauren Regen«.

4.3 Neuartige Problematik

Bisher werden die Kommunikationsstrukturen und -prozesse (im folgenden: Kommunikationsmuster) der Gesellschaft mit und in ihren Subsystemen (Staat, Wirtschaft, Intermediärer Bereich, Gesellschaft im übrigen, wieder mit ihren Subsystemen; also alle Teilsysteme der Gesellschaft) durch eine große Anzahl sozialer Regeln normiert, vor allem durch das öffentliche und das Privatrecht mit dem Metasystem der Verfassung.

Jetzt soll neben diese alten Kommunikationsmuster ein einziges offenes, nur technisch teilweise normiertes Netz treten, das für alle programmierbaren Kommunikationszwecke (das sind: alle codierbaren, beileibe nicht nur die bisher bekannten![20]) offensteht. Bei genauerem Zusehen wirken einige soziale Normen aus den bisherigen Kommunikationsmustern auch auf das oN herüber, z. B. das Fernmeldegeheimnis; sie reichen aber zur sozialen Normierung nicht aus, weil das oN erstens andere Eigenschaften hat, auf die die alten Normen nicht oder nicht genau passen, zweitens die resultierenden Kommunikationsmuster insgesamt weitaus komplexer werden läßt – mit dem gemeinsamen Ergebnis, daß die alten Normen zwar noch rechtlich bestehen, aber faktisch nicht mehr »greifen« – was im einzelnen an einigen Beispielen zu verdeutlichen wäre.[21]

D. h.: Alle bisherigen Sozialmuster überlagert nun ein sozial nicht ausreichend normiertes Kommunikationsnetz, das die gesamte Gesellschaft überdeckt und (im wesentlichen) rechtsfrei ist.

Die Folgen dieser Entwicklung sind kaum im Detail voraussehbar; eine – recht allgemeine – Auswirkung jedoch wahrscheinlich: die Verdopplung der Kommunikation. Sie bedingt einen Sogeffekt, weil das oN ungleich, nämlich in quasi-industriellem Maßstab, leistungsfähiger ist als das bisherige, und obendrein »billiger« (weil ohne Rechtsbefolgungskosten). Kommunikation wird in diesen partiell rechtsfreien Raum gedrängt, findet tendenziell überwiegend dort statt, wo dies aus ökonomischen oder politischen Gründen rationeller zu sein scheint, wobei Großunternehmen und Behörden naturgemäß großtechnische Systeme besser nutzen können als Kleine.

Um es deutlicher zu sagen: Es bilden sich gesellschaftsübergreifende Bereiche, die sich über oN der parlamentarischen und richterlichen Kontrolle entziehen. Oder noch deutlicher: oN sind im wesentlichen grundrechtsfreie oder -arme Bereiche, ohne Schutz von Schwächeren – ein schlechterdings verfassungswidriger Zustand.[22]

5. Lösungsansatz

Ich spalte das Problem in gelöste, lösbare und unlösbare Teile auf, gebe einen Lösungsvorschlag für den lösbaren Teil und formuliere den unlösbaren Teil so um, daß er lösbar wird. Anschließend müssen die Probleme und Einwände erörtert werden, die dieser Lösungsansatz produziert (Abschnitt 6.).

Dann erst kann an ein ausgearbeitetes Lösungsmodell gegangen werden. Hier wird es nur soweit konkretisiert, daß die Richtung der (voraussichtlich höchst umfangreichen) weiteren Detailarbeit sichtbar wird (Abschnitt 7.). Dabei ist eine Warnung nicht unangebracht: Es kann sich herausstellen, daß ein auf dieser generellen Ebene noch plausibles Lösungsmodell an zusätzlichen Schwierigkeiten der unteren konkreteren Ebenen scheitert.

»Gelöst« bzw. *»lösbar«* meint bereits die Herstellung eines abstrakten, von konkreten gesellschaftlichen Machtverhältnissen oder politischer und ökonomischer Durchsetzbarkeit absehenden Lösungsmodells. Abgesehen wird auch von bereits bestehenden illegalen Zuständen (etwa im Sicherheitsbereich). Diese Aufgaben werden nicht übersehen, gehören aber nicht zu unserem Thema.

Der Lösungsansatz geht von drei einander real überlagernden logischen Teilen (»Stufen«) des »Problems oN« aus:

– *Stufe I* ist die bisherige unverbundene Vielfalt von Rechnern und Rechnerverbunden mit Peripherie, einschließlich bisheriger (dedizierter) Datenfernverarbeitungssysteme: »gelöster« Problemanteil.

– *Stufe II* ist das darüberliegende Telekommunikationsnetz ab Digitalisierung des Telefonnetzes: »lösbarer« Problemanteil;
– *Stufe III* ist die Menge der möglichen Anwendungen von (I+II): »unlösbarer« Problemanteil.

»Darüber« stehen die Nutzer und Betreiber der Systeme, »darunter« die Betroffenen (vgl. Abb. 1).

5.1 *Gelöst,* aber nur in der Theorie[23], ist das Problem der sozialen Beherrschbarkeit herkömmlicher Computer- und Datenfernverarbeitungssysteme (Computerverbunde) sowie bisheriger Telekommunikation:

(1) *Computerverbunde* waren bisher (= vor Btx) stets »beschränkte« Systeme, da sie entweder einen beschränkten Nutzerkreis oder definierte Zweckstruktur oder beides aufwiesen. Sozial beherrschbar wurden sie einerseits durch das bisherige Mitbestimmungsrecht,[24] andererseits durch den erwähnten Datenschutzansatz eines Datenzuteilungs- und Datenverkehrsrechts i. S. eines »Daten- und Programm-Rationalisierungsprinzips«,[25] das etwa so zusammengefaßt war:

»1. Jeder Benutzer erhält durch das System das Minimum an Aufgaben zugeteilt.« (Aufgaben = Zwecke)

2. Zur Kontrolle von (1.) einschließlich Transparenzwiederherstellung trotz gestiegener Komplexität diene die Einführung einer

a) internen Selbstkontrolle durch
   – System-bookkeeping
   – interne Datenschutzbeauftragte (für die Systembetreiber),
   – Betriebs-/Personalräte (für die Systembetroffenen);
b) externen Fremdkontrolle durch
   – Datenschutzbeauftragte oder -kommissionen im staatlichen Bereich
   – Datenschutzaufsichtsbehörden im privaten (kommerziellen) Bereich,

   je als Sollwertgeber (für Parlamente) und als professionelle Hilfe (für Datenbetroffene).

3. Für Sondersysteme (z. B. militärische Netze, geschlossene Benutzergruppen bei Btx) wurde soziale Beherrschbarkeit durch einige zusätzliche Vorkehrungen für »riskante Systeme« hergestellt.[26]

(2) *Bisherige Telekommunikationssysteme*[27] haben im Gegensatz zu (1) meist einen unbeschränkten Nutzerkreis, aber beschränkte Zwecke, sind also in Wirklichkeit beschränkte (dedizierte) Syste-

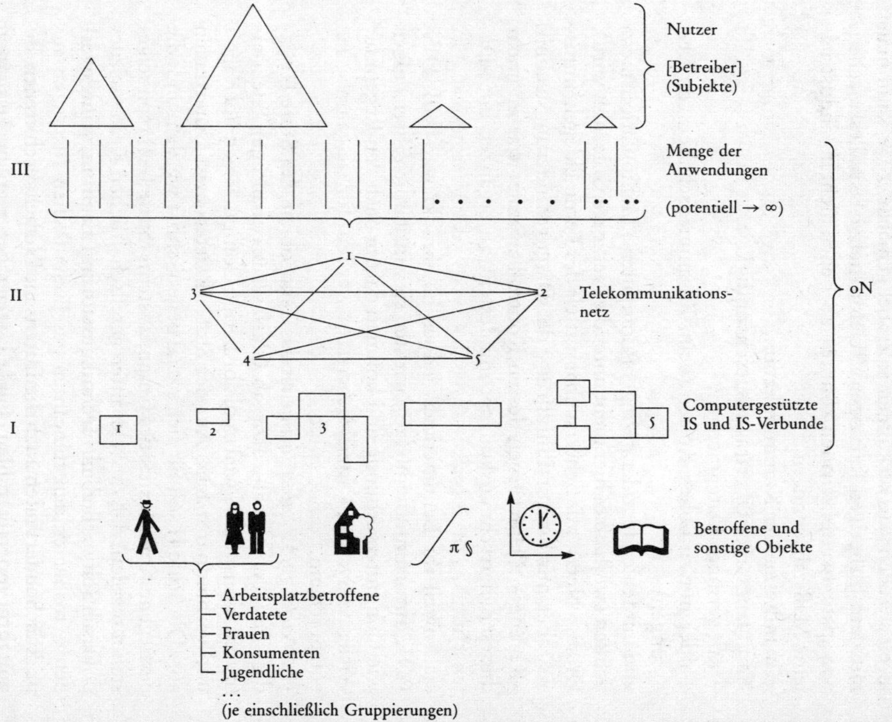

Nutzer
[Betreiber]
(Subjekte)
III
Menge der
Anwendungen
(potentiell → ∞)
II
Telekommunikations-
netz
oN
I
Computergestützte
IS und IS-Verbunde
π §
Betroffene und
sonstige Objekte
Arbeitsplatzbetroffene
Verdatete
Frauen
Konsumenten
Jugendliche
...
(je einschließlich Gruppierungen)

me. Sie werden formal beschränkt durch die postalischen Bestimmungen; inhaltlich werden sie ebenfalls über diese und durch die angrenzenden Dienste sowie die Systemumwelt definiert oder in ihren sozialen Auswirkungen tolerabel gemacht. Z. B. kann man mit dem bisherigen (analogen) Telefon»netz« fast alles machen, was später bei oN schaden könnte – aber eben nicht in »industriellem« Maßstab, sondern

- in individueller Kommunikation,
- mit langsamer Übertragunsgeschwindigkeit,
- mit geringen Datenmengen,
- oder mit zu hohen Kosten (beim Zusammenschalten von Leitungen)

und mit fehlender oder geringer (Computer-) Manipulationsmöglichkeit (weshalb es hier nicht unter die Netze i. e. S. gezählt wird). Dieses »Netz« war beherrschbar mittels des Fernmeldegeheimnisses, aber nur bis zur Einführung der Datenveränderungstechnik »Rechner«. Denn wegen dessen Kontrollkapazität war nunmehr dieses Beherrschungskonzept mindestens zu ergänzen um »Datenschutz«.

(3) Soweit ihr Benutzerkreis jedoch beschränkt war (z. B. DISPOL; firmeninterne Netze), wirkten sie hinsichtlich ihrer Folgen wie Computerverbunde und konnten darum nach den Regeln für »riskante Systeme« sozial beherrscht werden; für sie galt also (1) entsprechend.

5.2 *Nicht gelöst, aber lösbar* ist das Teilproblem der Stufe II: das digitale (erst schmal-, dann ab Glasfaser breitbandige) Telekommunikations*netz*[28], weil es die bisherige Computerwelt überlagert und verbindbar macht. Auf der Stufe II treten zwei Unterfragen auf: Die Stufe II soll für sich sozial beherrschbar werden, und: die gestiegene Komplexität des Gesamtsystems (Stufe I+II) soll so gestaltet werden, daß die relevanten gesellschaftlichen Kräfte wieder politisch (einschließlich Technikgestaltung) handlungsfähig werden – wobei zu den relevanten gesellschaftlichen Instanzen aus praktischen Gründen auch die Daten- und Arbeitsbetroffenen sowie ihre Vertreter zählen. Beide Unterfragen werden zusammen durch nur je eine technische und eine organisatorische Maßnahme beantwortet. Dabei kann hier nur der prinzipielle Denkansatz entfaltet werden:

(1) *Technische Maßnahme:* Es ist bekannt, daß sicherheitsrelevante und hochkomplexe, jedoch dedizierte Netze (z. B. der Polizei,

der Flugsicherung, der Militärs) in ihrem Verhalten reproduzierbar sind, d.h. daß die Systemzustände, die für Nutzer relevant sind, während eines definierten Zeitraums soweit protokolliert werden, daß vergangenes Systemverhalten für Nutzerzwecke (z.B. Fehlersuche) rekonstruierbar wird (was strukturell weniger ist als Voraussehbarkeit künftigen Verhaltens). Ich nenne diese (bekannte) Eigenschaft *»benutzerrelevante Systemtransparenz«*. Sie ist auch für oN realisierbar, da bereits zur Aufrechterhaltung der Funktionsfähigkeit des oN erforderlich, wobei lediglich zusätzliche Mengenprobleme auftreten.[29]

Diese Eigenschaft kann zu *»betroffenenrelevanter Systemtransparenz«* erweitert werden, indem die für den Datenschutz der Betroffenen relevanten Kontrolldaten zusätzlich in die Protokollkonventionen aufgenommen werden[30] (»technische Transparenz«).

(2) *Organisatorische Maßnahme:* Die Gesamttransparenz des Systems bestehend aus den Stufen I+II erfordert, daß eine Instanz zur allgemeinverständlichen Interpretation des Systemverhaltens für Betroffene(nvertretungen) eingerichtet wird (*»organisatorische Transparenz«*). Denn die bloß technische Transparenz der Systemzustände ist für die Betroffenen und die anderen beteiligten gesellschaftlichen Instanzen zunächst wertlos, bis sie ihnen verständlich dargeboten wird – *auch* durch Ausbau des Telekommunikations*rechts*.

»Organisatorische Transparenz« kann durch zwei Untermaßnahmen erreicht werden:

(a) durch Bestellung eines *»Netzbeauftragten«*, der als kompetenter Nachrichtentechniker die Systemzustände interpretiert, gegebenenfalls die zusätzlich erforderlichen Protokollverfahren implementiert, also diejenigen Zusatzinformationen organisiert, die für betroffenenrelevante Systemtransparenz notwendig sind;

(b) durch *Zuordnung* des Netzbeauftragten zu den externen Datenschutzinstitutionen. Dies ist organisationssoziologisch zweckmäßiger als eine selbständige Stellung in überschneidender Konkurrenz zur Kompetenz der Datenschutzinstanzen, weil

- sie sonst gegeneinander ausgespielt werden können,
- sie für das identische System bestellt sind,
- die Datenschutzinstitutionen über politisch wirkungsvollere Formen der parlamentarischen und Öffentlichkeitsarbeit verfü-

gen. Oder anders: Die Zuordnung sollte in einer relativ selbständigen Zuarbeit des Netzbeauftragten bestehen, nicht in einem bloßen Nebeneinander, da das Telekommunikationsnetz der Stufe II systemtheoretisch lediglich ein untergeordnetes Teilsystem des oN darstellt und dies auch in der Kontrollstruktur abgebildet sein sollte.

Wegen der offenen Benutzerstruktur von oN für private und öffentliche (staatliche) Nutzer ist es zweckmäßig, den Netzbeauftragten dem *staatlichen* Datenschutzbeauftragten zuzuordnen.

Zu beachten ist die *feedback-Wirkung auf die Datenschutzinstanz:* Ihr Tätigkeitskreis wird nicht nur quantitativ weiter, sondern auch qualitativ reicher; quantitativ durch die Einbeziehung der Informationen aus Teilsystem II, qualitativ durch den Gefahrenbereich des oN, der weit über »personenbezogene Daten« und »Dateien« hinausgeht und Text-Bild-Ton-Programm-Dienste (kurz alles digital im oN Repräsentatierbare abzüglich problemarmer Untermengen) umfaßt, also auch zunehmend Probleme des Jugend-, Konsumenten- und v. a. Rationalisierungsschutzes berührt.

Die Maßnahmen zur Herstellung der Transparenz und die Einrichtung des Netzbeauftragten sind rechtlich in einem *Gesetz* über technisch vermittelte Kommunikation festzuschreiben, *das auch das übrige erforderliche Telekommunikationsrecht enthält,*[31] zuzüglich der im folgenden erwähnten allgemeinen Regelungsstrukturen aus 5.3 (die speziellen sollen bereichsspezifischen Gesetzen vorbehalten bzw. eingegliedert werden).

5.3 *Bislang unlösbar, jedoch unter gewissen Voraussetzungen lösbar* ist das dritte Teilproblem offener Netze: die offene Zweckstruktur. Ich nenne das die Stufe III des Lösungsansatzes.

(1) *Offene Zweckstruktur* bedeutet, daß abzählbar unendlich viele Aufgaben (Zwecke) – bis zur Grenze der technischen Leistungsfähigkeit des oN einschließlich der möglichen und abzüglich der uninteressanten sowie der noch nicht programmierbaren – dem Netz übertragen werden können. Oder anders: *Zu allen bisher bekannten und künftig hinzukommenden*[32] *sozialen Interaktionsmustern kann oN-Unterstützung (mit der gesamten Netzleistung!) hinzukommen, aber zeit-/ortsfrei und überkomplex organisiert, d. h. nach bisherigen Maßstäben gesellschaftlich nicht mehr kontrollierbar.* Das bedeutet ferner, daß oN-vermittelte Informationstechnologie-Unterstützung jeglicher Art (z. B. Computer-,

Erfassungstechnologien) hinzukommen kann – mit allen zugehörigen sozialen Folgeproblemen, z. B. der Verdatung oder der Arbeitsplatzvernichtung.

Ich nenne die telekommunikationsgestützten sozialen Interaktionsmuster *»Teledienste«* und – zum Unterschied vom formalen Dienstbegriff der Bundespost – »inhaltliche Teledienste« oder kurz *»Teletransaktionen«;* z. B. Telekauf; Telearbeit; Telemiete; Telebanking; Telebibliothek (-dokumentation); Telekonferenz; Teleschule; Telearbeit, z. B. Fernüberwachung, Telediagnose u. a. Teleservices; Telepolling; staatliche und kommunale, hoheitliche und nicht-hoheitliche Televerwaltung; Telebrief; Telekino (»Pay-TV«); usf.: Es handelt sich dabei um alle bisher bekannten Teletransaktionen und alle technisch usw. möglichen neuen; d. h. aber prinzipiell unendlich viele – soweit digitalisier-, programmier- und organisier- sowie durchsetzbar.

Hinzu kommen alle die zur Ermöglichung dieser Dienste auftretenden Unternehmen, Behörden und sonstigen Institutionen *(»Teleadministration«).* Die Teleadministration zusammen mit der Menge der durch sie ermöglichten Teletransaktionen könnte man als eine entstehende *»Telekultur«* (»Telezivilisation«?!) bezeichnen.

Das damit umrissene Problem der Stufe III ist in dieser Form auch künftig unlösbar, da es unendlich viele Teilprobleme enthält, nämlich die *soziale Beherrschbarmachung theoretisch unendlich vieler* (und praktisch immer noch zu vieler) *Teletransaktionen und zugehöriger Teleadministration.*

(2) Da dieser Zustand schlechterdings rechtlich verboten ist, weil er die partielle Aushöhlung tendenziell aller Grundrechte und ebenso eines Großteils der übrigen Rechtsordnung durch ein technisches System, genauer seine sozial unbeherrschte Anwendung darstellt, indem es einen weitgehend rechtsfreien Raum hoher Attraktivität unter geringen Kosten für tendenziell alle Lebensbereiche bereitstellt, gibt es – trotz der prinzipiellen Lösbarkeit der Teilprobleme der Stufen I/II – nur zwei denkbare Auswege:

- generelles Verbot des offenen Netzes, oder
- Verbot (nur) der sozial ungeregelten Teletransaktionen – mit Erlaubnismöglichkeit.

Letzteres bedeutet die *zeitliche Verteilung* des gleichzeitig unlösbaren Problems *auf zeitlich gestreckte Teillösungen,* wobei die jeweils ungelöste Restmenge in die Zukunft geschoben wird.

Diese Lösungsmethode – Verbot mit Erlaubnisvorbehalt – ist der Rechtsordnung nicht fremd, vielmehr sogar eine ihrer Grundmethoden. (Die beiden anderen sind »grundsätzliche Erlaubnis mit Verbotsvorbehalt« und – wo sozial unbedenklich – »Verzicht auf rechtliche Regelung« = »rechtsfreier Raum«). Erstere wird vor allem dort angewendet, wo es nicht nur darum geht, Mißbrauch zu begegnen, sondern darüber hinaus Gebrauch überlegener Macht zu steuern (etwa ein Verhalten eines machtüberlegenen Systems für Betroffene transparent zu machen), allgemeiner: einem übergeordneten Zweck dienstbar zu machen. Hauptanwendungsgebiete sind darum hoheitliches staatliches Handeln und Datenverarbeitung in computergestützten Systemen (vgl. § 3 BGDS).[33]

(3) Das bedeutet positiv:

Wer einen Teledienst einführen will, hat die Möglichkeit seiner sozialen Beherrschbarkeit (einschließlich ihrer technischen[34] und organisatorischen Bedingungen und Alternativen) darzutun. – Soziale Beherrschbarkeit des jeweiligen Teledienstes ist frühestens dann gegeben, wenn der fragliche Teletransaktionstyp entweder

– durch formelles Gesetz eingeführt ist: bei »Großdiensten«, z. B. Telekauf; oder

– durch ermächtigte Verordnung (Prinzip der Gesetzmäßigkeit der Verwaltung, hier – wie auch sonst im deutschen Datenrecht – ausgedehnt auf die Wirtschaft): bei mittleren Diensten oder Spezialformen von Großdiensten; oder

– durch Einzel- oder Sammelgenehmigung einer zur Prüfung dieser Frage ausgestatteten Stelle: bei Trivialfällen. (Zweckmäßigerweise ist dies die Datenschutzstelle, da sie das am besten beurteilen kann.)

Ich nenne diese Prozeduren zusammen das *»Genehmigungsverfahren«*.

Besonders hervorzuheben ist, daß eine *rechtliche Normierung* erheblich erleichtert wird, wenn durch technische und organisatorische Gestaltung des jeweiligen Teledienstes die meisten Probleme gar nicht erst auftreten können und für die Restmenge das System so gestaltet ist, daß die Rechtsregeln überhaupt greifen – eine keineswegs selbstverständliche Forderung aus Erfahrungen mit datenverarbeitenden Systemen. Z. B. kann ein schlecht (d. h. nicht von vornherein dafür) konzipiertes System dazu führen, daß die Einführung von Kontrollstrukturen zu teuer und/oder wirkungslos ist.

Dieser Vorschlag bietet den *Vorteil,* daß alle Beteiligten einschließlich der Betroffenen ihre Interessen in das Verfahren einbringen können, die Öffentlichkeit sich artikulieren bzw. politischen Druck aufbauen kann und Zeit für die u. U. komplizierte technisch/organisatorisch/juristische Lösung der Probleme gewonnen wird. Erfordert ist allerdings, daß die beteiligten gesellschaftlichen Instanzen früh genug auf den Plan treten können, d. h. von den Interessenten rechtzeitig informiert werden – das leidige Mitbestimmungsproblem bei Informationstechnologien, nun aber im Großen.

Dabei wird im Genehmigungsverfahren das bisherige *Wissen über Technologiefolgen und ihre Bewältigung* mit berücksichtigt, um die Rechts- und Sozialordnung rechtzeitig anzupassen:

(1) Maschinisierungsfolgen (Leistungssteigerung, Rationalisierung): durch »Rationalisierungsschutz«;
(2) Verdatungsfolgen: durch »Datenschutz«;
(3) Telekommunikationsfolgen: durch »Netzschutz« der die bisherige Technik überlagernden Telekommunikation (Stufe II);
(4) Zweckfolgen, namentlich der Vielfalt der Anwendungen aus Stufe III: durch Konsumenten-, Jugend-, Ehr(usw.)schutz sowie durch Standardisierung[35] neuer und Modifikation bereits vorhandener Transaktionstypen;
(5) Feedback-Folgen aus der Folgenakkumulation (1–4) für Umwelt und Mensch;
(6) Großtechnologiefolgen: aus der Einführung einer Monokultur unter Beseitigung von Alternativen, insbesondere die »vulnerability« (Verletzlichkeit) einer derart der Technik ausgelieferten Gesellschaft.

6. Probleme dieses Lösungsansatzes

(1) Zunächst taucht die naheliegende Frage auf, ob es zu alledem nicht schon *zu spät* sei. Dies ist nicht der Fall, wie die schleppende Einführung von Btx entgegen allen Postplänen zeigt.

(2) Viel schwieriger ist ein anderes Problem zu lösen: der *offene Dienstbegriff* der Post. »Dienste« sind durch die Post bisher formal und technisch definiert, wie es dem überwiegend syntaktischen Denken des Nachrichtentechnikers und Informatikers sowie dem ökonomischen Kalkül des Telemonopols entspricht, kann

also z. B. zwischen legitimen und illegitimen Anwendungszwekken nicht unterscheiden.

Hier kann nur eine politische Lösung gefunden werden. Dabei ist es aber von Vorteil, daß der hier entwickelte inhaltliche Dienstbegriff den formalen als Teilmenge enthält. Die politische Argumentation kann dann darauf verweisen, daß die inhaltliche Ausfüllung durch die Verfassung geboten und technisch möglich ist.

(3) Das dritte Problem besteht in der möglicherweise *widersprüchlichen Zielstruktur* der hier vorgeschlagenen Regelung. So kann das »informationelle Selbstbestimmungsrecht« der Verfassung durchaus in Widerstreit zu gesamtgesellschaftlichen Interessen an Transparenz (und damit Protokollierung) der Teletransaktionen geraten. – Dieses Problem ist tatsächlich auf dieser generellen Ebene unlösbar und kann nur im Rahmen des »Genehmigungsverfahrens« für den einzelnen Teledienst einem konsensfähigen Kompromiß zugeführt werden.

(4) Ein viertes Problem besteht in der Technisierung, *Bürokratisierung und Kommerzialisierung fast jeglicher Kommunikation.* Es ist ein Einwand gegen oN als solche, nicht ein Problem des Lösungsmodells, das nur die Folgen zu lindern versuchen kann.

7. Lösungsmodell

Der generelle Lösungsansatz für das oN muß nun im Rahmen des Genehmigungsverfahrens zum individuellen *Lösungsmodell* für die einzelnen Teledienste konkretisiert werden:

(1) Die einzelne Teletransaktion werde zusammen mit Teilsystem I und II je separat behandelt, als ob jede Transaktion über die Teilsysteme I und II für sich allein verfügen würde. Das bietet den Vorteil der größeren Störungsfreiheit der entstehenden politischen Diskussion und der Separierung der Probleme und Interessen.

(2) Sodann werde für jeden Teledienst gesondert die Menge der sozialen Regeln entworfen, und zwar in der üblichen und sachgerechten Reihenfolge:

- technische,
- organisatorische und
- rechtliche Regeln.

Dabei empfiehlt es sich, für jeden Dienst eine leicht faßliche, d. h. auch politisch gut vermittelbare Leitlinie zu verfassen. Als Beispiel diene der private Briefverkehr. Seine Organisationsmaxime[36] könnte lauten: »Privatbrief muß Privatbrief bleiben.« Das *kann* auf der technischen Ebene bedeuten, daß der Privatbrief sich mit individuellem Inhalt an individuelle Partner unverschlüsselt richten *muß*, im Gegensatz zum chiffrierfähigen und häufig -bedürftigen Geschäftsbrief.[37] Diese Trennung ist technisch und organisatorisch sicherzustellen.[38] Die Art der Chiffrierung ist kontrollfähig zu gestalten. Der Klartext des Privatbriefs unterliege besonders strengem Datenschutz, wofür das bisherige Briefgeheimnis keineswegs ausreicht, während der Geschäftsverkehr sich selber am besten schützt (d.h. Datensicherheit implementieren wird). Die Durchbrechung der Chiffrierung sei nur einer einzigen gesellschaftlichen Instanz, dem Netzbeauftragten, gestattet, der so den Schutz vor organisiertem Verbrechen gewährleistet (das über töricht ausgestaltete Teledienste geradezu ideale Voraussetzungen für neuartige zeit- und ortsfreie »verteilte« weltweite Organisationsformen fände, die durch kein bisher bekanntes Verfahren kontrollierbar wären!).

(3) Nach Klärung der technischen und organisatorischen Gestaltung ergibt sich hinsichtlich der rechtlichen Teilmenge der sozialen Regeln in erster Näherung für jede Teletransaktion eine andere Kombination aus dem vorhandenen Rechtsbestand, sowie (wahrscheinlich) einigen wenigen weiteren Rechtsregeln. Diese folgen aus der hohen Komplexität des jeweils zu regelnden Ausschnitts der Telekultur, aus den Organisationsregeln der Teleadministration (so wenig wie irgend möglich!) sowie schließlich aus der Normierung der zusätzlichen Netzkontrolle.

Das führt zu folgender *Checkliste pro Teledienst:*

I. Datenschutzrecht (*für Stufe I* des Gesamtsystems),
II. Telekommunikationsrecht (*für Stufe II*),
III. *Zusatzregeln* der Teleadministration und -kontrolle, z.B. Festschreibung der DIN- und Chiffriernormen aus oben (2.3). Sie seien System(schutz)recht genannt.[39]
IV. Bereichsspezifisches Recht (für den jeweiligen Zweck der Teletransaktion auf *Stufe III*).

Für einige Teletransaktionen sähe also eine (unvollständige) Matrix etwa so aus:

Stufe:	I	II	III									
Beteiligte Rechtsordnungen: / Dienste:	Dat. sch. Recht	Tele-komm. Recht	Pres-se-Recht	Kauf Miet Recht	Kon-sum. schutz	Jugd-sch. Recht	Dien/Werk-Ver-trags-Recht	Arb./Pers. Ver-tre-tungs-Recht	Bank-Recht	Ver-walt. Recht	Rund-funk Recht	
Telezeitung	×	×	×	(×)		×						
Telekauf	×	×		×	×							
Telearbeit	×	×				×	×	×				
Teleprocessing	×	×		×			×			(×)		
Telebankin	×	×			×				×			
Pay-TV	×	×		×	×	×				×	×	
usw.												
Soziale Regeln	technische Normung			organisatorische Maßnahmen				rechtliche Regeln				

Abb. 2 (Vierdimensionale Matrix)

1 Allgemein hierzu: zur neuesten Entwicklung der Telekommunikation: *Kubicek/Rolf* (1985).
2 *Kubicek* 1985, von dem ich diesen Begriff übernommen habe, engt auf soziale Beherrschbarkeit durch Arbeitnehmer(vertreter) ein.
3 Hierzu *Joachim Scherer* (1985).
4 *Steinmüller u. a.* (1971).
5 Erste Überlegungen in dieser Richtung bei *Steinmüller* (1979). Sie klammerten allerdings die schwierigste Frage (der offenen Anwendungsmenge) aus.
6 Z. B. sind die zentralen Fragen des gesellschaftlichen Bedarfs oder der Analyse der sozialökonomischen Interessenstruktur, die hinter oN steckt, hier noch nicht Thema, obwohl für die Prognose der Effektivität von Handlungsmöglichkeiten entscheidend. Hier geht es lediglich um die vorgeordnete Frage, ob überhaupt Handlungsmöglichkeiten existieren, noch nicht darum, wie sie von Interessen(koalitionen) eingeengt werden.
7 Hier denke ich an den Vorschlag von *Kubicek* (a. a. O.), mehrere konkurrierende Netze nach Feststellung des Bedarfs durch Bürgerdialog zu errichten, oder denjenigen *Davys* auf inkompatible regionale Netze mit definierten (kontrollierbaren) Übergängen.
8 Ich übertrage hier ein Denkmodell, das zuerst im Rahmen der interdisziplinären Anonymisierungsdebatte bei Datenschutz hinsichtlich personenbeziehbarer Forschungsdaten entwickelt wurde: Mathematisch sichere Anonymisierung ist unerreichbar, aber unnötig, »soziale« erreichbar, wiewohl schwerer zu definieren.
9 Technologie umfaßt für unsere Zwecke (abweichend vom informatischen oder elektrotechnischen Sprachgebrauch) die Menge der hard-, soft- und orgware eines Informationssystems einschließlich der berechtigten Benutzer; Datenveränderung ist rechtlich (§ 2 BDSG) als Dateninhaltsveränderung durch Computer definiert, zum Unterschied von Datenerfassung, -speicherung und -übermittlung. Definitionsgemäß fällt also hier das Telefonnetz nicht unter den Netzbegriff, da seine Rechner nur vermitteln, nicht verändern. Ich schränke also den Netzbegriff auf den sozial riskantesten Fall »Computer + Telekommunikation« ein.
10 D. h. Nachrichtentechnik aller Art ab einer für die angeschlossenen Rechner geeigneten Übertragungskapazität. – Die Definitionen sind bewußt »vage« gehalten, um auch für Sozialwissenschaftler und Juristen (auf die es hinsichtlich der Durchsetzbarkeit ankommt) handhabbar zu sein.
11 Diese unter Technikern unübliche Betrachtungsweise geht risikoanalytisch davon aus, daß soziale Probleme von technischen Systemen nicht

so sehr durch die Technik allein als vielmehr durch ihre reale Verbindung mit konkreten Anwendungen entstehen, also auch zusammen analysiert werden müssen.

12 Also keine Unterscheidung zwischen legitimen und illegitimen Zwekken!

13 In diesem Sinn hätte also das Telefon- oder das Datex-P-Netz nur je einen (formalen) Zweck: der ortsunabhängigen Individual- bzw. Datenkommunikation.

14 *Steinmüller* (Bildschirmtext).

15 Unterscheidung ebenfalls bei *Kubicek* (Neue Technologien).

16 Z. B. Auswahl sozial unschädlicher Gestaltungsformen.

17 So kann etwa »Datenschutz« als ein System sozialer (technischer, organisatorischer und juristischer) Regeln verstanden werden, die datenverarbeitende Systeme hinsichtlich des Teilproblems der Verdatung sozial beherrschbar machen.

18 Diese generelle Systemeigenschaft kann in verschiedenen Ebenen und Elementen wirksam werden; z. B. Flexibilisierung von Arbeitszeit/ort/produkt/preis, aber auch von Organisation, Programmierung, sozialen Folgen des Systems; folglich notwendigerweise auch der Folgenbewältigung – so daß bisher »vorgegebene« Unterscheidungen (von innen/außen; öffentlich/Privat; Freizeit/Arbeit; zentral/dezentral u. a.) möglicherweise binnen Sekundenbruchteilen umshaltbar werden oder verschwimmen oder neuartigen Organisationsformen weichen können: ein Problem, das rechtstechnisch erstmals bei der Vorbereitung der Datenschutzgesetze gesehen und z. T. bewältigt wurde.

19 I. w. S.; einschließlich »Infrastruktur« und Betreiber (z. B. Straßen, TÜV, Straßenbauämter; Bahnhöfe, Züge, Bundesbahn AG; ...).

20 Z. B. dürften »Superservice-Unternehmen« *(Schentz)* – analog Supermärkten – entstehen, die ein breites Sortiment an Kommunikationsmitteln und -diensten anbieten, mit entsprechendem Marketing, Führung und Verführung sowie Überwachung der Kunden.

21 Dieser Aushöhlungseffekt ist schon bei beschränkt oN gut zu beobachten; vgl. die ausführlichen, aber weithin leerlaufenden Datenschutzbestimmungen beim maschinenlesbaren Personalausweis im Datenverbund zum INPOL/DISPOL-Netz oder den Länder-Einwohnerinformationssystemen: im Personalausweis- bzw. Melderechtsrahmengesetz, in Verbindung mit den Ländermeldegesetzen.

22 Offensichtlich ist »das« Problem der offenen Netze vor allem die Überlagerung der bisherigen Probleme der Informationstechnologien, also ein »Metaproblem«. Wir lassen über diesem Fundamentalproblem alle anderen – relativ bekannteren – Probleme hier beiseite, so dringlich sie sein mögen.

23 Um es zu wiederholen: nicht in der Praxis – vgl. nur die z. T. ausführlichen Analysen der Datenschutzbeauftragten von Bund und Ländern.

24 Dessen Unzulänglichkeit i. S. über bloße Beherrschbarkeit hinausgehender Anforderungen fast allgemein anerkannt ist.

25 Vgl. *Steinmüller/Ermer/Schimmel* (Riskante Systeme, 96).

26 Ebda 96ff.

27 Z. B. Telefon»netz«; wohl auch noch einschl. Datex-P/L, Telefax, Teletex, TEMEX u. ä.

28 Zum Unterschied von bloßen Telekommunikationssystemen (oben 2). Zu Computernetworks vgl. *Franck* (1985), *Hansen* (1983); *Kerner/Bruckner* (1981); *Tannenbaum* (1981).

29 Strukturell vergleichbar ist dieses Teilproblem dem der fälschlich, weil zu eng, genannten »Datensicherheit«, d. h. der Gewährleistung ordnungsgemäßer technischer und organisatorischer Funktionen datenverarbeitender Systeme im Interesse der Systembetreiber.

30 Z. B. müssen möglicherweise eine oder mehrere der sieben Ebenen des ISO-Netzwerk-Modells formal oder inhaltlich modifiziert (erweitert) werden, während das Modell selbst anscheinend nicht verändert zu werden braucht. – Zugleich ist klar, daß das Protokollierungserfordernis mit dem Datenschutz in deutlicher Spannung ist, da die entstehenden Aufzeichnungen unter bestimmten zusätzlichen Annahmen geradezu ideale Mißbrauchsmöglichkeiten bieten. Die Bedingung der Lösung dieses Problems ist eine enge Kooperation von Technikern, Organisatoren, Juristen, Anwendern und Betroffenen bei der Formulierung des Lösungsmodells für Stufe II.

31 Übergreifend ist die Frage eines gesellschaftlichen Technologievertrags zur Regelung der Partizipation und Mitbestimmung auf den verschiedenen sozialen Ebenen.

32 Eine wichtige Forschungsaufgabe ist die rechtzeitige Antizipation (durch theoriegeleitete Klassifikation) von möglichen Teletransaktionen, z. B. nach Informationsfunktionen, Kommunikationsmustern, gesellschaftlichen Teilfunktionen usw. *(Latzer)*.

33 Ferner im Wirtschafts-, insbesondere im Kartellrecht.

34 Z. B. Anonymisierungsmöglichkeiten.

35 Besonders wichtig!, weil ohne diese »soziale Normung« (bis hin zum Verbot nicht normierter Teledienste) die computerermöglichte unerhörte Flexibilität der Teledienste sich jeglichem gesellschaftlichen Regelungswillen entzöge.

36 Es sind aber auch ganz andere Gestaltungsformen denkbar; das gewählte Beispiel ist keineswegs ein Prüfstein für die Qualität des Lösungsmodells. Es zeigt nur, in welche Richtung man (auch) denken könnte. Das Vergangenheitswissen der Experten ersetzt nicht den demokratischen Diskurs mit der unschlagbaren Phantasie der Betroffenen, etwa i. S. eines *(Kubicek*schen) Bürgerdialogs.

37 Folgeproblem: z. B. versteckte Codes.

38 Folgeproblem: Z. B. fallen wissenschaftliche Codierungsuntersuchun-

gen neuerdings unter das US-Verbot des Technologietransfers.

39 In Anlehnung an *Podlech* (Systemdatenschutz).

Literatur

1 *Franck, Reinhold:* Rechnernetze und Datenkommunikation, Heidelberg/New York/Tokio 1985

1A *Hansen, Hans Robert:* Wirtschaftsinformatik (3. Aufl.), Stuttgart 1983.

2 *Kerner, Helmut/Bruckner, Georg:* Rechnernetzwerke, Wien/New York 1981.

3 *Kubicek, Herbert:* Neue Technologien – neue Aufgaben der Mitbestimmung, in: Die Mitbestimmung 1985/1, S. 4ff.

4 *ders./Rolf, Arno:* Mikropolis, Hamburg 1985.

5 *Scherer, Joachim:* Telekommunikationsrecht und Telekommunikationspolitik, Frankfurt 1985.

6 *Podlech, Adalbert:* Individualdatenschutz – Systemdatenschutz, in: *Brückner/Dalichau* (Hg.): Beiträge zum Sozialrecht, FG. Hans Grüner, Percha/Kempfenhausen 1982, S. 451 ff.

7 *Steinmüller, Wilhelm:* Die Zweite Industrielle Revolution hat eben begonnen, in: Kursbuch 66 (1981), S. 152 ff.

8 *ders.:* Übertragbarkeit herkömmlicher Datenschutzvorstellungen auf Breitbandkommunikation, in: *Dette/Kreibich/Steinmüller* (Hg.): Zweiweg-Kabelfernsehen und Datenschutz, München 1979, S. 81 ff.

9 *ders.:* Warum ich gegen Bildschirmtext bin, in: medium 1985, 14, S. 6ff.

10 *ders. u. a.:* Grundfragen des Datenschutzes, in: Bundestagsdrucksache VI/3826 (1971), S. 5 ff.

11 *ders./Ermer, Leonhard/Schimmel, Wolfgang:* Riskante Systeme, Heidelberg/Wien 1978.

12 *Tannenbaum, A. S.:* Computer-Networks, Prentice Hall 1981.

Otwin Massing
Von der Volkszählungsbewegung zur Verrechtlichung oder: Öffentlichkeit, Herrschaftsrationalisierung und Verfahren

Die historische Entwicklung des Öffentlichkeitsprinzips als politisch-normative Maxime und konkret-praktisches Strukturierungskriterium für ein Universum wünschbarer sozialer Beziehungen ist gekennzeichnet durch ein Erstarken von Bewußtseinsleistungen und deren Umsetzung in technisch-instrumentelle, beispielsweise rechtliche Verfahren, die allesamt auf eine Rationalisierung von Herrschaft[1] zielen. Die trotz ihrer historisch wechselnden politischen Formgebung naturwüchsige Sozialisierung der Menschengattung soll der vernünftigen Kontrolle und Mitsprache derer, die sie zu erleiden haben – seien sie als Machtadressaten oder als Rechtsgenossen definiert –, unterstellt, ihre sozialen Gestehungskosten sozusagen minimiert werden.

Damit markiert Öffentlichkeit[2] zwar selbst ein spezifisches Stadium der Naturbeherrschung, der inneren wie der äußeren Entwicklung des Menschen, gleichzeitig aber vermag sie als Maßstab einer universalistischen Moral, mit der nicht nur erkenntnisleitende kritische Funktionen, sondern ebenso präskriptive Handlungsanleitungen ins Spiel kommen, einen zivilisatorischen Standard anzugeben bzw. eine kulturelle Entwicklungshöhe anzupeilen, die nur um den Preis sozialer Regressionsbildung wieder aufgegeben werden könnten. »Öffentlichkeit« wird zur norma normans, in der das historisch bestimmte Moment der »Protestation« gegen unwürdige, elende und als solche nicht länger hinzunehmende Verhältnisse gleichsam gerettet, weil zur allgemeinen Moral erhoben wird.

1. Öffentlichkeit, Herrschaftsrationalisierung und Verrechtlichung

Ursprünglich gegen die Privilegienordnung des Feudalstaates und seiner ständischen Herrschaft gerichtet, gegen die closed-shop-Regulierungen des spätmittelalterlichen Zunftwesens sich wendend und mit Publizitätsforderungen die Arkanpolitik der monarchischen Kabinette unterminierend, die die Gestehungskosten ihrer Hausmacht-Expansionspolitik auf ihre Untertanen als Steuerzahler, d. h. als ökonomische Wesen überwälzten, ohne ihnen als politische Wesen ebensolche Mitsprachemöglichkeiten auf den Gang der Dinge einzuräumen, zwingt das im Öffentlichkeitsprinzip sich artikulierende Mitbestimmungsinteresse den historischen Klassenkampfgegner entweder zur Mediatisierung seiner Macht und Einflußmöglichkeiten, und zwar im wohlverstandenen Eigeninteresse, oder aber dazu, hilfs- und vermittlungslos den Gang der revolutionären Umwälzungen hinnehmen und erleiden zu müssen.[3] Öffentlichkeit als die neue Hoheitssphäre des in diesem Kampf obsiegenden Bürgertums überlagert und ersetzt schließlich das private Dominium der Fürstenherrschaft, deren Enteignung nicht nur symbolisch, d. h. als Formwandel von Verfassungszuständen und konstitutionellen Errungenschaften über die Bühne geht, sondern vom Kondominium der neuen besitz- und bildungsbürgerlichen, staatstragenden Schichten auch realiter abgelöst wird. In funktioneller Hinsicht entwickeln diese die neuartige Entscheidungsstruktur einer parlamentarisch vermittelten Politikfindung mit ihrem Repräsentationsinstrumentarium einer »Regierung des Volkes für das Volk«; die formelle Seite ihres antagonistischen Verhältnisses wird vom kontinentaleuropäischen Rechtsstaat[4] in seiner Doppelfunktion als Regelungs- *und* Durchsetzungsform staatlich verfaßter Herrschaft zu Ende gebracht und mit entsprechenden »Lösungsmitteln« grundrechtsfest gehärtet.

Gesellschaften, die infolgedessen die Entwicklung, Gestaltung und Durchführung der alle interessierenden, weil alle betreffenden Angelegenheiten, kurz, ihren politischen Prozeß dem Erwartungsdruck aussetzen, dieser habe in seiner Planung transparent, in seiner Durchführung bestimmbar und in seinen Folgen berechenbar zu sein, operieren insoweit mit einem historischen Kampfbegriff, der auch die aktuellen politisch-sozialen Verhältnisse und Gegebenheiten ständigem Begründungszwang und Rechtfertigungsdruck aussetzt. Durch öffentlich betriebenen Nachweis – Publizität – nichtgerechtfertigter, dem eigenen normativen Anspruch nach nicht zu legitimierender Defizite bzw. Fehlleistungen und Fehlhaltungen stürzt er sie immer wieder auch in Legitimationskrisen.

Insbesondere der Öffentlichkeitsanspruch der modernen, sozialstaatlichen Massendemokratie läßt sich als Struktur gewordene, generelle Enttabuisierungstendenz interpretieren – Ineffizienz, »Versagen« und Mängel nicht einmal zwingend vorausgesetzt.[5] Dadurch, daß prinzipiell jedes Thema zur Disposition gestellt werden kann, funktionelle und kompetenzrechtliche Regelungen jederzeit auf ihre Sollbruchstellen hin untersucht werden können, jede noch so plausible gesellschaftliche Macht- und Chancenverteilung auf ihre Berechtigung hin befragt zu werden verdient (die Allüre des Hinterfragens wird geradezu zum Zwangscharakter moderner, aufgeklärter Gesellschaften), »verflüssigt« Öffentlichkeit als Prinzip jeden auf Dauer angelegten Geltungsanspruch von normativen Regeln und sozialen Institutionen sowie deren spezifische, legitimerweise von ihnen zu erwartende soziale Leistungen, läßt jeden Verteilungsmodus sozialer Werte, jede noch so hart erkämpfte Regelung als lediglich vorläufig gelten, vor allem aber nimmt sie nichtegalitäre Verteilungswirkungen hinsichtlich gesellschaftlicher Chancen, individueller Möglichkeiten und kollektiver Güter prinzipiell nicht unangefochten hin. Als eine Art Perpetuum mobile tendenzieller Egalisierung ungerechtfertigter sozialer und kultureller Unterschiede zieht es jedoch, komplementär zu seinen inhaltlich-materiellen Auswirkungen, die Notwendigkeit nach sich, in formeller Hinsicht Verfahren zu generieren, d. h. Regelungsmuster zu erfinden und Netzwerke zu knüpfen, die als solche die Garantie bieten, daß sich materielle Rechtsinteressen auf Dauer durchzusetzen vermögen.[6] Analytisch ist daher zu unterscheiden zwischen Öffentlichkeit als Struktur und Öffentlichkeit als Prozeß, erst recht im Hinblick auf deren jeweilige soziale Funktion.[7]

Als Bedingungsgefüge für kontrollierten sozialen Wandel, so daß beispielsweise politische Willensbildungs- und Entscheidungsprozesse von allgemeiner Relevanz unter der Kontrolle öffentlicher Anteilnahme vor sich gehen, meint Öffentlichkeit einen Zustand, wonach an derartigen Entscheidungen alle beteiligt sein sollen, die von ihren Folgen betroffen sind. Zwischen Sollen und Sein ist freilich empirisch zu vermitteln. Dabei kommen nicht nur ihre institutionellen Voraussetzungen als Systemkomponenten ins Spiel, Öffentlichkeit als Prozeß bedarf vor allem der Akteure, geht von Interessenverfolgung aus und hat Gegeninteressen in Rechnung zu stellen. Als Tummelplatz und Medium ihrer interessenbestimmten Auseinandersetzung wird sie für jene selber von Interesse.

Tatsächlich hat sich nicht nur in der politischen Sphäre das aufstrebende Bürgertum an die Stelle der alten Allianz von Thron und Altar gesetzt; es hat gleichzeitig, parallel zu diesem politischen Enteignungsvorgang größten Stils und Umfangs, mit seiner ihm eigentümlichen Produktionsweise, der kapitalistischen, die unabdingbar an seinen historischen Aufstieg geknüpft ist, die Schrankentrias des Zunftzwangs, der staatlich-merkantilen Bevormundung nach innen und der protektionistischen Abschottung der nationalen Märkte nach außen durch die Etablierung der freien Konkurrenz hinweggefegt.[8] Zu ihr gibt Öffentlichkeit nun gleichsam die ideelle Entsprechung ab. Im Reich der Idee werden damit jene symbolischen Verständigungsformen entwickelt, in denen sich »die Menschen« ihrer wirklichen Probleme erst einmal bewußt werden und in denen sie ihre realen Auseinandersetzungen nun auch stellvertretend ausagieren, d. h. politisch »repräsentieren« lernen, sei es in der Publizität ihres Pressewesens, sei es auf der parlamentarischen Bühne.

Als ideelles Komplement zur kapitalistischen Produktionsweise auf Grundlage freier Konkurrenz erscheint bürgerliche Öffentlichkeit seither als die absolute Daseinsform freier Individualität in der Sphäre der Politik, als der Gipfel bürgerlicher Freiheit des autonomen Staatsbürgers qua citoyen. Damit aber nimmt Öffentlichkeit als Schein absoluter Freiheit, als Modell des herrschaftsfreien Diskurses gesellig miteinander verkehrender Privatleute, des vernünftigen Publikums[9], vor dessen Instanz die Einrichtungen der Gesellschaft sich ebenso zu rechtfertigen haben wie die Handlungen ihrer politisch Verantwortlichen, jenen ideologischen Charakter an, der bis in die jüngsten Rechtsstaats- und Parlamentarismusillusionen seiner Verdeckungsfunktion so glänzend gerecht wurde. Der Bürger versteht und geriert sich als citoyen, aber im Grunde bleibt er bourgeois.

Zwar vollzieht sich die Emanzipation des kapitalistischen Privateigentums unter dem Siegel und Legitimitätsemblem einer Emanzipation »des« Menschen. Öffentlichkeit wird zur Posaune für die Deklaration der Menschen- und Bürgerrechte. Aber sie bleibt, was sie ist: die soziokulturelle, symbolisch-kommunikative Entsprechung zur freien ökonomischen Konkurrenz von warenproduzierenden Einzelkapitalisten – in der Sphäre aufgeklärten Räsonnements.

Gemessen freilich am zahlenmäßigen Umfang jenes spezifisch bürgerlichen Mikrokosmos gesellig miteinander verkehrender, informierter, interessierter und gebildeter Privatleute, die ausschließlich ihresgleichen zu jenem räsonierenden Publikum konstituierten, das seine eigenen Interessen mit denen der Allgemeinheit zu identifizieren vermochte, hat sich das »Publikum« der sozialstaatlichen Massendemokratien seither nicht nur zahlenmäßig ausgeweitet, es hat sich gleichzeitig parteien- und verbändepluralistisch diversifiziert und in Machtkomplexe fragmentiert. Tatsächlich läßt sich aus der Analyse der empirischen Verhältnisse in den sozialstaatlichen Massendemokratien des Westens[10] keineswegs ableiten, Öffentlichkeit konstituiere sich jetzt als Publikum der organisierten Privatleute. Vielmehr ist Öffentlichkeit in der spätkapitalistischen Entwicklungsphase zu kennzeichnen als quasi neofeudales Kondominium, als Verbund von staatlichem Gewaltmonopol als bürokratische Teilöffentlichkeit, halböffentlichen Verteileragenturen und neokorporatistischen Einflußmächten, d. h. als ein Kartell einflußreicher, vielfach miteinander verflochtener, doch gleichzeitig gegeneinander konkurrierender Funktionseliten.

Gerade infolge der Nichtpublizität der organisationsintern sich bildenden Meinungs- und Willensbildungsprozesse unter den Bedingungen gegenseitiger Konkurrenz bei unvollkommener Information, asymmetrisch aggregierter Entscheidungskompetenz, knappen Ressourcen an Zeit, Mitteln und Personal sowie aufgrund der Vordringlichkeit eines befristeten Regelungsbedarfs entwickelt sich als typisches Muster pluralistischer Entscheidungsfindung der Gemeinwohlkompromiß als Resultante ex post factum. Unter Bedingungen interessenspezifischer Gegenaufklärung ebenso wie interessenspezifisch instrumentalisierter Gegenöffentlichkeiten determinieren ausgehandelte Formelkompromisse die Politikinhalte der modernen, sozialstaatlichen Massendemokratien.

Erst recht wird Öffentlichkeit unter den Bedingungen einer interessenpluralistisch gespaltenen Gesellschaft, deren Gruppen und Akteure sich im Kampf um Startvorteile, Handlungschancen und Durchsetzungsmöglichkeiten in einem System der »countervailing power«[11] wechselseitig in Schach zu halten suchen – unbeschadet, daß es sich um die »Stützen der Gesellschaft«[12] handelt –, als normatives Modell vernunftgeleiteter Herrschaftsrationalisierung hinfällig. Sie unterliegt der politischen Deliberation. Die ihr hypostasierte Vernunft wird durch probabilistisches Kalkül bzw. revisionsfähigen Mehrheitsentscheid ersetzt.

Die in dieser Weise hergestellte Öffentlichkeit[13], überlagert zudem vom Verwertungsinteresse an marktgängiger Publizität, wird primär zur Produktionsstätte der »Leitbilder für jedermann«. Die Öffentlichkeit der Litfaßsäule ist sozusagen zum multimedialen Werbespot verkommen. Nicht Aufklärung, Konsumwerbung ist ihre primäre Absicht. Unter der Maxime der Profitmaximierung wird Information zum Manipulationsinstrument der »hidden persuaders« (Vance Packard) umfunktioniert. Im Reizklima einer sozial-integrativen Formierung der Innerlichkeit jener Massen, die als präsumtive Konsum-»Ansprechpartner« nur vermenschlicht scheinen, werden nicht nur die Dispositionen erzeugt, mit deren Hilfe die Massenmedien als Werbeträger ihren ökonomisch-präparativen Funktionen am ehesten nachkommen können, sondern auch kulturelle Einstellungen und Erwartungshaltungen verinnerlicht, die es angebracht erscheinen lassen, von einer Kolonialisierung der sozialen Lebenswelten des Menschen durch multimedial vermittelte Ideologieproduktion zu sprechen.[14] Öffentlichkeit als Mittel psychosozialer Konditionierung wird zum Produzenten gesellschaftlich erwünschter »Basispersönlichkeiten«. Dabei verdeckt der Umstand, daß sie scheinpluralistisch in einen privatwirtschaftlich und einen öffentlich-rechtlich organisierten Bestandteil mit jeweiliger Bereichsöffentlichkeit aufgespalten zu sein scheint, kaum mehr als die Tatsache simultaner Ideologieproduktion durch beide Komponenten im System der tatsächlichen Medienverflechtung.

Diese Form der Durchstaatlichung der Bewußtseinsindustrie im Verbund mit ihrer gleichzeitigen Kommerzialisierung macht die eigentliche Signatur spätkapitalistischer Öffentlichkeit aus. Insoweit entspricht diese dem entwickelten Stand der kapitalistischen Produktionsweise, da das Krisenmanagement-Verbundsystem von Staat, intermediären Gruppen und Wirtschaftsmonopolen gezwungen ist, der drohenden Anarchie der privaten Kapitalverwertung mit Regulierungs- und Interventionsmaßnahmen zuvorzukommen. Die industrielle Serienfertigung vorgestanzter Meinungen, Leitbilder, Images und Themen in den einschlägigen Medienkonzernen, die im Realisierungsprozeß ihrer Produktvermarktung zwar miteinander in Konkurrenz stehen, ihre Massenklientel indes mit ihren gleichmacherischen Wertabstraktionen überziehen, ist das eigentlich bestimmende Moment der Produktionsweise reglementierter Öffentlichkeit im organisierten Kapitalismus.

Dies gilt gleichermaßen für die Rezeptionsseite. Öffentlichkeit, insoweit sie auf »Bedienung« durch die serielle Massenfertigung der Medienkonzerne angewiesen ist, auf interessenspezifische Gegenaufklärung im Interesse machtverschachtelter Produzentensyndikate, bedarf der ständigen Fütterung mit Nachrichten und Informationen, Themen und Gegenthemen, Dementis und Gegendementis, kurz, der ständig wechselnden Identifikationsmöglichkeiten. Gleichzeitig aber lebt sie, infolge ihrer Abhängigkeit von der Konkurrenz der medialen Massenfabrikation, notgedrungen von der Hand in den Mund. Öffentlichkeit steht insoweit unter dem Zwang permanenter Selbstüberholung.

Erst recht werden in der Phase, da die kapitalistische Weltökonomie in eine »neue internationale Arbeitsteilung« einzutreten scheint, die privatwirtschaftlich dominierten Verwertungsstrategien einer erneuten Politisierung unterworfen.[15] Das im internationalen Kapital organisierte und frei flottierende Privatinteresse setzt dabei den durch binnengesellschaftliche Konkurrenz vermittelten Funktionsmechanismus nationaler Kontrolle durch eine politisch fungierende Öffentlichkeit spielend außer Kraft. Dem grenzüberschreitenden Kapitalverkehr entspricht nicht in gleicher Weise eine grenzübergreifende Kontrolle durch zwischenstaatlich organisierte politische Öffentlichkeit. Schon gar nicht kann davon die Rede sein, daß eine funktionierende Weltöffentlichkeit über rudimentäre Ansätze hinausgekommen sei, abgesehen davon, daß diese – wie die Reaktionen auf den Abschuß der südkoreanischen Passagiermaschine über sowjetischem Luftraum in Ost und West gezeigt haben – der Logik des jeweiligen Blocksystems gehorcht, d. h. hemisphärisch gespalten ist und blockimperialistisch gemodelt bleibt. Erschwerend kommt hinzu, daß im Prozeß weltweiter »Entwicklung der Unterentwicklung« auch die privilegierten Klassen der hochindustrialisierten Gesellschaften des Westens Gefahr laufen, als organischer Bestandteil der kapitalistischen Weltökonomie sich an der sekundären Ausbeutung nicht nur der Rohstoffe, sondern auch des Humankapitalstocks der Länder der Dritten Welt zu beteiligen, ohne daß eine »vernünftige« Öffentlichkeit diesen Zustand überhaupt zur Kenntnis nähme, geschweige denn erfolgreiche Gegenstrategien zu diskutieren bzw. durchzusetzen in der Lage wäre. Im Gegenteil, es hat den Anschein, als käme der Öffentlichkeit in den kapitalistischen Ländern zur Zeit nachgerade die gegenläufige Aufgabe zu, angesichts der Anpassungskrisen der kapitalistischen Weltökonomie die lohnabhängigen Massen mittels

Erzeugung von Massenloyalität sowohl bei der Stange als auch in Schach zu halten. Öffentlichkeit dient damit, wie gehabt, nicht nur der Formierung der Innerlichkeit sowie der sozialintegrativen Disziplinierung der lohnabhängigen Massen, sondern vor allem der Überzeugungsarbeit, diesen die staatlichen wie privatwirtschaftlichen Maßnahmen zur Senkung der Reproduktionskosten ihrer Arbeitskraft schmackhaft zu machen, sie in ihrem möglichen Widerstandswillen gegen jene zu schwächen und sie den Strategien privat wie staatlich-administrativ verfügender Herrschaftsinteressen erneut zu unterwerfen.[16]

Gewiß, spätkapitalistische Öffentlichkeit ist immer noch Produktionsstätte und Medium kritischer Vernunft. Sie entwickelt sich freilich, parallel zur Gesamttendenz ihres politisch-sozialen Bezugssystems, mehr und mehr zur spezifischen Tyrannei direkter Manipulation und sanfter Repression.[17]

Die Erzeugung und systematische Nutzung von Parlamentarismus- und Rechtsstaatsillusionen – Publizität als Folie – für die Zwecke der »vested interests« der Herrschenden stellt dabei die eine Seite des damit angesprochenen Verhältnisses dar. Die mögliche Zerschlagung und »Entzauberung« dieses Verblendungszusammenhanges – seine wie immer systemsprengend-revolutionäre oder systemkonform-evolutionäre Veränderung – sowie die Wiederherstellung des ursprünglichen »Sinns« von politisch fungierender Öffentlichkeit als Modus zur Rationalisierung von Herrschaft, die andere.

Wenn die bisher angestellten theoretischen Erwägungen den Normalfall hergestellter Öffentlichkeit heute hinreichend beschreiben, dann erhebt sich die Frage, ob aus diesem Systemzirkel im Sinne des Weberschen Konzepts von Rationalisierung als »Schicksal« überhaupt ein Entrinnen möglich ist oder ob der Glaube an eine funktionierende politische Öffentlichkeit – wie als normatives Programm skizziert – nicht mehr als nur eine der zahllosen Illusionsbildungen einer zur bloßen Ideologie verkommenen bürgerlichen Staats- und Gesellschaftstheorie darstellt.

Oder gibt es dazu etwa eine Alternative?

Die der evolutiven Systemveränderung und -adaptation?

2. Das Beispiel des Volkszählungsgesetzes '83

Um diese Frage aus ihrer scheinbaren theoretischen wie praktischen Beliebigkeit (und Belanglosigkeit) herauszuholen, möchte ich an einem exemplarischen, wenn auch nicht alltäglichen Fall demonstrieren, daß weder die Ausweglosigkeit der Systemgeschlossenheit drohen muß noch daß – im Gegensatz dazu – allein die Hoffnung auf eine spontaneistisch-aktionistische Politik in der Lage ist, das politisch-gesellschaftliche System längerfristig, d. h. mit Aussicht auf Erfolg, zu evolutiven Veränderungen *und* Innovationen, d. h. zu kontrolliertem sozialen Wandel zu veranlassen.

Um dies belegen zu können, wähle ich als Demonstrations- und Testfall für die Schlüssigkeit der bisherigen theoretischen Erörterungen das sog. Volkszählungsgesetz '83 (VZG '83)[18] aus.

Ich will in aller Kürze rekapitulieren, was es mit diesem Gesetz auf sich hat, wer an seiner parlamentarischen bzw. verfassungsgerichtlichen »Verlaufsform« aktiv beteiligt war, welches die Motivlagen sind, die sich im Widerstand gegen das geplante VZG '83 – als spontan sich entwickelnde Gegenöffentlichkeiten nämlich – herausbildeten; welches die Mittel und Methoden waren, mit denen es gelang, den Verbund des integrierten Rasterfahndungs- und Überwachungsstaates[19] mit Stoßrichtung gegen den Bürger als »gläsernen Menschen« aufzusprengen, und welches die absehbaren Konsequenzen sind, die sich an diese besondere Verlaufsform einer zunächst individualrechtlich motivierten, dann aber politisch »gelösten« Konfliktverarbeitung knüpfen lassen.

Es geht mir dabei nicht um eine juristisch-dogmatische Erörterung der vom Bundesverfassungsgericht entwickelten Argumentationsfiguren, schon gar nicht um eine Urteilsanalyse en détail[20], sondern in erster Linie um das unerwartete, plötzliche Auseinanderbrechen von *»legal«* und *»political authority«*, wie es geradezu idealtypisch im Verlauf dieses besonderen gesellschaftlichen Konfliktfalles zu beobachten war. Zu erörtern ist auch, wie und mit welchen Mitteln die Schließung dieser Legitimitäts- und Glaubwürdigkeitslücke des politisch-administrativen Systems gelang; ebenso sind die Konsequenzen zu bedenken, die für den Zustand des politischen Gemeinwesens aus der Verlaufsform dieses Konflikts gezogen werden können – freilich immer unter Gesichtspunkten einer Rationalisierung des Herrschaftsverbandes »Staat«.

Bereits Ende der siebziger Jahre war ein erster Entwurf eines

Volkszählungsgesetzes in den parlamentarischen Beratungsgremien erörtert worden, aber am Streit über die Kostenfrage – ursprünglich war die Rede von ca. 370 Mill. DM – gescheitert. Anfang 1981 brachte die damals regierende sozial-liberale Koalition den im wesentlichen unveränderten Entwurf des Volkszählungsgesetzes erneut im Bundestag ein.

Im allgemeinen Teil der Begründung, in dem die Bundesregierung die Plan-Rationalität ihres Gesetzgebungsvorhabens zu unterstreichen nicht müde wird, heißt es dazu u. a.:

»Volks-, Berufs- und Arbeitsstättenzählungen bilden in der Bundesrepublik wie in allen Ländern ein Kernstück der statistischen Bestandsaufnahme. Angaben über den neuesten Stand der Bevölkerung, ihre räumliche Verteilung und ihre Zusammensetzung nach demographischen und sozialen Merkmalen sowie über ihre wirtschaftliche Betätigung sind unentbehrliche Grundlagen für gesellschafts- und wirtschaftspolitische Entscheidungen des Bundes, der Länder und Gemeinden. In verschiedenen Rechtsvorschriften wird auf Zählungsergebnisse Bezug genommen. Auch die Parteien, die Tarifpartner, die Wirtschafts- und Berufsverbände und sonstige wichtige Gruppen des öffentlichen Lebens sind bei vielen Fragen auf die Zählungsergebnisse angewiesen. Das gleiche gilt für die Wissenschaft. Die Zählungsdaten sind ferner Ausgangspunkt für die Fortschreibung der laufenden Entwicklung und Auswahlgrundlage für gesetzlich angeordnete Erhebungen auf Stichprobenbasis. Eine in größeren zeitlichen Abständen durchzuführende Volkszählung wird auch in der Richtlinie der Europäischen Gemeinschaften Nr. 73/403 vom 22. November 1973 und in entsprechenden Empfehlungen der Vereinten Nationen gefordert ...«[21]

Darüber hinaus macht die Bundesregierung in erster Linie das Bedürfnis geltend, über neueste und zuverlässige Daten zu verfügen, weil sonst Fehlplanungen und Fehlinvestitionen in erheblichem Umfange zu befürchten seien. Eine Aktualisierung bereits vorhandener Datenbestände, die Verknüpfung von Volks-, Berufs- und Arbeitsstättenzählung im Verbund mit gebäude- und wohnstatistischen Feststellungen sowie die Zählung der nichtlandwirtschaftlichen Arbeitsstätten und Unternehmen in einer gemeinsamen Erhebungsorganisation führe zu erheblichen Einsparungs- und Rationalisierungseffekten, garantiere darüber hinaus gut abgestimmte Ergebnisse und gestatte ferner die Anwendung modernster methodischer und technischer Verfahren, so daß Zeit und Kosten gespart werden könnten, wenn die zu erwartenden Informationen möglichst rasch beigebracht und ausgewertet wurden.

Eine Allparteienkoalition verabschiedete das Gesetzgebungsvorhaben am 4. März 1982 *einstimmig*. An dieser Konstellation änderte sich auch nichts, als die neue Regierung Kohl/Genscher, nun unter der Verantwortlichkeit des neuen Innenministers Friedrich Zimmermann, eines in Kreisen der Außerparlamentarischen Opposition nicht gerade beliebten »Verfassungsministers«, den Vollzug des Gesetzes energisch vorantrieb. Die Durchführung der Volkszählung war auf den 27. April 1983 festgesetzt worden.

Diese Allparteienkoalition der »alten« Systemparteien (wobei diese Charakterisierung dem Umstand Rechnung trägt, daß seit der Bundestagswahl vom 6. März 1983 zum ersten Mal die GRÜNEN im Zentralparlament vertreten waren) hielt noch bis ins späte Frühjahr 1983, obwohl einzelne Sprecher der SPD – nun in der Oppositionsrolle – zur geplanten Volkszählung vorsichtig auf Distanz gingen, zwar nicht, was deren Zwecksetzung, wohl aber, was den Zeitpunkt und die bislang nicht ausreichende Berücksichtigung der zwischenzeitlich von den Datenschutzbeauftragten des Bundes und der Länder vorgebrachten verfassungsrechtlichen Bedenken anlangte. Sie plädierten daher für eine zeitlich befristete Verschiebung der Durchführung des Volkszählungsgesetzes '83, während die GRÜNEN, wie nicht anders zu erwarten, sich für einen generellen Verzicht auf die Volkszählung aussprachen.

Wie auch immer, die zuständigen Verwaltungen des Bundes und der Länder hatten die Implementation des Gesetzes bereits routinemäßig geplant und sich in ihren internen Strategiespielen auf die zusätzliche Folgenverarbeitung, wie Bußgeldabwicklung bei Auskunftsverweigerung, Rechtsmittelbelehrung bei Widerspruch und Anfechtungsklagen etc., längst eingestellt. Im vorauseilenden Gehorsam, wie er der staatlichen Administration zwecks Umsetzung des politischen Willens des Gesetzgebers zukommt, hatte die Bürokratie nicht nur die technische Durchführung des Gesetzes, sondern nachgerade dessen intendierte Folge, die Möglichkeiten eines zentralen Datenerschließungsverbundes auch zu nutzen, mittels des verfassungstheoretischen Konstrukts von der normativen »Einheit der Verwaltung« bereits antizipiert und systematisch in ihre Programmplanungen mit einkalkuliert. Spätestens an dieser Stelle dürfte gegenüber dem Gesetzgeber der Verdacht sich regen, daß dessen Kompetenzbereich, die Sphäre der politischen Gestaltung, gleichsam a priori für die Zwecke des administrativen Vollzugs instrumentalisiert worden war, abgesehen davon, daß selbst der Art. 35 GG den alten obrigkeitsstaatlichen Traum von der normativen »Einheit der Staatsgewalt«[22] auf seine Weise noch träumt.

Zunächst jedenfalls schien alles seinen erwarteten Gang zu gehen: Der Normalfall parlamentarischer Gesetzgebung und ihres administrativen Vollzugs zeichnete sich ab.

Unterm Druck jenes erwähnten »permanenten Selbstüberholungszwanges« stehend, schien auch die mediale Öffentlichkeit dem Thema gegenüber völlig abgestumpft zu sein. Es galt weder als brisant noch schien es sich zum Dauerbrenner zu eignen. Von seiner möglichen Thematisierung, gar Politisierung war eine publizistische Hausse, mit der Staat zu machen gewesen wäre, nicht im entferntesten zu erwarten. Die Gesetzesvollstrecker konnten sich guten Glaubens in Sicherheit wiegen.

Dann aber änderte sich innerhalb von ein paar Wochen schlagartig die Szene. Etwas trat ein, was bis dato als Rätsel gilt, etwas, »das bis heute niemand zulänglich erklären (kann)«.[23] Die »normale« Ruhelage der Nicht-Apperzeption, der Nicht-Thematisierung, der Nicht-Protestation geriet auf einen Schlag in Bewegung. Die Lageenergie einer als normal einzustufenden politischen Apathie, die gemeinhin sogar als »gesund« und demokratieförderlich gilt, verwandelte sich – quasi über Nacht – in die gefährliche Bewegungsenergie eines politisch eindeutig »geladenen« und gerichteten Protestes.

Wenn man dem SPIEGEL glauben darf, dann hat die Massenbewegung des Volkszählungsboykotts in einem Theater begonnen – ohnehin ist das theatralische Moment an ihr nicht unsymptomatisch. »Nach der Aufführung eines Sprechstücks über Personal-Informationssysteme in der Hamburger Hochschule für bildende Künste – (dies war im Dezember 1982) – meldete sich eine Frau zu Wort, die per Post die Aufforderung erhalten hatte, sich bei der Volkszählung als Zählerin zur Verfügung zu stellen. Noch am selben Abend entstand eine ›VoBo-Ini‹ – die erste westdeutsche Initiative für Volkszählungsboykott.«[24]

War damit nun tatsächlich eine »*Wirklichkeit* (entstanden), die dem *Modell* ›bürgerlicher Öffentlichkeit‹ für ein paar Wochen erstaunlich nah war«[25], oder zeichnete sich – lediglich – »ein international beachteter Modellfall bürgerlichen Ungehorsams«[26] ab? Was indiziert der Umstand, daß hier – vielleicht zum ersten Mal – »ein einmalig breites Bündnis von Etablierten und Gegenkultur«[27] zustandegebracht worden war? Was ist daraus zu folgern, daß ein Bündnis von »bio-pazifistischer«[28] Fundamentalopposition, von der regelmäßig behauptet werden konnte, sie benutze die staatlichen Verfahren zwar »exzessiv«, unterwerfe sich ihnen jedoch nicht, sondern akzeptiere die Entscheidungen der rechtsetzenden und rechtsanwendenden Organe nur so weit, als sie »zieldienlich« seien«[29], mit »auch« loyalen Staatsbürgern nicht einmal ein Jahr später sogar seine höchstrichterliche Anerkennung und Absegnung – zumindest allerhöchste Erwähnung fand?

Tatsächlich läßt sich die sog. »Präambel« des Verfassungsgerichtsurteils vom 15. Dezember 1983 wie folgt vernehmen:

»Die durch dieses Gesetz (sc. Volkszählungsgesetz 1983) angeordnete Datenerhebung hat Beunruhigung auch in solchen Teilen der Bevölkerung ausgelöst, die als loyale Staatsbürger das Recht und die Pflicht des Staates respektieren, die für rationales und planvolles staatliches Handeln erforderlichen Informationen zu beschaffen. Dies mag teilweise daraus zu erklären sein, daß weithin Unkenntnis über Umfang und Verwendungszweck der Befragung bestand und daß die Notwendigkeit zur verläßlichen Aufklärung der Auskunftspflichtigen nicht rechtzeitig erkannt worden ist, obwohl sich das allgemeine Bewußtsein durch die Entwicklung der automatisierten Datenverarbeitung seit den Mikrozensus-Erhebungen in den Jahren 1950 bis 1962 (vgl. BVerfGE 27, 1) erheblich verändert hatte. Die Möglichkeiten der modernen Datenverarbeitung sind weithin nur noch für Fachleute durchschaubar und können beim Staatsbürger die Furcht vor einer unkontrollierbaren Persönlichkeitserfassung selbst dann auslösen, wenn der Gesetzgeber lediglich solche Angaben verlangt, die erforderlich und zumutbar sind. Zur Beunruhigung mag nicht zuletzt beigetragen haben, daß auch Sachkundige die Überzeugung vertraten, das Volkszählungsgesetz 1983 genüge trotz einstimmiger Verabschiedung in den gesetzgebenden Körperschaften schon in den Vorschriften über die Erhebung der Daten und vor allem in den Bestimmungen über deren Verwertung nicht hinreichend den verfassungsrechtlichen Anforderungen. Da zu diesen nur eine lückenhafte verfassungsgerichtliche Rechtsprechung bestand, nötigen die zahlreichen Verfassungsbeschwerden gegen das Volkszählungsgesetz 1983 das Bundesverfassungsgericht, die verfassungsrechtlichen Grundlagen des Datenschutzes umfassender zu prüfen. Der Erlaß einer einstweiligen Anordnung vom 13. April 1983 ... hat die Voraussetzungen für eine solche Prüfung geschaffen«.[30]

Tatsache jedenfalls ist, daß sich an der Thematik des Volkszählungsgesetzes '83, wobei das konjunkturgewisse Thema »Orwell 1984« sicher auch eine Rolle spielte, innerhalb von wenigen Wochen ein geradezu systembedrohender oppositioneller Flächenbrand entzündete, der unerwartet breite Bevölkerungskreise erfaßte, deren Widerstand in Latenz und deren offen bekundeter

Boykottwille sich aufs deutlichste bemerkbar machten. Damit war nicht nur das Routineverfahren eines simplen Gesetzesvollzuges, sondern der von diesem erwartete »Erfolg« selbst unmittelbar gefährdet.

War dies nun tatsächlich *nur* eine »künstlich entfachte Angstwelle«[31], von der sich der Erste Senat des BVerfG schließlich hat anstecken lassen? Wer aber entfachte sie dann? Mit welchen Argumenten konnte überhaupt gezündelt werden?

Wenn überhaupt, dann waren m. E. diesmal Brandstifter *und* Biedermann/Biederfrau gemeinsam am Werk – in der Tat ein politisch sensibilisiertes und seiner Haut gemeinsam sich wehrendes Publikum. Jetzt erst wurde der »Fall« auch für die Medien interessant, d. h. verkäuflich, was zu wechselseitigen Kumulativeffekten führte. Die Boykottkampagne eskalierte das Interesse an einer parallel sich steigernden Berichterstattung sowie an medialer Vorausaufklärung. Diese ihrerseits eskalierten den Sensibilisierungsprozeß in der Bevölkerung.

In *systematischer* Perspektive betrachtet, bedeutet dies, daß der Funktionsmodus der parlamentarischen Willensbildung und Entscheidungsfindung nicht nur als Verfahrensregel, sondern auch in seinem materialen Gehalt, die »Vernunft« der allgemeinen Gesetzesnormen betreffend, die gerade durch die Öffentlichkeit des parlamentarischen Beratungs- und bargaining-Verfahrens garantiert werden sollte, in Frage gestellt, als Vorwand entlarvt und in seiner Legitimierungsfunktion außer Kraft gesetzt werden konnte. Heruntergekommen zur Fassadenherrlichkeit, degeneriert zum symbolisch-folkloristischen Ausstattungsemblem eines routinierten, lediglich »parlamentarisierten« Politik-Betriebs, dessen materiale Garantiefunktion: politische Herrschaft zu rationalisieren, selbst bei Einstimmigkeit der Beschlußlage offenbar leerläuft[32], hat die sich formierende Gegen-Öffentlichkeit der Boykottbewegung das Recht auf Gehorsam als Äquivalent zur legitimen physischen Gewaltanwendung seitens des Gewaltmonopolisten Staat in Frage gestellt –, aber nicht nur in Frage gestellt, sondern auch einer inhaltlichen Korrektur zugänglich gemacht.

Das Mißtrauenspotential in Latenz und der sich allmählich erst bildende gemeinsame Widerstand gegen die staatlichen Maßnahmen sind daher zu interpretieren als Versuche einer neuen Selbstwertvergewisserung der Menschen als Bürger einerseits, einer prinzipiellen Enttabuisierung und Infragestellung des staatlichen

Unterwerfungswillens als solchem andererseits, d. h. als Delegitimierung jedweder parlamentarisch-rechtsstaatlicher Verfahrensfetischisierung als Selbstzweck.

Im Plan des Volkszählungsgesetzes '83 schien sich eine bereichsspezifisch verengte politische »Öffentlichkeit«, in Routine abgerutscht, quasi bürokratisch organisiert und zugleich eigenständige Interessen verfolgend, d. h. in Erscheinung tretend als tripartistischer Verbund von Verfassungsorganen (wie Bundestag, Bundesregierung, Bundesrat und beteiligte Ausschüsse), interessierten Spitzenverbänden (Kirchen, kommunale Spitzenverbände etc.) und staatlich alimentierten Systemparteien, kurz, Bürokratie als eigendynamisches System gegen die Adressaten staatlicher Gesetzesmaßnahmen verschworen und das ursprüngliche Begründungs- und Ableitungsverhältnis ihrer Legitimität ins Gegenteil verkehrt zu haben. Tatsächlich ist dieser Abstraktionsmechanismus bürokratischer Herrschaft in Analogie zur Funktion des Kapitals zu denken, das die konkret-mannigfaltigen Produkte nicht erst im nachhinein ihrer Entstehung vergesellschaftet, sondern sie bereits im voraus durch Unterwerfung unter bürokratiegemäße Subsumtionsinteressen, hier: durch Reduktion auf die berechenbare, statistische Merkmalseinheit, auf ihren funktionalen »Wert« hin einebnet und – entfremdet. Der Fetischcharakter »ist geschichtlich zum Prius dessen geworden, wovon er seinem Begriff nach das Posterius wäre«.[33]

Dieser angeblich notwendigen, weil technokratischen Sachzwängen gehorchenden Modelung zum »gläsernen Menschen«, dieser Reduktion aufs Quantifizierbare – alles Subsumtions- und Zuordnungsbedürfnisse einer verselbständigten bürokratischen Teilrationalität – wurde nun ein Gegenprinzip entgegengehalten: Lebensweltinteressen versus Systeminteressen.[34] Bereits im Mikrozensusbeschluß von 1969 war als normatives »Prinzip«, wenn auch nur ansatzweise formuliert: »Auch für den Staat der modernen Industriegesellschaft gibt es Sperren bei der verwaltungstechnischen ›Entpersönlichung‹.«[35] Jetzt wird dieser Grundsatz zum quasi grundrechtlichen Verfassungsgebot hochstilisiert, zum »Recht auf informationelle Selbstbestimmung«.[36]

Die Versuche staatlicher Instanzen, in aller Eile einen cordon sanitaire sog. »vertrauensbildender Maßnahmen« um das Vorhaben zu legen, um es überhaupt noch »retten« zu können – insbesondere unter Berufung auf die Einstimmigkeit bei der Gesetzesverabschiedung, auf Kompetenzzuständigkeiten, auf Handlungs- und Planungserfordernisse der modernen, wohlfahrtsstaatlichen Massendemokratie mit ihren besonderen »rechenhaften« Beziehungsgeflechten einschließlich der Beschwörung, die Bundesrepublik werde angesichts der europäischen Richtlinien in eine »vergleichsstörende Außenseiterposition« geraten[37] –, fruchteten nichts mehr. Auch letzte, verspätete Versuche einer Ausgrenzung und Isolierung gewisser Teile der Oppositions- und Widerstandsbewegung wirkten eher wie hilflose, regierungsoffizielle Versuche, die Protestbewegung zu spalten, um sich selbst ein Exkulpations-Mäntelchen umhängen zu können, insbesondere aber von dem als zentral erkannten Problem abzulenken, ob der Vollzug dieses Gesetzes die Wirklichkeit des Orwellschen Überwachungsstaates nicht doch unmittelbar herbeizuführen geeignet sei.

So sehr es nun unstreitig ist, daß jene allmählich erst sich bildende oppositionelle Gegenöffentlichkeit auf der Grundlinie ihres Kampfes geschlossen, ja imponierend auftrumpfte, so gewiß ist auch, daß sie spätestens beim taktisch bestimmten Punkten auseinanderdriftete. Von Anfang an war ihr Argumentations- *und* Aktionsbündnis vom Spaltpilz unterschiedlicher strategischer Einschätzungen bedroht, was die tatsächlichen Handlungs- und Gestaltungsmöglichkeiten der Bewegung anlangt.

Bewußt verknappt und auf die Spitze getrieben, handelt es sich um die beiden strategischen »Linien« des legalistischen »Fürstenknechts« oder des anarchistischen »Schwärmers«, kurz, um die Alternative Luther oder Thomas Münzer[38], womit schier Inkommensurables allenfalls auf Zeit, noch dazu auf recht brüchige Weise, zusammengefaßt worden war.

Die eine Alternative wäre gewesen, den Gesetzgeber in die Knie zu zwingen, und zwar durch massiven Protest, der die Intentionen des Gesetzgebungsvorhabens generell hätte zunichte machen können, so daß beispielsweise im Wege des Zählboykotts oder durch Falsch- und Teilangaben die erforderliche Repräsentativität der Angaben, d. h. der Erfolg der Maßnahme insgesamt verfehlt worden wäre. Es ist allerdings kein Zufall, daß der Gesetzgeber selbst schon massive Sanktionsmöglichkeiten gegen den allemal in Rechnung gestellten latenten Widerstand dem Zähl- und Durchleuchtungsinteresse staatlicher Instanzen gegenüber, d. h. gegen die latente An-Archie des Staatsvolkes in Form einer Bußgeldordnung zwecks Sicherstellung der Auskunftspflicht nach § 5 Abs. 2 VZG

’83 vorgesehen hatte.

Um so aufschlußreicher als Testfall für die Akzeptanz der bundesrepublikanischen Rechtsstaatskultur[39] insgesamt kann daher der Umstand gelten, daß die Widerstandsführer nichtsdestotrotz glaubten, auf Verfahren und Instanzen dieses »bürgerlichen« Rechtsstaates nicht verzichten zu können, wenn anders ihre materialen Rechtsinteressen mit Aussicht auf Erfolg, d. h. auch dauerhaft, sollten durchgesetzt werden können. Es ist dies gleichzeitig aber auch der Beweis für die Alternativ- und Alternativenlosigkeit (alternativer) Verfahrensrepertoires. Tatsächlich bot sich als »Alternative zur Boykottbewegung«[40] nichts anderes an als die konsequente Nutzung des Bonner »Rechtswegestaates«. Erst die Rechtsmittel, die legitimerweise gegen die Durchführung des Volkszählungsgesetzes ’83 mobilisiert werden konnten, die Verfassungsbeschwerde nach Art. 93 Abs. 1, Ziff. 4a GG bzw. Antrag auf einstweilige Anordnung nach § 32 BVerfGG, setzten sowohl die Verfahren als auch den Apparat, mittels deren die Verrechtlichung politischer Konfliktlösungen normalerweise betrieben wird, in Bewegung. Selbst die Domestizierung des politischen Widerstandes *ist* und *hat* System.

Es ist daher kein Zufall, daß der Versuch, mittels legaler »Waffen« des Rechtswegestaates gegen die beabsichtigten legislatorischen Maßnahmen des Volkszählungsgesetzes vorzugehen, als Dolchstoß in den Rücken der Spontaneitätsphilosophie und -praxis interpretiert und bejammert wurde. Offenbar war im Bewußtsein der Mindermeinung überdeutlich präsent, daß selbst die Zähmung des Widerstandes sowie die erfolgreiche Bearbeitung des anstehenden Konflikts in letzter Instanz nur der Bestätigung der Fähigkeit des politischen Systems »Bundesrepublik« zu moderatem und kontrolliertem sozialen Wandel dienen und insoweit deren Lern- und Revisionsfähigkeit unter Beweis stellen werde.

In erster Linie beargwöhnte man die Strategie einer Verrechtlichung des Konflikts mit dem Vorbehalt, dadurch würde den aktuellen plebiszitären Tendenzen einer basisorientierten Demokratiekonzeption der Wind aus den Segeln genommen. In einem »Widerstand geklaut« überschriebenen Kommentar der Berliner *taz* wird über die Aussetzung der Volkszählung durch das BVerfG wie folgt räsoniert:

»Sicher, die Entscheidung des BVerfG ist nicht ohne den Druck einer Bewegung zustande gekommen, und dennoch ist sie für die Bewegung das Schlimmste, was passieren konnte. Die übereifrigen Juristinnen und Juristen haben mit ihrem Alleingang nach Karlsruhe ein Eigentor geschossen, das dem eigentlichen Widerstand die Luft abdreht: Die Volkszählung wird auf nächstes Jahr verschoben, die offensichtlichsten Bedenken der Datenschützer werden säuberlich in einen neuen Gesetzentwurf eingearbeitet werden, und ab 1984 haben wir dann die Volkszählung mit Make-up, die aber im wesentlichen dieselbe Datenmenge zur Planbarkeit und Kontrolle enthält.

In der Diskussion der Initiativen ist in den letzten Wochen immer deutlicher geworden, daß es bei der Kritik an der Volkszählung nicht nur um die Frage der Anonymisierung der Fragebögen oder die Erfassung der Telefonnummern ging. Massenweise statistische Totalerhebungen sind in sich gefährliche politische Kontroll- und Verplanungsinstrumente. Hätten die Juristen den Widerstand der Basis überlassen, wäre innerhalb von einem Monat die Volkszählung als Ganzes und nicht nur einige Teile für unbegrenzte Zeit vom Tisch gewesen ...

Daß im nächsten Jahr wahrscheinlich eine frisierte Volkszählung tatsächlich durchgeführt wird, ist aber nur der eine Punkt. Der andere ist vielleicht viel folgenschwerer und hängt mit dem politischen Klima, Spaß und Lust am Widerstand zusammen: Jeder Widerstand braucht auch Erfolge. Die Volkszählung hätte ein solcher Erfolg sein können, daß der ›allmächtige Staat‹ nicht so allmächtig ist, wie er vorgibt. Und den Politikern hätte es auch gutgetan zu sehen, daß nicht jeder politische Irrsinn durchsetzbar ist. Denn natürlich – da hatte der Herr Zimmermann schon recht – ging es nicht nur um die Volkszählung, sondern auch um Ungehorsam und Widerstand gegen einen Staat, der uns politische Katastrophen beschert ...«[41]

Wie auch immer, in seiner einstweiligen Anordnung vom 13. April 1983 hat das Bundesverfassungsgericht bekanntlich die Totalerhebung zunächst gestoppt, wenn auch nur mit der knappen Mehrheit von 5:3 Richterstimmen des Ersten Senates. Laut Urteilstenor der endgültigen Entscheidung vom 15. Dezember 1983 wurde schließlich das Gesetz, unter Anerkennung der Berechtigung der meisten Verfassungsbeschwerden, in wesentlichen Teilen für nichtig erklärt, darüber hinaus aber via Appellentscheid an den Gesetzgeber zur Nachbesserung, d. h. zur verfassungskonformen »Härtung« zurückverwiesen.[42]

Worin besteht nun der eigentliche Rationalisierungseffekt gegenüber der staatlichen Gewalt, der ja herausgearbeitet werden sollte und der mit dieser Art Mobilisierung von Gegen-Öffentlichkeit sowie Mobilisierung von Recht als »reflexiver« Form prozeduraler

Selbstregulierung[43] gesellschaftlicher Konflikte gegen die geschlossene Phalanx der Staatsbürokratie und ihrer parlamentarischen Protagonisten, Helfershelfer und Legitimationsbeschaffer in Verbindung gebracht werden kann?

Ohne hier im einzelnen auf die Problematik des Datenschutzes näher eingehen zu können und ohne die rechtsdogmatischen Argumentationsfiguren, wie insbesondere das in rechtsschöpferischer Verfassungsinterpretation entwickelte Recht auf »informationelle Selbstbestimmung«, die das Bundesverfassungsgericht seiner Strategie prozeduraler Herrschaftsrationalisierung zugrundegelegt hat, im einzelnen darstellen zu können[44], sind für unsere Überlegungen in erster Linie die Auflagen bzw. Maßnahmen von Interesse, die das Karlsruher Gericht dem Gesetzgeber zu berücksichtigen bzw. vorzunehmen ins Stammbuch geschrieben hat.

Ausgehend von der Überlegung, daß es »unter den Bedingungen der automatischen Datenverarbeitung kein ›belangloses‹ Datum mehr (gibt)«[45], stellt das BVerfG primär auf den Daten-Verwendungszusammenhang ab unter Gesichtspunkten ihrer eindeutigen Zweckbindung sowie ebenso eindeutiger Verknüpfungs- und Verwendungsmöglichkeiten vor allem personengebundener Daten, aber auch solcher, die für statistische Zwecke bestimmt sind.

»Die Verwendung ist auf den gesetzlich bestimmten Zweck begrenzt. Schon angesichts der Gefahren der automatischen Datenverarbeitung ist ein – amtshilfefester – Schutz gegen Zweckentfremdung durch Weitergabe- und Verwendungsverbote erforderlich. Als weitere verfahrensrechtliche Schutzvorkehrungen sind Aufklärungs-, Auskunfts- und Löschungspflichten wesentlich«,[46]

vor allem aber sei durch rechtzeitige Vorkehrungen sicherzustellen, daß unabhängige Datenschutzbeauftragte beteiligt würden. Was damit erreicht werden soll, nimmt sich in den Worten eines Interpreten des Urteils wie folgt aus:

»Es kommt nicht mehr – ›allein‹ – darauf an, eine bestimmte *Datensubstanz gegen Öffentlichkeit abzuschotten*, vielmehr darauf, die *Öffentlichkeit zugänglicher Daten in eine organisierte Struktur zu bringen.* Diese Strukturierung besteht im wesentlichen darin, legal erhobene Daten gegen Kontextveränderungen zu sichern.«[47]

M. a. W., ausgehend von primär gesinnungsethischen Motiven individueller Betroffenheit und unter Nutzung von ausschließlich individualrechtlichen Beschwerdemöglichkeiten wie dem Jedermannsrecht der Verfassungsbeschwerde wird der gesellschaftliche Konflikt von der »Dritten Gewalt« auf eine Ebene gehoben, auf der seine politische Lösung möglich wird. Indem der Gesetzgeber verpflichtet wird, unter Gesichtspunkten einer grundrechtskonformen Datenerhebung und Datenverwendung zunächst auf die Herstellung von Bedingungen einer »informationellen Gewaltenteilung«[48] hinzuwirken, sodann aber auch auf deren strikte Einhaltung zu achten, und zwar mit dem ihm eigentümlichen Zirkulationsmittel, der allgemeinen Gesetzesnorm, wird jener leviathanische Moloch der normativ verstandenen »Einheit der Staatsgewalt« der Tendenz nach aufgesprengt und werden seine alltäglichen Verwaltungsvollzüge in rechtsstaatliche Bahnen gelenkt.[49] Wenn schon »informationelle Amtshilfe«, dann soll sie im Bereich der Datenerhebung und Datenverwendung allemal »amtshilfefest« sein und nur unter strikter Einhaltung der (informationellen) Gewaltentrennung zwischen Statistik und Verwaltung erfolgen dürfen. In derartigen, scheinbar bloß rechtstechnischen Begriffen tickt sozusagen zielunabhängig die Zeitbombe jener möglichen Herrschaftsrationalisierung, die in dem Konfliktverlauf das eigentliche politische Thema war und deren Explosivgewalt erst zur Geltung kommen dürfte, sobald jene als präskriptive Handlungsanleitungen nicht nur verstanden, sondern auch genutzt würden.

Die staatlicherseits nachgesuchte, offenbar knappe Ressource »Information« über den inneren Zustand des politischen Gemeinwesens, die freilich jederzeit auch zur Verwendung gegenüber dem »Bürger als Sicherheitsrisiko«[50] genutzt werden könnte – was die eigentliche Entfremdung der Staatsgewalt gegenüber ihrer demokratischen Zwecksetzung ausmachte –, soll also verfahrensrechtlich handhabbar gemacht und auf diese Weise kontrollierbar, d. h. durch prozedurale Sicherstellungen in einen eindeutigen Verwendungskontext gesetzt und darin grundrechtsfest gehärtet werden. Erst durch derartige prozedurale Vorkehrungen im Bereich der staatlichen Datenorganisation wird die Staatsgewalt, auf der Ebene des Systemdatenschutzes wie des grundrechtlichen Persönlichkeitsschutzes, in ihrer konkreten Ausprägung und ihrem alltagspraktischen Vollzugshandeln grundrechtskonform ausgestaltet, rechtsstaatlich gebändigt und insoweit »rationalisiert«, was immer auch heißt, auf die Ratio der Bürgerinteressen zurückbezogen, sollen Lebensweltinteressen mit Systemerhaltungs- und Systembestandsinteressen kompatibel gemacht werden. Der Preis für diese Form der politischen Konfliktlösung ist freilich hoch: Demokratie muß hinfort durchs Nadelöhr der Justiz.[51] Doch ebenso schnell und ebenso gewiß gerät eine im Verfahrenswege durchgesetzte Rationalisierung von Herrschaftsinteressen (und Herrschaftspraktiken) gleichsam an ihre »natürlichen« Grenzen. Es sind dies die Grenzen staatlichen Handelns selber. Es ist schon so, wie es der Heidelberger Verfassungsjurist *Hans Schneider* ebenso einseitig verharmlosend wie sarkastisch formuliert hat:

»Es muß einem doch zu denken geben, daß die Erfassung und Auswertung von harmlosen Angaben der öffentlichen Verwaltung nur unter vielen Bedingungen und unter aufwendigen Sicherungen gestattet wird, während bei privaten Unternehmen (Presse-Archiven, Kredit- und Versicherungsauskunfteien) die Ansammlung und kommerzielle Verwertung personenbezogener Daten – auch solche von diskreter Natur – unaufhörlich wuchert. Alle reden von der Volkszählung, niemand von der SCHUFA.«[52]

Gleichwohl, die Möglichkeiten einer sog. »Drittwirkung« des vom BVerfG ins Auge gefaßten Datengrundrechtsschutzes mittels Durchsetzung des Rechts auf »informationelle Selbstbestimmung« auch gegenüber Privatrechtsträgern sind durchaus gesehen worden, wenn auch zunächst nur als Bedingung der Möglichkeit für eine im Hinblick auf Datensicherheit »menschenwürdige«, also erst noch herzustellende Gesellschaftsordnung. Immerhin ist unüberhörbar als Programm formuliert: »Mit dem Recht auf informationelle Selbstbestimmung wären eine Gesellschaftsordnung und eine diese ermöglichende Rechtsordnung nicht vereinbar, in der Bürger nicht mehr wissen können, wer was wann und bei welcher Gelegenheit über sie weiß.«[53]

Dennoch dürfte die vertrackte Dialektik dieser Utopie nicht zuletzt darin bestehen, daß bis zur Herstellung dieses insoweit »menschenwürdigen« Zustandes auf allen Ebenen und in allen gesellschaftlichen Sektoren der staatlichen Gewalt infolge ihrer bloß relativen Handlungsautonomie vorerst die Hände gebunden sind; daß andererseits, sollte sich diese grundrechtliche »Drittwirkung« auch in andere gesellschaftliche, insbesondere in die privater Verfügungsgewalt unterworfenen ökonomischen Bereiche entfalten können, allein eine omnipotente Staatsgewalt in der Lage wäre, diesem expansiven »Rechtsimperialismus«[54] ebensowohl Vorschub zu leisten wie Paroli bieten zu können.

Ich fürchte, daß wir aus diesem Strukturdilemma vorerst nicht herauskommen werden. Was immer aus ihm auch sonst zu lernen sein mag, es wird die Politikwissenschaft – und nicht nur diese – noch lange in Atem halten.

Anmerkungen

1 Zum gesamten Fragenkomplex vgl. *Otwin Massing:* »Herrschaft«, in: D. Nohlen/R. O. Schultze (Hrsg.): Politikwissenschaft (= Pipers Wörterbuch zur Politik, Bd. 1), München 1985, S. 328–334, mit weiterführender Literatur.

2 Desgleichen *Massing:* »Öffentlichkeit«, in: Harald Kerber/Arnold Schmieder (Hrsg.): Handbuch Soziologie. Zur Theorie und Praxis sozialer Beziehungen, Reinbek b. Hamburg 1984, S. 408–415; mit weiteren Literaturhinweisen.

3 Vgl. dazu die gründliche sozialhistorische Untersuchung von *Stefan Breuer:* Sozialgeschichte des Naturrechts, Opladen 1983.

4 Vgl. dazu *meinen* Beitrag »Rechtsstaat«, in: Martin Greiffenhagen/Sylvia Greiffenhagen/Rainer Prätorius (Hrsg.): Handwörterbuch der politischen Kultur der Bundesrepublik Deutschland, Opladen 1981, S. 407–415; mit weiterführender Literatur.

5 Vgl. *Peter Graf Kielmansegg:* Die Überforderung der Politik, in: ders.: Nachdenken über die Demokratie, Stuttgart 1980, S. 93–108.

6 Vgl. *Rüdiger Voigt* (Hrsg.): Verrechtlichung. Analysen zu Funktion und Wirkung von Parlamentarisierung, Bürokratisierung und Justizialisierung sozialer, politischer und ökonomischer Prozesse, Königstein/Ts. 1980. Wieweit derartige paradigmatische »Spurensicherungen« sozialwissenschaftlicher Provenienz indes auch alltagspolitisch bedingten Konjunkturen geschuldet sind, wird deutlich an der spiegelbildlichen Herausgebertätigkeit desselben Autors – im übrigen mit Vexierbildeffekt! Vgl. *Rüdiger Voigt* (Hrsg.): Abschied vom Recht? Frankfurt/M. 1983.

7 So begreift beispielsweise *Luhmann* »Öffentliche Meinung« vornehmlich als »thematische Struktur öffentlicher Kommunikation ..., ... funktional als Selektionshilfe« *(Niklas Luhmann:* Politische Planung. Aufsätze zur Soziologie von Politik und Verwaltung, Opladen 1971, S. 9–34 (9f.)).

8 Vgl. *Karl Marx:* Grundrisse der Kritik der Politischen Ökonomie 1857–1858 (Rohentwurf), mit einem Anhang 1850–1859, Berlin-Ost 1953, insbes. S. 542ff.

9 Zum »Modell« bürgerlicher Öffentlichkeit vgl. die frühe Arbeit von *Jürgen Habermas:* Strukturwandel der Öffentlichkeit. Untersuchun-

gen zu einer Kategorie der bürgerlichen Gesellschaft, Neuwied/Berlin 1962 (13. Auflage Darmstadt/Neuwied 1982).

10 Vgl. u.a. *Seymour Martin Lipset:* Soziologie der Demokratie, Neuwied/Berlin 1962; differenzierend nach unterschiedlichen »Produktionsöffentlichkeiten«, *Oskar Negt/Alexander Kluge:* Öffentlichkeit und Erfahrung. Zur Organisationsanalyse von bürgerlicher und proletarischer Öffentlichkeit, Frankfurt/M. 1974.

11 So der Untertitel der Untersuchung von *John Kenneth Galbraith:* The American Capitalism, Boston 1952.

12 So *Hans Peter Bleuel:* Die Stützen der Gesellschaft. Unternehmer – Manager – Leitende – Akademiker: Privilegiert durch Herkunft, Bildung und Einkommen? München 1976.

13 Vgl. *Ralf Zoll* (Hrsg.): Manipulation der Meinungsbildung. Zum Problem hergestellter Öffentlichkeit, Opladen 2. Auflage 1972.

14 Vgl. *Max Horkheimer/Theodor W. Adorno:* Dialektik der Aufklärung. Philosophische Fragmente, Amsterdam 1947; desgleichen *Hans Magnus Enzensberger:* Einzelheiten I. Bewußtseins-Industrie, Frankfurt/M. 1964.

15 Vgl. *F. Fröbel/J. Heinrichs/O. Kreye* (Hrsg.): Krisen der kapitalistischen Weltökonomie, Reinbek b. Hamburg 1981.

16 Vgl. zu diesem Fragenkomplex verschiedene Memoranden der »Arbeitsgruppe ›Alternative Wirtschaftspolitik‹«, Köln 1978 ff.

17 Dazu vor allem *Richard Sennett:* Verfall und Ende des öffentlichen Lebens. Die Tyrannei der Intimität, Frankfurt/M. 1983.

18 Gesetz über eine Volks-, Berufs-, Wohnungs- und Arbeitsstättenzählung (Volkszählungsgesetz 1983) vom 25. März 1982 (BGBl I, S. 369).

19 Vgl. *Jürgen Simon/Jürgen Taeger:* Rasterfahndung. Entwicklung, Inhalt und Grenzen einer kriminalpolizeilichen Fahndungsmethode, Baden-Baden 1981; desgleichen *Jürgen Taeger* (Hrsg.): Die Volkszählung, Reinbek b. Hamburg 1983.

20 Es handelt sich um das Urteil des Bundesverfassungsgerichts im Eilverfahren vom 13. April 1983 – BVerfGE 64, 67–72 –, vor allem aber um das Hauptverfahrensurteil vom 15. Dezember 1983 – BVerfGE 65, S. 1–71 –. Ihnen vorausgegangen war bereits eine Entscheidung des Bundesverfassungsgerichts zur Verfassungsmäßigkeit repräsentativ-statistischer Erhebungen vom 16. Juli 1969, der sogen. Mikrozensus-Beschluß (BVerfGE 27, 1–10), worin jedem planenden Eingriff des modernen Industriestaates Sperren vor der verwaltungstechnischen »Entpersönlichung« jedes einzelnen in bezug auf dessen »Innenraum« der Intimität in Rechnung zu stellen aufgegeben worden war.

21 Bundestagsdrucksache 9/451, Allgemeiner Teil, S. 7.

22 Vgl. *Klaus Stern:* Das Staatsrecht der Bundesrepublik Deutschland, Bd. II, München 1980. Dort heißt es ebenso lapidar wie erhellend: »Art. 35 Abs. 1 GG verpflichtet alle Behörden des Bundes und der Län-

der zu gegenseitiger *Rechts- und Amtshilfe.* Damit kommt zum Ausdruck, daß diese jeweils Teilaufgaben eines (Gesamt-)Staates wahrnehmen und in einer inneren Beziehung zueinander stehen, um die *Wirkungseinheit des Staates herzustellen* (diese Hervorhebung von mir, O. M.). Funktionenteilung und föderative Aufgliederung des Staates werden auf diese Weise wieder im Sinne der *Einheit der Staatsgewalt* (dto.) zusammengeführt« (a. a. O., S. 788).

23 *Ulrich Mückenberger:* Datenschutz als Verfassungsgebot. Das Volkszählungsurteil des Bundesverfassungsgerichts, in: Kritische Justiz 1984, S. 1–24 (1).

24 Der Spiegel Nr. 16/83 vom 18. 4. 1983, S. 20.

25 *Mückenberger,* a. a. O. [s. Anm. 23].

26 Der Spiegel, a. a. O. [s. Anm. 24].

27 Dto.

28 *Josef Isensee:* Widerstand gegen den technischen Fortschritt – Rückbesinnung auf das Selbstverständliche des demokratischen Verfassungsstaates –, in: DÖV 1983, S. 565–575.

29 *Jost-Dieter Busch,* in: DVBl 1984, S. 385–389 (385).

30 BVerfGE 65, 1–71 (3 f.).

31 *Hans Schneider,* in: DÖV 1984, S. 161–164 (164).

32 Vgl. *meinen* Beitrag »Restriktive sozio-ökonomische Bedingungen parlamentarischer Reformstrategien«, in: Otwin Massing: Politische Soziologie, Frankfurt/M. 1974, S. 123–138.

33 *Theodor W. Adorno:* Stichworte. Kritische Modelle 2, in: ders.: Gesammelte Schriften, Bd. 10, Frankfurt/M. 1977, S. 745.

34 Vgl. *Jürgen Habermas:* Theorie des kommunikativen Handelns, 2 Bde., Frankfurt/M. 1981, insbesondere Bd. 2, S. 171–293.

35 BVerfGE 27, 1–10 (7).

36 BVerfGE 65, 1–71 (43).

37 So äußerte sich z. B. der Parlamentarische Staatssekretär *Horst Waffenschmidt* am 18. 3. 1983, u. a. mit der Behauptung, »die Tätigkeit einiger Gruppen, die das Gesetz mit sehr vordergründigen und oft emotionalen Argumenten ablehnten, richte sich gar nicht gegen die Volkszählung, sondern gegen die Funktionstüchtigkeit des demokratischen Staates bei der Erfüllung seiner Aufgaben«. Zitiert nach »Archiv der Gegenwart« vom 13. April 1983, S. 26548.

38 *Rudolf von Thadden:* Luther und die DDR, in: Bernd Rebe/Klaus Lompe/Rudolf von Thadden (Hrsg.): Idee und Pragmatik in der politischen Entscheidung. Alfred Kubel zum 75. Geburtstag, Bonn 1984, S. 237–242 (239).

39 Vgl. *Otwin Massing:* Rechtsstaat und Justizherrschaft, in: ders.: Verflixte Verhältnisse. Über soziale Umwelten des Menschen, Opladen 1987, S. 114 ff.

40 Der Spiegel, a. a. O., [s. Anm. 24].

41 Zitiert nach Frankfurter Rundschau vom 16. 4. 1983.
42 Inzwischen ist der 25. Mai 1987 als endgültiger Termin für die Volkszählung bestimmt worden.
43 Zu diesem neueren Ansatz vgl. *Alfred Rinken:* Alternativkommentar zum Grundgesetz für die Bundesrepublik Deutschland (AK-GG), Bd. II, Neuwied 1984, S. 986–1099 (1012 f.), mit weiterführender Literatur.
44 Vgl. dazu vor allem die überaus anregende Studie von *Mückenberger,* a. a. O., [s. Anm. 23].
45 BVerfGE 65, 1–71 (45).
46 Dto.
47 *Mückenberger,* a. a. O., [s. Anm. 23].
48 BVerfGE 65, 1–71 (69).
49 Vgl. *Massing:* Rechtsstaat und Justizherrschaft, a. a. O., [s. Anm. 39].
50 Vgl. *Wolf Dieter Narr:* Wir Bürger als Sicherheitsrisiko. Berufsverbot und Lauschangriff. Beiträge zur Verfassung unserer Republik, Reinbek b. Hamburg 1977.
51 Vgl. *Massing:* a. a. O., [s. Anm. 4].
52 *Hans Schneider,* a. a. O., [s. Anm. 31], S. 164. Zur Auskunftspraxis der SCHUFA, insoweit sie sich sogar auf erledigte Verpflichtungen kreditorischer »Risikoträger« erstreckte, vgl. das Urteil des Amtsgerichts Hannover vom 19. Juni 1985 (Az.: 518 C 8240/85).
53 BVerfGE 65, 1–71 (43).
54 *Rudolf Wassermann:* Zur Effizienz der Rechtspolitik. Ein Beitrag zur Gesetzgebungslehre, in: Kubel-Festschrift, a. a. O., [s. Anm. 38], S. 243–258 (245).

Hermann Heußner
Datenverarbeitung und Grundrechtsschutz

»Freiheit ist der Inbegriff demokratischer Gesinnung. Die Unterdrückung der Freiheit hat noch immer dazu geführt, daß sie nur um so explosiver wieder hervorbrach.«

Gustav Radbruch

A. Lückenloser Grundrechtsschutz im Grundgesetz

Die Verfassung, das Grundgesetz, enthält die rechtliche Grundordnung unseres Staates. Dazu gehören die Regeln über die Lenkung, die Organisation und den Aufgabenbereich der obersten Staatsorgane sowie die Grundrechte des Bürgers. Alles staatliche Handeln muß mit diesen Fundamentalnormen übereinstimmen. Auch die Grundrechte binden Gesetzgebung, vollziehende Gewalt und Rechtsprechung als unmittelbar geltendes Recht (Art. 1 Abs. 3 GG). Das Grundgesetz ist damit nicht nur ein formales Organisationsgesetz, welches das Verfahren der staatlichen Willensbildung, insbesondere das Gesetzgebungsverfahren regelt. Nach den Erfahrungen im NS-Unrechtsstaat ist es vielmehr Ziel unserer Verfassung, den Mißbrauch von Macht zu verhindern und eine Ordnung des Gemeinwesens im Dienst von Gerechtigkeit und Menschenwürde durch das Recht abzusichern. Deshalb ist die Gesetzgebung an die verfassungsmäßige Ordnung, die vollziehende Gewalt und die Rechtsprechung an Gesetz und Recht gebunden (Art. 20 Abs. 3 GG). Die Würde des Menschen ist unantastbar; sie zu achten und zu schützen, ist Verpflichtung aller staatlichen Gewalt (Art. 1 Abs. 1 GG). Neben der Würde des Menschen (Art. 1 GG), dem Rechtsstaatsprinzip (Art. 20 Abs. 3 GG) gehören noch die Grundsätze des föderalistischen Staatsaufbaus, der Gewaltenteilung (Art. 20 Abs. 2 GG) sowie das Demokratie- und Sozialstaatsprinzip (Art. 20 Abs. 1 GG) zu den tragenden Konstitutionsprinzipien der Verfassung, die sogar bei einer Änderung des Grundgesetzes nicht berührt werden dürfen (Art. 79 Abs. 3 GG).

Die Erfahrungen haben gezeigt, daß Gesetzgebungsbeschlüsse nicht schon deswegen rechtsstaatlich unbedenklich sind, weil sie in dem hierfür vorgesehenen Verfahren zustande gekommen sind. Dies hat sich in der Praxis erst in jüngster Zeit bei dem Verfahren über die Verfassungsbeschwerden gegen das Volkszählungsgesetz 1983 gezeigt, das vom Bundestag einstimmig verabschiedet worden ist. Durch das Grundgesetz ist die Abkehr von unkritischer Gesetzesgläubigkeit, vom Gesetzespositivismus als Bindung an den Buchstaben des Gesetzes und vom Glauben an die Allmacht des Gesetzgebers ohne Rücksicht auf den Inhalt der Rechtsnormen vollzogen. Die »Souveränität« des Parlaments ist besonders durch die Grundrechtsbindung des Gesetzgebers konstitutionell gemäßigt worden. Viele erblicken in der Kontrolle des Gesetzgebers durch das Bundesverfassungsgericht die Krönung des Rechtsstaates, weil damit wirksam absolute Mehrheitsherrschaft gebändigt werde. Andere meinen, sie führe notwendig zur »oligarchischen Herrschaft der Wenigen« und sei deshalb ein Fremdkörper im demokratischen Staat. Sie haben eine Vorstellung von Demokratie, in der die Mehrheit der Mitglieder des Parlaments und die von ihr gestützte Regierung nicht nur stets jeder Versuchung der Macht widerstehen, sondern auch immer das verfassungsrechtlich Gebotene richtig erkennen. Flick-Affäre, verfassungswidrige Spendenpraxis etablierter Parteien und die Versuche, durch eine Amnestie eine gründliche Untersuchung dieser Vorgänge zu verhindern, lassen Zweifel am Glauben an eine derartige Einstellung aufkommen. Immer wenn dem Bundesverfassungsgericht politisch umstrittene Entscheidungen zur Prüfung vorgelegt werden, prallen die skizzierten verfassungspolitisch kontroversen Standpunkte erneut aufeinander. In der Öffentlichkeit wird dann – je nach politischem Standort – dem Gericht vorgeworfen, es betreibe Politik und mische sich in die legitimen Aufgaben des demokratischen Gesetzgebers ein.

B. I. Bundesverfassungsgericht im Spannungsfeld zwischen Recht und Politik

Da das *Bundesverfassungsgericht* vom Grundgesetz berufen ist, nicht nur Hoheitsakte der Verwaltung und Gerichte nachzuprüfen, sondern auch Gesetze bei Verfassungswidrigkeit für nichtig zu erklären, haben viele seiner Entscheidungen politisch weittragende Folgen. Als Beispiele seien hier nur herausgegriffen: Das erste Fernsehurteil aus dem Jahre 1961,[1] das *Adenauers* Vorhaben, eine bundesabhängige »Deutschland-Fernsehen-GmbH« zu schaffen, im Streit mit den Ländern für verfassungswidrig erklärte, weil dem Bund die Kompetenz für die Gründung einer eigenen Gesellschaft zur Veranstaltung von Fernsehprogrammen fehlte. Aus jüngster Zeit sei neben dem Volkszählungsurteil v. 15. 12. 1983[2] noch auf die Entscheidungen zur Aktenherausgabe an den Flick-Untersuchungsausschuß, die Nichtigerklärung des Gesetzes über die Investitionshilfeabgabe, auf den Beschluß über die Grenzen der strategischen Brief- und Telefonkontrolle durch den Bundesnachrichtendienst und auf das Urteil zur Raketenstationierung[3] hingewiesen.

Es kann nicht verwundern, daß bei den Entscheidungen mit brisanten politischen Folgen immer wieder in der Öffentlichkeit, insbesondere von den unterlegenen Gruppen, die Kritik vorgetragen wird, das *Bundesverfassungsgericht* habe die Grenzen des Verfassungsrechts zum politischen Bereich überschritten. Es wird dann dem Gericht anempfohlen, mehr richterliche Selbstbeschränkung (»judical self-restraint«) zu zeigen. Gelegentlich wird auch die Frage aufgeworfen, ob man nicht das *Bundesverfassungsgericht* von der Entscheidung »politischer Angelegenheiten« überhaupt verschonen solle.

Meistens geht diese Kritik von falschen verfassungsrechtlichen Voraussetzungen aus. Es wird von den Kritikern übersehen, daß dem *Bundesverfassungsgericht* nicht nur die klassischen Aufgaben eines Staatsgerichtshofs (Organstreitigkeiten, Bund-Länder-Streitigkeiten), sondern auch der Schutz des Bürgers vor der Staatsgewalt (einschließlich der Normenkontrolle) übertragen ist. Wie schon die Entstehungsgeschichte des Grundgesetzes ausweist, ist es Sinn der Verfassung, der Politik bestimmte Grenzen zu setzen; Funktion des *Bundesverfassungsgerichts* ist es, die Einhaltung dieser Grenzen zu überwachen.[4] Dies hat zur Folge, daß viele Entscheidungen des *Bundesverfassungsgerichts* nicht nur politische Auswirkungen haben, sondern sich das Gericht mit seinen Erkenntnissen ständig auf der Grenze zwischen Recht und Politik bewegt. Als rechtsprechendes Verfassungsorgan hat es aber weder den Auftrag noch die Möglichkeit zu unmittelbar schöpferischer Gestaltung des politischen Lebens. Seine Kompetenzen sind im Grundgesetz selbst und im Bundesverfassungsgerichtsgesetz abgegrenzt und im einzelnen aufgezählt; es gibt keine verfassungsgerichtliche Generalklausel. Das *Bundesverfassungsgericht* wird nicht von sich aus tätig, sondern leitet ein Verfahren nur auf Antrag ein. Es hat von der gegebenen Zuständigkeitsordnung im Grundgesetz auszugehen; es steht daher nicht in seinem Belieben, eine Entscheidung unter Hinweis auf ihren politischen Charakter abzulehnen. Das Grundgesetz selbst hat also dem *Bundesverfassungsgericht* die Aufgabe zugewiesen, das rechtliche Vorfeld für politische Entscheidungen zu klären[5] und die Handlungen der anderen zur aktiven Gestaltung der Politik berufenen Verfassungsorgane am Maßstab der Normen des Grundgesetzes zu messen. Damit ist seine Beteiligung am politischen Prozeß auf die Kontrolle der anderen, vom Grundgesetz zur politischen Gestaltung berufenen Verfassungsorgane, angelegt. Der Grundsatz richterlicher Selbstbeschränkung kann deshalb nicht eine Verkürzung oder Abschwächung der Kompetenz des *Bundesverfassungsgerichts* zur Durchsetzung der Verfassungsordnung gebieten, sondern nur den Verzicht, »Politik aktiv zu betreiben«, das heißt in den vom Grundgesetz geschaffenen und begrenzten Raum freier politischer Gestaltung des Gesetzgebers und der anderen Verfassungsorgane einzugreifen. Schon im Hinblick auf das Demokratieprinzip ist das *Bundesverfassungsgericht* verpflichtet, den vom Grundgesetz für die anderen Verfassungsorgane garantierten Raum freier politischer Gestaltung offenzuhalten.[6] So begründet zwar das Sozialstaatsprinzip die Pflicht des Staates, für eine gerechte Sozialordnung zu sorgen; bei der Erfüllung dieser Pflicht kommt aber dem Gesetzgeber ein weiter Gestaltungsspielraum zu.[7] Das Sozialstaatsprinzip stellt dem Staat eine Aufgabe, sagt aber nichts darüber, wie diese Aufgabe im einzelnen zu verwirklichen ist. Wäre es anders, dann würde das Sozialstaatsprinzip mit dem Prinzip der Demokratie in Widerspruch geraten: Die demokratische Ordnung würde als Ordnung eines freien politischen Prozesses entscheidend eingeschränkt und verkürzt, wenn der politischen Willensbildung eine so und nicht anders einzulösende verfassungsrechtliche Verpflichtung vorgegeben wäre.[8] Der Gesetzgeber darf somit jede ihm sachgemäß erscheinende Sozial- und Wirtschaftspolitik verfolgen, sofern er dabei die Grundrechte beachtet. Wegen seiner Offenheit kann das Sozialstaatsprinzip den Grundrechten keine unmittelbaren Schranken ziehen.[9] Dem Gesetzgeber kommt also eine weitgehende Gestaltungsfreiheit zu, die im wesentlichen nur durch die Grundrechtsordnung beschränkt wird. Dieses darin zum Ausdruck kommende Element relativer Offenheit der Verfassungsordnung ist notwendig, um einerseits dem geschichtlichen

Wandel Rechnung zu tragen, der in besonderem Maße das wirtschaftliche Leben kennzeichnet, andererseits die normierende Kraft der Verfassung nicht aufs Spiel zu setzen. Die Berücksichtigung der Gestaltungsfreiheit des Gesetzgebers darf aber nicht zu einer Verkürzung dessen führen, was die Verfassung in allem Wandel unverändert gewährleisten will, namentlich nicht zu einer Verkürzung der in den Einzelgrundrechten garantierten individuellen Freiheiten, ohne die nach der Konzeption des Grundgesetzes ein Leben in menschlicher Würde nicht möglich ist. Die Aufgabe des *Bundesverfassungsgerichts* besteht infolgedessen darin, die grundsätzliche Freiheit wirtschafts- und sozialpolitischer Gestaltung, die dem Gesetzgeber gewahrt bleiben muß, mit dem grundrechtlichen Freiheitsschutz zu vereinbaren, auf den der einzelne Bürger gerade auch dem Gesetzgeber gegenüber einen verfassungsrechtlichen Anspruch hat.[10] Dem kann das *Bundesverfassungsgericht* nicht ausweichen, auch nicht unter Berufung auf den politischen Charakter eines Gesetzes.

II. Verwirklichung der Grundrechtsordnung bei sich wandelnder Lebenswirklichkeit am Beispiel des Volkszählungsurteils

Aufgabe des *Bundesverfassungsgerichts* ist es im besonderen und in erster Linie, die Verfassung auszulegen und fortzubilden.[11] Dazu gehört auch, ohne Rücksicht auf die mehr oder weniger große Aktualität des Falles, das Verfassungsrecht durch Entscheidungen zu entwickeln und den Rechtsfrieden für die Zukunft zu sichern (Befriedungsfunktion). Für das Verfassungsrecht ist dessen Auslegung und Fortbildung durch das *Bundesverfassungsgericht* schon deshalb von entscheidender Bedeutung, weil angesichts der Offenheit und Weite der Normen des Grundgesetzes und der sich fortlaufend wandelnden Lebenswirklichkeit Interpretationsprobleme häufig entstehen. Interpretation der Verfassungsnormen bedeutet ihre Konkretisierung durch die verfassungsgerichtliche Rechtsprechung. Was beispielsweise als Inhalt der Grundrechte noch nicht eindeutig ist, soll unter Einbeziehung der zu ordnenden Lebenswirklichkeit bestimmt werden.[12] Das Gericht muß dabei im Auge behalten, daß die offenen Normen der Verfassung nicht nur seine Kontrollbefugnis bestimmen, sondern zugleich Regelung für das

Handeln des Gesetzgebers sind. Gewaltenteilungs- und Demokratieprinzip müssen hier beachtet werden. Sie zeigen für die Interpretation der Verfassungsnormen an, daß im Verhältnis der obersten Verfassungsorgane zueinander von je eigenen, kompetenzrechtlich abgesteckten Verantwortungsbereichen dieser Organe auszugehen ist, denen die Rechtsordnung in Form von Gestaltungs-, Beurteilungs- und Ermessensspielräumen Rechnung trägt.[13] »Das Demokratieprinzip verwehrt eine ungezügelte Verfassungsauslegung, die – ohne den Anforderungen einer Verfassungsänderung zu genügen – die Grenzen zwischen Normauslegung und Normgebung verwischt und unmerklich den Hüter der Verfassung zu ihrem Herrn werden läßt.«[14] Die Intensität der Prüfung einer Norm (Kontrolldichte) ist zum einen abhängig von der Bestimmtheit des verfassungsrechtlichen Prüfungsmaßstabes (Regelungsdichte) und zum anderen von dem Gewicht der Maßnahme für den Betroffenen.[15] Eine strenge Kontrolle ist vor allem bei den Eingriffen in die Freiheitsrechte des Bürgers notwendig, weil dies dem hohen Rang der Grundrechte und der Persönlichkeit als Mittelpunkt der Verfassung allein entspricht.[16]

Um einen solchen Vorgang der konkretisierenden Grundrechtsinterpretation bei veränderter Lebenswirklichkeit hat es sich bei der durch Verfassungsbeschwerden einer Vielzahl von Bürgern eingeleiteten Kontrolle der Normen des Volkszählungsgesetzes 1983 gehandelt.[17]

1. *Die veränderte Wirklichkeit*

Während zur Zeit des Inkrafttretens unserer Verfassung im Jahre 1949 Datenverarbeitung nur unter Rückgriff auf teilweise schwer erschließbare Karteien und Akten möglich war, können heute mit Hilfe moderner Informationstechniken Einzelangaben über persönliche oder sachliche Verhältnisse einer bestimmten oder bestimmbaren Person technisch gesehen unbegrenzt gespeichert und jederzeit ohne Rücksicht auf Entfernungen in Sekundenschnelle abgerufen werden. Übermittlungsschranken werden dadurch weiter abgebaut. Der einzelne ist nicht mehr in der Lage, die über ihn gespeicherten Daten – wenigstens teilweise – noch zu beherrschen und ihre Verwendung zu durchschauen, geschweige denn zu kontrollieren. Angesichts dieser veränderten Wirklichkeit kann es nicht verwundern, daß bei vielen Bürgern Furcht vor einer unkontrollierten Persönlichkeitserfassung ausgelöst wird. Damit stellt sich die Frage, ob und welchen Schutz die Verfassung vor den Gefahren einer unkontrollierten Erhebung und Verarbeitung personenbezogener Daten bieten kann.

2. *Das Recht auf informationelle Selbstbestimmung*[18]

Im Mittelpunkt der grundgesetzlichen Ordnung stehen Wert und Würde der Person, die in freier Selbstbestimmung als Glied einer freien Gesellschaft wirkt. Neben den speziellen Freiheitsverbürgungen gewährleistet vor allem das nach ständiger Rechtsprechung des *Bundesverfassungsgerichts* in Art. 2 Abs. 1 i. V. mit Art. 1 Abs. 1 GG abgesicherte allgemeine Persönlichkeitsrecht den Schutz vor Gefährdungen des Menschen durch die modernen Entwicklungen der Technik.[19]

Das allgemeine Persönlichkeitsrecht umfaßt damit auch die aus dem Gedanken der Selbstbestimmung folgende Befugnis des einzelnen, grundsätzlich selbst zu entscheiden, wann und innerhalb welcher Grenzen persönliche Lebenssachverhalte offenbart werden – also das Recht auf informationelle Selbstbestimmung.[20]

Individuelle Selbstbestimmung setzt unter den Bedingungen moderner Technologien voraus, daß dem einzelnen Entscheidungsfreiheit über vorzunehmende oder zu unterlassende Handlungen einschließlich der Möglichkeit gegeben ist, sich auch entsprechend dieser Entscheidung tatsächlich zu verhalten. Mit dem Recht auf informationelle Selbstbestimmung ist es deshalb unvereinbar, wenn der Bürger nicht mehr wissen kann, wer was wann und bei welcher Gelegenheit über ihn weiß. Ein für den Bürger völlig undurchschaubarer Datenverkehr würde nicht nur die individuellen Entfaltungschancen beeinträchtigen, sondern auch das Gemeinwohl, weil Selbstbestimmung eine elementare Funktionsbedingung eines auf Handlungs- und Mitwirkungsfähigkeit seiner Bürger begründeten freiheitlichen demokratischen Gemeinwesens ist. Wer unsicher ist, ob abweichende Verhaltensweisen jederzeit notiert und als Information dauerhaft gespeichert, verwendet oder weitergegeben werden, wird versuchen, nicht durch solche Verhaltensweisen aufzufallen. Wer damit rechnen muß, daß etwa die Teilnahme an einer Versammlung oder Bürgerinitiative behördlich registriert wird und ihm dadurch Risiken entstehen können, wird möglicherweise auf eine Ausübung seiner entsprechenden Grundrechte (Versammlungs- und Vereinigungsfreiheit – Art. 8, 9 GG) verzichten.[21]

Die Befugnis des einzelnen, grundsätzlich selbst zu bestimmen, wann und innerhalb welcher Grenzen persönliche Lebenssachverhalte offenbart werden – eben das Recht auf informationelle Selbstbestimmung –, ist eine das allgemeine Persönlichkeitsrecht konkretisierende Rechtsposition. Die Unantastbarkeit der Persönlichkeit würde erheblich geschmälert, wenn bei den heutigen technischen Möglichkeiten der Erhebung, Speicherung, Verwertung und Weitergabe von Informationen andere ohne oder gar gegen den Willen des Betroffenen über seine Daten nach ihrem Belieben verfügen könnten. Die Unbefangenheit der menschlichen Kommunikation würde gestört, müßte jeder mit dem Bewußtsein leben, daß jede Äußerung und jede seiner Bewegungen festgehalten, beliebig hervorgeholt, übermittelt und aus dem ursprünglichen Zusammenhang gelöst verwendet werden könnte.[22]

Damit erledigt sich die oft zu hörende These, der »anständige Bürger« brauche keinen Datenschutz. Wer behauptet, er habe nichts zu verbergen, widerspricht allen Erfahrungen des täglichen Lebens. Danach will jeder nur das über seine persönlichen und geschäftlichen Verhältnisse verbreiten, was ihm vorteilhaft erscheint. Niemand ist bereit, durch unnötiges Offenlegen einer wirtschaftlichen Bedrängnis seinen Kredit zu gefährden. Jeder kann unschuldig verdächtigt und beschuldigt werden. Dabei kann es ihm passieren, daß er auch nach Aufklärung nicht mehr überall den falschen Eindruck berichtigen kann, weil die ursprünglichen (falschen) Daten inzwischen weitergegeben und ausgewertet worden sind. Wären die Angaben über gesundheitliche Verhältnisse der einzelnen, die von Sozialleistungsträgern, Krankenhäusern und Personalabteilungen der Arbeitgeber gespeichert sind, für jeden Zweck frei auswertbar, so würden auch »anständige Bürger« ängstlich, die sich keiner strafbaren Handlung oder staatsfeindlichen Handlungsweise bewußt sind.[23]

3. Schranken der informationellen Selbstbestimmung

Die durch das allgemeine Persönlichkeitsrecht gewährleistete Befugnis des einzelnen, grundsätzlich selbst über die Preisgabe und Verwendung seiner persönlichen Daten zu bestimmen, ist nicht schrankenlos. Sie ist kein Recht im Sinne einer absoluten, uneinschränkbaren Herrschaft über die »eigenen« Daten. Information, auch soweit sie personenbezogen ist, stellt ein Abbild sozialer Realität dar, das nicht ausschließlich dem Betroffenen zugeordnet werden kann. Der einzelne muß Einschränkungen seines Rechts auf informationelle Selbstbestimmung im überwiegenden Allgemeininteresse hinnehmen.

Das Recht auf informationelle Selbstbestimmung soll grundsätzlich eine Informationserhebung und -verarbeitung ohne die Beteiligung des Betroffenen verhindern und seine Handlungsfähigkeit sichern, um die für eine freiheitliche demokratische Gesellschaft unerläßliche Kommunikation zu ermöglichen, nicht aber umgekehrt, um Kommunikationslosigkeit über Herrschaftsrechte an aufgeteilten und monopolisierten Informationen zu institutionalisieren.

4. Bedeutung der Zweckbindung und des Verwendungszusammenhangs

Informationelle Selbstbestimmung des einzelnen unter den Bedingungen moderner Informationstechnologien kann nur gewährleistet werden, wenn der Erkenntnis Rechnung getragen wird, daß sich als Folge der automatischen Verarbeitung die erhobenen personenbezogenen Daten verselbständigen, ohne daß es noch auf den ursprünglichen Erhebungs- oder Übermittlungszusammenhang ankommt. Deshalb kann die einzelne personenbezogene Angabe für sich weder »belanglos« noch »sensibel« sein. Sie wird es erst im Zusammenhang mit ihrer jeweiligen Verwendung. Daher kommt es bei der Erhebung, Verwertung und Verarbeitung von personenbezogenen Daten für den Schutz der informationellen Selbstbestimmung auf den gesetzlich bereichsspezifisch festzulegenden Zweck und Verwendungszusammenhang an. Erst wenn Klarheit darüber besteht, zu welchem Zweck Angaben verlangt werden und welche Verknüpfungs- und Verwendungsmöglichkeiten gegeben sind, läßt sich die Frage einer zulässigen Beschränkung des Rechts auf informationelle Selbstbestimmung beantworten.[24]

Die Empfindlichkeit und der Bedeutungsgehalt eines Datums können somit nicht nach der »Sphäre« beurteilt werden, aus der die Information stammt. Das *Bundesverfassungsgericht* hat deshalb bei der Sicherung der informationellen Selbstbestimmung im Volkszählungsurteil[25] seine frühere Rechtsprechung insoweit nicht aufgegriffen, den Schwierigkeiten der Reichweite des allgemeinen Persönlichkeitsrechts auf der Grundlage von Eingrenzungen auf räumlich bestimmte Sphären zu begegnen. Inhalt des Rechts auf informationelle Selbstbestimmung ist nicht nur das Recht des Bürgers, in einem konkret abzugrenzenden »unantastbaren Bereich« privater Lebensgestaltung in Ruhe gelassen zu werden«, sondern auch als wichtige Funktionsbedingung der freiheitlichen demokratischen Gesellschaft das Recht, Privatheit und Mitwirkung des Bürgers als gesicherte Grundrechtsausübung in der Kommunikation mit anderen, also im Sozialbezug, sicherzustellen.[26]

Für die Einschränkung des Rechts auf informationelle Selbstbestimmung bedarf es einer gesetzlichen Grundlage, die dem Gebot der Normenklarheit entspricht und die Datenerhebung und -verarbeitung auf das nach dem gesetzlich festgelegten Verwendungszweck unumgängliche Maß beschränkt. Damit ist regelmäßig eine Datensammlung auf Vorrat für unbestimmte oder nicht bestimmbare Zwecke unvereinbar.

5. *Kein neues Grundrecht »erfunden«*

Das *Bundesverfassungsgericht* hat damit kein neues Grundrecht »erfunden«, sondern nur seiner richterlichen Pflicht unter den sich wandelnden gesellschaftlichen Bedingungen genügt, in Fortsetzung seiner bisherigen Rechtsprechung zum allgemeinen Persönlichkeitsrecht dieses unter den Bedingungen der modernen Informationstechnologien zu konkretisieren. Dies ist nicht identisch mit einem – wohl auch problematischen – Spezialgrundrecht auf Datenschutz. Ein solches Grundrecht würde nicht mehr gewährleisten als die aus dem allgemeinen Persönlichkeitsrecht folgende Befugnis des einzelnen zur informationellen Selbstbestimmung. Inhaltlich würde durch ein »Grundrecht auf Datenschutz« aber möglicherweise ein Verständnis gefördert, das von der Verarbeitungsfreiheit personenbezogener Daten durch die jeweiligen Datenverarbeiter ausgeht und dem einzelnen lediglich einen Anspruch auf Schutz bei Mißbrauch zusichert. Nach dem Recht auf informationelle Selbstbestimmung als Ausprägung des Persönlichkeitsrechts bedarf aber der Zugriff auf die personenbezogenen Daten durch den jeweiligen Verarbeiter der Rechtfertigung und nicht die Ausübung der informationellen Selbstbestimmung.

6. Grundsatz der Amtshilfefestigkeit

Angesichts der Gefahren der modernen Datenverarbeitung ist ein amtshilfefester Schutz gegen Zweckentfremdung durch Weitergabe- und Verwertungsverbote erforderlich.[27] Datenübermittlung einer Behörde an die andere ist in keinem Fall allein mit der Begründung zu rechtfertigen, es bestehe die Pflicht zur Amtshilfe. Nur wenn für den zur Datenweitergabe ersuchten Träger der öffentlichen Verwaltung eine am Recht auf informationelle Selbstbestimmung orientierte Gesetzesnorm besteht, die ihm die Preisgabe personenbezogener Daten gegenüber dem betroffenen Bürger gestattet, kann er sie der ersuchenden Stelle im Wege der Amtshilfe übermitteln.

7. Grundsatz der »informationellen Gewaltenteilung«[28]

Es gibt keine Einheit der Staatsgewalt im Sinne einer Informationseinheit der gesamten öffentlichen Verwaltung.[29] Es ist – auch innerhalb einer Körperschaft des öffentlichen Rechts – nach den verschiedenen Funktionen und Aufgaben zu unterscheiden und die Informationsübermittlung danach abzugrenzen. Daten, die beispielsweise das Sozialamt der Stadt zu seiner Aufgabenerfüllung rechtmäßig erhebt oder übermittelt bekommt, darf es nicht an andere Stellen der Kommune ohne besondere gesetzliche Grundlage unter Beachtung des Rechts auf informationelle Selbstbestimmung weitergeben.[30]

8. Offenlegung des Erhebungs- und Datenverarbeitungsprozesses

Zu den verfahrensmäßigen Schutzvorkehrungen für eine verfassungsgemäße Erhebung, Verwertung und Verarbeitung von Daten gehört die grundsätzliche Offenlegung des Erhebungs- und Verarbeitungsprozesses. Wesentlich sind deshalb Aufklärungs-, Auskunfts- und Löschungspflichten der datenerhebenden und -verarbeitenden Stellen gegenüber dem Bürger.[31]

Allerdings reichen die genannten Pflichten der Datenverarbeiter allein nicht aus. Eine wirksame Kontrolle kann nur sichergestellt werden, wenn der Bürger nicht alleingelassen und nicht nur auf die Bereitschaft der Datenverarbeiter vertraut wird, ihren Aufklärungs-, Auskunfts- und Löschungspflichten zu genügen. Im Volkszählungsurteil[32] heißt es deshalb, daß wegen der für den Bürger bestehenden Undurchsichtigkeit der Speicherung und Verwendung von Daten unter den Bedingungen der automatischen Datenverarbeitung und auch im Interesse eines vorgezogenen Rechtsschutzes durch rechtzeitige Vorkehrungen die Beteiligung unabhängiger Datenschutzbeauftragter für einen effektiven Grundrechtsschutz von erheblicher Bedeutung ist. Dies ist besonders dort notwendig, wo aus überwiegenden Allgemeininteressen in bestimmten Teilen der öffentlichen Verwaltung die Auskunftspflicht gegenüber dem Bürger unumgänglich eingeschränkt werden muß (Sicherheitsbereich). Dann fordert ein am Recht auf informationelle Selbstbestimmung und am Verhältnismäßigkeitsprinzip ausgerichteter Rechtsschutz, daß diese Einschränkung durch die Kontrollbefugnis einer unabhängigen Datenschutzinstanz kompensiert wird und nicht auch noch deren Rechte beschnitten oder gar abgeschafft werden.[33]

9. *Informationelle Selbstbestimmung im Bereich der privaten Wirtschaft*

Nicht nur in der öffentlichen Verwaltung, sondern auch in der Wirtschaft haben sich in den letzten Jahren die Verfahren zur Sammlung und Auswertung von Informationen durch den Einsatz der Computer entscheidend verändert. Als Herzstück betrieblicher Unternehmensführung dienen in immer größer werdendem Umfang automatische Personalinformationssysteme, die eine Fülle von personenbezogenen Daten über die Arbeitnehmer speichern. Diese Informationen können multifunktional ausgewertet werden, obwohl sie nur im Rahmen eines bestimmten Verwendungszusammenhangs für einen speziellen Zweck beim einzelnen Arbeitnehmer erhoben worden sind. Einem nahtlosen Übergang von der Personalverwaltung zur Personalkontrolle steht damit nichts mehr im Wege.[34]

Das *Bundesverfassungsgericht* hat in der Entscheidung zum Volkszählungsgesetz bisher nur über die Tragweite des Rechts auf informationelle Selbstbestimmung bei Eingriffen entschieden, durch welche der Staat die Angabe personenbezogener Daten vom Bürger verlangt. Es bestand noch kein Anlaß, im einzelnen auf die Anwendung dieses Rechts im Bereich der privaten Wirtschaft einzugehen. Die Bedeutung des Rechts auf informationelle Selbstbestimmung für das Privatrecht ist in der Literatur noch umstritten, obwohl auch dort allgemein anerkannt ist, daß die moderne Datenverarbeitungstechnologie vielfältige Gefahren für das Persönlichkeitsrecht des Betroffenen zur Folge haben kann.[35] Vom *Bundesarbeitsgericht* ist inzwischen grundsätzlich entschieden, daß das Recht auf informationelle Selbstbestimmung als eine Ausprägung des grundrechtlich abgesicherten allgemeinen Persönlichkeitsrechts auch bei der Verarbeitung personenbezogener Daten der Arbeitnehmer im Betrieb zu beachten ist, weil die Verarbeitung von Verhaltens- und Leistungsdaten einen Anpassungsdruck erzeugt, der zu erhöhter Abhängigkeit des Arbeitnehmers führt und damit die freie Entfaltung seiner Persönlichkeit hindern muß.[36]

In der Staatsrechtslehre[37] wird darauf hingewiesen, daß die Sicherung menschlicher Freiheit unvollkommen sei, »wenn sie nicht um den Schutz gegen Freiheitsgefährdungen durch nicht-staatliche Mächte ergänzt würde«. Die neuere – noch nicht abgeschlossene – Entwicklung entnimmt daher aus dem Verständnis der Grundrechte als objektive Prinzipien, welche die gesamte Rechtsordnung beeinflussen, eine Pflicht des Staates, alles zu tun, um die Verwirklichung der Grundrechte in allen Rechtsgebieten zu schützen. In der bisherigen Rechtsprechung des *Bundesverfassungsgerichts* wird weitgehend eine unmittelbare »Drittwirkung« der Grundrechte vermieden und nur eine mittelbare angenommen, durch die sich der Rechtsgehalt der Grundrechte als objektive Normen im Privatrecht durch das Medium der diesen Bereich unmittelbar beherrschenden Bestimmungen entfaltet.[38] Auf dem Gebiet des Privatrechts besteht bei der »Drittwirkung« der Grundrechte das Problem, daß im Verhältnis Privater untereinander alle Beteiligten am Schutz der Grundrechte teilhaben, während das im Verhältnis des Bürgers zum Staat nicht der Fall ist. Es kann sich deshalb der grundrechtliche Schutz des einen Partners eines privatrechtlichen Verhältnisses als Beeinträchtigung grundrechtlich gesicherter Freiheit des anderen auswirken. Uneingeschränkte unmittelbare Bindung Privater an die Grundrechte würde daher zu einer nicht unerheblichen Einschränkung der Privatautonomie führen. Dies zu vermeiden und die privatrechtlichen Beziehungen für alle Beteiligten grundrechtsgemäß ausgewen zu gestalten, ist in erster Linie Aufgabe des Gesetzgebers. Der Richter hat allerdings bei der Auslegung privatrechtlicher Vorschriften immer dem objektiven Gehalt der Grundrechtsordnung Rechnung zu tragen. In dem beschriebenen Rahmen ist inzwischen die Schutzfunktion der Grundrechte auf Rechtsbeziehungen der Bürger untereinander ausgedehnt und zu einem Mittel der Freiheitssicherung auch gegenüber nichtstaatlichen Mächten geworden.[39].

C. Ungebrochenes Vertrauen der Bürger zur Verfassung und Verfassungsgerichtsbarkeit

Seit Jahren ist das *Bundesverfassungsgericht* diejenige staatliche Institution, der die Bürger neben dem Bundespräsidenten bei weitem am meisten Vertrauen entgegenbringen.[40] Dieses Vertrauen lebt von der integrierenden und damit friedensstiftenden Funktion des *Bundesverfassungsgerichts.* Dem haben auch die Entscheidung über das Volkszählungsgesetz und die in ihr enthaltenen Richtpunkte für den Umgang mit Bürgerdaten Rechnung getragen.

Wenn man *Orwell* richtig versteht, dann ist sein »1984« kein Zeitpunkt, sondern eine Geisteshaltung. Sie wird unsere Zukunft nur dann nicht bestimmen, wenn jedem bewußt bleibt, daß es eine Mißachtung der Menschenwürde und ein Verlust an demokratischer Substanz ist, wenn der einzelne aus der Rolle des mitwirkenden Staatsbürgers schrittweise verdrängt und immer mehr zum bloßen »Datenobjekt« in Staat und Gesellschaft gemacht wird. Der Einsatz moderner Technologien ist an den Grundrechten und Prinzipien des Grundgesetzes auszurichten und nicht als sog. Sachzwang zu verstehen, der seine »Legitimation« allein aus der Tatsache des reibungslosen und guten Funktionierens ableitet und davon ausgeht, die Verfassung habe sich daran zu orientieren. Wer der letzteren Maxime folgt, hat den Boden des Grundgesetzes verlassen, nicht aber diejenigen, die gegenüber derartigen Bestrebungen das *Bundesverfassungsgericht* anrufen. Das Urteil über das Volkszählungsgesetz 1983 war deshalb keine Entscheidung gegen den Staat, sondern *für* ein freiheitliches demokratisches Gemeinwesen nach den Normen unserer Verfassung.

* Die Abhandlung beruht auf Vorträgen, die der Verfasser in den Jahren 1984 bis 1986 bei Veranstaltungen gehalten hat. Dem Beitrag liegt das Volkszählungsurteil des Bundesverfassungsgerichts vom 15. Dezember 1983 (BVerfGE 65,1) zugrunde. Veröffentlichungen sind bisher nur in juristischen Fachzeitschriften erschienen: Die Sozialgerichtsbarkeit 1984, S. 279 ff. = Attempto, Heft 70/71 (1984/85), S. 5 ff.; Arbeit und Recht 1985, S. 309 ff.; Beiträge zur juristischen Informatik, Bd. 13 (April 1986), S. 11 ff.

1 Vgl. *BVerfG* v. 28. 1. 61, BVerfGE 12, 205.

2 *BVerfG* v. 15. 12. 83, BVerfGE 65, 1 (Volkszählungsurteil).

3 *BVerfG* v. 17. 7. 84, BVerfGE 67, 100; *BVerfG* v. 6. 11 84, BVerfGE 67, 256; *BVerfG* v. 20. 6. 84, BVerfGE 67, 157; *BVerfG* v. 18. 12. 84, NJW 1985, S. 603 ff.

4 Vgl. *Püttner,* »Der schwierige Weg der Verfassungsgerichtsbarkeit« in: Festschrift zum 125jährigen Bestehen der Juristischen Gesellschaft zu Berlin (1984), S. 573, 580 mit weit. Nachweisen.

5 Vgl. *BVerfG* v. 8. 12. 52, BVerfGE 2, 79 (96); *BVerfG* v. 16. 10. 77, BVerfGE 46, 160 (164 f.).

6 Vgl. *BVerfG* v. 31. 7. 73, BVerfGE 36, 1 (14 f.); *Simon,* »Verfassungsgerichtsbarkeit« in: Handbuch des Verfassungsrechts (Hrsg. Benda/Maihofer/Vogel) (1983), S. 1253, 1275 ff.

7 Vgl. *BVerfG* v. 13. 1. 82, BVerfGE 59, 231 (263) mit weit. Nachweisen und seither ständige Rspr.

8 Vgl. *BVerfG* v. 13. 1. 82 (Anm. 7).

9 Vgl. *BVerfG* v. 13. 1. 82 (Anm. 7); vgl. dazu auch *Herschel,* »Gedanken zum Sozialstaat«, SozFort. 1981, S. 145; *Herzog,* »Zur Auslegung des Sozialstaatsprinzips«, BayVBl. 1976, S. 161; *Brackmann,* Handbuch der Sozialversicherung, Bd. I/1 (61. Nachtrag – März 1984), S. 79 a, S. 79 a I mit weit. umfangreichen Nachweisen.

10 Vgl. *BVerfG* v. 1. 3. 79, BVerfGE 50, 290 (338) mit weit. Nachweisen.

11 Vgl. *BVerfG* v. 12. 2. 57, BVerfGE 6, 222 (240).

12 Vgl. *Hesse,* Grundzüge des Verfassungsrechts der Bundesrepublik Deutschland, 15. Aufl., Rdz. 60 ff.

13 Vgl. *BVerfG* v. 16. 2. 83, BVerfGE 61, 2 (51).

14 Vgl. *Simon* (Anm. 6), S. 1284.

15 Vgl. *Simon* (Anm. 6), S. 1285.

16 Vgl. *Simon* (Anm. 6), S. 1285.

17 Zum Volkszählungsurteil und den Besprechungen in der rechtswissenschaftlichen Literatur vgl. auch *Benda,* »Das Recht auf informationelle Selbstbestimmung und die Rechtsprechung des Bundesverfassungsgerichts zum Datenschutz«, DuD 1984, S. 84 ff.; *ders.,* »Die Wahrung verfassungsrechtlicher Grundsätze im Steuerrecht«, DStZ 1984,

S. 159ff.; *Hufen,* »Das Volkszählungsurteil des Bundesverfassungsgerichts und das Grundrecht auf informationelle Selbstbestimmung – eine juristische Antwort auf ›1984‹?«, JZ 1984, S. 1072ff.; *Kimminich,* »Die verfassungsrechtliche Durchsetzung des Datenschutzes«, ZfP 1984, S. 365ff.; *Heußner,* »Das informationelle Selbstbestimmungsrecht in der Rechtsprechung des Bundesverfassungsgerichts«, SGb. 1984, S. 279 mit weit. Nachweisen.

18 Die vom *BVerfG* verwendete Bezeichnung »Recht auf informationelle Selbstbestimmung« ist von diesem nicht geprägt worden, wie von *Ule* (DVBl. 1985, S. 536) unzutreffend behauptet worden ist. Es handelt sich vielmehr um einen mindestens seit 10 Jahren in der wissenschaftlichen Datenschutzdiskussion geläufigen und entwickelten Begriff; vgl. etwa *Podlech,* in: Hoffmann/Tietze/Podlech: Numerierte Bürger, 1975, S. 27ff.; *Mallmann,* Datenschutz in Verwaltungsinformationssystemen (1976), S. 47ff.; *Meister,* Datenschutz im Zivilrecht (1977), S. 111ff.; *Walter Schmidt,* »Die bedrohte Entscheidungsfreiheit«, JZ 1974, S. 214ff.; ferner *Simitis* in: Simitis/Dammann/Mallmann/Reh, BDSG, 3. Aufl., Einl. Anm. 24; *Kamlah/Schimmel/Schwan,* BDSG, § 1 Anm. 67, in: Burhenne/Perband, EDV-Recht (1979), Bd. 3, Kennzahl 501 (informationelles Selbstdarstellungsrecht); *Denninger,* »Die Trennung von Verfassungsschutz und Polizei und das Grundrecht auf informationelle Selbstbestimmung«, ZRP 1981, S. 231ff.; *ders.* »Der Schutz der Verfassung, in: Handbuch des Verfassungsrechts (Hrsg. Benda/Maihofer/Vogel) (1983), S. 1293, 1325.

19 Vgl. *BVerfG* v. 15. 12. 83 (Anm. 2), S. 41; *BVerfG* v. 3. 6. 80, BVerfGE 54, 148 (153, 155); *BVerfG* v. 16. 7. 69, BVerfGE 27, 1 (6); *BVerfG* v. 15. 1. 70, BVerfGE 27, 344 (350f.); *BVerfG* v. 27. 7. 71, BVerfGE 31, 373 (379); *BVerfG* v. 5. 6. 73, BVerfGE 35, 202 (220); *BVerfG* v. 24. 5. 77, BVerfGE 44, 353 (372f.); *BVerfG* v. 13. 1. 81, BVerfGE 56, 37 (41ff.); *BVerfG* v. 8. 2. 83, BVerfGE 63, 131 (142f.).

20 Vgl. *BVerfG* v. 15. 12. 83 (Anm. 2), S. 42.

21 Vgl. *BVerfG* v. 15. 12. 83 (Anm. 2), S. 43; vgl. auch neuestens zur Demonstrationsfreiheit (Art. 8 GG) *BVerfG* v. 14. 5. 85, EuGRZ 1985, S. 450, 458f.

22 Vgl. *Podlech* in: GG-Alternativkomm. (1984), Art. 2 Abs. 1 Anm. 17–43; *Heußner* (Anm. 17), S. 281 Anm. 26.

23 Vgl. *Schwan,* »Amtsgeheimnis oder Aktenöffentlichkeit«, DVR 1984 Beiheft 15, S. 37f.; *Bull,* »Datenschutz oder die Angst vor dem Computer« (1984), S. 11ff.; zur Frage ideologischer Vorbehalte gegen den Datenschutz vgl. den dritten Tätigkeitsbericht 1982 der Landesbeauftragten für den Datenschutz Baden-Württemberg (LTDrucks. 8/3450, S. 15f.); *Heußner* (Anm. 17), S. 280.

24 Vgl. *BVerfG* v. 15. 12. 83 (Anm. 2), S. 45.

25 Vgl. *BVerfG* v. 15. 12. 83 (Anm. 2).

26 Vgl. *BVerfG* v. 15. 12. 83 (Anm. 2).
27 Vgl. *BVerfG* v. 15. 12. 83 (Anm. 2), S. 46.
28 Vgl. *BVerfG* v. 15. 12. 83 (Anm. 2), S. 69.
29 Vgl. auch *BVerfG* v. 17. 7. 84 (Anm. 3), S. 142 ff. A. A. *Wand*, abweichende Meinung in *BVerfG* v. 22. 5. 75, BVerfGE 39, 386 (390).
30 Vgl. Sozialgeheimnis (§ 35 SGB I) und Sozialdatenschutz (§§ 67 ff. SGB X); bedenklich *BSG* v. 22. 6. 83, BSGE 55, 150.
31 Vgl. *BVerfG* v. 15. 12. 83 (Anm. 2), S. 46.
32 Vgl. *BVerfG* v. 15. 12. 83 (Anm. 2), S. 46.
33 Vgl. *BVerfG* v. 15. 12. 83 (Anm. 2), S. 46; *BVerfG* v. 20. 6. 84 (Anm. 3), S. 185.
34 Vgl. *Kilian*, »Entwicklungsstand automatisierter Personalinformationssysteme in der Wirtschaft«, DVR 1982 Beiheft 13, S. 1 ff.; Referate über Personalinformationssysteme/informationelle Selbstbestimmung auf dem 2. und 3. Norddeutschen Datenschutztag 1983 und 1984, DVR 1985 Beiheft 18; Dreizehnter Tätigkeitsbericht des Hessischen Datenschutzbeauftragten v. 31. 12. 84 Abschn. 3.3.2 – S. 75 ff.; Entschließung der Datenschutzbeauftragten des Bundes und der Länder v. 28. 3. 84.
35 Vgl. *Simitis*, »Die informationelle Selbstbestimmung – Grundbedingung einer verfassungskonformen Informationsordnung«, NJW 1984, S. 398, 400 ff.; *Müllner*, »Beteiligungsrecht des Betriebsrats bei Personalinformationssystemen«, BB 1984, S. 475, 477; *Zöllner*, »Die Nutzung DV-gestützter Personalinformationssysteme im Schnittpunkt von Datenschutzrecht und Betriebsverfassung«, DB 1984, S. 241, 246.
36 Vgl. *BAG* v. 14. 9. 84, ArbuR 1984, S. 31 = DB 1984, S. 2513; *BAG* v. 6. 6. 84, ArbuR 1984, S. 378 = DB 1984, S. 2626.
37 Vgl. *Hesse*, »Bestand und Bedeutung« in: Handbuch des Verfassungsrechts (Hrsg. Benda/Maihofer/Vogel) (1983), S. 79, 102 ff.
38 Vgl. *BVerfG* v. 15. 1. 58, BVerfGE 7, 198 (205 f.); *BVerfG* v. 26. 2. 69, BVerfGE 25, 256.
39 Vgl. *BVerfG* v. 26. 2. 69, (Anm. 38), S. 263 ff.; *Hesse* (Anm. 37).
40 Vgl. die Fünfte Trendbefragung vom Dezember 1983 vom EMNID-Institut; vgl. auch *Benda*, »Frieden und Verfassung«, AöR, Bd. 109 (1984), S. 1, 4.

Erhard Denninger
Das Recht auf informationelle Selbstbestimmung

Folgerungen aus dem Volkszählungsgesetzurteil des Bundesverfassungsgerichts

A. Die gegenwärtige Situation

Anderthalb Jahre nach dem Urteil des Bundesverfassungsgerichts zum Volkszählungsgesetz (VZG) 1983[1] ist der parlamentarische wie außerparlamentarische Kampf um die notwendigen oder wünschenswerten gesetzgeberischen Konsequenzen des Karlsruher Spruches voll entbrannt. Wer die Datenschutz- und Amtshilfediskussion der letzten Jahre verfolgt hat, hat das nicht anders erwartet. Bezeichnenderweise scheint *die* Materie, die eigentlich Anlaß zu dem Grundsatzurteil gegeben hatte, nämlich das Volkszählungsgesetz, weniger kontrovers zu sein als die Novellierung des Datenschutzes,[2] des Personalausweisrechts[3] und des allgemeinen Polizeirechts.[4] Die zahlreichen Stimmen in der Literatur, die sich beifällig oder kritisch vernehmen ließen,[5] blieben meistens im Rahmen einer Analyse, riskierten nur selten Vorschläge zur konkreten, detaillierten Regelung entstehender Probleme, etwa im Bereich der Gefahrenabwehr oder zur Abstimmung von präventiver und repressiver Straftatbekämpfung usw. Die gesetzgebungspolitischen Reaktionen auf das Urteil lassen sich, etwas vergröbert, auf *drei* Typen zurückführen: a) Auf die Tendenz, die legislativen Auswirkungen des Urteils zu minimieren, einen umfassenden Gesetzesvorbehalt für die Erhebung und Verarbeitung personenbezogener Daten zu verneinen und die bestehenden, in den Sicherheits- und Ordnungsgesetzen zumeist generalklauselartig gefaßten Rechtsgrundlagen als auch verfassungsrechtlich ausreichend anzusehen. Man würde eine solche Haltung vor allem bei den Verwaltungspraktikern, zumal der Innenressorts, als dominant vermuten, bemerkenswerterweise trifft das keineswegs durchgängig zu (vgl. zu c). b) Die entgegengesetzte Tendenz leitet aus dem Urteil einen umfassenden Regelungsauftrag ab, der den Schutz der informationellen Selbstbestimmung sowohl im Verhältnis des Staates zum Bürger als auch im Verkehr zwischen ›Privaten‹ verwirklichen soll. Es überrascht nicht, diese Einstellung bei den Datenschutzbeauftragten vorzufinden; in deren Entschließung vom 27./28. März 1984 hat sie beredten Niederschlag gefunden.[6] c) Die dritte typische Antwort kann man als gesetzesförmlichen Grundrechtsleerlauf bezeichnen; sie kombiniert Teilelemente aus den beiden ersteren: Ein formal detaillistischer Regelungsperfektionismus verbindet sich mit einer minimalen inhaltlichen Befugnisbegrenzung, die jedenfalls den status quo einer an der »Verwaltungseffizienz«[7] orientierten Praxis absichert, wenn sie nicht vielmehr noch deren Möglichkeiten erweitert. Auf dieser Linie bewegt sich der »Vorentwurf zur Änderung des Musterentwurfs eines einheitlichen Polizeigesetzes des Bundes und der Länder«,[8] wenn er in der Begründung (Teil A, 3.1.) davon ausgeht, daß die Datenerhebung und -verarbeitung der Polizei »im bisherigen Umfang zur Erfüllung der polizeilichen Aufgaben erforderlich ist und deshalb auch in Zukunft in diesem Ausmaß zulässig sein muß«. »Alle vorgesehenen Regelungen laufen daher im Prinzip auf eine präzisere gesetzliche Fixierung des ›Ist-Zustandes‹ hinaus.« Das ist zwar ehrlich, aber kaum im Sinne der Richter des VZG-Urteils.

Das ›menschlich‹ verständliche Bestreben der Verwaltungspraxis, nach Überwindung einer ersten Phase der rechtlichen Verunsicherung durch das Urteil möglichst bald wieder zum business as usual zurückzukehren, hat in so charakteristischer Weise theoretische Rückendeckung erfahren, daß dies einen Augenblick Aufmerksamkeit verdient: Die Rede ist von dem Versuch von *R. Scholz* und *R. Pitschas*, das soeben erst erblühte Grundrecht der informationellen Selbstbestimmung in der Konfrontation mit einer neu erfundenen verfassungsrechtlichen Figur, der »staatlichen Informationsvorsorge« und »Informationsverantwortung«, zu neutralisieren und es wieder verblassen zu lassen.

Die *»Informationsvorsorge«*, die ganz pauschal »aus dem Grundsatz der sozialen Rechtsstaatlichkeit (Art. 20 I, 28 I GG)« und einer daraus abzuleitenden »Aktionsvollmacht« »des Staates zur Sozialgestaltung schlechthin«[9] verfassungsrechtlich legitimiert sein soll, findet prompt ihre polizeirechtliche Entsprechung und »Konkretisierung« in der polizeilichen Datenverarbeitung zum Zwecke der *»Gefahrenvorsorge«:* »Die Polizei kann personenbezogene Daten erheben, speichern, verändern und nutzen, soweit dies die Vorsorge zur Gefahrenabwehr erfordert.«[10] Eine ausgreifendere, schwammigere, stärker zum Mißbrauch einladende Generalklausel ist kaum formulierbar.

Der Ausgangspunkt – bei *Scholz/Pitschas* – ist ebenso zustimmungswürdig wie trivial: Die öffentliche Verwaltung könne ihre Aufgaben nur erfüllen, wenn sie über die dazu erforderlichen Informationen verfüge.[11] Aber schon der zweite Gedankenschritt impliziert die verhängnisvolle Weichenstellung, deren verfassungsrechtliche Haltlosigkeit allerdings aufgedeckt werden kann und muß: Der triviale Ansatz wird zu einer »prinzipalen Informationsfunktion der öffentlichen Verwaltung«, zu einer *»eigenständigen staatlichen Aufgabe der Informationsvorsorge«* überhöht.[12] Als ob es nicht eben genügte zu sagen, die Verwaltung solle diejenigen Daten erhalten, die sie – je nach gesetzlich umschriebener oder zugelassener (Art. 20 Abs. 3 GG!) Aufgabenstellung – für ihre Arbeit benötigt! Hat man erst einmal mit einem modisch klingenden Terminus eine Verwaltungsbanalität zur »genuinen Staatsaufgabe« (S. 198) verfassungsrechtlich hochstilisiert, hat man diese ›Erfindung‹ außerdem mit einer weiteren Erfindung, nämlich dem »Grundrecht auf Sicherheit«,[13] das in dieser Vagheit und Allgemeinheit auch nirgends im Grundgesetz steht, pseudorechtsstaatlich abgesichert, dann läuft alles weitere wie am Schnürchen. Am Ende sind die entscheidenden Erkenntnis- und Grundrechtsschutzgewinne des VZG-Urteils aufgezehrt: das Prinzip der bereichsspezifischen und präzisen Zweckbestimmung, das Verbot der Datensammlung auf Vorrat, das Verbot der Zweckentfremdung bzw. das Gebot des »amtshilfefesten« Schutzes gegen Zweckentfremdung durch Weitergabe- und Verwertungsverbote.[14] Es gibt dann »keinen allgemeininformations(hilfe-)rechtlichen Gesetzesvorbehalt« mehr,[15] obschon das Bundesverfassungsgericht gerade in diesem Punkt[16] eine deutliche Sprache spricht. Beschränkungen des Rechts – und dazu gehören auch zweckvariierende Datenweitergaben – bedürfen einer gesetzlichen Grundlage. Und an die Stelle der bereichsspezifischen und präzisen gesetzlichen Zweckbestimmung[17] tritt – noch eine weitere Kompetenzen hervorzaubernde black box! – die »durch den grundsätzlichen Verwaltungszweck konstituierte Funktionseinheit behördlichen Handelns«.[18] Wen wundert es da noch, daß z. B. auch Polizei und Verfassungsschutz unter dem Topos einer »Funktionsidentität der Sicherheitsbehörden«,[19] die jedenfalls einen »Zweckverbund« garantiert, zu unbeschränktem Informationsaustausch (»Vorsorge«-Prinzip!) verpflichtet und befugt sind und daß die geltenden

Rechtsgrundlagen dafür eigentlich vollkommen ausreichen.[20]

Wer sein datenschutz- und sicherheitsrechtliches Feld auf so kunstvoll gedüngtem und gepflügtem Boden des Grundgesetzes bestellen will, sollte die folgenden Ausführungen nicht mehr lesen. Sie sind der sicherlich unvollkommene erste Versuch eines seit zwei Jahrzehnten um rechtsstaatliche Präzision und Normenklarheit bemühten Polizeirechtlers, in diesem Bereich Konsequenzen aus dem VZG-Urteil zu ziehen. Der ursprüngliche Gutachten-Text wurde hier, besonders im Analyse-Teil (B.), aus redaktionellen Gründen erheblich gekürzt.

Zunächst wird eine Analyse des »juristischen Gehalts« des Urteils versucht und sodann in ausgewählten Anwendungsbereichen auf die notwendigen oder eventuell nur wünschenswerten Folgerungen für den Gesetzgeber und die Verwaltungspraxis eingegangen. Das Interesse konzentriert sich dabei auf das Aufgabenfeld der inneren Sicherheit, insbesondere den Bereich der Polizei. Die Notwendigkeit einer Novellierung der Datenschutzgesetze des Bundes und der Länder soll damit nicht geleugnet werden; ihre Bedeutung als bereichsübergreifender »Allgemeiner Teil« des Datenschutzrechtes steht außer Frage. Doch liegen wesentliche Folgeprobleme des Urteils gerade in der aufgabenspezifischen Umsetzung der mit generellem Geltungsanspruch entwickelten Kriterien. Besondere Aufmerksamkeit verdient dabei die Frage, ob und bis zu welchem Grade den Äußerungen des Gerichts der Charakter unmittelbar anwendbaren, zwingenden Rechts zukommt und inwiefern sie vielmehr nur als »soft law« oder gar nur als die Beschreibung eines idealen datenschutzrechtlichen Zielzustandes anzusehen sind.

Analyse und Folgenbetrachtung bleiben auch dort, wo sie in praktische Verwirklichungsvorschläge einmünden, im Rahmen einer normativen Untersuchung; der Verfasser versteht sich als Verfassungsrechtler, nicht als Informatik-Technologe. Er geht davon aus, daß rechtlich gebotene Kommunikationsschranken technisch auch realisierbar sind.

B. Analyse

I. Das Recht auf informationelle Selbstbestimmung (RiS); Inhalt und Funktion

1. Das Urteil zum Volkszählungsgesetz ist *»nicht die Geburtsstunde eines neuen Grundrechts«;* und insbesondere nicht eines »Grundrechts auf Datenschutz«.[21] Weder der Sache noch der Bezeichnung nach ist das RiS eine »Erfindung« des Bundesverfassungsgerichts. In der Sache führt das Urteil die differenzierte Rechtsprechung des Gerichts zum allgemeinen Persönlichkeitsrecht weiter: Nachdem im Mikrozensus-Beschluß[22] das »Selbstbestimmungsrecht im innersten Lebensbereich« der menschlichen Persönlichkeit, im Lebach-Urteil[23] das Selbstbestimmungsrecht, »ob und inwieweit andere (s)ein Lebensbild im ganzen oder bestimmte Vorgänge aus (s)einem Leben öffentlich darstellen dürfen«, im Eppler-Beschluß[24] der Schutz gegen das Unterschieben nicht getaner Äußerungen und im Gegendarstellungsrecht-Beschluß[25] der Schutz vor Herabwürdigung zum bloßen Objekt öffentlicher Erörterung als Dimensionen des allgemeinen Persönlichkeitsrechts erkannt und anerkannt worden sind, werden nunmehr die Konsequenzen mit Bezug auf die elektronische (wie auf die herkömmliche aktenmäßige) Datenverarbeitung entwickelt. Der Ansatz dieser seit Jahrzehnten gefestigten (und sich ausdifferenzierenden) Rechtsprechung – vgl. nur etwa das Investitionshilfegesetz-Urteil 1954 oder das Lüth-Urteil 1958[26] – bei »Wert und Würde der Person, die in freier Selbstbestimmung als Glied einer freien Gesellschaft wirkt«[27], wird konsequent durchgehalten und im Schrifttum, unbeschadet der Kritik am »Wertordnungs-Denken« im einzelnen, im wesentlichen gebilligt.[28]

Auch die Bezeichnung dieser Teilausprägung des allgemeinen Persönlichkeitsrechts als »Recht auf informationelle Selbstbestimmung« ist nicht neu. Seine wesentlichen Strukturen haben Steinmüller u. a. bereits 1971 in einem Gutachten im Auftrage des Bundesministers des Innern ausführlich beschrieben, wobei sie Termini wie »informationelles Selbstbestimmungsrecht über das eigene Person- bzw. Gruppenbild« oder »Selbstbestimmungsrecht des Bürgers über sein informationelles Personenmodell« einführten.[29] 1975 spricht Schwan von der »Freiheit vor staatlicher Informationssammlung«;[30] 1976 findet sich der Terminus »informationelles Selbstbestimmungsrecht« als Kapitelüberschrift bei C. Mallmann,[31] das »informationelle Selbstbestimmungsrecht« erörtern Schatzschneider[32] und Podlech[33] 1979, Simon und Taeger[34] 1981. Im gleichen Jahr behandelt Denninger »Die Trennung von Verfassungsschutz und Polizei und Grundrecht auf informationelle Selbstbestimmung«.[31]

2. Verfügungsbefugnis über persönliche Daten als Bedingung autonomer Verhaltenssteuerung

Das Grundgesetz und seine Interpreten gehen davon aus, daß der Mensch »eine mit der Fähigkeit zu eigenverantwortlicher Lebensgestaltung begabte ›Persönlichkeit‹« ist.[36] Diese Lebensgestaltung kann nur gelingen, wenn der einzelne nicht nur – abstrakt gesehen – sein eigenes Verhalten steuern kann, sondern wenn er dies tun kann, indem er zugleich die Verhaltenserwartungen und Verhaltensweisen der Mitmenschen in bezug auf seine Person zu beeinflussen vermag. Oder anders gesagt: Der einzelne muß auf seine soziale Umwelt einwirken können, indem er selbst darüber entscheidet, ob, wo, wann und wie und in welchen Beziehungen er sich selbst seiner sozialen Umwelt darstellen will. In diesem Sinne hat N. Luhmann bereits 1965 die Freiheit- und Würde-Garantien des Grundgesetzes als »die äußeren und inneren Vorbedingungen der Selbstdarstellung als individuelle Persönlichkeit im Kommunikationsprozeß« analysiert.[37]

3. Schutz der Entscheidungsfreiheit

Die hier gemeinte, durch Art. 2 Abs. 1 in Verbindung mit Art. 1 Abs. 1 GG geschützte Freiheit der Selbstdarstellung hat nichts mit einem theatralisch-pathetischen Sich-in-Szene-setzen-Wollen zu tun, auch nichts mit schauspielerischer Verstellung oder mit einem Rollenspiel, hinter dem sich ein »wahres Ich« zu verbergen suchte. Es geht vielmehr darum, daß der einzelne seine Entscheidungen in komplexen sozialen Beziehungen, z. B. als Ehemann, Vater (bzw. Ehefrau, Mutter usw.), als Arbeitnehmer, Vereinsmitglied, Krankenkassenpatient, Subventionsempfänger, Steuerzahler, kommunalpolitisch oder auf anderer Ebene aktiver Bürger usw. »frei«, »autonom«, »selbstbestimmt«, »eigenverantwortlich« und letztlich: erfolgreich nur treffen kann, wenn er von möglichst zutreffenden Informationen und Einschätzungen über den Informations- und Wertungshorizont seiner Interaktionspartner ausgehen kann. Der Schutz der Freiheit der Selbstdarstellung durch das informationelle Selbstbestimmungsrecht hat insofern instrumentellen Charakter: Weil die Freiheit der Entscheidung des einzelnen in sozialen Beziehungen, sein »Auch-anders-können« geschützt werden soll, muß der einzelne in seiner »informationellen Selbstbestimmung« geschützt werden.[38] Deshalb wären mit dem RiS – hier übernimmt das Gericht eine Formulierung A. Podlechs[39] – »eine Gesellschaftsordnung und eine diese ermöglichende Rechtsordnung nicht vereinbar, in der Bürger nicht mehr wissen können, wer was wann und bei welcher Gelegenheit über sie weiß«.

Das Gericht entnimmt dem Grundrecht der freien Entfaltung der Persönlichkeit die Befugnis des einzelnen, »grundsätzlich selbst über die Preisgabe und Verwendung seiner persönlichen Daten zu bestimmen«.[40] Überträgt man die – wohl bewußt untechnisch formulierten – Modalitäten der Datenpreisgabe und Datenverwendung in die rechtstechnische Sprache der Datenschutzgesetze, so unterliegt es keinem Zweifel, daß die Ausdrücke alle Phasen der Datenerhebung und der Datenverarbeitung (also das Speichern, Übermitteln, Verändern und Löschen, vgl. § 1 Abs. 1 BDSG) umfassen.

4. Relativierung der Sphärentheorie

Mit dem Verständnis des RiS als grundsätzliche Verfügungsbefugnis über die eigenen persönlichen Daten hat das Gericht in der theoretischen und (verfassungsrechtlichen) Fundierung des Datenschutzes eine wichtige Weiche gestellt: Informationelle Selbstbestimmung ist nicht daten-, sondern verarbeitungsorientiert.[41] Nicht die abstrakte kategoriale Einordnung eines Datums je nach der größeren oder geringeren Nähe zum »innersten Lebensbereich« einer Person, nicht die Frage, ob es »von Natur aus Geheimnischarakter« hat oder nicht,[42] entscheidet über die Datenschutzwürdigkeit, sondern der konkrete *Verwendungszusammenhang*.[43] Das Zensus-Urteil geht von einem Nebeneinander beider Kriterien aus: Auf die »Art der Angaben« soll es nicht »allein« ankommen. »Entscheidend« seien vielmehr ihre Nutzbarkeit und Verwendungsmöglichkeit.

Der verarbeitungs- oder funktionsorientierte Schutz der informationellen Selbstbestimmung, von dem das Gericht nunmehr ausgeht, bildet die Grundlage für zwei wichtige Folgerungen, auf die noch näher einzugehen ist: 1. Der Gesetzesvorbehalt, dem Beschränkungen des RiS unterliegen, ist verwendungsspezifisch, d. h. anwendungsbereichsspezifisch auszufüllen; nur im Hinblick auf die typisierte Verwendungssituation kann die gesetzgeberische »Abwägung« zwischen einer Verarbeitung persönlicher Daten im Allgemeininteresse und dem Einzelinteresse an einer Kommunikationsbarriere erfolgen. Und 2.: Für jede individualisierte Datenwiedergabe muß grundsätzlich das Prinzip strenger Zweckbindung beachtet werden. Datenübermittlung soll dadurch nicht ausgeschlossen werden, sie darf aber nicht zur Aushöhlung der informationellen Selbstbestimmung führen (können). Eine fehlende oder generalklauselartig weite Zweckbindung bei der Datenübermittlung – wie sie etwa § 10 Abs. 1 Satz 1 BDSG vorsieht – könnte dazu führen, daß persönliche Daten zwar nur zu einem eng begrenzten Zweck erhoben und erstmalig gespeichert werden, danach aber für alle möglichen Verwaltungszwecke abgefragt und weitergegeben werden könnten, ohne daß der Betroffene noch irgendeinen Einfluß darauf hätte.

5. Funktionsbedingung der freiheitlichen Demokratie

Informationelle Selbstbestimmung wird dem einzelnen nicht allein zur Förderung seines privaten individuellen Wohles gewährleistet. Das Gericht begreift sie vielmehr auch als »eine elementare Funktionsbedingung eines auf Handlungs- und Mitwirkungsfähigkeit seiner Bürger begründeten freiheitlichen demokratischen Gemeinwesens«.[44] Es unterstreicht damit die Bedeutung der Integrität der politisch bedeutsamen Kommunikationsgrundrechte wie der Versammlungs-, Demonstrations- oder Vereinigungsfreiheit, Art. 8, 9 GG, jener Grundrechte also, die zusammen mit der Meinungsfreiheit und den Rechten aus Art. 33, 38 GG den status constituens des Bürgers, seine staatshervorbringende Rechtsstellung umreißen.[45] Die Demokratie- und Gemeinwohlrelevanz des RiS ist nicht als ein beiläufig-ornamentaler Hinweis des Gerichts abzutun. Vielmehr wird damit eine Linie der Rechtsprechung weiter ausgezogen, die früh mit grundsätzlichen Aussagen zur verantwortlichen Mitwirkungsmöglichkeit des einzelnen in Angelegenheiten der res publica beginnt,[46] die die Bedeutung der Urteilskraft und der Aktivität der Bürger für den politischen Willensbildungsprozeß hervorgehoben[47] und die Notwendigkeit der »Chance zur Identifikation« des Bürgers mit der Demokratie erkannt hat.[48]

II. Allgemeine verfassungsrechtliche Kriterien für die Schrankenziehung gegenüber dem RiS

Als Ausprägung des allgemeinen Persönlichkeitsrechts (Art. 2 Abs. 1 i. V. m. Art. 1 Abs. 1 GG) unterliegt das RiS den gemäß Art. 2 Abs. 1 GG zugelassenen Freiheitsbeschränkungen; die beschränkende staatliche Gewalt (Legislative oder Exekutive) unterliegt ihrerseits den verfassungsmäßigen, hier besonders den aus dem Rechtsstaatsprinzip (Art. 20 Abs. 3, 19 Abs. 1 GG) sich ergebenden Schranken.

1. Ohne auch nur mit einem Wort etwa auf die »Wesentlichkeitstheorie« einzugehen, geht das Gericht hier von der Existenz eines *Gesetzesvorbehalts* aus. Auf der Basis der umfassenden Definition des RiS – Schutz gegen Preisgabe und Verwendung persönlicher Daten – ist das schlüssig. Jede Begrenzung der umfassenden individuellen Verfügungsbefugnis wirkt sich als »Eingriff« aus und fordert von daher eine gesetzliche Ermächtigung. Auf alte Streitfragen, z. B. unter welchen Voraussetzungen ein Informationseingriff anzunehmen sei,[49] brauchte das Gericht nicht näher einzugehen, zumal nicht im Hinblick auf den eigentlichen Streitgegenstand: das Volkszählungsgesetz, vgl. § 6 Abs. 1 BStatG. Gleichwohl wären der Datenschutz- wie der Verwaltungsrechtler überhaupt gerade in diesem Punkte für eine kleine Zugabe an Deutlichkeit dankbar gewesen. Nach den Darlegungen des Gerichts steht einer weitgefaßten Datenverfügungsbefugnis des einzelnen eine ebenso weitgefaßte, aber dem Gesetzesvorbehalt unterworfene Beschränkungsbefugnis des Staates im überwiegenden Allgemeininteresse gegenüber.

2. Eine rechtsstaatliche, gesetzlich normierte Schrankenziehung muß a) dem Grundsatz der *Normklarheit*, b) dem *Übermaßverbot* und c) den Erfordernissen des *Grundrechtsschutzes* durch organisatorische und verfahrensrechtliche Vorkehrungen genügen. Das Gericht erwähnt diese drei Prinzipien unter Hinweis auf Rechtsprechungsbelege, ohne die Einzelfolgerungen für die Ausgestaltung der Volkszählung unmittelbar hieran zu knüpfen. Vielmehr entwickelt es eine Reihe von kommunikationsspezifischen Kriterien, aus denen sich zum Teil konkrete Forderungen an den Gesetzgeber ableiten lassen.

III. Kommunikationsspezifische Ausprägungen der allgemeinen Grundsätze für eine grundrechtsgewährleistende Konkretisierungs- und Schrankengesetzgebung

Das Gericht erörtert die Kriterien für drei mögliche Arten der Erhebung persönlicher Daten:[50]

a) die Erhebung individualisierter,[51] nicht anonymer Daten für Zwecke des »Verwaltungsvollzuges«,
b) die Erhebung, sei es anonymer, sei es nicht anonymer Daten für statistische Zwecke und
c) die Zulässigkeit einer »kombinierten Erhebung«, bei der gleichzeitig, aber auf verschiedenen Bögen Daten teils für Vollzugszwecke, teils für statistische Zwecke abgefragt werden.

Da die Verwendung anonymisierter Daten in aller Regel, jedenfalls soweit sie nicht nachträglich wieder individualisiert werden können, das RiS nicht verletzen kann, ist sie wesentlich weniger strengen Anforderungen unterworfen als die Erhebung und Verarbeitung individualisierter Daten.

1. Kriterien der Erhebung und Verarbeitung nicht anonymisierter personenbezogener Daten

a) Eine Beschränkung des RiS darf in jedem Falle nur zur Befriedigung eines überwiegenden Allgemeininteresses erfolgen. Unter diesem Gesichtspunkt scheiden solche Daten als Erhebungsobjekt aus, an deren Kenntnis »die Allgemeinheit«, d. h. der Staat, kein legitimes Interesse haben kann. Das Gericht nennt Daten ohne jeden »Sozialbezug«, »unzumutbare intime Angaben« und Selbstbezichtigungen. Da der »Sozialbezug« nicht erst vor der Wohnungstür beginnt, sondern natürlicherweise familieninterne Beziehungen einschließt, kommen in erster Linie innerpsychische Tatsachen als Daten ohne Sozialbezug in Betracht. Aber selbst diese gewinnen häufig einen Sozialbezug, so z. B., wenn die Glaubensüberzeugung sich in der Zugehörigkeit zu einer Religionsgemeinschaft niederschlägt und diese, wie Art. 136 Abs. 3 WRV i. V. m. Art. 140 GG zeigt, einer gesetzlich angeordneten Erhebung zugänglich gemacht wird.

Zu den Daten aus der »Intimsphäre«, deren »Preisgabe« in einer staatlichen Erhebung unzumutbar ist, gehören Daten des Sexualverhaltens, die im allgemeinen auch durch eine Schamschwelle besonders geschützt sind. Andererseits kann keineswegs das gesamte geschlechtliche Verhalten unter allen Umständen gegen jede Offenbarungspflicht geschützt sein; man denke hier nur an die Feststellung der Vaterschaft eines nichtehelichen Kindes, § 1600a BGB. Der Schutz vor dem Zwang zur Selbstbezichtigung entspricht einem wichtigen Grundsatz des Strafprozeßrechts, § 243 Abs. 4 StPO.

b) Neben das (organisationsrechtliche) Gebot der gesetzlichen Eingriffsermächtigung tritt als wichtigstes materiellrechtliches Kriterium das Übermaßverbot in Gestalt der Grundsätze der Zweckbestimmtheit, der Geeignetheit und der Erforderlichkeit. Der Grundsatz der »bereichsspezifischen und präzisen« Zweckbestimmung, den das Gericht aufstellt, ist zusammen mit den organisations- und verfahrensrechtlichen Vorkehrungen zu seiner Sicherung der wichtigste Grundsatz zum Schutze des RiS überhaupt. Er zwingt Gesetzgeber und Verwaltung, von einer mißverstandenen Vorstellung von der »Einheit der Staatsgewalt« endgültig Abschied zu nehmen, von der Vorstellung nämlich, nach der das Wissen einer bestimmten Behörde zugleich das (fiktive) Wissen aller anderen Zweige der Verwaltung bedeute.[52]

Auch in diesem Punkt bringt das Zensus-Urteil keine »Kehre«, »Wende« oder auch nur sensationelle Neuigkeit gegenüber der bisherigen Rechtslage, sondern es zieht notwendige Konsequenzen aus der Anerkennung des Grundrechtsschutzes.

Die gefestigte Rechtsprechung des Bundesverwaltungsgerichts zur Bedeutung des Art. 35 GG geht seit langem davon aus, daß der Amtshilfegrundsatz des Grundgesetzes über Inhalt und Umfang der im Einzelfall zu leistenden Amtshilfe, auch qua »Informationshilfe«, nichts aussagt, sondern daß diese nur unter Berücksichtigung der bereichsspezifischen Vorschriften und der etwa einschlägigen Grundrechte bestimmt werden können.[53] Das Grundrecht auf informationelle Selbstbestimmung rangiert hier systematisch an erster Stelle.

Der Grundsatz der präzisen Zweckbindung ist die normative Antwort auf mehrere verfassungsrechtsdogmatisch zu trennende Anforderungen: Einerseits verwirklicht er das aus dem Rechtsstaatsprinzip abzuleitende Gebot der Normklarheit:[54] Der Bürger muß aus der gesetzlichen Regelung klar erkennen können, »für welche konkreten Zwecke des Verwaltungsvollzuges seine personenbezogenen Daten bestimmt und erforderlich sind«.[55] Andererseits trägt das Zweckbindungsprinzip den Elementen des Übermaßverbotes

Rechnung: Die Zweckbestimmung muß soweit konkretisiert werden, daß ein Urteil darüber möglich wird, a) ob die Informationserhebung und -verarbeitung zur Zweckerreichung überhaupt tauglich ist (»Geeignetheitstest«), und b) ob sie nicht über das notwendige Mindestmaß hinausgeht (»Erforderlichkeitstest«). Gerade unter dem letztgenannten Gesichtspunkt werden zahlreiche Fälle des Datenverbunds durch »On-Line-Zugriff«, »Direktzugriff«, einer kritischen Überprüfung bedürfen, denn schon nach den Begriffsbestimmungen des BDSG, § 2 Abs. 2 Nr. 2, gilt das zum Abruf Bereithalten eines Datenbestandes als Datenübermittlung und damit als Datenverarbeitung.

Auch hiervon abgesehen bereitet es nahezu unlösbare Schwierigkeiten, abstraktbegriffliche Kriterien für die Frage anzugeben, wann dem Grundsatz der präzisen Zweckbindung Genüge getan ist und wann nicht. Die Rechtsprechung des Bundesverfassungsgerichtes erleichtert die Antwort nicht wesentlich, wenn sie einerseits die Verwendung unbestimmter, der Auslegung und Konkretisierung bedürftiger Gesetzesbegriffe zuläßt, andererseits aber fordert, der Betroffene müsse die Rechtslage erkennen und sein Verhalten danach einrichten können.[56] Die bloße generalklauselartige Bezugnahme der bisherigen Datenschutzvorschriften auf die »rechtmäßige Erfüllung der in der Zuständigkeit« einer XYZ-Behörde liegenden Aufgaben[57] wird, wenn diese Aufgabenumschreibung ihrerseits sehr umfassend ist (z. B. »Gefahrenabwehr« oder »Verfassungsschutz«) den begrifflichen Anforderungen an eine präzise und konkrete Zweckbindung nicht gerecht. Andererseits ist kaum abzusehen, wie der Gesetzgeber in manchen Bereichen zu größerer Konkretion vordringen könnte, ohne in eine mangelhafte Kasuistik zu verfallen. Hier werden zusätzliche Eingrenzungsmerkmale – Abstellen auf den Einzelfall, strenge Prüfung der Erforderlichkeit, Beschränkung auf wenige Daten (Name, Wohnanschrift, Geburtsdatum) – sowie verfahrensrechtliche Sicherungselemente zum Zuge kommen müssen.

c) Anders als bei einer Erhebung zu statistischen Zwecken soll bei einer Erhebung für Zwecke des Verwaltungsvollzuges »das strikte *Verbot der Sammlung personenbezogener Daten auf Vorrat*« gelten.[58] Eine solche Vorrats-Sammlung »zu unbestimmten oder noch nicht bestimmbaren Zwecken« wäre mit dem Grundsatz der präzisen Zweckbindung nicht zu vereinbaren. Auch das Gebot des Mindesteingriffs führt zu diesem Ergebnis.

So einleuchtend das Verbot auf den ersten Blick erscheinen mag, so notwendig und lohnend ist es doch, einen Augenblick über seine Bedeutung nachzudenken. Denn im Grunde genommen ist jede Datei, ja, jede Aktensammlung eine »Sammlung von Daten auf Vorrat«. Es ist gerade der Sinn jeder Art von Informationsspeicherung – auf Listen, in Karteien, Akten oder Dateien –, daß man die Daten für zukünftige Gebrauchsfälle rasch verfügbar, also in diesem Sinne »vorrätig« hält.

Das Verbot der Sammlung auf Vorrat muß also einen eingeschränkten Sinn haben, wenn nicht die eigentliche Funktion der Informationsspeicherung getroffen werden soll. Die Einschränkung muß sich aus der gesetzlichen Zweckbestimmung ergeben. Verhindert werden soll, daß personenbezogene Daten »einfach drauflos« »für alle Fälle« gespeichert werden, ohne daß ein aktueller oder zukünftiger Bedarfsfall gesetzlich klar umschrieben wäre.

Das Gericht hatte im Streit über das Volkszählungsgesetz unmittelbar nur über die Erhebung von Daten zu statistischen Zwecken, sodann aber auch über die Verbindung dieser Erhebung mit dem sog. Melderegisterabgleich (§ 9 Abs. 1 VZG) und einigen anderen Übermittlungstatbeständen zu entscheiden. Die Ausführungen über das Verbot einer Datensammlung auf Vorrat können daher, soweit rein statistische Erhebungen in Rede stehen, nicht zu den die Entscheidung tragenden Gründen, sondern nur als ein obiter dictum angesehen werden. Dies ist zwar für den Umfang der Bindungswirkung des Urteils gemäß § 31 Abs. 1 BVerfGG von Bedeutung, an welcher die bloßen obiter dicta nicht teilhaben. Doch darf hieraus nicht etwa gefolgert werden, daß diese Darlegungen jeglicher rechtlichen Bedeutung entbehrten. Sie machen das Prinzip deutlich, von dem für statistische Erhebungen eine Ausnahme gilt. Sie sind als ein Hinweis des Gerichts auf seine Einschätzung der materiellen Rechtslage anzusehen, auf die Grundlage, von der aus das Gericht gegebenenfalls judizieren würde. Insofern können auch derartige obiter dicta auf Gesetzgeber und Verwaltung mittelbar eine dirigierende Wirkung ausüben.

d) Die grundsätzliche Anerkennung des RiS, auf der die ganze Argumentation des Gerichts basiert und die deshalb zu den tragenden Gründen der Entscheidung zu rechnen ist, hat unmittelbare Auswirkungen auf die im Grundgesetz, Art. 35 Abs. 1, verankerte und in §§ 4 bis 8 VwVfG näher geregelte Einrichtung der *Amtshilfe*.[59]

Wenn es nämlich die ratio des RiS ist, daß der Bürger weiß – oder mindestens bei gehöriger Nachfrage wissen könnte –, »wer was wann und bei welcher Gelegenheit« über ihn weiß, und wenn der Grundsatz der bestimmten Zweckbindung der Datenerhebung und -verarbeitung der Sicherung dieses rechtlichen Schutzzweckes dient, dann liegt auf der Hand, daß das Prinzip der Amtshilfe ihm tendenziell gerade zuwiderlaufen kann. Denn Amtshilfe qua Informationshilfe bedeutet die Übermittlung von Daten an eine andere Behörde auf deren Ersuchen und zu deren Zweckverfolgung, ohne daß der Betroffene von diesem Vorgang Kenntnis erhalten muß. Während Amtshilfe der Tendenz nach den Ausgleich bestehender Informationsgefälle zwischen den Behörden bedeutet, fordert Datenschutz die »künstliche« Aufrechterhaltung bestimmter Kommunikationsbarrieren zwischen den einzelnen Zweigen der öffentlichen Verwaltung.

Wegen der verfassungsrechtlich geforderten gesetzlichen Zweckbindung der Datenverwendung fordert das Gericht auch einen »amtshilfefesten« Schutz gegen Zweckentfremdung durch Weitergabe- und Verwertungsverbote.[60] Eine nähere Erläuterung oder Eingrenzung dieser sehr pauschalen Feststellung gibt das Gericht nicht. Da nun aber nicht anzunehmen ist, das Gericht habe entgegen dem Grundsatz des Art. 35 Abs. 1 GG jegliche Amtshilfe als Informationshilfe unterbinden wollen, sind auch hier entsprechend den allgemeinen Kriterien bereichsspezifische Abwägungsregeln zu entwickeln.

Dabei ist zu erwarten, daß bei den Auseinandersetzungen um gesetzliche Einzellösungen auf diesem Felde die »Interessen« der Datenschützer und die »Interessen« der beteiligten Verwaltungsressorts besonders heftig aufeinander prallen werden. Wie auch in der bisherigen Diskussion werden dabei voraussichtlich zu zwei Grundfragen unterschiedliche Positionen und Argumente aufgebaut werden, zwei Fragen, denen für die gesamte Problematik »Datenschutz contra Amtshilfe«[61] Schlüsselcharakter zukommt. Es geht, in aller Kürze skizziert, um folgendes:

Die erste Frage setzt grundrechtlich an und kann etwa so zugespitzt werden: Ist tatsächlich jede (personenbezogene) Informationsweitergabe, die zwischen verschiedenen Zweigen der öffentlichen Verwaltung ohne Einwilligung des Betroffenen erfolgt – z. B. zwischen den Sozialämtern und der Ausländerpolizei –, schon als solche ein »Eingriff« in die grundrechtlich geschützte Individualsphäre, obwohl das betroffene Datensubjekt, der Bürger, von diesem Vorgang in aller Regel gar nichts erfährt und in seiner Handlungsfreiheit (und schon gar in seiner Meinungsfreiheit oder in anderen Grundrechten) unmittelbar nicht beeinträchtigt werde?[62] Wer diese Ausgangsfrage verneint, kann durchaus zur Bejahung vernünftiger und weitreichender Eingrenzungen einer uferlosen zwischenbehördlichen Informationshilfepraxis gelangen. Doch wird er sich zur Begründung dann nicht auf ein generelles grundrechtliches Informationsweitergabeverbot – etwa aufgrund des RiS – berufen, sondern auf den abgestuften Schutz konkreter Geheimnisbereiche.[63] Die Gegenposition kehrt gewissermaßen die Regel-Ausnahme-Situation um: Nicht muß im Einzelfall ein zugunsten des Betroffenen streitendes subjektives Recht auf Geheimnisschutz nachgewiesen werden, um die Informationshilfe zu unterbinden, sondern der auskunftsverpflichtete und -erteilende Bürger muß darauf vertrauen können, daß seine Daten nur für den bekannten Zweck verwendet werden.[64] Die Weitergabe der Information (an private Dritte wie an Stellen öffentlicher Verwaltung) ist dann die Ausnahme, die einer gesetzlichen Rechtfertigung durch überwiegende Allgemeininteressen bedarf.

Die zweite Frage in diesem Zusammenhang setzt staatstheoretisch und organisationsrechtlich an und ist auf die Funktionsbedingungen moderner Staatlichkeit gerichtet: Da wird auf der einen Seite das Prinzip der Einheit (oder Einheitlichkeit) der Staatsgewalt ins Feld geführt, als dessen Ausdruck das Amtshilfegebot die einheitsgefährdende Wirkung der Gewaltentrennung und Behördenaufgliederung kompensiere.[65] Die Gegenargumentation deutet den Amtshilfegrundsatz umgekehrt als eine Bestätigung der rechtsstaatlich unverzichtbaren Gewaltenteilung und der »Uneinheit« der Staatsgewalt, deren Friktionen durch die Amtshilfeverpflichtung abgemildert würden.[66] Auf der abstrakten Höhe dieses Argumentationsniveaus kann ein Regel-Ausnahme-Verhältnis zwischen Amtshilfeleistung und Informationsschutz in der einen wie auch in genau der entgegengesetzten Richtung konstruiert und »begründet« werden; beides bleibt gleichermaßen unbefriedigend. Noch einen Schritt weiter geht die Datenschutzverteidigung und wird damit gleichsam offensiv, wenn auf dem Wege über einen »Grundsatz der Systemdifferenzierung der öffentlichen Verwaltung« das normative Prinzip der Einheit der Rechtsordnung durch ein »empirisches Prinzip der Konkurrenz der staatlichen Teilsysteme« ersetzt werden soll.[67] Die Sicherung der für den Bürger notwendigen Freiheitsspielräume, so die dem zugrundeliegende Vorstellung, könne angesichts des in der Datenverarbeitung erreichten Technisierungsgrades nur noch dadurch gewährleistet werden, daß (in bezug auf Bürgerdaten) gegeneinander informationell abgeschottete Einzelverwaltungen jeweils ihre »Interessen« konkurrierend verfolgen und dadurch auch die je bereichsspezifisch verwalteten Bürgerinteressen zur Geltung bringen. Der Einwand, daß eine solche Konkurrenzstrategie leicht in eine die staatliche Leistungsfähigkeit mindernde Blockadestrategie zum Schaden des Bürgers ausarten könnte, erscheint hier nicht unberechtigt.[68]

Eine verfassungsgemäße Antwort auf das Problem »Datenschutz contra Amtshilfe« muß die beiden Teilaspekte, den grundrechtlichen und den organisationsrechtlichen, zusammenführen und versuchen, beiden gerecht zu werden. Das Urteil des Bundesverfassungsgerichts zum Volkszählungsgesetz gibt eine solche synthetische Antwort, die übrigens die gleichen Elemente aufnimmt wie die Antwort des Landesverfassungsgesetzgebers von Nordrhein-Westfalen in Art. 4 Abs. 2 LaVerfNW:[69] Dem grundsätzlich anerkannten Anspruch des Bürgers auf Schutz seiner personenbezogenen Daten steht die grundsätzliche Eingriffsbefugnis des Staates – sei es im Wege der Amtshilfe, sei es in anderer Weise – im überwiegenden Interesse der Allgemeinheit und aufgrund eines Gesetzes gegenüber. Alle Regel-Ausnahme-Konstruktionen in der einen oder der anderen Richtung werden an dieser aufrechterhaltenen Grundspannung zunächst einmal zuschanden: das erste – und im Normalfall auch letzte – Wort hat hier der Gesetzgeber.

Das bedeutet zweierlei: 1. Auch die Datenverarbeitung als »Informationshilfe« steht unter Gesetzesvorbehalt, auch sie stellt einen Eingriff in das RiS dar.[70] Auf die Kenntnis des Datensubjekts kommt es nicht entscheidend an: Hat der Bürger keine aktuelle Kenntnis vom zwischenbehördlichen Informationsaustausch, muß er ihn aber für möglich halten, so beeinträchtigt schon dies seine Entscheidungsfreiheit und beeinflußt seine Verhaltensweisen. Wird aber der Vorgang der Datenverarbeitung dem Bürger mitgeteilt und ohne Rücksicht auf sein Einverständnis vollzogen, so liegt in dieser bewußten Negierung des RiS eine Herabwürdigung des Betroffenen zum bloßen Informationsobjekt, sofern nicht überwiegende Gemeinwohlinteressen den Eingriff rechtfertigen. 2. Es ist durchaus anzuerkennen, daß Art. 35 Abs. 1 GG eine aktuell geltende und ausreichende Rechtsgrundlage für Amtshilfeleistung in all den Fällen abgibt, in denen keine personenbezogenen Daten im Spiele sind. Ist das letztere der Fall, bedarf es keiner speziellen gesetzlichen Eingriffsgrundlage, in der die vom Gesetzgeber geforderte Abwägung zwischen Einzel- und Allgemeininteresse zum Ausdruck kommt.

e) An mehreren Stellen des Urteils geht das Gericht auf die Frage der Verfassungsmäßigkeit einer *Zusammenfügung personenbezogener Daten zu einem »totalen« oder partiellen »Persönlichkeitsbild«* oder »Persönlichkeitsprofil« ein.[71]

Zunächst wird die besondere Schutzbedürftigkeit der informationellen Selbstbestimmung u. a. mit der aus integrierten Informationssystemen entstehenden Gefahr begründet, daß die Daten zu einem »teilweise oder weitgehend vollständigen Persönlichkeitsbild zusammengefügt« würden, »ohne daß der Betroffene dessen Richtigkeit und Verwendung zureichend kontrollieren« könne. An anderer Stelle wird die Erschließung eines Datenverbundes durch ein einheitliches Personenkennzeichen oder sonstiges Ordnungsmerkmal als verfassungswidrig erwähnt, »denn eine umfassende Registrierung und Katalogisierung der Persönlichkeit durch die Zusammenführung einzelner Lebens- und Personaldaten zur Erstellung von Persönlichkeitsprofilen der Bürger ist auch in der Anonymität statistischer Erhebungen unzulässig (BVerfGe 27, 1/6/)«. Auch hier kann das Gericht also an frühere Rechtsprechung unmittelbar anknüpfen. Das einheitliche Personenkennzeichen »oder dessen Substitut« wird auch noch in anderem Zusammenhang als ein »entscheidender Schritt« in Richtung auf einen verfassungswidrigen Zustand bezeichnet.

Dieser Befund macht zunächst deutlich, daß das Gericht die Erstellung eines »Persönlichkeitsprofils« jedenfalls als mit der Menschenwürde und mit dem RiS unvereinbar ansieht, wenn hierunter »das systematische Erheben von Informationen über eine Vielzahl von Lebensbereichen des Betroffenen durch rechnerunterstützte Ausschöpfung von Informationsquellen«[72] verstanden wird. Hiermit wird die tendenziell vollständige Registrierung und Katalogisierung der Persönlichkeit als verfassungswidrig verworfen. Bemerkenswert ist, daß das Gericht darüber hinaus in erweiternder Rezeption der Formulierung aus dem Mikrozensus-Beschluß (E 27,6) mehrfach auch die Herstellung bloßer »Teilabbilder der Persönlichkeit« in das Verdikt einbezieht. Die Verwendung dieses Begriffs wirft allerdings eine Reihe nicht leicht zu beantwortender Fragen auf.

Was ist hier aus überwiegenden Gemeinwohlgründen noch gerechtfertigt, wo beginnt die Zone der menschenwürdeverletzenden Persönlichkeitsabbildung? Darf beispielsweise die Kriminalpolizei die Reisebewegungen Verdächtiger oder nur potentiell Verdächtiger systematisch beobachten und aufzeichnen, wenn sie hofft, auf diese Weise einem Rauschgift- oder

Waffenhändlerring oder einer terroristischen Gruppe auf die Spur zu kommen? Dürfen die Ämter für Verfassungsschutz unter entsprechenden, ihrer Aufgabenbeschreibung gemäßen Voraussetzungen das »politische Verhalten« möglicher »Verfassungsfeinde« (also ihren Versammlungsbesuch, ihre Konferenzen, Reisen, Kontakte, Verhaltensweisen im Wahlkampf usw.) registrieren, oder ergäbe dies bereits ein unzulässiges Teilabbild der Persönlichkeit?

Auf diese Fragen nach den praktischen Konsequenzen gibt das Zensus-Urteil keine Antworten. Sie waren freilich auch nicht Streitgegenstand des Verfahrens. Unter Berücksichtigung der früheren Rechtsprechung wird man jedoch folgendes als gefestigte Rechtsauffassung des Bundesverfassungsgerichts festhalten müssen:

1. Die Herstellung tendenziell vollständiger oder nahezu umfassender Persönlichkeitsbilder (-profile) verstößt in jedem Falle gegen das RiS.

2. Die Herstellung partieller Persönlichkeitsbilder (Reisebewegungsbilder, Profile politischen Verhaltens etc.) kann u. U. gegen das allgemeine Persönlichkeitsrecht in Verbindung mit dem Menschenwürdesatz verstoßen. Mit Hilfe des Güterabwägungsgrundsatzes und des Übermaßverbotes sind hierzu genauere Kriterien zu entwickeln.

f) Das Gericht widmet den *grundrechtssichernden Regelungen der Organisation und des Verfahrens* besondere Aufmerksamkeit, allerdings, dem Verfahrensgegenstand entsprechend, bezogen auf eine verfassungsgemäße Durchführung einer statistischen Erhebung.[73] Darüber hinaus betont es jedoch schon bei den allgemeinen Darlegungen zum RiS, der Gesetzgeber habe angesichts der gestiegenen Gefährdungen mehr als früher auch organisatorische und verfahrensrechtliche *Schutzvorkehrungen* zu treffen. Die einschlägige Rechtsprechung wird zitiert.[74] Dazu gehört etwa, daß das Verfahrensrecht der Grundrechtsausübung nicht so hohe Hindernisse entgegensetzen darf, daß die Gefahr einer Entwertung der materiellen Grundrechtsposition entsteht.[75]

g) Zu den wichtigsten, weil wirksamsten Maßnahmen der Grundrechtssicherung gehört eine fortlaufende *Kontrolle der Einhaltung der Datenschutzvorschriften* im »Verwaltungsalltag«. Für diese Aufgabe sehen die geltenden Datenschutzgesetze die Einrichtung *unabhängiger Datenschutzbeauftragter* innerhalb wie außerhalb der öffentlichen Verwaltung vor.[76]

Das Gericht erkennt die Bedeutung einer solchen Einrichtung sowohl generell als auch im Zusammenhang mit der Löschung der Hilfsmerkmale bei statistischen Erhebungen (vgl. § 11 Abs. 7 BStatG) ausdrücklich an. Eine nähere Beschreibung der einem Datenschutzbeauftragten mindestens zuzuweisenden Kontrollbefugnisse, damit er seine Aufgaben wirksam wahrnehmen kann, gibt das Urteil allerdings nicht. Immerhin wird die Funktion des Datenschutzbeauftragten »auch im Interesse eines vorgezogenen Rechtsschutzes« gesehen.[77]

2. Kriterien der Erhebung und Verarbeitung personenbezogener Daten für statistische Zwecke

Dem konkreten Prüfungsanlaß entsprechend liegt der Schwerpunkt der Entscheidung hinsichtlich des Umfangs und der Behandlung von Detailfragen bei der Erörterung der *verfassungsrechtlichen Bedingungen für statistische Erhebungen,* insbesondere aufgrund gesetzlich angeordneter Bürgerbefragungen (Zensus, Mikrozensus). Die Grundsätze, die das Gericht für diesen Bereich entwickelt, sollen hier gleichwohl nur knapp resümiert werden, da das Schwergewicht der hier vorzunehmenden Analyse und Folgeuntersuchung weniger bei Fragen einer verfassungsgemäßen Statistik als vielmehr bei der datenschutzrechtlichen Durchdringung des Handelns der Sicherheitsbehörden liegen soll.

a) Die normativen Besonderheiten einer Datenerhebung für statistische Zwecke ergeben sich zunächst aus dem *Zweck einer Statistik.* Er geht dahin, für zahlreiche politische Entscheidungen, für im engeren Sinne »planerische« wie für nichtplanerische, grundlegende, vor allem auch quantitative Daten über Zusammensetzung und soziale Struktur der Bevölkerung in bestimmten Räumen sowie sonstige, ökonomisch, sozialpolitisch oder ökologisch wichtige Informationen verfügbar zu halten. Die gleiche Information kann in sehr verschiedenen Handlungszusammenhängen benötigt werden. Im Hinblick auf diese Situation ergeben sich Besonderheiten gegenüber der »nichtstatistischen« Erhebung und Verarbeitung personenbezogener Daten:

(1) Der Grundsatz der präzisen und konkreten Zweckbestimmung kann für statistische Erhebungen nicht gelten. Diese sind mehrzweckbezogen oder *›multifunktional‹*, soweit es sich nicht um spezielle Erhebungen handelt, die nur »zur Erfüllung bestimmter, im Zeitpunkt der Erhebung schon festliegender Bundes-

zwecke erforderlich« sind (vgl. § 6 Abs. 2 Nr. 1 BStatG).
(2) Der *relativen Zweckunbestimmtheit* statistischer Daten entspricht ihr Charakter als Information »auf Vorrat«. Das Verbot der Datensammlung auf Vorrat wäre, eng interpretiert, in diesem Bereich sinnwidrig. Der Gesetzgeber, der eine statistische Erhebung anordnet, kann zu diesem Zeitpunkt nicht absehen, in welchen Fällen und Zusammenhängen ein Datum belangvoll werden kann.
(3) Es ist nur folgerichtig, daß die Mehrzweckbestimmtheit der statistischen Erhebung auch die grundsätzliche Möglichkeit der Weitergabe und sonstigen Verarbeitung der Daten bedingt. Allerdings ist diese Möglichkeit der Verwendung zu statistischen Zwekken begrenzt. Das heißt, daß diese Daten bereits anonymisiert sein müssen. Eine Weitergabe in individualisierter, nichtanonymer Form unterläge hingegen dem Verbot der Zweckentfremdung in aller Strenge.
b) *Trennung von Statistik und Vollzug:* Der Erfolg einer statistischen Erhebung aufgrund von Bürgerauskünften hängt entscheidend von der Bereitwilligkeit der Befragten ab, richtige und vollständige Auskünfte zu geben. Dies kann jedoch nur erwartet werden, wenn der Bürger sicher sein darf, infolge der Auskunftserteilung nicht irgendwelche Nachteile durch Verwaltungsmaßnahmen zu erleiden. Diese Überlegung führt zu dem Grundsatz einer strikten Trennung von Informationserhebungen und -verarbeitungen zu statistischen Zwecken von entsprechenden Informationsvorgängen zu anderen Verwaltungszwecken, nämlich solchen des »Verwaltungsvollzuges«.

Die verschiedenen Tatbestände des § 9 VZG 1983 – Absatz 1: Der »Melderegisterabgleich«; Absatz 2: Übermittlung von Einzelangaben an oberste Bundes- und Landesbehörden; Absatz 3: Übermittlung zu Planungs-, Vermessungs- und Umweltschutzzwecken – hielten der verfassungsrechtlichen Prüfung am Maßstab des Grundsatzes der Trennung von Statistik und Vollzug nicht stand. Dieser Grundsatz veranlaßte das Gericht auch, deutliche Bedenken gegen die Zulässigkeit einer »kombinierten Erhebung« (vgl. o. III., vor 1.) zu statistischen und zu Vollzugszwecken kundzutun, obgleich es nicht abschließend zu dieser Frage Stellung nehmen wollte.[78]

c) Das *Statistikgeheimnis,* wie es z. B. in den Vorschriften des § 11 BStatG ausformuliert und in § 203 Abs. 2 StGB strafrechtlich sanktioniert worden ist, gehört zu den wichtigsten rechtlichen Instrumenten, um die Beachtung des *Grundsatzes der Trennung von Statistik und Vollzug* zu gewährleisten. Die Geheimhaltungspflicht wirkt persönlich und organisatorisch; sie trifft die mit statistischen Erhebungen befaßten Amtswalter ebenso wie die zuständigen Behörden. In beiderlei Hinsicht stellt sich die Frage nach den Grenzen der Pflicht zur »Geheimhaltung«, d. h. zur Nichtweitergabe von »Einzelangaben«. Es leuchtet beispielsweise ohne weiteres ein, daß eine Übermittlung zwischen den mit der Durchführung einer Statistik betrauten Personen zulässig sein muß, soweit sie zur Aufgabenerfüllung erforderlich ist, vgl. § 11 Abs. 2 BStatG, s. auch § 203 Abs. 2 Satz 2, 2. Halbs. StGB. Das Gericht fordert, neben einer möglichst frühzeitigen (faktischen) Anonymisierung der Daten und wirksamen Vorkehrungen gegen eine Deanonymisierung vor allem »wirksame Abschottungsregelungen nach außen«.[79] Damit sind, wie insbesondere die Ausführungen zu § 9 Abs. 3 VZG ergeben,[80] keineswegs nur der private und der öffentliche Bereich außerhalb der Verwaltung gemeint, sondern auch alle Stellen »vollziehender« und »planender« Verwaltung außerhalb der Statistik-Behörden.

C. Folgerungen, insbesondere für das Informationsverhalten im Sicherheitsbereich

I. Grundrechtssichernde Implementation des Gesetzesvorbehalts

1. Der *Schutzbereich* des RiS ist, folgt man dem Gericht, weit gefaßt. Er erstreckt sich auf die *Erhebung, Speicherung, Übermittlung* und (»natürlich auch«) auf die *sonstige Verarbeitung* personenbezogener Daten. Entsprechend weit gefaßt – und dies folgt der allgemeinen Linie der Auslegung zu Art. 2 Abs. 1 GG im übrigen – ist der Gesetzesvorbehalt, der gesetzliche Beschränkungen des Grundrechts ermöglicht. Insbesondere im Sicherheitsbereich wird sich das Bedürfnis zeigen, Informationseingriffsbefugnisse entsprechend den oben zu B., II., III., dargestellten Kriterien genauer zu regeln. Dabei gerät der Gesetzgeber in eine doppelte Versuchung: *Erstens* besteht die Gefahr einer mehr oder weniger totalen »Verrechtlichung«, besser: »Vergesetzlichung«, indem der Gesetzgeber in formaler Weise zwar dem Verfassungsgebot Genüge tut, in der Sache jedoch lediglich die von der Exekutive behaupteten »Sachzwänge« normativ nachzeichnet. Da jedes »überwiegende Allgemeininteresse« grundsätzlich geeignet ist, eine Beschrän-

kung des RiS zu rechtfertigen, und da der hohe Rang der »Sicherheit des Staates und seiner Bevölkerung« zum gesicherten Bestand der Verfassungswerte-Rechtsprechung des Bundesverfassungsgerichts gehört,[81] sind die Konsequenzen sowohl für die vom Gesetzgeber in abstracto vorzunehmende Abwägung zwischen Allgemeininteresse und Einzelgrundrecht, zumal bei einem so »ätherischen« Recht wie dem RiS, als auch für die konkrete Einzelfall-Abwägung der ausführenden Behörde unschwer vorauszuschätzen. Das exekutivisch interpretierte »Gemeinwohlinteresse« wird sich allemal durchsetzen.

Die *zweite,* sachlich mit der ersten zusammenhängende Gefahr besteht darin, daß die Eingriffsbefugnisse der Behörde, sei es zur Datenerhebung und -speicherung, sei es zur Datenübermittlung, lediglich an die Erfüllung einer vagen Generalklausel »gebunden« werden, etwa an die – in den Datenschutzgesetzen beliebte – Erforderlichkeit zur rechtmäßigen Aufgabenerfüllung. Wird der Aufgabenbereich dann ebenfalls nur mit einer weiten Generalklausel – z. B. »Gefahrenabwehr« oder »Schutz der freiheitlichen demokratischen Grundordnung« (vgl. Art. 73 Nr. 10b GG) – umschrieben, dann gewinnt die gesetzesanwendende Behörde für die Beurteilung dessen, was »erforderlich« ist, einen kaum eingegrenzten Spielraum.

Gibt der Gesetzgeber dieser doppelten Versuchung nach, so wird das Zensus-Urteil, zumal im Sicherheitsbereich, praktisch folgenlos bleiben. Das Recht wird einmal mehr seinen Funktionsverlust als freiheitssichernder Instanz dokumentieren, der Polizeipraktiker kann zur elektronisch perfektionierten Tagesordnung übergehen. Nimmt hingegen der Gesetzgeber das RiS in seinem substantiellen Gehalt (wie er oben zu B. I. beschrieben wurde) ernst, so muß er sich einzelfallbezogene, wenngleich typisierende Abwägungen und konkrete Zweckvorstellungen für Befugnisregelungen abfordern. Das im Polizeirecht jetzt durchweg anerkannte *Prinzip der Trennung von Aufgabennorm und Befugnisnorm,* das jedenfalls den einfachen Schluß von der Aufgabenzuweisung auf die Zulässigkeit des Einsatzes aller zwecktauglichen Mittel verbietet, muß dann auch für die Normierung des staatlichen Informationsverhaltens im Sicherheitsbereich leitend sein.

2. Eine weitere grundsätzliche Frage, die der Gesetzgeber angesichts des Zensus-Urteils erneut stellen und beantworten muß, betrifft das Verhältnis von *Fachgesetzgebung zu Querschnittgesetz-*

gebung. Oder konkret gefragt: Empfiehlt es sich, den durch das Urteil ausgelösten Regelungsbedarf durch eine Ergänzung der vorhandenen Querschnittgesetze, also insbesondere des Hessischen Datenschutzgesetzes (und, entsprechend, des BDSG) und des Hessischen Verwaltungsverfahrensgesetzes (und, entsprechend, des BVwVfG) zu befriedigen? Im BDSG böte sich vor allem eine Ergänzung des Zweiten Abschnitts (und in den Landesgesetzen die der entsprechenden Gesetzesteile) an; in den Verwaltungsverfahrensgesetzen wäre in erster Linie an eine Erweiterung der *Amtshilfevorschriften* (z. B. §§ 4–8 HVwVfG) um ein Kapitel »Informationshilfe« zu denken. Als Alternative hierzu käme ein Ausbau des »bereichsspezifischen Datenschutzes« in den einzelnen Fachgesetzen, also beispielsweise für den Bereich der polizeilichen Gefahrenabwehr eine Ergänzung des HSOG in Betracht.

Die Nützlichkeit einer Verbesserung und Vervollständigung der Querschnitt-Regelungen soll hier im Grundsatz nicht angezweifelt werden; doch sind einige rechtssystematische Erwägungen anzustellen, welche für eine *primäre* Regelung der bereichsspezifischen Informationsverarbeitung in den *Fachgesetzen* sprechen: Die Ausfüllung des Gesetzesvorbehaltes soll einerseits einer wirksamen Grundrechtssicherung, der informationellen Selbstbestimmung dienen. Andererseits darf der Datenschutz »nicht zur generellen Staatsverhinderung führen«.[82] Der Gesetzgeber darf sich, will er beiden Aufgaben gerecht werden, nicht mit einer nichtssagenden, weil allgemein bleibenden Wiederholung des Verhältnismäßigkeitsgrundsatzes begnügen, sondern er muß eine »materielle«, »inhaltliche« Gewichtung beider Belange, des individualschützenden Regelungszwecks und des »Gemeinwohlinteresses« vornehmen. Er wird nicht umhin können, an typisierten Beispielen zu verdeutlichen, wie ›hoch‹ oder ›niedrig‹ er die Eingriffsschwelle, wie ›weit‹ oder ›eng‹ er die Grenze zulässiger Eingriffe im Hinblick auf bestimmte Gefahrenlagen gezogen wissen will. Eine solche Vorgehensweise entspricht rechtsstaatlichen Grundsätzen; das Polizeirecht und die Strafprozeßordnung – vgl. etwa die Katalogtaten des § 100a StPO als Voraussetzungen eines schweren Eingriffes: der Überwachung des Telefonverkehrs – bieten zahlreiche mehr oder weniger geglückte Beispiele. Es leuchtet aber ein, daß solche ins einzelne gehenden materiellen Abwägungen den begrifflichen Rahmen wie auch die praktischen Möglichkeiten eines »Querschnittsgesetzes« sprengen würden.

II. Kriterien polizeilicher Informationsverarbeitung und Typologie polizeilicher Maßnahmen – Prävention und Repression

Ein Gesetzgeber, der nicht nur zufallsbezogene Flickwerksarbeit leisten, sondern prinzipiengesteuerte maßstabsgerechte Problemlösungen vorlegen will, wird versuchen, den Katalog informationsspezifischer Verfassungskriterien mit einer Typologie der informationserheblichen polizeilichen Maßnahmen zu konfrontieren, um sodann diese an jenen messen zu können. Dabei ist von vornherein zu berücksichtigen, daß zahlreiche polizeiliche Maßnahmen *doppelfunktional* sind: Sie dienen zugleich der Gefahrenabwehr und -verhütung wie auch der Straftatverfolgung. Die doppelte Zweckbestimmung ist gerade bei der Informationsverarbeitung häufig nur latent vorhanden: Eine Spurendokumentation im Zusammenhang mit einer konkreten Fahndung (Repression) kann außerdem bei der späteren vorbeugenden Verbrechensbekämpfung benutzt werden; präventiv aufgenommene und gespeicherte erkennungsdienstliche Unterlagen (vgl. z. B. § 45 a HSOG) erweisen sich bei einer späteren konkreten Täterfahndung als »Treffer« usw. Besondere gesetzgeberische Probleme ergeben sich hierbei aus der unterschiedlichen Gesetzgebungskompetenz des Bundes und der Länder. Im folgenden wird der *Gefahrenabwehraspekt* und damit die Landeszuständigkeit zur Gesetzgebung in den Mittelpunkt gerückt. Das schließt nicht aus, daß dieselbe oder eine gleichartige Informationsverarbeitungsmaßnahme nicht auch unter repressiven, also strafprozessualen Gesichtspunkten zu betrachten wäre, denen etwa mit einer Novellierung der StPO durch den Bundesgesetzgeber Rechnung zu tragen wäre.[83]

In erster Linie kommt also, unter Berücksichtigung des zu C I. 1. Ausgeführten, eine *Ergänzung des Hessischen Gesetzes über die öffentliche Sicherheit und Ordnung (HSOG)* in Betracht. Die informationsspezifischen Verfassungskriterien, die dabei besonders zu beachten sein werden, wurden in Teil B. III. näher beschrieben und werden hier der Übersichtlichkeit halber noch einmal zusammengestellt:

1. Grundsatz des überwiegenden Allgemeininteresses,
2. Grundsatz der konkreten und präzisen Zweckbestimmung.
3. Verbot der Datensammlung auf Vorrat,
4. Verbot der Zweckentfremdung,
5. Verbot der Herstellung von Persönlichkeitsbildern,

6. Einwirkungsmöglichkeiten und Schutzansprüche des Betroffenen (Rechtsschutzgewährleistung, Auskunfts-, Berichtigungs-, Löschungsansprüche)
7. Kontrollmöglichkeiten des Datenschutzbeauftragten.

Ein Versuch, typische Maßnahmen polizeilicher Informationsverarbeitung nach den Hauptphasen der Datenverarbeitung zu ordnen, ergibt, ohne jeden Anspruch auf Vollständigkeit, folgendes Bild:

1. Maßnahmen polizeilicher Informationserhebung im Einzelfall
– Befragung des Betroffenen
– Befragung Dritter
– Observation
– Ausforschung von Versammlungen
2. Maßnahmen polizeilicher Informationsspeicherung
– Kriminalpolizeiliche personenbezogene Sammlungen (KpS)
– Polizeiliche Beobachtung und Erstellung von Persönlichkeitsprofilen (auch Bewegungsbilder u. ä.)
3. Maßnahmen polizeilicher Informationsveränderung
– Datenabgleich
– Rasterfahndung
4. Polizeiliche Informationsübermittlung (Informationshilfe)
– insbesondere: Zusammenarbeit mit den Verfassungsschutzbehörden

Im folgenden soll versucht werden, am Maßstab der oben genannten Kriterien Anhaltspunkte für die verfassungsrechtliche Zulässigkeit bzw. Unzulässigkeit der einzelnen typischen Maßnahmen und für die tatbestandliche Ausgestaltung der erforderlichen Eingriffsermächtigungen zu entwickeln.

III. Zu den einzelnen Maßnahmen

1. Die Intensität, mit der eine polizeiliche Informationserhebung das informationelle Selbstbestimmungsrecht berührt, kann sehr verschieden sein. Es macht einen erheblichen Unterschied, ob sich jemand selbst in der Öffentlichkeit durch Worte und Handlungen darstellt und damit rechnet oder rechnen muß, daß er dabei beobachtet oder auch nur wahrgenommen wird, oder ob die Polizei durch heimliches oder offenes Befragen des Betroffenen oder Dritter, durch gezieltes und systematisches »Observieren«, Fotografieren und ähnliche Maßnahmen personenbezogene Daten zusammenträgt und zu einem mehr oder weniger geschlossenen Verhal-

tensbild zusammenfügt. Die seit langem und auch wieder in den Reaktionen auf das Zensus-Urteil umstrittene Frage ist die nach der *Grenze*, jenseits welcher von einem nur kraft besonderer gesetzlicher Ermächtigung zulässigen *»Informationseingriff«* gesprochen werden muß.[84] Das Gericht hat, wie oben in B. II. 1. ausgeführt, diese Grenze zwar nicht mit begrifflicher Schärfe gezogen. Es hat aber die entscheidenden Kriterien aufgezeigt, an denen sich die Grenzziehung bei der Beurteilung einzelner Maßnahmen zu orientieren hat. Wesentlich ist danach a) die Freiwilligkeit der »Preisgabe« der personenbezogenen Daten und b) das im Hinblick auf die eigene Entscheidungsfreiheit grundsätzlich zu fordernde Vermögen, »das Wissen möglicher Kommunikationspartner ... einigermaßen abzuschätzen«.[85] Schon an diesen Kriterien scheitert mithin der Versuch einer restriktiven Bestimmung des Informationseingriffs, der davon ausgeht, »jeder, der eine Information preisgibt, (müsse) daher damit rechnen, daß sie unbeschränkt weitergegeben und verwendet wird«.[86] Gerade eine solche Vermutung der Nichtexistenz irgendwelcher kontextgebundener Kommunikationsbarrieren oder Diskretionsschwellen müßte das RiS in seinem Kern treffen. Schon das alltägliche Kommunikationsverhalten zeigt, daß man jederzeit mit einem relativen Funktionieren von Kommunikationsschranken rechnet (vgl. nur auch die Graduierungen der Geheimschutzordnung des Deutschen Bundestages!).

Vor dem Hintergrund dieser Maßstäbe lassen sich typische *polizeiliche Informationserhebungen* beurteilen. Die zufällige oder in Verbindung mit einer anderen Diensthandlung (Durchsuchung z. B.) sich ergebende *personenbezogene Wahrnehmung eines Verhaltens in der Öffentlichkeit* scheidet als grundrechtsrelevanter Eingriff aus. Etwas anderes muß aber schon für das *gezielte, systematische Beobachten, »Observieren«* gelten, und zwar sowohl für das »offene« wie für das heimliche Beobachten. Außerdem ist hier (theoretisch) danach zu differenzieren, ob sich die polizeiliche Tätigkeit im bloßen Observieren erschöpft oder ob dieses die Vorstufe für entsprechende Datenspeicherung und damit für die Erstellung von »Persönlichkeitsprofilen«, »Bewegungsbildern« o. ä. bilden soll. Alle vier in diesem Kreuz-Schema denkbaren Möglichkeiten (offenes oder heimliches Observieren mit oder ohne Speicherungsabsicht) überschreiten die Eingriffsschwelle, was hier nur für den (eher theoretischen, »mildesten«) Fall der heimlichen Observation ohne Speicherungsabsicht noch einmal unterstrichen werden soll: Müßte der Bürger damit rechnen, bei allen (oder bei beliebigen) seiner Verhaltensweisen in der (mehr oder weniger beschränkten) Öffentlichkeit beobachtet zu werden, so würde ihn schon dies wegen der Befürchtung nachteiliger staatlicher Reaktionen in seiner Entscheidungsfreiheit beeinträchtigen. Es bedarf keiner Ausführungen, daß auch alle Arten von *Befragungen* (Verdächtiger, Nichtverdächtiger, unbeteiligter Dritter), denen eine Auskunftspflicht des Befragten entsprechen soll, Eingriffscharakter besitzen und einer besonderen gesetzlichen Grundlage bedürfen.

Ähnliche Überlegungen wie hinsichtlich des (heimlichen) Observierens sind auch bei einer gesetzlichen Regelung der *»Ausforschung (öffentlicher) Versammlungen«* anzustellen.[87] Zunächst ist darauf hinzuweisen, daß eine Ausforschung nichtöffentlicher Versammlungen nicht nur wegen des RiS (Art. 2 Abs. 1 i. V. m. Art. 1 Abs. 1 GG), sondern auch wegen der Unverletzlichkeit der Wohnung auf engste verfassungsrechtliche Grenzen stößt, vgl. Art. 13 Abs. 3 GG.[88] Für die Beurteilung der Ausforschung öffentlicher Versammlungen (zu denen also auch Polizeibeamte in Zivil Zutritt haben) – hierunter fällt auch das (verdeckte) Anfertigen von Teilnehmerlisten –, kommt es darauf an, ob die Teilnehmer, Redner oder Diskutanten den Umständen nach damit rechnen müssen, daß z. B. ihre Worte durch heimlich anwesende Polizeibeamte auf Tonträger aufgenommen werden. Um einer uferlosen Überwachungstätigkeit vorzubeugen, müßte der Gesetzgeber die Zulässigkeit bloßer »Gefahrerforschungseingriffe« insoweit ausschließen, erst wenn sich eine konkrete Gefahr von erheblichem Gewicht realisiert, darf der Ausforschungseingriff beginnen.[89] Die Ausführungen des Gerichts über die Bedeutung der informationellen Selbstbestimmung für die freie demokratische Meinungs- und Willensbildung – vgl. oben B. I. 35 – müssen hier zum Tragen kommen.

Bei der Normierung der Tatbestandsvoraussetzungen für einen Informationseingriff in der Phase der Erhebung, sei es durch Befragung oder Beobachtung oder in anderer Weise, hat der Gesetzgeber einen Gestaltungsspielraum. Doch muß er den Grundsätzen der Normenklarheit und der Verhältnismäßigkeit Rechnung tragen. Dies gilt um so mehr, als die Informationserhebung häufig bereits im Vorfeld der eigentlichen Aufgabe der Polizei, nämlich der Gefahrenabwehr und Störungsbeseitigung, also bereits bei der Gefahrenvorbeugung, z. B. bei der »vorbeugenden Verbrechensbekämpfung« stattfindet und deshalb häufig auch »Nichtstörer«, unverdächtige Dritte als Informanten in Anspruch genommen werden sollen. Die darin liegende Ausweitung des materiellen Polizeibegriffs ist nur bei sorgfältiger Abwägung der Grundrechts-Risiken gegenüber dem Eingriffsinteresse zu rechtfertigen.

2. Das Bundesverfassungsgericht hat »die Sammlung nicht anonymisierter Daten auf Vorrat zu unbestimmten oder noch nicht bestimmbaren Zwecken« als unvereinbar mit dem Grundsatz der bereichsspezifischen und präzisen Zweckbestimmung bezeichnet. Außerdem weist es in diesem Zusammenhang noch einmal ausdrücklich auf das Mindesteingriffsgebot hin. Beide Äußerungen des Gerichts sind für die Fragen der verfassungsrechtlichen Zulässigkeit *»Kriminalpolizeilicher personenbezogener Sammlungen (KpS)«* von besonderer Bedeutung. Zunächst ergibt sich aus ihnen, daß das Gericht die prinzipielle Notwendigkeit und Zulässigkeit solcher Sammlungen offensichtlich nicht in Zweifel zieht. Allerdings fallen sie insgesamt unter den Gesetzesvorbehalt, so daß es künftig nicht mehr ausreicht, KpS gemäß den »Richtlinien für die Führung kriminalpolizeilicher personenbezogener Sammlungen«[90] anzulegen, aufzubauen und zu nutzen. Im Hinblick auf die vom Bundesverfassungsgericht in ständiger Rechtsprechung vertretene »Wesentlichkeitstheorie« zum Gesetzesvorbehalt[91] kann auch eine gesetzliche Regelung nicht als verfassungsrechtlich unbedenklich angesehen werden, die, wie § 36 BremPolG[92], alle wichtigen Bestimmungen den vom zuständigen Senator (Minister) zu erlassenden Richtlinien (Verwaltungsvorschriften) überläßt. Wenn im grundrechtsrelevanten Bereich – und in diesem bewegt sich die Einrichtung von KpS – »wesentlich« in der Regel »wesentlich für die Verwirklichung der Grundrechte« bedeutet[93], dann muß der *Gesetzgeber*

- den Zweck der Sammlung festlegen,
- den betroffenen Personenkreis,
- die Art der zu speichernden Daten,
- die Voraussetzungen einer Informationsübermittlung,
- die Dauer der Aufbewahrung, also die Löschungsfristen und
- die Auskunftspflichten zugunsten des Bürgers bestimmen.

Auch die Kontrollbefugnisse des Datenschutzbeauftragten, insbesondere auch für den Fall der Auskunftsversagung gegenüber dem betroffenen Bürger, sind in den Grundzügen im Gesetz zu normieren.

Von besonderer Relevanz für die kriminalpolizeiliche Arbeit ist die Frage der Zulässigkeit der *Herstellung von Persönlichkeitsbildern (Persönlichkeitsprofilen).* Technisch gesehen berührt sie nicht allein Maßnahmen der Informationsspeicherung, sondern ebenso der sonstigen Informationsverarbeitung, insbesondere der -übermittlung. Da letztlich auch bei der Zusammenführung von Daten aus verschiedenen Dateien das daraus entstehende »Profil« an einer Stelle gespeichert wird, ist es gerechtfertigt, die normative Problematik an dieser Stelle zu behandeln (vgl. oben B. III. 1. e).

Mit der Möglichkeit der Herstellung von Persönlichkeitsbildern erreicht die elektronische Datenverarbeitung eine Grenze, an der der Ausnutzung des Technisch-Machbaren von Verfassung wegen u. U. ein *absolutes* »Halt!« geboten werden muß.

Wir unterscheiden »totale« und »partielle« Persönlichkeitsbilder, wohl wissend, daß auch das »totale« Bild eine Person niemals in schlechthin allen ihren Äußerungsweisen und Beziehungen erfassen kann.[94] Dennoch ist es gerechtfertigt, von einem »totalen« Bild zu sprechen, wenn die *Intention* seiner Urheber auf eine Zusammenfassung möglichst zahlreicher Daten eines Bürgers aus seinen unterschiedlichen Lebensbereichen gerichtet ist.

Ein in diesem Sinne totales Bild würde beispielsweise entstehen, wenn die wesentlichen Daten einer beruflichen Karriere mit den »Gesundheitsdaten«, den Daten über politisches und Freizeitverhalten, über persönliche Beziehungen einschließlich des geschlechtlichen Verhaltens und den Daten über kulturell-religiöses Verhalten eines Menschen zusammengeführt würden. Ein »partielles« Persönlichkeitsbild bleibt hingegen auf einen zeitlich, räumlich und/oder sachlich abgegrenzten Lebensausschnitt beschränkt. Hierunter fallen auch systematische Aufzeichnungen von Reisebewegungen des Betroffenen, sogenannte »Bewegungsbilder«, die für die Strafverfolgung, aber auch für die präventive Überwachung der Mitglieder einer kriminellen Vereinigung nach §§ 129/129a StGB oder auch des organisierten Rauschgifthandels wichtig werden können.

Die Ergebnisse der *»Polizeilichen Beobachtung«* eines Tatverdächtigen oder eines potentiellen künftigen Straftäters können zu partiellen Persönlichkeitsbildern verarbeitet werden. Die Herstellung von Persönlichkeitsprofilen ist über den polizeilichen Bereich hinaus für die Arbeit der Ämter für Verfassungsschutz von Bedeutung, insbesondere wenn sie bei der Spionageabwehr oder beim

Geheimnis- und Sabotageschutz individuelle Beteiligte auf ihr »Sicherheitsrisiko« hin zu überprüfen haben, § 3 Abs. 1 Nr. 2 und Abs. 2 Nr. 1 bis 3 BVerfSchG i. V. m. § 1 HVerfSchG vom 19. 7. 1951.

Die Herstellung eines *»totalen Persönlichkeitsbildes«* stößt verfassungsrechtlich an eine *absolute* Grenze (vgl. o. B. III. 1. e). Sie wäre die Realisierung der Orwellschen Vision vom totalitären Überwachungsstaat, das Ende der Autonomie der Persönlichkeit, eine unter keinem Gesichtspunkt zu rechtfertigende Verletzung der Menschenwürde. In diesem Punkt ist vermutlich auch Konsens mit jenen Autoren zu erzielen, die sonst schnell, allzu schnell mit dem (ja nur polemischen, sachlich nichtssagenden) Vorwurf einer »überbordenden Datenschutzhysterie«[95] zur Hand sind. Daß hier eine absolute und nicht nur relative, je nach »Güterabwägung« so oder anders zu ziehende Grenze besteht, ließe sich anthropologisch und kommunikationstheoretisch im einzelnen nachweisen.

Hier sollen nur drei Stichwörter zur Verdeutlichung gegeben werden: 1) Ein »totales« Persönlichkeitsbild muß notwendigerweise falsch, verzerrend sein, nicht so sehr wegen seiner unvermeidlichen Unvollständigkeit, sondern weil die einzelnen Daten-Mosaiksteine bewußt aus dem situativen Kontext ihrer Entstehung herausgerissen und »abstrakt« gespeichert werden. Damit sind notwendig Sinnveränderungen verbunden. 2) Da der Computer »die Gnade des Vergessens« nicht kennt, ist dem Betroffenen die Chance einer Umkehr, einer Selbstkorrektur und eines Neubeginns verwehrt. Diese gehört aber unverzichtbar zur conditio humana. 3) Ein menschlicher Dialog ist mit dem Computer nicht möglich. Der Staat behandelt den Bürger als ein Objekt, eine Sache, wenn er ihn auf einen Datenbestand reduziert; er verzichtet auf die »Auseinandersetzung« mit einem lebendigen Gegenüber, wie sie Grundbedingung jedes rechtsstaatlichen Verfahrens ist, wenn er (der Staat) Maßnahmen gegen eine Person lediglich oder maßgeblich aufgrund ihres Datenabbildes trifft.

Hinsichtlich der tatbestandlichen Voraussetzung, die die Anordnung einer polizeilichen Beoachtung oder der Erstellung eines *partiellen Persönlichkeitsbildes* rechtfertigen können, sind schon mit Rücksicht auf die Schwere des Eingriffs in das Recht der informationellen Selbstbestimmung strenge Maßstäbe an das Kriterium der Erforderlichkeit anzulegen. Polizeiliche Beobachtung und Herstellung eines Persönlichkeitsbildes weisen im Charakter der Maßnahme eine gewisse Ähnlichkeit mit der heimlichen Überwachung des Fernmeldeverkehrs nach § 100a StPO oder §§ 1 ff. G 10 auf. Dies legt es nahe, wie bei diesen Vorschriften, die Zulässigkeit des Eingriffs nur bei Vorliegen bestimmter katalogartig aufgezählter Verdachtsgründe vorzusehen. Eine schematische Übernahme der »Katalogtaten« des § 100a StPO oder des § 2 G 10 wird dabei nicht in Betracht kommen; doch können diese Tatbestände dem Gesetzgeber gewisse Hinweise bieten.[96]

Darüber hinaus sollte der Gesetzgeber den Versuch einer Konkretisierung des Verhältnismäßigkeitsgrundsatzes hinsichtlich des höchstzulässigen Umfanges einer der in Rede stehenden Maßnahmen machen. Das ist in zeitlich-räumlicher wie in gegenständlicher Hinsicht möglich. Erweist es sich dabei als unvermeidlich, auf den Gebrauch einer verhältnismäßig abstrakt bleibenden Generalklausel zurückzugreifen, so wird es um so wichtiger, den Grundrechtsschutz durch »flankierende« *verfahrensrechtliche/organisatorische Regelungen* sicherzustellen. In erster Linie ist hier daran zu denken, die Anordnung der Maßnahme dem *Richter*, allenfalls bei repressiver Tätigkeit und bei Gefahr im Verzuge auch dem *Staatsanwalt* zu übertragen.[97] Soweit die nichtpolizeiliche, rein *nachrichtendienstliche* Beobachtung und Erstellung von Persönlichkeitsbildern in Betracht kommt, empfiehlt sich eine ausdrückliche *Ergänzung des Bundes- bzw. des Landes-Verfassungsschutzgesetzes.* Denn die Generalklausel über die Anwendung nachrichtendienstlicher Mittel ist zu allgemein gehalten, als daß damit die Erstellung von Persönlichkeitsbildern in rechtsstaatlich einwandfreier Weise abgedeckt wäre.[98] Eine *richterliche* Anordnung wird hier im Bereich des Verfassungsschutzes i. e. S. wohl nicht in allen, sondern nur in besonders gravierenden Fällen der Herstellung eines Persönlichkeitsbildes vorzusehen sein. Auch das gesteigerte Geheimhaltebedürfnis spielt bei der Beurteilung dieser Frage eine Rolle.

3. Die technische Entwicklung in der elektronischen Datenverarbeitung hat zu einschneidenden *Veränderungen in den Methoden der polizeilichen Fahndungsarbeit* geführt.[99] Ein weiterer, auch struktureller Wandel des Arbeitsplatzes des Kripobeamten ist zu erwarten. Auf den kürzesten Nenner gebracht läßt sich ein wesentlicher Aspekt des Wandels so charakterisieren: Die herkömmliche Personen- und Sachfahndung aufgrund konkreter tat-/täterbezogener Verdachtsmerkmale wird nicht überflüssig. Aber sie wird ergänzt und überlagert durch eine (meist vorangehende) »sy-

stematisierte und automatisierte Suche nach Personen und Sachen«, bei der ein praktisch (d. h. von den technischen Möglichkeiten her gesehen) unbegrenzt großer Kreis zunächst *nichtverdächtiger* Personen auf das Vorliegen oder Nichtvorliegen bestimmter Einzelmerkmale hin überprüft wird, um so schrittweise einen immer enger werdenden Personenkreis herauszufiltern, auf den immer zahlreichere der für den Täter als charakteristisch *angenommenen* Einzelmerkmale zutreffen. Auf diesem Wege der *gestuften Verdachtsverdichtung* hofft man erst einmal, »ermittlungsfähige Einzelspuren« zu gewinnen. Technisch wird dies durch automatisierten *Dateienabgleich*[100] bewerkstelligt; teilweise wird der anschauliche Ausdruck *»Rasterfahndung«* sinngleich verwendet.[101]

Zwei Formen der »Rasterung« werden unterschieden, die, wenig hilfreich und bei nicht ganz einheitlichem Begriffsverständnis,[102] als *positiver* oder *negativer* Dateienabgleich bzw. positive oder negative Rasterfahndung bezeichnet werden.

Beim »positiven Dateienabgleich« werden zwei Magnetbänder (mit personenbezogenen Daten) mit dem Ziel gegeneinander gespielt, eine Datei derjenigen Personen zu erhalten, die die Merkmale der beiden Ausgangsdateien auf sich vereinen. So wurden die Fahndungsdateien mit den Dateien der Einwohnermeldeämter, des Kraftfahrtbundesamtes und anderer Behörden »abgeglichen«. Ein anderes Beispiel bietet der Vergleich der Hotelmeldezettel-Daten mit der Fahndungsliste. Im Unterschied hierzu dient der »negative Dateienabgleich« (»Negative Rasterfahndung«) dazu, aus einem Ausgangstatbestand (von einem Ausgangsband) alle Personendaten auszuscheiden (zu löschen), die auch (unter ganz anderen Gesichtspunkten) auf einem Gegenband gespeichert sind. Nach wiederholtem Gegenspiel mit verschiedenen Dateien (Bändern) bleibt auf dem Ausgangsband nur noch ein »Bodensatz« von Daten der Personen übrig, die zahlreiche Merkmale *nicht* aufweisen, die auch der vermutliche Täter mutmaßlich nicht besitzt. Gegen diese Restgruppe wird dann in traditioneller Weise weiterermittelt. Vermutet man beispielsweise,[103] daß ein Terrorist die Stromrechnungen für eine »konspirative Wohnung« nicht überweist, sondern bar bezahlt, daß er außerdem weder sich selbst noch ein Kraftfahrzeug angemeldet hat, so läßt man eine Datei alle barzahlenden Stromkunden gegen eine Datei des betreffenden Einwohnermeldeamtes und eine Datei der Kfz.-Halter der Region laufen. Unter dem Restbestand an Daten darf man dann die des Gesuchten vermuten.

Logisch gesehen unterscheiden sich die beiden Abgleichmethoden darin, daß beim positiven Abgleich eine Schnittmenge bzw. eine

Schnittmenge von Schnittmengen gesucht wird, während beim negativen Abgleich das Ziel eine möglichst kleine Restmenge nach Abscheidung möglichst zahlreicher Schnittmengen ist. Datenschutzrechtlich gesehen kann diese Verschiedenheit keine ausschlaggebende Rolle spielen: Die erstrebte Schnittmenge bei der positiven bzw. die Restmenge bei der negativen Rasterfahndung enthält bezüglich jedes der in ihr gespeicherten Datensätze ein Mehr an Informationen gegenüber den entsprechenden Datensätzen der Ausgangsdateien. Insofern liegt eine Informationsveränderung i. S. der §§ 2 Abs. 2 Nr. 3, 9, 25 BDSG vor[104] und grundrechtlich gesehen ein Eingriff in das RiS.

Das automatische elektronische Aussondern der meisten Merkmalsträger durch sukzessives Löschen vom Ausgangsband hat Herold[105] veranlaßt, die Rasterfahndung als eine »nahezu klinisch sterile Fahndungsform« zu loben, die »erhebliche Verbesserungen im Menschenrechts- und Grundrechtsschutz zu bewirken« vermöge. Solche Euphorie bedarf einer gewissen Dämpfung.

Dabei braucht hier die Frage nicht abschließend beantwortet zu werden, ob die Rasterfahndung – läßt man einmal die Grundrechtsproblematik des RiS außer Betracht – in den bisher geltenden Vorschriften eine ausreichende Rechtsgrundlage findet. Dies ist mit beachtlichen Argumenten sowohl für die Stützung auf die strafprozessualen Generalklauseln der §§ 161, 163 StPO als auch für § 94 StPO als auch für die präventivpolizeiliche Generalklausel als auch für die datenschutzrechtliche Generalklausel der »Wahrung berechtigter Interessen der Allgemeinheit« in § 24 BDSG bezweifelt worden.[106] Zumal die letztgenannte Vorschrift vermöchte schon nach ihrer systematischen Stellung zwar u. U. die Datenherausgabe durch die privaten Unternehmen usw. zu rechtfertigen, sie liefert aber keine Ermächtigungsgrundlage für einen hoheitlichen Informationseingriff. Im repressiven Tätigkeitsbereich würde die Heranziehung der Aufgabenzuweisungsnormen (§§ 161, 163 StPO) als Eingriffsermächtigung das sonst durchgehaltene Prinzip der speziellen Befugnisregelung unterlaufen. Wie die §§ 111 und 163b Abs. 2 StPO belegen, gilt dieses Prinzip in besonderem Maße, wenn, wie im Falle der Rasterfahndung, Maßnahmen massenweise gegen *Nichtverdächtige* gerichtet werden sollen. Kommt gefahrenabwehrendes präventives Handeln der Polizei in Betracht, so gilt Entsprechendes. In großer Zahl werden die Daten Unbeteiligter, also von »Nichtstörern«, verarbeitet. Polizeilich dürfen diese nur unter den strengen Voraussetzungen des »polizeilichen Notstandes« – vgl. §§ 15 i. V. m. 1 Abs. 2 Satz 1 HSOG; § 6 MEPolG – in Anspruch genommen werden. Offenbar im Hinblick auf diese Rechtslage hat der Gesetzgeber der bisher einzigen[107] Spezialvorschrift über polizeilichen »Datenabgleich«, der Gesetzgeber des Bremischen Polizeigesetzes 1983 in § 29, wenigstens einen Teil der tatbestandlichen Voraussetzungen des polizeilichen Notstandes, nämlich das Vorliegen »einer gegenwärtigen erheblichen Gefahr« aufgenommen.

Beim Dateienabgleich, insbesondere bei der negativen Rasterfahndung, werden in weitem Umfang Informationen aus Dateien in Anspruch genommen, die zu ganz anderen Zwecken (z. B. zur Kontrolle der pünktlichen Bezahlung der Stromrechnungen) angelegt wurden. Schon nach dem Grundsatz der konkreten und präzisen Zweckbestimmung sowie aufgrund des Verbots der Zweckentfremdung muß also der Gesetzgeber versuchen, in einer spezifischen Regelung des Dateienabgleichs die näheren Voraussetzungen der Zulässigkeit, z. B. den Grad der polizeilichen Gefahr oder das Gewicht der aufzuklärenden Verbrechen näher zu umreißen. Entsprechend dem bundesstaatlich ausgeprägten Dualismus von Strafprozeß- und Polizeigesetzgebung wird man aufeinander abgestimmte Ergänzungen in beiden Gesetzeswerken anstreben müssen. Bei der Regelung der materiellen Voraussetzungen einer Rasterfahndung wird auch zu prüfen sein, ob – enger als etwa in § 72 SGB-X – bestimmte Daten, z. B. Gesundheitsdaten, nicht ganz von der Verarbeitung im Dateienabgleich auszuschließen oder aber ihm nur unter erschwerten Voraussetzungen zur Verfügung zu stellen sind. Da diese Art der polizeilichen Fahndung naturgemäß nicht in aller Öffentlichkeit vor sich gehen kann, gewinnen verfahrensmäßige und organisatorische Schutzvorschriften hier eine besondere Bedeutung. Hierzu gehört als eine Möglichkeit die Entscheidungsverlagerung auf die höchste (und politisch verantwortliche) Verwaltungsebene.[108] Nicht minder wichtig ist die Pflicht zur sofortigen Löschung bzw. Vernichtung (von Amts wegen) der »ausgerasterten« Datenbestände und Unterlagen. Weiter ist an eine Pflicht zur Führung entsprechender Protokolle zu denken. Da es bei der Rasterfahndung, stärker noch als bei anderen Maßnahmen, vorwiegend um eine Kontrolle der internen Polizeiarbeit geht, dürfte hier eine Sachlage gegeben sein, die *zwingend* eine wirksame, d. h. nicht nur nachträgliche, sondern *begleitende Kontrolle durch den Datenschutzbeauftragten* erfordert. Sie kann in der Weise eingeleitet werden, daß das an einen Dritten gerichtete Ersuchen um Überlassung einer Datei für Zwecke des Abgleichs jeweils dem Datenschutzbeauftragten angezeigt wird.[109]

4. Polizeiliche Informationsübermittlung (Informationshilfe, Amtshilfe)

a) In den Jahren 1979–81 entzündete sich die *Amtshilfe*diskussion im Bereich der Sicherheitsbehörden vor allem an der Frage nach den verfahrensrechtlichen und organisationsrechtlichen Grundlagen der sogenannten »So-GK« (= Sonderanweisung über die Erfassung bestimmter Erkenntnisse bei der grenzpolizeilichen Kontrolle), derzufolge die Kräfte des Bundesgrenzschutzes (einer Polizei des Bundes!) u. a. personenbezogene Erkenntnisse permanent und in großem Umfang an das Bundesamt für Verfassungsschutz und an den Bundesnachrichtendienst übermittelten.[110] Diese spezielle Fragestellung wurde maßgeblich von der Auslegung des positivrechtlichen Gebotes der Trennung zwischen Verfassungsschutz und Polizei beeinflußt; das Recht oder gar Grundrecht auf informationelle Selbstbestimmung wurde keineswegs allgemein anerkannt und nur da und dort als Argument in die Diskussion miteingebracht.[111] Inzwischen und erst recht seit dem Zensus-Urteil hat die Problematik der informationellen Zusammenarbeit von Behörden überhaupt und speziell der Sicherheitsbehörden vom Technischen wie vom Normativen her eine neue Dimension gewonnen.

Die Fortschritte in der Informationstechnologie ermöglichen den Aufbau beliebig zentralisierter oder dezentralisierter Informationssysteme, die untereinander in einen rechnerisch ebenso beliebig steuerbaren, erweiterbaren oder reduzierbaren Datenverbund treten können. Die normative Bewältigung dieser von der Technik und ihren Möglichkeiten geprägten Situation steht damit vor einer völlig anderen Aufgabe als die, auf welche die Regeln der »klassischen« Amtshilfe (vor allem §§ 4 bis 8 VwVfG) zugeschnitten sind. Modellhaft zugespitzt kann man sagen: Das Problem ist nicht mehr, wie bei der »klassischen« Amtshilfe, die optimale Verfügbarmachung entscheidungsnotwendiger, knapper und an entfernter Stelle vorhandener Informationen (Stichwort: »Aktenübersendung«), sondern das Problem besteht in der Begrenzung und Kanalisierung eines virtuell ubiquitären Datenüberflusses, in der Herstellung einer machtbegrenzenden Gewaltenteilung durch *Informationsteilung und -verteilung*.[112]

Das Recht auf informationelle Selbstbestimmung ist der grundrechtliche Aspekt dieses übergreifenden Problems rechtsstaatlicher Staatsorganisation.

Angesichts dieses grundlegenden Wandels in der »Informationssituation« erscheint es wenig sinnvoll, die Diskussion unter dem Blickwinkel einer bloßen Ergänzung und technischen Aktualisierung der Amtshilfevorschriften der Verwaltungsverfahrensgesetze einschließlich einer sogenannten »erweiterten Amtshilfe«[113] zu führen. Denn wesentliche Begriffsmerkmale der herkömmlichen Amtshilfe stehen mit den technischen Möglichkeiten und damit einer uneingeschränkten Ausnutzung des elektronischen Informationsaustausches im Dateienverbund tendenziell in Widerspruch: (1) Amtshilfe ist immer nur *ergänzende* Hilfe; die ersuchte Behörde darf nicht die Herrschaft über das Verfahren, in dem sie für eine untergeordnete Teilleistung beansprucht wird, gewinnen. (2) Amtshilfe wird nur auf ein jeweils gestelltes Ersuchen einer nicht weisungsbefugten Behörde hin geleistet. (3) Amtshilfe ist auf den Einzelfall, eventuell auch auf eine Vielzahl von Einzelfällen bezogen. Es ist umstritten, inwieweit ein Amtshilfeersuchen auf Dauer und generalisiert gestellt werden kann. Zu (1): Ein ungebremster elektronischer Informationsaustausch würde dazu führen, daß von der Herrschaft einer bestimmtem (nämlich zuständigen) Behörde über ein bestimmtes Verwaltungsverfahren sinnvoll nicht mehr gesprochen werden könnte. Zu (2): Ein besonderes Amtshilfe-Ersuchen wird überflüssig, wenn insbesondere beim On-line-Anschluß die informationssuchende Stelle alle nur gewünschten Daten ohne weiteres »abrufen« kann. Zu (3): Der organisationsrechtlich bedeutsame Unterschied zwischen aushilfeartiger Mitwirkung (der ersuchten Behörde) im Einzelfall und dauernder, generell formulierter Aufgabenzuweisung wird hinfällig, wenn die Übermittlung bestimmter Arten anfallender Daten an die »ersuchende« Behörde generell, auf Dauer und automatisch erfolgt.

Es wird deshalb hier *vorgeschlagen*, die *»elektronische Informationshilfe«* begrifflich-rechtlich und gesetzgebungspolitisch von der Regelung der »Amtshilfe« abzukoppeln und jeweils aufgaben- und verwendungsspezifisch zu normieren.

b) Der Terminus *»Informationsaustausch«* bezeichnet die Möglichkeit der (elektronischen) Datenübermittlung in beiden Richtungen, läßt aber auch zu, daß die Möglichkeit in nur einer Richtung genutzt wird. Voraussetzungen und Grenzen des polizeilichen wie des »überpolizeilichen« Informationsaustausches sind gesetzlich zu regeln (vgl. oben B. III. 1. d). Der Gesetzgeber hat dabei außer den allgemeinen Grundsätzen wie dem Übermaßverbot vor allem das Prinzip der möglichst konkreten und präzisen Zweckbestimmung und das Verbot der Zweckentfremdung zu berücksichtigen. Dies rechtfertigt zunächst eine Unterscheidung danach, ob polizeilich gespeicherte Informationen innerhalb der Polizeibehörde zu deren Aufgabenwahrnehmung übermittelt werden oder ob sie an Behörden außerhalb des Polizeibereichs oder an (private) Dritte weitergegeben werden sollen.

(1) Daß *zwischen Polizeibehörden*, insbesondere zwischen Kriminalpolizeibehörden, ein Informationsaustausch zu polizeilichen Zwecken, also etwa zur Straftatverfolgung, möglich sein muß, dürfte und sollte außer Streit sein. Fraglich kann hier nur sein, ob im Rahmen der polizeilichen Aufgabenerledigung (als der generellen Zweckbestimmung) ein grundsätzlich unbeschränkter Austausch zulässig sein soll oder ob *von Verfassungs wegen* engere Grenzen gezogen werden können und müssen. Bei der Beantwortung dieser Frage ist zu berücksichtigen, daß die verschiedenen Polizeibehörden (von der Bund-Länder-Problematik einmal ganz abgesehen) zwar datenschutzrechtlich keine Informationseinheit, wohl aber funktional eine *Zweckeinheit* bilden, jedenfalls, wenn man spezifische Aufgaben, z. B. die Verbrechensbekämpfung, ins Auge faßt. Ferner ist zu bedenken, daß zwar auch ›innerpolizeiliche‹ Informationsübermittlung hinsichtlich des RiS prinzipiell grundrechtsrelevant ist, daß also auch insoweit das Übermaßverbot und das Zweckentfremdungsverbot zu beachten sind, daß andererseits aber die »Eingriffsintensität« und das Schutzinteresse u. U. gering sind. Dies wird deutlich, wenn man sich die ratio essendi, den zu schützenden Kerngehalt des RiS – vgl. oben B. I. 3. und C. III. 1. – vor Augen hält. Der polizeilich gesuchte Straftäter muß und wird »damit rechnen«, daß die Kripostellen bei der Fahndung kooperieren; er muß aber z. B. nicht ohne weiteres damit rechnen, daß die Polizei ihren Verdacht seinem Arbeitgeber mitteilt, wenn die Straftat keinerlei Bezug zu seinem Arbeitsplatz aufweist.

Zum ersten ergibt sich hieraus, daß die Frage der *Zulässigkeit des On-line-Verkehrs* etwa zwischen kriminalpolizeilichen Dateien und Terminals weder generell bejaht noch generell verneint werden kann. Die Frage, ob eine »Übermittlung« erforderlich war, darf allerdings nicht im Hinblick auf die »Übermittlungs-Fiktion« des § 2 Abs. 1 Nr. 2 BDSG (Übermitteln = zum Abruf bereithalten), sondern nur in bezug auf die tatsächlich abgerufenen Informationen beurteilt werden. Gegen einen On-line-Verbund werden um so weniger Bedenken erhoben werden können, je aufgabenspezifischer die bereitgehaltenen Datenbestände aufgegliedert werden. Hält sich der konkrete Datenabruf im Rahmen des zweckspezifisch zu konkretisierenden Übermaßverbotes, so ist die Tatsache, daß er im On-line-Verkehr erfolgt, grundrechtlich irrelevant.

Zum zweiten sind auch die Grenzen der zulässigen *Zentralisierung* (kriminal)polizeilicher Informationssysteme an diesen Kriterien auszurichten. Im Bund-Länder-Verhältnis sind außerdem dic kompetenzreclitlichen Vorgaben der Verfassung – Art. 73 Nr. 10a GG für die Zusammenarbeitsgesetzgebung, Art. 87 Abs. 1 Satz 2 GG für die Einrichtung von Zentralstellen – zu beachten. Die Ausfüllung durch das Gesetz über die Einrichtung eines Bundeskriminalpolizeiamtes (Bundeskriminalamtes) vom 29. 6. 1973 hält sich in diesem Rahmen, sofern die Generalklausel des § 2 Abs. 1 Nr. 1 BKAG (das BKA »ist insoweit auch Zentralstelle für den elektronischen Datenverbund zwischen Bund und Ländern«) im Hinblick auf das RiS verfassungskonform ausgelegt und angewendet wird.

Konkret stellt sich hier die Frage, ob etwa ein beim BKA zentral geführter *Kriminalaktennachweis (KAN)*, der auch den Kriminalpolizeibehörden der Länder voll zugänglich sein soll, auch zulässig wäre, wenn er bundesweit schlechthin alle kriminalpolizeilichen Vorfälle erfassen und zum Informationsabruf bereithalten sollte, oder ob hier Beschränkungen in gegenständlicher und/oder räumlicher Hinsicht geboten sind. Der Erforderlichkeitsgrundsatz und das Verbot der Datensammlung auf Vorrat sind hier zu berücksichtigen. Sicherlich werden danach Fallgruppen von Bagatellkriminalität auszuscheiden haben; im übrigen wird der Gesetzgeber prüfen müssen (vgl. oben C. III. 2.), ob und wie er *regionale* Begrenzungen der Datenspeicherung und -übermittlung ausformulieren kann.

(2) Für das Verhältnis zwischen *Polizei und den Ämtern für Verfassungsschutz* – die Rechtslage ist insoweit für das Bundesamt einerseits, für die Landesämter andererseits materiell nicht verschie-

den[114] – und zwischen den Bundesgrenzschutzbehörden und den Verfassungsschutzbehörden im besonderen ist in erster Linie das institutionalisierte und funktionelle *Trennungsgebot* zu beachten, wie es in § 3 Abs. 3 BVerfSchG zum Ausdruck kommt. Diesem Grundsatz kommt als einer Ausprägung des Rechtsstaatsprinzips zwar nicht formell, aber materiell Verfassungsrang zu, wie sich aus der Entstehungsgeschichte der Vorschriften und der des Grundgesetzes ergibt.[115] Der (einfache) Gesetzgeber könnte danach zwar den § 3 BVerfSchG in Einzelheiten abändern, aber dem Grundgedanken des Trennungsgebotes müßte er Rechnung tragen.

In großem Umfang und als Daueraufgabe nach generellen Richtlinien – die seinerzeit umstrittene »So-GK« ist seit dem 1. Dezember 1981 durch eine *»Dienstanweisung zur Durchführung der Amtshilfeersuchen der Verfassungsschutzbehörden und des Bundesnachrichtendienstes«* abgelöst worden – führen die Grenzschutzbehörden anläßlich der Kontrollen an der deutsch-deutschen Grenze personenbezogene Informationserhebungen und -übermittlungen »auf Ersuchen« des Bundesamtes für Verfassungsschutz (BfV) und des Bundesnachrichtendienstes (BND) durch. Die Zwecke, zu denen dies geschieht, sind unzweifelhaft *nicht grenzschutzpolizeilicher Art.*[116]

Gleichgültig, ob man diese Hilfeleistungen des BGS noch unter den herkömmlichen Amtshilfe-Begriff und damit unter § 3 Abs. 4 BVerfSchG subsumieren oder aber, wie hier vorgeschlagen, als (elektronische) Informationshilfe klassifizieren und einer Sonderregelung unterwerfen will, in jedem Fall ist im Hinblick auf die personenbezogenen Informationsübermittlungen der Gesetzgeber in Bund und Ländern zur Aktivität aufgerufen. Dem steht nicht entgegen, daß es sich jedenfalls bei einem Teil der Betroffenen um Nichtdeutsche handelt. Das RiS mag in bezug auf Ausländer stärkeren Beschränkungsmöglichkeiten unterliegen als in bezug auf Deutsche (im Sinne des Art. 116 Abs. 1 GG), als eine Ableitung aus dem allgemeinen Persönlichkeitsrecht in Verbindung mit dem Menschenwürdesatz bietet es in seinem Kerngehalt für jedermann Schutz. Der Gesetzgeber wird dem Grundsatz der möglichst präzisen und konkreten Zweckbestimmung und dem Verbot der Datensammlung auf Vorrat in ähnlicher Weise Rechnung tragen müssen, wie es die Leitlinien 1981 bei der Ersetzung der So-GK durch die »Dienstanweisung Amtshilfeersuchen« vorsahen:

– Abschaffung der Massen-(Melde-)Verfahren,

– keine Durchkämmung ganzer Gruppen zur Verdachtsgewinnung,
– Aufgabe des Schleppnetzgedankens.

Mit Rücksicht auf das hier obwaltende Geheimhaltungsbedürfnis ist es allerdings nicht erforderlich, daß der Gesetzgeber selbst die einzelnen Tatbestände, die eine Aktivität der BGS-Stellen auslösen sollen, konkretisiert. Dies kann nach wie vor durch Dienstanweisung geschehen, die dann allerdings nach hier vertretener Auffassung nicht ein generalisiertes Amtshilfeersuchen wäre, sondern eine ergänzende Aufgabenbeschreibung für den BGS darstellen müßte. Aufgabe des Gesetzgebers ist es, in abstrakter Form, aber möglichst bestimmt die begrenzenden Maßstäbe, nach denen die Gruppen der Betroffenen auszuwählen sind, festzulegen. Er wird dabei auf die gesetzliche Aufgabenumschreibung für den Verfassungsschutz zurückgreifen können.[117]

Anmerkungen

1 BVerfGE 65, 1 ff., vom 15. 12. 1983.

2 Dazu liegt ein Gesetzentwurf der SPD dem Innenausschuß des Bundestages vor, BT-Drcks. 10/1180 vom 27. 3. 1984.

3 Vgl. dazu die Entwürfe eines Fünften Gesetzes zur Änderung des Gesetzes über Personalausweise a) der CDU/CSU und der FDP, BT-Drcks. 10/2177 und b) der Grünen, BT-Drcks. 10/1316.

4 Vgl. Vorentwurf zur Änderung des Musterentwurfs eines einheitlichen Polizeigesetzes des Bundes und der Länder gemäß Beschluß der Innenministerkonferenz vom 25. November 1977 (Stand: 8. 2. 1985).

5 Aus der Fülle der Literatur seien hervorgehoben:
Bull, Datenschutz oder die Angst vor dem Computer, 1984; *Heußner*, Das informationelle Selbstbestimmungsrecht in der Rechtsprechung des Bundesverfassungsgerichts, SGb. 7/84, 279 ff.; *Mückenberger*, Datenschutz als Verfassungsgebot, KJ 1984, 1 ff.; *Podlech*, Die Begrenzung staatlicher Informationsverarbeitung durch die Verfassung angesichts der Möglichkeit unbegrenzter Informationsverarbeitung mittels der Technik, Leviathan 1984, 85 ff.; *Scholz/Pitschas*, Informationelle Selbstbestimmung und staatliche Informationsverantwortung, 1984; *Simitis*, Die informationelle Selbstbestimmung – Grundbedingung einer verfassungskonformen Informationsordnung, NJW 1984, 398 ff. Weitere Nachweise z. B. bei *Scholz/Pitschas*, in deren

Fußn. 1.

6 Vgl. DÖV 1984, 504ff.

7 Bejahend *Scholz/Pitschas*, S. 120, die im übrigen dem Typus a) zuzurechnen sind.

8 S. Anm. 4.

9 *Scholz/Pitschas*, S. 104.

10 So: Alternative B des Vorentwurfs (s. Anm. 4) zu § 7a, der mit »Gefahrenvorsorge« überschrieben ist.

11 *Scholz/Pitschas, S. 103.*

12 Hervorhebung von *Scholz/Pitschas*, S. 104.

13 *Dieselben*, S. 198, diese Erfindung stammt von *Isensee*, Das Grundrecht auf Sicherheit. Zu den Schutzpflichten des freiheitlichen Verfassungsstaates, 1983.

14 S. dazu im einzelnen unten B. III., BVerfGE 65, 1, 46 u. ö.

15 *Scholz/Pitschas*, S. 109.

16 Vgl. nur BVerfGE 65, 1, 44.

17 BVerfGE 65, 1, 46.

18 *Scholz/Pitschas*, S. 147.

19 *Dieselben*, S. 188.

20 *Dieselben*, S. 201, so als gäbe es keinen Grundsatz der Trennung von Verfassungsschutz und Polizei, dazu statt vieler *Denninger*, ZRP 1981, 231ff.

21 So zutreffend *Simitis*, NJW 1984, 398, 399; ebenso *Basten*, Prot. des Landtags Rheinland-Pfalz, 16. Sitzung 20. Januar 1984, Drcks. 10/802.

22 BVerfGE 27, 1, 7.

23 BVerfGE 35, 202, 220.

24 BVerfGE 54, 148, 153, 155; weitere einschlägige Entscheidungen s. BVerfGE 54, 154; 63, 131, 142; EuGRZ 1983, 588 = BVerfGE 65, 42.

25 BVerfGE 63, 131, 142 vom 8. 2. 1983.

26 BVerfGE 4, 7, 15f.; 7, 198, 205 u. a. m.

27 EuGRZ 1983, 588 = BVerfGE 65, 41.

28 Vgl. statt vieler *Stern*, Staatsrecht I, 1977, S. 428.

29 *Steinmüller/Lutterbeck/Mallmann u. a.*, Grundfragen des Datenschutzes, Gutachten im Auftrag des BMI, 1971, BT-Drcks. 6/3826, bes. S. 81ff., 88, 93.

30 *Schwan*, Datenschutz, Vorbehalt des Gesetzes und Freiheitsgrundrechte, Verwaltungsarchiv 1975, 120ff., 131.

31 *C. Mallmann*, Datenschutz in Verwaltungs- und Informationssystemen, 1976, S. 47ff.

32 *Schatzschneider*, Ermittlungstätigkeit der Ämter für Verfassungsschutz und Grundrechte, Frankfurter jur. Diss. 1979, S. 135/136.

33 *Podlech*, Das Recht auf Privatheit, in: Perels (Hrsg.), Grundrechte als Fundament der Demokratie, 1979, S. 55.

34 *Simon/Taeger*, Rasterfahndung, 1981, S. 84.
35 *Denninger*, Die Trennung von Verfassungsschutz und Polizei und das Grundrecht auf informationelle Selbstbestimmung, ZRP 1981, 231. Auch schon *derselbe*, JA 1980, 280. Vgl. ferner *Preis*, Verfassungsschutz und öffentlicher Dienst, 1982, S. 20ff.
36 Statt vieler: BVerfGE 5, 85, 204.
37 *Luhmann*, Grundrechte als Institution, 1965, S. 70, 77.
38 Klar herausgearbeitet von *W. Schmidt*, Die bedrohte Entscheidungsfreiheit, JZ 1974, 241.
39 *Podlech*, AK-GG Art. 2 I, Rz. 45. EuGRZ 1983, 588 = BVerfGE 65, 43.
40 EuGRZ 1983, 588 = BVerfGE 65, 43.
41 *Simitis*, NJW 1984, 402; ebenso schon *derselbe*, in: *Simitis/Dammann/Mallmann/Reh*, Kommentar zum BDSG, 3. Aufl. 1981, Einleitung, Rz. 28.
42 Vgl. aber BVerfGE 27, 7.
43 BVerfG EuGRZ 1983, 589 = BVerfGE 65, 45, *Simitis* (o., Anm. 41).
44 EuGRZ 1983, 588 re. Sp. = BVerfGE 65, 43. Vgl. die ganz ähnliche frühere Formulierung von *Simitis*, Datenschutz: Voraussetzung oder Ende der Kommunikation?, in: FS für H. Coing, Band II, 1982, S. 495ff., 512.
45 Zum status constituens s. *Denninger*, in: *Denninger/Lüderssen*, Polizei und Strafprozeß im demokratischen Rechtsstaat, 1978, S. 9f., 116ff. Ferner *derselbe*, VVDStRL Heft 37, 1979, S. 26ff. Dazu *Preis* (s. Anm. 35), S. 22. Zur Bedeutung des RiS für die Erhaltung des notwendigen kulturellen, wirtschaftlichen und politischen Innovationspotentials in einer demokratischen Gesellschaft vgl. den Bericht der *Sachverständigenkommission* »Staatszielbestimmungen/Gesetzgebungsaufträge«, hrsg. vom BMI und BMJ, 1983, Rz. 222.
46 Vgl. BVerfGE 5, 85, 205.
47 BVerfGE 20, 56, 103.
48 BVerfGE 40, 237, 251.
49 Vgl. *Schwan*, o. Anm. 30; ferner *Schlink*, Die Amtshilfe, 1982, S. 169ff., m. w. N. zum Streitstand.
50 BVerfGE 65, 45ff.
51 »Individualisierung« meint hier die Möglichkeit der Zuordnung des Datums zu einem namentlich bekannten Individuum, das ohne erheblichen Aufwand identifiziert werden kann. Ein »Hans Müller« oder »Franz Meier, Bundesrepublik Deutschland« wäre in diesem Sinne noch nicht individualisiert.
52 Zur Kritik schon *Denninger*, VVDStRL Heft 37, 1979, 40f. Anm. 127. Vgl. ferner BVerfGE 31, 43, 46. Die Gegenkritik von *Scholz/Pitschas*, S. 114 FN. 390 unter dem Begriff der »Einheit der Verwaltung« geht fehl.

53 BVerfGE 38, 336, 340f.; 50, 301, 310. *P. Krause,* Datenschutz und Grundgesetz, DVR 1980, 229ff., Anm. 131, zitiert beide Entscheidungen als Beleg für die »Einheit der Staatsgewalt« – bezüglich des Terminus zutreffend für E 38, 336ff. Daß aber das Bundesverwaltungsgericht gerade – im Sinne der hier vertretenen Auffassung – die Konkretisierungsbedürftigkeit des Amtshilfeprinzips aus Art. 35 GG hervorhebt, wird bei *Krause* verdunkelt.

54 Vgl. BVerfGE 45, 400, 420 m. w. N.

55 EuGRZ 1983, 594 links o. = BVerfGE 65, 62.

56 BVerfGE 37, 132, 142; 45, 420.

57 Vgl. statt vieler § 10 Abs. 1 BDSG, § 72 SGB-X.

58 EuGRZ 1983, 589 re. Sp. = BVerfGE 65, 47.

59 S. vor allem *Schlink,* Die Amtshilfe, 1982, ferner *Denninger,* Einführung in Probleme des Amtshilferechts, insbesondere im Sicherheitsbereich, JA 1980, 280ff. und *derselbe,* Amtshilfe im Bereich der Verfassungsschutzbehörden, in: BMI (Hrsg.), Verfassungsschutz und Rechtsstaat, 1981, S. 19ff.; *Bull,* Datenschutz und Ämter für Verfassungsschutz, ebenda, S. 133ff.; *Evers,* Verfassungsschutz und Polizei, ebenda, S. 65ff.

60 EuGRZ, 1983, 589 re. Sp. = BVerfGE 65, 46.

61 So der Titel eines grundlegenden, auch die staatstheoretischen Implikationen mit berücksichtigenden Aufsatzes von *H. P. Bull,* DÖV 1979, 689ff.

62 Vgl. z. B. *Loschelder,* Rasterfahndung – polizeiliche Ermittlung zwischen Effektivität und Freiheitsschutz, Der Staat 1981, 349ff., 366 m. w. N.

63 Z. B. *Krause,* (Anm. 53), 245ff.

64 *Wiese,* Der Schutz des Sozialgeheimnisses, DRV 1979, 172; vgl. auch *Benda,* in: FS für W. Geiger, 1974, S. 23ff., 38.

65 *Krause,* (Anm. 53), 259 mit Hinweis auf BVerfGE 31, 43, 46. *Scholz/Pitschas,* S. 118 sprechen von der »Einheit des Staatsorganismus«. Sie stellen dann auf die Informationseinheit durch »funktionalen Zweckverband« ab, S. 120. Dieses Kriterium ist, für sich genommen, zu unbestimmt. Besser ist es, auf aufgabenbezogene Zweckeinheiten abzustellen, vgl. u. (III. 4. b).

66 *Bull* (Anm. 61), 691.

67 *Podlech,* Datenschutz im Bereich der öffentlichen Verwaltung, DVR Beiheft 1, 1973, S. 39f.

68 *Benda,* (Anm. 64), S. 39.

69 Art. 4 Abs. 2 LaVerfNW lautet: »Jeder hat Anspruch auf Schutz seiner personenbezogenen Daten. Eingriffe sind nur in überwiegendem Interesse der Allgemeinheit aufgrund eines Gesetzes zulässig.«

70 Dazu schon *Schlink,* (Anm. 49), S. 202. Der »Abschied« vom informationellen Selbstbestimmungsrecht, den *Evers* (Anm. 59), S. 75,

glaubt feststellen zu können, hat, wenn es denn überhaupt einer war, nicht lange gedauert. Wie hier im Ergebnis auch der Bundesbeauftragte für den Datenschutz in seiner Stellungnahme für den Innenausschuß des Deutschen Bundestages vom 25.4.1984 – BfD – I – 192 100/15–S. 16.

71 Vgl. Abschnitt C II 1 a des Urteils – EuGRZ 1983, 588 li. Sp. = BVerfGE 65, 42; C III 1 a = 591 li. Sp. = BVerfGE 65, 53; C III 1 c) bb = 592 li. Sp. = BVerfGE 65, 56f.

72 So § 12 AEPolG, *Arbeitskreis Polizeirecht*, 1979, S. 55. Die Formulierung stammt von *A. Podlech*.

73 Abschnitt C II a b) bb des Urteils, C III 2, BVerfGE 65, 47ff., 58ff.

74 Zuletzt: BVerfGE 63, 131, 143, m. w. N.

75 S. vorige Anm.

76 Vgl. z. B. §§ 17, 28, 38 BDSG.

77 Vgl. Abschnitt C II 2 a = BuGRZ 1983, 589 re. Sp. = BVerfGE 65, 46.

78 EuGRZ 1983, 593, IV. I = BVerfGE 65, 61.

79 EuGRZ 1983, 590 li. Sp. = BVerfGE 65, 49.

80 EuGRZ 1983, 595 = BVerfGE 65, 55.

81 Mindestens seit BVerfGE 49, 24, 56f.

82 Insoweit zutreffend *M. Kloepfer*, Datenschutz als Grundrecht, 1980, S. 23.

83 Zum Verhältnis der StPO zu den Landespolizeigesetzen vgl. *Denninger*, Strafverfahren und Polizeibefugnisse, in: *Denninger/Lüderssen* (Anm. 45), S. 300ff. m. w. N.

84 Wie weit die ersten Reaktionen auf und Interpretationen des Urteils auseinanderklaffen, zeigen die Stellungnahmen von *A. Podlech*, Die Begrenzung staatlicher Informationsverarbeitung durch die Verfassung angesichts der Möglichkeit unbegrenzter Informationsverarbeitung mittels der Technik, in: Leviathan, 1984, 85 ff. einerseits und von *P. Krause*, Das Recht auf informationelle Selbstbestimmung – BVerfGE 65, 1, JuS 1984, 268ff. andererseits.

85 EuGRZ 1983, 588 re. Sp. = BVerfGE 65, 43; s. auch o. B II 1. Ähnlich auch der Wissenschaftliche Dienst des Landtages von Rheinland-Pfalz, Abt. II, vom 6. 2. 1984, Az.: II/52-428, S. 7. Dort wird darauf abgehoben, ob die Datenpreisgabe geeignet sei, »in der Bevölkerung verbreitet freiheitshemmende Befürchtungen auszulösen«. Das ist als Kriterium viel zu vage. Außerdem kommt es auf jeden einzelnen Bürger an.

86 So *Krause* (Anm. 84), 271.

87 Vgl. dazu *Arbeitskreis Polizeirecht* (Hrsg.), AEPolG Alternativentwurf, 1979, S. 57ff.

88 *De Lazzer/Rohlf*, Der »Lauschangriff«, JZ 1977, 207ff., *Denninger*, in: Denninger/Lüderssen, (Anm. 45) S. 316ff.

89 Vgl. § 30 BremPolG vom 21. 3. 1983: Heimliche Informationserhe-

bung in Versammlungen nur zur Abwehr einer »erheblichen Gefahr«. Die Regelung ist allerdings ziemlich unpraktikabel.

90 Erlaß des BMI vom 26. 2. 1981 – P I 5 – 625314/3, GMBl S. 120. Der Text wurde von der Innenminister-Konferenz beschlossen, sollte also im wesentlichen wortgleich von den Ländern übernommen werden. Vgl. den Abdruck bei *R. Riegel,* Polizei- und Ordnungsrecht in der Bundesrepublik Deutschland, 1981, S. 263 ff. Dort auch der Wortlaut der »Dateien-Richtlinien« für das BKA vom gleichen Tage, S. 271 ff.

91 Vgl. nur BVerfGE 49, 46, 78 ff.

92 § 36 BremPolG vom 21. 3. 1983, immerhin bisher die einzige gesetzliche Regelung dieser Art überhaupt.

93 S. Anm. 91, S. 79 m. w. N.

94 Vgl. die Nachweise oben bei Anm. 71.

95 Krause, JuS 1984, 270.

96 Vgl. auch § 12 Abs. 2 AEPolG (Anm. 87), der einfach auf § 100a StPO Bezug nimmt.

97 Vgl. § 12 Abs. 3 AEPolG.

98 § 3 Abs. 3 Satz 2 BVerfSchG gilt nach G. vom 19. 7. 1951 der Sache nach auch für das Hessische Landesamt für Verfassungsschutz.

99 Hierzu und zum Folgenden: *Ermisch,* Fahndung und Datenschutz – aus der Sicht der Polizei, BKA Vortragsreihe Band 25, 1980, S. 63 ff., 70; ferner *Riegel,* Rechtsprobleme der Rasterfahndung, ZRP 1980, 300 ff.

100 Das BremPolG § 29 verwendet den möglicherweise noch weiteren Begriff des »Datenabgleichs«.

101 Umfassende Untersuchungen der umstrittenen Rechtsgrundlagen der Rasterfahndung bei *Simon/Taeger,* Rasterfahndung, 1981.

102 Vgl. *Ermisch* (Anm. 99) einerseits, *H. Herold,* Polizeiliche Datenverarbeitung und Menschenrechte, Recht und Politik 1980, 79 ff. andererseits.

103 Zur Rasterfahndung »Energieprogramm« 1979/80 vgl. den 3. Tätigkeitsbericht des Bundesbeauftragten für den Datenschutz, 1981, S. 50 f., *Herold* (Anm. 102).

104 Vgl. *Dammann* in *Simitis/Dammann/Mallmann/Reh,* BDSG Kommentar, 3. Aufl. 1981, § 2 Rdnr. 112.

105 *Herold* (Anm. 102), 83.

106 Z. B. von *Simon/Taeger* (Anm. 101) S. 48 ff. m. w. N. S. ferner *Simitis,* BDSG Kommentar, § 24, Rdnr. 40 f., *Bull,* Tätigkeitsbericht des BfD, S. 50 ff.

107 Vgl. aber AEPolG (Anm. 87), bes. §§ 37, 38, 40, 45 welche die Rasterfahndung miterfassen.

108 § 29 Abs. 1 letzter Satz BremPolG: vorherige Zustimmung des Senators für Inneres.

109 § 29 Abs. 4 BremPolG: nur nachträgliche Unterrichtung des Datenschutzbeauftragten. Vgl. auch den Gesetzesvorschlag (Abs. 5) von *Riegel* (Anm. 99), 306.

110 Vgl. den Sammelband Verfassungsschutz und Rechtsstaat, 1981, besonders die Beiträge von *Bull, Denninger, Evers* (s. o. Anm. 59). Die damals vom BMI in Auftrag gegebenen Gutachten von Denninger, Evers, Kirchhof, Martens, v. Münch, Obermayer sind leider nicht veröffentlicht worden.

111 Vgl. *Denninger,* (Anm. 35).

112 Zur »Informationsverteilung« s. den Bericht der *Sachverständigenkommission* (Anm. 45), 1983, Rz. 219ff.

113 Dazu *Kopp,* VwVfG § 4 Anm. 2; *Meyer/Borgs,* VwVfG § 4 Rz. 19. Vgl. zum Folgenden auch *Riegel,* Datenschutz bei den Sicherheitsbehörden, 1980 S. 18ff.

114 Vgl. etwa § 2 HessVerfG vom 19. 7. 1951; sowie *Bäumler* in diesem Band.

115 Vgl. den Polizei-Brief der Alliierten Militärgouverneure vom 14. 4. 1949, auf den das Genehmigungsschreiben der Alliierten zum Grundgesetz vom 12. 5. 1949 inhaltlich Bezug nimmt.

116 Dazu *Denninger* (Anm. 59) S. 39f.

117 In Betracht kommt in erster Linie eine Ergänzung des Bundesgrenzschutzgesetzes (BGSG) vom 18. 8. 1972. Hinsichtlich des BND erweist sich auch hier das Fehlen einer gesetzlichen Grundlage als mißlich.

Hans Peter Bull

Vom Datenschutz zum Informationsrecht – Hoffnungen und Enttäuschungen

I.

Als das Bundesverfassungsgericht im Dezember 1983 Teile des Volkszählungsgesetzes 1983 für nichtig erklärte und das »Recht auf informationelle Selbstbestimmung« in das Bewußtsein der Öffentlichkeit hob, meinten viele, nun werde eine Hochkonjunktur von Datenschutz-Gesetzgebung beginnen und die ohnehin beklagte »Normenflut« werde alle Zweige der Verwaltung und große Teile der Wirtschaft überschwemmen. Denn das Gericht hatte festgestellt, daß Einschränkungen des informationellen Selbstbestimmungsrechts nur aufgrund Gesetzes zulässig sind, und in zahllosen Bereichen fehlte es an solchen Gesetzen oder die vorhandenen genügten nicht den Anforderungen – sei es, daß sie zu unklare, zu weit gefaßte Generalklauseln enthielten, sei es, daß das Verhältnis zwischen Gesetzeszweck und zugelassenen Mitteln unangemessen war, also etwa Unbeteiligte unzumutbar belastet wurden.

Während die einen in der Notwendigkeit neuer Gesetzgebung eine Chance für die Freiheit der Bürger sahen, fürchteten die anderen – die Informationsinteressenten in Staat und Wirtschaft – eine Verschlechterung ihrer Arbeitsmöglichkeiten und dadurch Nachteile für die Allgemeinheit, die den Nutzen für die einzelnen übersteigen würden. Ein Kommentator sprach von einer »verfassungsrechtlichen Bergpredigt des Datenschutzes«;[1] eine Zeitung meinte, die Datenschützer fühlten sich jetzt »wie eine Familie, die unerwartet den Hauptgewinn im Lotto bekommen hat und nun überlegt, was sie mit dem vielen Geld vernünftigerweise anfangen kann«.[2] Auf der anderen Seite sorgte man sich, daß bei der Fülle der notwendig werdenden Gesetzgebung zuviel »legislatorische Flickschusterei und Nachbesserung« herauskommen würden[3] oder durch Regelungsperfektionismus die Transparenz der Verwaltung verloren gehe.[4]

Freilich waren bei realistischer Betrachtung des Urteils und seines Umfeldes von Anfang an weder Euphorie noch Krisenstimmung angebracht. Daß die Umsetzung des Urteils auf starke Widerstände stoßen würde, mußte jedem klar sein, der die Grundmuster politischer Entscheidungsprozesse, insbesondere die Stellung der Bürokratie kennt; weil die Machtverhältnisse (und die Bewußtseinslage: eine überwiegend skeptische Distanz zu allen Forderungen, die auf Verwaltungserschwerung hinauszulaufen scheinen) eindeutig waren und sind, wirkten die Alarmrufe so überzogen.

Die Erwartungen der Öffentlichkeit waren auch deshalb teilweise zu hoch geschraubt, weil die Aussagen des Gerichts weniger deutlich waren, als ihre Interpretation bisweilen vermuten ließ. Das Bundesverfassungsgericht hatte ja nicht jede Volkszählung verboten, sondern nur die durch das Volkszählungsgesetz 1983 vorgesehene Form der Statistik und Auswertung; es hat erst recht nicht jede andere Datensammlung untersagt, sondern allgemeine Grundsätze aufgestellt, die ihrerseits der Auslegung bedürfen.

Die Boykottbewegung verlor schon nach der einstweiligen Anordnung vom 13. April 1983 ihren Schwung; nach dem Urteil vom 15. Dezember jenes Jahres war alles »wie ein Spuk vorbei«;[5] »die Initiativen zerliefen wie die Weber nach dem Sturm auf die Maschinen, obwohl ihr Unmut dem alles erhebenden und alles erfassenden Staat gegolten hatte, dessen Erhebungs- und Erfassungskompetenz durch das Volkszählungs-Urteil nicht beseitigt, nicht einmal wesentlich reduziert, sondern nur kanalisiert worden ist«.[6] Auch nachdem der Bundestag ein neues Volkszählungsgesetz für 1987 beschlossen hatte, erhob sich lange Zeit kaum Opposition.

Die Rechnung derer, die einer umfassenden Neuregelung der Informationsverarbeitung skeptisch gegenüberstanden, ging daher voll auf. Ihr hinhaltender Widerstand war erfolgreich. *Ruth Leuze*, die Datenschutzbeauftragte von Baden-Württemberg, beschrieb die Situation Anfang 1985, ein Jahr nach dem Urteil, treffend so:

»Aus dem Lager der Exekutive meldeten sich anfangs nur sehr leise, im Laufe der Zeit aber immer deutlichere Stimmen, die die angeblichen Folgen des Volkszählungs-Urteils in schlimmsten Farben an die Wand malten. Vom völligen Stillstand der Verwaltung, unübersehbarem Paragraphenwald und Überbürokratisierung war und ist da die Rede. Mit teils rabulistischer Spitzfindigkeit bemühten sich nicht gerade wenige, die Grundthesen des Urteils zum informationellen Selbstbestimmungsrecht ad absurdum zu führen. Sie entwickelten Abwehrstrategien und setzten diese bewußt ein.«[7]

Und der Hamburgische Datenschutzbeauftragte, *Claus-Henning Schapper*, formulierte in seinem dritten Tätigkeitsbericht:

»Die Anstrengungen scheinen sich ... darauf zu richten, die Überlegungen des Bundesverfassungsgerichts als beiläufige und folgenlose Bemerkungen auszugeben. Aus vielen Stellungnahmen läßt sich die zufriedene Feststellung herauslesen, daß das geltende Datenschutzrecht die Anforderungen des Gerichts im großen und ganzen bereits berücksichtige. Weiter wird vor einer maximalistischen Interpretation des Urteils gewarnt, die zum Stillstand weiter Teile der Verwaltung und einem erheblichen Bürokratiezuwachs führen würde. Schließlich wird beklagt, daß die Forderung nach bereichsspezifischen Datenschutzregelungen mit dem Bemühen zur Eindämmung der Normenflut kollidiere.«[8]

Inzwischen ist weitere Zeit vergangen, und es ist eine Reihe von Gesetzentwürfen vorgelegt, ein Teilkomplex verabschiedet worden. In einem Gesetzespaket vom 28. Januar 1986 haben die Koalitionsfraktionen Änderungen des Bundesdatenschutzgesetzes (BDSG), des Verwaltungsverfahrensgesetzes (VwVfG), des Bundes-Verfassungsschutzgesetzes (B-VerfSchG) und des Straßenverkehrsgesetzes (StVG) beantragt und den Entwurf eines Gesetzes über den militärischen Abschirmdienst (MAD-G) eingebracht.[9] Der Innenausschuß des Deutschen Bundestages hat hierzu im April öffentliche Sachverständigen-Anhörungen veranstaltet. Ein neues Paßgesetz vom 19. April 1986[10] wurde mit einer Änderung der Strafprozeßordnung (StPO) verbunden, durch die man die »Schleppnetzfahndung« der Strafverfolgungsbehörden legalisieren wollte (§ 163 d StPO). Am selben Tage wurde auch das Personalausweisgesetz zum wiederholten Male geändert, um den fälschungssicheren und maschinenlesbaren Personalausweis, über den es schon seit Jahren Auseinandersetzungen gegeben hat, doch noch einführen zu können.[11] Anfang 1987 wurde schließlich die StVG-Änderung vorgezogen, um das System ZEVIS einführen zu können.[11a]

Es wäre falsch, die Entwürfe und Gesetze sämtlich pauschal für unzureichend zu erklären. Manches von den Vorgaben des Bundesverfassungsgerichts kann dadurch umgesetzt werden; einige der geplanten Vorschriften des BDSG sind geeignet, den Schutz der Individualrechte zu verbessern. Aber den großen Durchbruch zur Verwirklichung des Rechts auf informationelle Selbstbestimmung bringen die Entwürfe nicht, und die bereits verabschiedeten Gesetze sind erklärtermaßen nur dazu bestimmt, die Effektivität der Verwaltung zu erhöhen. Der »Hauptgewinn im Lotto« ist nicht ausgezahlt worden und wird wohl auch nicht ausgezahlt werden.

II.

Der *Inhalt des grundlegenden Verfassungsgerichts-Urteils* ist oft genug dargestellt worden. Die Kernaussagen sind auch keineswegs, wie manche vielleicht meinen, neu; schon Jahre vor dem Urteil sind die entscheidenden Forderungen immer wieder erhoben worden, daß nämlich die Erhebung und Verarbeitung personenbezogener Daten durch die Verwaltung in der Regel Grundrechte der Betroffenen berührt und deshalb der gesetzlichen Grundlage bedarf; das Gesetz muß seinerseits »dicht und klar«[12] sein, damit Betroffene und die Informationsinteressenten wissen, was rechtens ist; außerdem muß das Verhältnis zwischen dem jeweiligen Ziel – der Verwaltungsaufgabe, die mit den Informationen erfüllt werden soll – und dem Mittel – der zugelassenen Informationsmaßnahme – angemessen sein (Verhältnismäßigkeitsprinzip). Um diese Angemessenheit gewährleisten zu können, muß der jeweilige Verwaltungszweck festgelegt sein; um sie auch bei der weiteren Verarbeitung der Daten zu bewahren, muß eine Bindung an diesen Zweck bestehen. Zweckbezug und Zweckbindung sind seit langem als Elemente eines rechtsstaatlichen Informationsrechts erkannt; das internationale Übereinkommen vom 28. Januar 1981 zum Schutz des Menschen bei der automatischen Verarbeitung personenbezogener Daten[13] betont diese Prinzipien (in Art. 5 b, c und e) ebenso wie die Datenschutz-Richtlinien der OECD vom 23. 9. 1980[14] (in Nr. 9 und 10).

Welche Beschränkungen den Datenverarbeitern auferlegt oder welche Ermächtigungen ihnen erteilt werden, das hängt auch nach dem Volkszählungs-Urteil entscheidend vom Gesetzgeber ab. Er hat es in der Hand, die verschiedensten Sammlungen und Auswertungen zuzulassen, solange er dabei die Gebote der Normenklarheit und Verhältnismäßigkeit beachtet. Nur in Umrissen ist bisher ausgesprochen worden, welche absoluten Grenzen für behördliche Informationssammlung sich aus den Grundrechten ergeben – etwa das Verbot, Daten ohne Sozialbezug oder »unzumutbare intime Angaben« zu erheben oder dem Bürger Selbstbezichtigung zuzumuten.[15]

Zusätzlich hat das Gericht verlangt, daß die Datenverarbeitung überschaubar und dabei kontrollierbar bleiben muß. Es hat wirksame Maßnahmen der Datensicherung zur Rechtmäßigkeitsbedingung gemacht und die Bedeutung der Kontrolle durch unabhängige Datenschutzbeauftragte herausgestellt. Theoretisch ließe sich aus diesen Grundgeboten auch ableiten, daß die staatliche Datenverarbeitung insgesamt verfassungswidrig wird, wenn der Bürger keine halbwegs zutreffende Vorstellung mehr von ihren Methoden haben kann. Das Verfassungsgericht hat die individualrechtliche Beurteilung durch einen Satz ergänzt, der zu einer Gesamtbeurteilung des staatlichen und gesellschaftlichen Informationswesens auffordert; es hat in geradezu dramatischer Weise individuelle Selbstbestimmung und Allgemeinwohl aufeinander bezogen, indem es schrieb:

»Mit dem Recht auf informationelle Selbstbestimmung wären eine Gesellschaftsordnung und eine diese ermöglichende Rechtsordnung nicht vereinbar, in der Bürger nicht mehr wissen können, wer was wann und bei welcher Gelegenheit über sie weiß. Wer unsicher ist, ob abweichende Verhaltensweisen jederzeit notiert und als Information dauerhaft gespeichert, verwendet oder weitergegeben werden, wird versuchen, nicht durch solche Verhaltensweisen aufzufallen. Wer damit rechnet, daß etwa die Teilnahme an einer Versammlung oder einer Bürgerinitiative behördlich registriert wird und daß ihm dadurch Risiken entstehen können, wird möglicherweise auf eine Ausübung seiner entsprechenden Grundrechte (Art. 8, 9 GG) verzichten. Dies würde nicht nur die individuellen Entfaltungschancen des einzelnen beeinträchtigen, sondern auch das Allgemeinwohl, weil Selbstbestimmung eine elementare Funktionsbedingung eines auf Handlungs- und Mitwirkungsfähigkeit seiner Bürger begründeten freiheitlichen demokratischen Gemeinwesens ist.«[16]

Die grundsätzliche Bedeutung dieser Sätze kann kaum überschätzt werden; ihre Umsetzung in konkrete Feststellungen, daß diese oder jene Art der Informationssammlung die kritische Grenze überschreite, ist alles andere als einfach. Wer will verbindlich feststellen, was der Bürger wissen kann – die Verhältnisse sind ohnehin kompliziert genug, und der Informationsgrad der Bürger ist höchst unterschiedlich. Wer will sagen, welche der zahllosen »Innovationen« im Bereich der Informationsverarbeitung, die meist nur einen kleinen Schritt vom Hergebrachten weg bedeuten, den Umschlag von der Zulässigkeit in die Unzulässigkeit des Gesamtsystems bewirkt? Hier ist die Grenze *richterlicher* Einwirkungsmöglichkeit auf die Gesellschaft und das Recht erreicht; hier ist die *politische* Entscheidung gefordert, eine bestimmte Schwelle als »point of no return« zu bezeichnen und gegen ein weiteres Voranschreiten zu verteidigen (ein solcher Punkt, von dem an die Entwicklung irreversibel wird, ist nach meiner Überzeugung die Einführung des maschinenlesbaren Personalausweises). Für die Anwendung der Kernaussagen des Verfassungsgerichts in der juristischen Praxis bleibt jedoch auch dann noch viel Spielraum, wenn man auf eine Gesamtbewertung der Entwicklung verzichtet und einzelne Schritte auf ihre Verfassungsmäßigkeit überprüft (z. B. die Speicherung von Informationen über Versammlungsteilnehmer und Unterzeichner von Resolutionen).

III.

Das Volkszählungs-Urteil beantwortet nicht alle Fragen, die sich bei der Weiterentwicklung des Informationsrechts stellen. Bewußt hat das Gericht nicht für sämtliche anstehenden Probleme bestimmte Regelungen propagiert; es wahrt insofern die gebotene richterliche Zurückhaltung. »Manche Passage klingt beim Bundesverfassungsgericht aber auch zwiespältig.«[17] Diese Zwiespältigkeiten lassen sich auflösen, doch das setzt grundsätzlichere Problemanalysen voraus, als sie bisher von den Gesetzgebungsinstanzen angestellt worden sind.[18]

Unklar gelassen hat das Bundesverfassungsgericht vor allem, ob die Notwendigkeit gesetzlicher Regelung allein aus den Gefahren der *Technik* herrührt, im Informationswesen also aus den Besonderheiten der Computer- und Nachrichtentechnik. In der üblichen, verkürzten Formel lautet die Frage also, ob nur Schutz gegen die spezifischen Gefahren der *automatisierten* Datenverarbeitung nötig sei oder ob darüber hinaus auch Daten erfaßt werden müßten, die auf andere Weise »gespeichert« und »verarbeitet« werden. Verwaltungsleute wollen verständlicherweise die *Akten* vor Einblicken Betroffener und Kontrolle durch Dritte abschirmen. Im Volkszählungs-Urteil ist auf die »modernen Bedingungen der Datenverarbeitung«[19] und »die der Informationstechnologie eigenen Verarbeitungs- und Verknüpfungsmöglichkeiten«[20] Bezug genommen. Diese Bemerkungen sollen offenbar nur die Situation verdeutlichen, nicht aber das Recht auf informationelle Selbstbestimmung auf die automatisierte Datenverarbeitung einschränken –

dieses Recht ist im Ansatz schon an Beispielen aus anderen, nicht-technisierten Bereichen der Informationsverarbeitung entwickelt worden, und seine Bedeutung auch in diesen anderen Bereichen war dem Bundesverfassungsgericht natürlich bewußt. Auch aus den schon zitierten Ausführungen über die Beobachtung und Registrierung von Versammlungen läßt sich entnehmen, daß entscheidend auf die *Wirkung* und nicht auf die Methode der Überwachung abzustellen ist.

Unabhängig von der Interpretation des Volkszählungs-Urteils hätte es nahegelegen, nach mehreren Jahren Geltung des BDSG zu überprüfen, ob die Grundannahmen dieses Gesetzes noch voll tragfähig sind, und dazu gehört gerade auch die Vorstellung, die Rechte des einzelnen würden in erster Linie durch die Technik der automatisierten Datenverarbeitung gefährdet; die traditionelle (»manuelle«) Informationsverarbeitung brauche daher vom Gesetzgeber allenfalls punktuell geregelt zu werden. Das BDSG schließt zwar auch die nicht-automatisierte Datenverarbeitung insofern in seine Regelung ein, als der Begriff der »Datei«, deren Vorliegen die Anwendbarkeit des BDSG begründet, nicht auf diese technische Datenverarbeitungsform abstellt; auch Karteien und sonstige strukturierte Datensammlungen sind »Dateien«. Doch das Hauptinteresse des Gesetzgebers richtete sich auf die technisierte Informationsverarbeitung,[21] und wahrscheinlich war das Rechtsetzungsvorhaben überhaupt nur unter dieser Flagge und zugleich als Flankenschutz für die einsetzende Automatisierung der Verwaltung durchsetzbar.

Für ein *Überdenken des Regelungsansatzes, den die Verfasser des BDSG gewählt haben,* spricht schon die Entwicklung der Computertechnik selbst. Anfang der siebziger Jahre, als das Gesetz konzipiert wurde, dominierten die Großrechner – jene Anlagen, die zwar schon quantitativ sehr leistungsfähig waren, aber auch entsprechend viel Raum beanspruchten und oft nur ausgelastet werden konnten, wenn sich mehrere Nutzer zu Gemeinschaftsrechenzentren zusammenschlossen. Diese Großcomputer waren auch noch nicht so multifunktional wie ihre heutigen Nachfolger. Jetzt sind die Geräte so klein und so vielseitig nutzbar geworden, daß sie auch für kleinere Behörden und Unternehmen attraktiv erscheinen; der »Personal Computer« ist kein »persönlicher«, »privater« Luxus, sondern ein Allerweltsgerät, u. U. als Element eines »verteilten Systems«. Ob aber die für eine andere Informations-»Landschaft« gedachten Bestimmungen des BDSG unter diesen Bedingungen unverändert fortgelten können, ist zumindest zu prüfen.[22]

Überdies erwies sich in der Datenschutz-Kontrollpraxis bald, daß auch und gerade die »klassischen« Formen von Informationssammlung, -aufbewahrung und -weitergabe mit Individualrechten oder -interessen kollidieren können: ärztliche Aufzeichnungen, dienstliche Beurteilungen, kriminalpolizeiliche Sammlungen, ja sogar mündliche Aussagen irgendwelcher Beamter erschienen den Betroffenen mindestens ebenso bedrohlich wie das Computersystem einer Behörde – oder sogar bedrohlicher als dieses. Solche Relativierung der Risiken ist auch durchaus berechtigt: Gerade einige der größten Informationssysteme sind besonders klar strukturiert und daher kontrollierbar, und je größer die Menge der Betroffenen, desto geringer ist im allgemeinen die Zahl der jeweils zu einer Person gespeicherten Informationen. Bundeszentralregister und Verkehrszentralregister sind solche Beispiele, aber auch das Informationssystem der sozialen Rentenversicherung und manche andere. Demgegenüber erwiesen sich in der Datenschutzkontrollpraxis manche Beschwerden über unzulässige oder unkorrekte Nutzung von Akten oder Einzelinformationen als berechtigt. Fazit: Die Informationstechnik begründet spezifische Grundrechtsrisiken, die nicht unterschätzt werden dürfen, aber die Prinzipien fairen Umgangs mit personenbezogenen Informationen sollten allgemein gelten.

Die Konsequenz hieraus hätte sein müssen, das zu enge Konzept des »Datenschutz«-Rechts durch ein *Informationsrecht*[23] zu ersetzen, in dem die verschiedenen Formen von Informationssammlung, -aufbewahrung, -auswertung und -übermittlung nach gleichen Grundsätzen geregelt und die jeweils notwendigen Unterscheidungen dort getroffen werden, wo sie hingehören. Der Begriff »Datenschutz« ist ohnehin mißverständlich; er wirkt auch zu »technisch« und lenkt geradezu davon ab, daß eine gerechte Abwägung der gegenläufigen Interessen an Informationsabschirmung und -kenntnis gefunden werden muß.

Das zu schaffende Informationsrecht wäre kein Recht der Informations*technik* mehr, und es würde auch nicht erst bei der Speicherung von Daten wirksam werden, sondern schon bei der Informationsbeschaffung. Die Streitpunkte, ob der *»Dateibezug«* beizubehalten wäre und ob die *Erhebung* der Daten einzubeziehen sei, wären damit eindeutig geklärt: Der Schutz der Individualinteressen kann nicht davon abhängig sein, ob die Informationen in einer Datei oder auf andere Weise gesammelt und genutzt werden, und er muß schon dort ansetzen, wo die Informationen entstehen oder beschafft werden.

Ein solches Recht der Informationsbeziehungen müßte stärker von den betroffenen *Interessen* her konzipiert werden. Das BDSG hat die eigentlichen inhaltlichen Konflikte unentschieden gelassen; es verweist immer wieder auf eine *Abwägung* der widerstreitenden Belange und ermöglicht damit den jeweiligen Gesetzesanwendern – den datenverarbeitenden Stellen wie den Aufsichtsinstanzen und schließlich den Richtern –, ihre Interpretation von »berechtigten Interessen« und »schutzwürdigen Belangen« zur Geltung zu bringen. Diese Methode war wohl zur Zeit der Schaffung des Gesetzes unvermeidlich, doch bei einer Novellierung nach zehn Jahren darf man erwarten, daß die bisherigen Erfahrungen ausgewertet werden. Nur bei Teilen der bisher vorliegenden Gesetzgebungspläne ist erkennbar, daß dies geschehen ist; in zu vielen Aspekten fehlt es daran.

Zu fordern ist mehr *konkrete gesetzliche* Interessenabwägung, etwa:

– Welche Daten über *Arbeitnehmer* darf der Arbeitgeber verwenden oder weitergeben? Entsprechende Vorschläge wurden wegen des Widerstandes der Arbeitgeber nicht in die BDSG-Novelle aufgenommen.

– Welche Angaben dürfen zu Zwecken der *Kreditprüfung* gesammelt und verbreitet werden? Sicher läßt sich dies nicht abschließend regeln, aber zumindest die Prinzipien sollten weiterentwikkelt und einige Modalitäten festgelegt werden; ausländische Vorbilder[24] gelten seit langem; in der Rechtsprechung herrscht eine gewisse Unsicherheit.

– Mit dem Widerstreit zwischen *ärztlicher Schweigepflicht* und den *Transparenzbemühungen* in der sozialen Krankenversicherung wird der Gesetzgeber trotz jahrelanger Erörterung nicht fertig.[25]

– Die Änderungen, die in bereichsspezifischen Vorschriften für die *Sicherheitsbehörden*[24a] vorgesehen sind, helfen kaum weiter, weil auch dort – zum Teil im neuen Rahmen – immer wieder die alten Formeln verwendet sind und entscheidende Differenzierungen (z. B. zwischen den Aufgaben der Spionageabwehr und der Extremismusbekämpfung) unterbleiben.

IV.

Die geplanten Gesetze müssen im einzelnen analysiert werden (siehe unten V.), aber eines, was ihnen gemeinsam ist, läßt sich jetzt schon feststellen: Sie enthalten so gut wie keine selbständigen politischen Entscheidungen, die als Richtlinien in die Zukunft hineinwirken könnten, sondern schreiben im wesentlichen die bisherige Praxis fest; wo dieser die Rechtsgrundlage fehlte, wird sie nachgeschoben, z. T. sogar in überflüssig weitem Maße. Der Gesetzgeber gibt keine eigenen Signale, sondern verstärkt die bekannten Töne der Exekutive.

Damit hängt der wesentliche inhaltliche Mangel zusammen: Die Perspektive, aus der normale *Bürger* die Thematik erleben, wird kaum wahrgenommen, geschweige denn zur Grundlage von Rechtsnormen gemacht. Ausschlaggebend sind letztlich immer die Informationsbedürfnisse der Behörden (und – kaum weniger ausgeprägt – der Unternehmen). Daß etwa jemand ein legitimes Interesse an *Auskünften* über die beim Verfassungsschutz zu seiner Person gespeicherten Daten haben kann und daß der Staat nicht gleich zusammenbricht, wenn solche Auskünfte nach entsprechender Abwägung erteilt werden, scheint den Gesetzesautoren und ihren politischen Auftraggebern undenkbar zu sein. Daß unkontrollierte Macht zu Mißbrauch neigt, daß daher effektive *Kontrollorgane* nötig sind – diese ewige Wahrheit, die schon *Montesquieu* formuliert hat[26] –, halten offenbar manche Politiker und Beamte fast für eine staatsfeindliche Progaganda.

In dieser Beziehung besteht sogar eine Kontinuität zwischen zwei Verfassungsschutzpräsidenten, die sonst wenig Gemeinsamkeiten zeigen: *Heribert Hellenbroich* meinte auf dem Symposium der hessischen Landesregierung im September 1984 als Reaktion auf ein Referat von *Simitis*, er habe nach diesem Vortrag »weniger Angst vor dem Überwachungsstaat als vielmehr Angst vor dem Datenschutz-Überwachungsstaat«![27] Sein Nachfolger *Holger Pfahls* schrieb in einer Stellungnahme für den Innenausschuß des Bundestages,[28] der Verfassungsschutz sei zum »Buhmann der professionellen Datenschützer« geworden; sein Amt müsse »oft als Reibebaum herhalten, um dem Datenschutz Gehör zu verschaffen und die Öffentlichkeit von der Erforderlichkeit schärferer Datenschutzbestimmungen zu überzeugen«; er hoffe, größere Rechtsklarheit werde dazu beitragen, »daß der Dauerstreit mit dem Bundesbeauftragten für den Datenschutz aufhört und das Amt sich wieder mehr seiner eigentlichen Aufgabe zuwenden kann«.

Es ist nachvollziehbar, daß der Chef einer so schwierigen Behörde wie des Verfassungsschutzamtes sich gegen Kontrolle wehrt. Kaum noch verständlich ist jedoch, daß auch der Leiter einer Behörde, die selbst wichtige Aufgaben der Rechtskontrolle wahrnimmt und dabei ständig ihre Objektivität betont, nämlich der Bundesanwaltschaft, die rechtlichen Bindungen der Nachrichtendienste abwertet: Generalbundesanwalt *Kurt Rebmann* schreibt in seiner Stellungnahme für den Ausschuß,[29] nachrichtendienstliche Informationsverarbeitung stelle einen »verfassungsrechtlichen Sonderfall« dar; die strengen Anforderungen des Volkszählungs-Urteils seien auf nachrichtendienstliche Informationsverarbeitung nicht anzuwenden;[30] gegen eine zu weite »Ausdehnung der Kontrollbefugnisse der Datenschutzbeauftragten im Bereich des Verfassungsschutzes« hätte er, *Rebmann*, Bedenken.[31]

Angesichts einer solchen geschlossenen Front von Exekutivbehörden müßte sich eigentlich die Legislative herausgefordert fühlen, ihre Gestaltungs- und Kontrollfunktionen verstärkt wahrzunehmen. Aber bei der Mehrheit der Abgeordneten ist diese Absicht nicht feststellbar; es fehlt sowohl an Ideen wie an Hartnäckigkeit. Unter diesen Umständen ist die ständige Berufung auf das Verfassungsgericht für die Rechte des Bürgers hilfreicher als das Vertrauen auf den Sachverstand der Behörden.

V.

1. Eine Verbesserung des *BDSG* – das zugleich als Leitgesetz für die Landesdatenschutzgesetze fungiert und dessen Änderung daher von den Ländern nachvollzogen würde – steht auf dem Programm der gesetzgebenden Instanzen, seit dieses Gesetz beschlossen wurde. Man war sich der Unzulänglichkeit des Gesetzes bewußt und wollte die Erfahrungen der Datenschutzpraxis recht bald in eine Novelle umsetzen. Verschiedene Entwürfe von Bundestagsfraktionen und Referentenentwürfe der Bundesregierung wurden beraten und verworfen oder erledigten sich durch Ablauf der Legislaturperiode. Der Koalitionsentwurf vom 28. Januar 1986 ist am weitesten ausgearbeitet; er muß ebenfalls neu eingebracht werden, wird aber wohl kaum noch verändert werden.[32]

a) Der Koalitionsentwurf bringt zweifellos eine Reihe deutlicher Verbesserungen gegenüber dem geltenden Datenschutzrecht. Vor allem will er die *Zweckbindung* verstärken; hier bleibt allerdings eine große Lücke. Das sei an der zentralen Vorschrift der Ermächtigungsnorm des §9 verdeutlicht. Die geltende Vorschrift (§9 Abs. 1 BDSG)

»Das Speichern und das Verändern personenbezogener Daten ist zulässig, wenn es zur rechtmäßigen Erfüllung der in der Zuständigkeit der speichernden Stelle liegenden Aufgaben erforderlich ist«

soll durch die folgenden Bestimmungen über Datenspeicherung, -veränderung und -nutzung ersetzt werden:

»(1) Das Speichern und das Verändern personenbezogener Daten ist nur für bestimmte Zwecke zulässig und wenn
1. es zur rechtmäßigen Erfüllung der in der Zuständigkeit der speichernden Stelle liegenden Aufgaben erforderlich ist und
2. eine Abwägung ergibt, daß die schutzwürdigen Belange des Betroffenen hinter dem Interesse der Allgemeinheit zurücktreten müssen.

Bestehende Zweckbindungen bleiben unberührt.

(2) Die gespeicherten personenbezogenen Daten dürfen durch die speichernde Stelle für die Zwecke genutzt werden, für die sie gespeichert worden sind. Eine Nutzung für andere Zwecke liegt nicht vor, wenn sie der Wahrnehmung von Aufsichts- und Weisungsrechten oder der Rechnungsprüfung dient. Das Speichern oder das Nutzen gespeicherter personenbezogener Daten durch die speichernde Stelle für andere Zwecke ist nur zulässig, wenn
1. eine Rechtsvorschrift dies erlaubt,
2. der Betroffene eingewilligt hat,
3. offensichtlich ist, daß sie im Interesse des Betroffenen liegt und er in Kenntnis des anderen Zwecks einwilligen würde,
4. die Daten für den anderen Zweck aufgrund einer durch Rechtsvorschrift festgelegten Auskunftspflicht beim Betroffenen erhoben werden dürfen,
5. die Daten aus allgemein zugänglichen Quellen entnommen werden können oder die speichernde Stelle sie veröffentlichen dürfte, es sei denn, daß die Interessen des Betroffenen an dem Ausschluß der Speicherung oder der Nutzung gespeicherter Daten offensichtlich überwiegen,
6. sie zur Abwehr erheblicher Nachteile für das Gemeinwohl oder einer sonst unmittelbar drohenden Gefahr für die öffentliche Sicherheit erforderlich ist,
7. sie zur Verfolgung von Straftaten oder Ordnungswidrigkeiten, zur Vollstreckung oder zum Vollzug von Strafen oder Maßnahmen im Sinne des

§ 11 Abs. 1 Nr. 8 des Strafgesetzbuches oder zur Vollstreckung von Bußgeldentscheidungen erforderlich ist oder
8. sie zur Abwehr einer schwerwiegenden Beeinträchtigung der Rechte einer anderen Person erforderlich ist.

(3) Unterliegen die personenbezogenen Daten einem Berufs- oder besonderen Amtsgeheimnis und sind sie der speichernden Stelle von der zur Verschwiegenheit verpflichteten Person in Ausübung ihrer Berufs- oder Amtspflicht übermittelt worden, findet Absatz 2 Nr. 3 bis 8 keine Anwendung.«

Die *Übermittlung* gespeicherter Daten innerhalb des öffentlichen Bereichs soll nach dem neuen § 10 Abs. 1 zulässig sein, wenn

»1. sie zur rechtmäßigen Erfüllung der in der Zuständigkeit der übermittelnden Stelle oder des Empfängers liegenden Aufgaben erforderlich ist und
2. die Voraussetzungen vorliegen, die eine Nutzung nach § 9 Abs. 2 und 3 zulassen würden«.

Während Nr. 1 und 2 der Zweckbindungsnorm (§ 9 Abs. 3 Satz 3) selbstverständlich sind und Nr. 3–5 noch vertretbare Erleichterungen bringen – Nr. 4 mit Vorbehalt –, öffnet zumindest Nr. 6 das Tor ganz weit. Die Begriffe »erhebliche Nachteile für das Gemeinwohl« und »Gefahr für die öffentliche Sicherheit« sind so vielseitig verwendbar, daß damit zahllose Formen von Informationsaustausch gerechtfertigt werden könnten. Strenggenommen könnte jede noch so unbedeutende Rechtsverletzung als Beeinträchtigung der »öffentlichen Sicherheit« angesehen werden. Praktisch würde dies wohl nicht geschehen – aber man sollte es auch nicht gestatten, sondern die Zweckentfremdung von Informationen nur zum Schutz *wichtiger* Rechtsgüter zulassen (wie in Nr. 8). – Nr. 7 der Vorschrift ist insofern unverhältnismäßig, als generell auch die Datenspeicherung und -nutzung zur Vollstreckung von Bußgeldern gestattet wird.

b) Im Vorblatt des Gesetzentwurfes ist behauptet, durch die BDSG-Änderung würden die Rechte des Betroffenen verstärkt und die Kontrollbefugnisse des Bundesbeauftragten für den Datenschutz ausgeweitet. Das sind Versprechungen, deren Einlösung man im Gesetzestext vermißt; nur mit Mühe und viel gutem Willen können entsprechende Ansätze entdeckt werden, die aber durch andere Neuerungen wieder im negativen Sinne ausgeglichen werden. Die Auskunftsrechte werden in gewisser Weise erweitert (Umfang der Auskunft; Abwägungspflicht bei Behörden der

Staatsanwaltschaft, Polizei und Steuerfahndung), aber keineswegs so, wie in der öffentlichen Diskussion überwiegend gefordert worden war und wie es angemessen wäre (Herkunft und Empfänger der Daten sind nur anzugeben, wenn sie gespeichert waren; generelles Auskunftsverweigerungsrecht für Verfassungsschutz und andere Nachrichtendienste sollen bestehen bleiben).

Zu begrüßen ist, daß die datenverarbeitenden Stellen bei rechtswidriger Verarbeitung für die Verletzung von Rechten der Betroffenen haften sollen, ohne daß nach einem beweisbaren Verschulden gefragt wird (§ 4 Abs. 3 des Entwurfs; siehe auch Abs. 4). Andererseits ist dem Entwurf entgegen allen praktischen Erfahrungen und vielen Äußerungen in der Literatur die, wie dargelegt, von Anfang an problematische Unterscheidung zwischen *»dateimäßiger«* und anderer Informationssammlung und -verarbeitung zugrunde gelegt worden. Ein erheblicher Teil der bestehenden Probleme wird damit aus dem BDSG ausgeklammert; ein Teil hiervon soll in neuen Paragraphen des Verwaltungsverfahrensgesetzes geregelt werden. Daß diese Aufteilung der Materie auf zwei Gesetze einen »sehr schwerwiegenden Mangel des gesamten Vorhabens« darstellt, hat in der Anhörung des Innenausschusses jemand dargelegt, der für beide Bereiche besondere Kompetenz aufweist, nämlich der jetzige Bundesbeauftragte für den Datenschutz, *Reinhold Baumann*, der als Beamter des Bundesinnenministeriums über zehn Jahre lang an der Entstehung des Verwaltungsverfahrensgesetzes beteiligt war. *Baumann* weist überzeugend darauf hin, welche praktischen Schwierigkeiten aus einem solchen systematischen Fehler folgen; das VwVfG dient einem ganz anderen Zweck, es stellt »Verfahrenshülsen« für die Erarbeitung von Verwaltungsakten und öffentlich-rechtlichen Verträgen zur Verfügung, während die Datenerhebung und -verarbeitung multifunktional ist und vielfach gar nicht einem Verwaltungsverfahren dient; zudem schließt das VwVfG eine Reihe wichtiger Materien ganz von seinem Anwendungsbereich aus, so daß dort Datenerhebung und Datenverarbeitung in Akten gar nicht geregelt wären. Außerdem leidet durch die Aufteilung auf zwei Gesetze natürlich die Transparenz der Vorgänge für den betroffenen Bürger. Am bedenklichsten aber ist, daß man diese Lösung gewählt hat, um die nicht dateimäßige Informationsverarbeitung der Kontrolle durch den unabhängigen Datenschutzbeauftragten zu entziehen. Man kann zwar Verständnis haben dafür, daß die Verwaltung sich scheut, den externen Datenschutzkontrolleuren Einblick auch in die Akten zu gewähren – auch Privatpersonen und Wirtschaftsunternehmen lassen sich ungern in ihre Unterlagen sehen, und es ist sicher berechtigt, etwa solche Materialien, die – wie Notizbücher und Entwürfe – von vornherein als intern gedacht waren, von der Kontrolle auszunehmen. Aber *Baumann* fordert mit Recht, daß dieses Problem offen angesprochen werde; und vor allem: die Kontrollkompetenz des Datenschutzbeauftragten darf nicht ohne Not eingeschränkt werden.

c) Die Entwurfsverfasser wollen zwei Einschränkungen der Kontrollkompetenz verfügen:

Zum einen soll der Bundesbeauftragte für den Datenschutz (BfD) die Verarbeitung oder Nutzung personenbezogener Daten *außerhalb von Dateien* nur dann kontrollieren dürfen,

»wenn der Betroffene dem Bundesbeauftragten hinreichende Anhaltspunkte dafür darlegt, daß er dabei in seinen Rechten verletzt worden ist oder dem Bundesbeauftragten hinreichende Anhaltspunkte für derartige Verletzung vorliegen«.

Außerdem soll die Kontrolle in diesem Bereich »auf den Einzelfall beschränkt« bleiben, also nicht systematisch-umfassend angelegt sein – was sich aber regelmäßig empfiehlt.

Zum anderen will man eine unscheinbare, plausibel wirkende Einfügung machen: Der BfD soll wie bisher die Einhaltung der Vorschriften über den Datenschutz bei den Behörden und sonstigen öffentlichen Stellen des Bundes kontrollieren, aber nunmehr

»unbeschadet ihrer fachlichen Beurteilung und Verantwortlichkeit, die ihnen bei der Erfüllung ihrer Aufgaben obliegen«.

Damit ergreift der Gesetzgeber die Partei der Bürokratie, die zur Abwehr datenschutzrechtlicher Beanstandungen häufig behauptet, die Kontrolleure maßten sich die Beurteilung von Fachfragen an, was ihnen nicht zustehe. Wenn etwa eine Behörde die Speicherung bestimmter Daten – z. B. über andere Personen als Beteiligte und Verdächtige – für notwendig hält, der Datenschutzbeauftragte jedoch meint, sie seien nicht im Sinne von § 9 Abs. 1 BDSG für die Erfüllung der betreffenden Verwaltungsaufgabe »erforderlich«, so ist dies eine Äußerung im Rahmen der Datenschutzkontrolle. Solche Meinungsverschiedenheiten können und müssen hingenommen werden, wenn man eine derartige Kontrolle will. Sie hindern die Verwaltung nicht daran, ihre fachliche Verantwortung wahrzunehmen, denn sie sind nicht verbindlich, können also übergangen werden. Freilich haben die Behörden die meisten solchen Äußerungen bisher nicht ignoriert, sondern sind entsprechenden Beanstandungen und Empfehlungen gefolgt. Dies spricht immerhin dafür, daß die Datenschützer ihre »Urteile« eben nicht einseitig gefällt haben, sondern die Erfahrungen und Kenntnisse der fachlich kompetenten Stellen respektiert und in ihre Überlegungen einbezogen haben. Ein Anlaß zur Änderung besteht daher nicht; wird sie doch beschlossen, so wird man dies als einen Einschüchterungsversuch gegenüber dem BfD ansehen müssen.

Die Vorschrift über die Kontrollbefugnisse enthält auch eine Klarstellung *zugunsten* des Bundesbeauftragten: Es wird festgehalten, daß seiner Kontrolle nicht die »Berufs- oder besonderen Amtsgeheimnisse«, also z. B. das ärztliche oder das Statistikgeheimnis, entgegengehalten werden dürfen; er soll sich ja gerade auch für die Wahrung dieser Geheimnisse einsetzen. Aber in demselben Absatz (§ 19 Abs. 5) werden sogleich drei Fallgruppen von der Kontrolle durch den Bundesbeauftragten ausgenommen, nämlich

– daß ein besonderes Gesetz dies ausdrücklich anordnet, ferner
– »die personenbezogenen Daten, die der Kontrolle durch die Kommission nach § 9 des Gesetzes zu Art. 10 GG unterliegen« (also die durch Postkontrolle und Telefonabhören gewonnenen Daten) und schließlich
– die Daten, die dem Steuergeheimnis oder Arztgeheimnis unterliegen oder in Personalakten oder in Akten über die Sicherheitsprüfung enthalten sind, wenn der Betroffene der Kontrolle durch den Bundesbeauftragten *widerspricht.*

Aus diesen Formulierungen spricht das Mißtrauen der Kontrollierten und einer Konkurrenzinstitution (der »G 10-Kommission«) gegenüber dem Datenschutzkontrolleur,[33] am Schluß verkleidet in eine Wohltat gegenüber dem Betroffenen, und man scheint zu hoffen, diesen gegen den Datenschützer einnehmen zu können. Wie wichtig den Urhebern diese Vorschrift ist, welche Erwartungen damit verknüpft werden, läßt sich daraus erahnen, daß sie in Vorwegnahme des Gesetzes bereits im Frühjahr 1986 angewandt werden sollte. Dieser Angriff auf die Prüfkompetenz der Datenschützer konnte abgewehrt werden, und dem Vernehmen nach trog auch die Hoffnung, man könne viele oder wenigstens eine bedeutende Minderheit von Betroffenen zur Einlegung des Widerspruchs bewegen.[34]

d) Zugegeben: Die Verbesserung des BDSG ist ein schwieriges Vorhaben. Sie steht unter einer doppelten Zielsetzung, nämlich einerseits allgemeingültige Regeln des angemessenen Umgangs mit Informationen weiterzuentwickeln, andererseits Vorschriften für diejenigen Fälle bereitzuhalten, auf die keine spezielleren Gesetze (»bereichsspezifische Vorschriften«) anwendbar sind, und es ist fraglich, ob die *Leitfunktion* und die *Auffangfunktion* miteinander vereinbar sind. »Leitnormen« sollen doch wohl für die *Normal*fälle gelten oder aber als Vorbild für die spezielleren Vorschriften fungieren; wenn aber die Mehrzahl der geregelten Fälle durch – in sich wiederum unterschiedliche – Spezialvorschriften geregelt ist, bleibt für das allgemeine Gesetz nur eine Sammlung von Restfällen ohne besondere Bedeutung. Das BDSG hat bisher tatsächlich eine erhebliche Ausstrahlung gehabt; jedenfalls die Regelungsstruktur (Ermächtigungsnormen und Individualrechte, formale Pflichten der Datenverarbeiter und Kontrollvorschriften) ist von den bereichsspezifischen Gesetzen weitgehend übernommen worden. Andererseits ist nicht zu verkennen, daß diejenigen Teile des BDSG, die sich auf den öffentlichen Bereich beziehen, und die Landesdatenschutzgesetze (die ausschließlich für die Verwaltung gelten) an Bedeutung verloren haben, seit für wichtige Verwaltungszweige (Meldewesen, Sozialleistungsträger) Spezialgesetze gelten, und daß sie nach Schaffung von informationsrechtlichen Vorschriften für die Sicherheitsbehörden und die Kraftfahrzeugregistrierung nochmals stark an unmittelbarer Bedeutung verlieren werden.

Die »A-Länder« (Nordrhein-Westfalen, Hessen, Hamburg, Bremen und Saarland) hatten einen eigenen Entwurf eines stark veränderten BDSG im Bundesrat eingebracht;[35] er ist dort mit 6 : 5 Stimmen abgelehnt worden. Diese neuen Vorschläge vermeiden manche Fehler des Koalitionsentwurfes, sind aber ebenfalls noch diskussionsbedürftig.

Wichtig ist vor allem, daß entsprechend den sozialdemokratischen Vorschlägen auch der Schutz für *Arbeitnehmerdaten* verbessert wird. Das gesetzessystematische Bedenken, daß derartige Bestimmungen eigentlich in ein arbeitsrechtliches Gesetz hineingehörten, hat geringes Gewicht. Der Plan, ein Arbeitsgesetzbuch zu schaffen, in dem solche Datenschutznormen einen angemessenen Platz fänden, ist auf absehbare Zeit nicht realisierbar, und auch an das Betriebsverfassungsgesetz wollen die Gesetzesmacher nicht herangehen. Die rapide Ausbreitung von Personalinformationssystemen macht jedoch zusätzliche Regeln im Interesse der betroffenen Arbeitnehmer dringend.

Von Zeit zu Zeit hört man den Ruf nach einem »ganz neuen« Datenschutzgesetz. Aus der richtigen Vorstellung, daß die Verfasser des BDSG andere technische Systeme vor Augen hatten als die heute dominierenden Klein- und Kleinstrechner und die weitgehende Vernetzung der vielen dezentralen Anlagen, wird von manchen gefolgert, man müsse nun auch ganz andere rechtliche Prinzipien »erfinden«. Das aber hieße, das Kind mit dem Bade ausschütten. Solche Äußerungen werden überdies selten konkretisiert. Sie scheinen zum Teil darauf hinauszulaufen, daß man eine allgemeine Genehmigungspflicht für Computer einführen solle. Dies wäre freilich schlechthin abwegig. Wir brauchen nicht mehr Bürokratisierung, sondern eine wirklich effektive Beherrschung der Informationstechnik. Dafür hat sich trotz aller Unkenrufe die Kontrolle durch die Aufsichtsbehörden, vor allem durch die unabhängigen Datenschutzbeauftragten, im Ansatz bewährt. Sie sollte gestärkt und eventuell erweitert werden. Statt der in dem Koalitionsentwurf vorgesehenen Kompetenzeinschränkungen sind also Maßnahmen zur Absicherung der Kontrollmöglichkeit zu fordern.

2. Derjenige Bereich behördlicher Datensammlung, der nach der Volkszählung die größte Breitenwirkung ausübt, weil fast jedermann erfaßt wird, ist das *Meldewesen.* Hier hatte der Bund durch das Melderechtsrahmengesetz von 1980 schon eine bereichsspezifische Regelung geschaffen, die den Forderungen nach mehr Datenschutz im großen und ganzen entsprach. Die Länder sind aber in ihren eigenen Meldegesetzen, die den bundesrechtlichen Rahmen ausfüllen sollten, teilweise über das vom Bund Zugelassene hinausgegangen und haben sich die Sammlung weiterer Informationen erlaubt. Nach dem Volkszählungs-Urteil ist erneut eine Diskussion entstanden, ob dies verfassungsrechtlich zulässig war. Einzelne Bestimmungen dürften verfassungsrechtlich problematisch sein.[36]

Zumindest aus einem Bundesland gibt es aber auch Positives zu berichten. *Berlin* hat unter dem Eindruck des Karlsruher Urteils und mit Hilfe des prominentesten Sachverständigen, nämlich des früheren Verfassungsgerichtspräsidenten *Ernst Benda,* sein Melderecht gründlich modernisiert.[37] Es hat die in Berlin immer noch bestehende traditionelle Zuordnung des Meldewesens zur Polizei aufgehoben und eine ganze Reihe von Klarstellungen und Einschränkungen verfügt, was den Umgang mit Meldedaten angeht. Auch an besondere Fälle ist gedacht; so wird (nach § 20 Abs. 2 des Gesetzes) eine Meldepflicht »durch den Vollzug einer richterlichen Entscheidung über eine Freiheitsentziehung« nicht begründet, »solange der Meldepflichtige für eine andere Wohnung im Geltungsbereich dieses Gesetzes gemeldet ist«, und »für Personen, die nicht für eine solche Wohnung gemeldet sind, hat der Leiter der Anstalt der zuständigen Meldebehörde die Aufnahme oder Entlassung« unter Angabe einiger bestimmter Daten mitzuteilen. Was besonders wichtig ist: Die Meldebehörde darf Daten dieser Personen »nur übermitteln, wenn sie durch Prüfung im Einzelfall festgestellt hat, daß durch die Übermittlung keine schutzwürdigen Belange des Betroffenen beeinträchtigt werden«; vor Melderegisterauskünften an Private hat sie den Betroffenen zu hören. Die Daten über den Anstaltsaufenthalt sind unverzüglich nach der Entlassung aus der Anstalt zu löschen. Ähnliche die Interessen des Betroffenen schonende Vorschriften gelten (nach § 22) für Menschen, die in Krankenhäuser, Pflegeheime oder sonstige Betreuungseinrichtungen aufgenommen werden; sie unterliegen nicht der Meldepflicht, solange sie für eine andere Wohnung gemeldet sind oder ihr Aufenthalt zwei Monate nicht überschreitet. In dem Krankenhaus oder Heim wird ein Verzeichnis geführt, aus dem Auskünfte »an Ordnungs- und Sicherheitsbehörden ... im Einzelfall zulässig« sind, »soweit überwiegende Belange des Gemeinwohls dies zwingend gebieten und die ärztliche Schweigepflicht nicht verletzt wird«.

3. Beim *Kraftfahrt-Bundesamt* in Flensburg sind über 32 Millionen Kraftfahrzeuge und ihre Halter registriert. Rechtliche Grundlage hierfür waren bisher einige wenige Bestimmungen im Straßenverkehrsgesetz und in der Straßenverkehrszulassungsordnung. Seit langem wird deshalb gefordert, die Datensammlung über Kfz-Halter auf eine solidere, vor allem konkretere Basis zu stellen. Durch ein Änderungsgesetz zum StVG, das als vorweggenommener Teil des »Sicherheits-Pakets« im Januar 1986 verkündet wurde, ist nun in der Tat eine Vielzahl von Einzelbestimmungen geschaffen worden. Ein neuer Abschnitt des Gesetzes enthält unter anderem Bestimmungen über den Inhalt der Fahrzeugregister, die Erhebung der Daten, ihre Übermittlung, ihren Abruf im automatisierten Verfahren und verschiedene Arten von Auswertungen und

Datenvergleichen. Schon der Umfang dieser Regelung – 7 ½ zweispaltig bedruckte Seiten im Format des Bundesgesetzblattes – erweckt den Eindruck der Perfektion. Aber auch hier gilt, was als generelle Tendenz des Gesetzespakets festzustellen ist: Das Bemühen um Perfektion dient dem Ziel, möglichst viele Informationsinteressen der Verwaltung abzusichern. Deshalb finden sich auch hier – wie im BDSG – weit gefaßte Ermächtigungen zur Datenübermittlung. Die »Zweckbestimmung« der Fahrzeugregister ist zunächst (in § 32 des Gesetzes) so gefaßt, daß man meinen könnte, sie sei hinreichend eingeschränkt. Aber schon der zweite Absatz dieses Paragraphen ist so unbestimmt, daß er auch als Freigabe der Daten für mancherlei Zwecke gedeutet werden könnte, an die man zunächst nicht denkt; als Zweck wird dort nämlich auch die nicht weiter eingegrenzte Erteilung von »Auskünften« bezeichnet. Allein in sechs höchst umfangreichen Vorschriften wird die Übermittlung gespeicherter Fahrzeugdaten und Halterdaten zugelassen; dabei werden nicht nur solche Zwecke anerkannt, die mit dem Straßenverkehr zusammenhängen, sondern die Daten sollen auch für viele andere Verwaltungsaufgaben genutzt werden können. Wiederum findet sich die Generalklausel: »zur Abwehr von Gefahren für die öffentliche Sicherheit oder Ordnung«. Aber auch die Nachrichtendienste erhalten die Chance zur Kenntnis von Flensburger Daten, und – wie zu erwarten – auch die Finanzämter haben ihre Position gesichert (vgl. § 35 Abs. 1 und 3).

Ein wesentliches Ziel der StVG-Novelle ist es, das Zentrale Verkehrs-Informations-System (ZEVIS) auf eine gesetzliche Grundlage zu stellen. Dieses System ist bereits seit langem zu einem erheblichen Teil aufgebaut – zuerst angeblich zum Versuchsbetrieb. Selbst nachdem schon die Daten von fast der Hälfte aller zulassungspflichtigen Fahrzeuge im System ZEVIS gespeichert waren, fehlte noch die Rechtsgrundlage. Der Bundestag faßte deswegen im September 1984 einen energischen Beschluß: Man möge ihm so bald wie möglich einen entsprechenden Gesetzesvorschlag zuleiten und bis zu dessen Inkrafttreten vom weiteren Ausbau von ZEVIS absehen.[38]

Was die Verwaltung – nicht nur des Bundes, sondern auch der Länder – und speziell die Polizeibehörden an ZEVIS reizt, ist vor allem die technische Möglichkeit, Fahrzeug- und Halterdaten im automatisierten Verfahren abzurufen (On-Line-Verbindung, Direktabfrage). Gerade diese technische Neuerung hat aber erheblichen Widerstand hervorgerufen. Es macht einen großen Unterschied aus, ob einzelne Daten bei einer anderen Stelle erfragt werden müssen oder ob man sie direkt auf den eigenen Bildschirm »rufen« kann. Die Versuchung, sich selbst »besser« zu bedienen, also mehr abzufragen, als bei strikter Erforderlichkeitsprüfung angebracht wäre, ist bei dem technischen Komfort dieses Systems kaum auszuschließen. Die Kontrolle durch Datenschutzbeauftragte ist andererseits besonders schwierig, weil eine Vielzahl von Aufzeichnungen durchgesehen werden müßte und die dort enthaltenen Angaben wohl kaum sehr aussagekräftig sein werden. Der Bundesdatenschutzbeauftragte hat anläßlich einer Demonstration von ZEVIS zusammen mit dem Bayerischen Datenschutzbeauftragten beim Landeskriminalamt in München festgestellt, daß die Kontrolle an Hand der vom Kraftfahrt-Bundesamt und vom Landeskriminalamt erstellten Protokolle zum Teil unmöglich war. Die Protokolle wichen nämlich »sowohl vom Aufbau als auch vom Inhalt her so stark voneinander ab, daß eine Zuordnung der Anfragen nicht möglich war«.[39]

Schon seit langem haben die Datenschutzbeauftragten darauf hingewiesen, daß ZEVIS zu einem Ersatz für das früher einmal geplante, aber von allen Verantwortlichen abgelehnte Bundes-Adreßregister werden kann.[40] Denn auf diese Weise können in Flensburg nicht nur Kennzeichen und die dazugehörigen Halter abgefragt werden, sondern man kann auch unter dem Namen einer Person nach den für sie vorhandenen Eintragungen forschen. Diese »P-Anfrage« ist für die angeschlossenen Dienststellen besonders attraktiv, aber eben dadurch wird ZEVIS ein Schritt auf dem Wege zu intensiverer Kontrolle der Bürger durch den Staat.

Nicht verschwiegen sei, daß die Registrierung der Fahrzeugdaten und Halter vielfach auch dem Bürger nützen kann.[41] Auskünfte der Zulassungsstelle oder des Kraftfahrt-Bundesamtes sollen auch nach dem geplanten Gesetz zulässig sein, wobei im Normalfall ein Zusammenhang des Auskunftswunsches mit der Teilnahme am Straßenverkehr gefordert wird, ausnahmsweise aber auch außerhalb dieses Zweckes. Dabei haben sich die Gesetzesmacher noch einen kleinen Trick einfallen lassen: In dem Paragraphen (39), der in erster Linie die Auskünfte an Privatpersonen betrifft, ist in unauffälliger Weise faktisch ein bedeutsames Privileg für die öffentliche Verwaltung eingefügt worden. Die Halterdaten sollen nämlich auch übermittelt werden

»zur Geltendmachung, Sicherung oder Vollstreckung von nicht mit der Teilnahme am Straßenverkehr im Zusammenhang stehenden öffentlich-rechtlichen Ansprüchen in Höhe von mindestens eintausend Deutscher Mark«.

Das gilt formal für Ansprüche Privater wie solche der öffentlichen Hand; tatsächlich haben aber fast nur Behörden entsprechende *öffentlich-rechtliche* Ansprüche. In der Begründung des Gesetzentwurfes wird denn auch deutlich gemacht, worum es geht: Zollverwaltung, Bundespost und Sozialversicherungsträger sind die eigentlichen Interessenten an solchen Auskünften, und schon in der Vergangenheit hat das Kraftfahrt-Bundesamt – trotz unsicherer Rechtslage – dem Bundesverwaltungsamt dabei geholfen, die Anschriften derer zu ermitteln, die ihre BAföG-Darlehen nicht zurückgezahlt haben. Stolz wird vermerkt, daß die Erfolgsquote dieser Auskunftsersuchen bei ca. 50 von 100 lag.[42]

4. Ab 1. April 1987 werden in der Bundesrepublik neue *Personalausweise* in Gestalt maschinenlesbarer Plastikkarten ausgegeben. Nach langem Hin und Her hat der Bundestag dies im April 1986 beschlossen. Der Plan zur Schaffung einer neuen Ausweiskarte, die vor allem fälschungs- (oder zumindest verfälschungs-)sicher sein sollte und die von automatischen Lesegeräten mit der Fahndungsdatei verglichen werden kann, war ursprünglich durch die Terrorismuswelle aufgekommen; heute wird er als ein Mittel zur Bekämpfung der allgemeinen Kriminalität dargestellt – soweit die ursprünglichen Verfechter dieser neuen Technik sie überhaupt noch für erfolgversprechend halten. Experten aus den verschiedensten Bereichen einschließlich Polizei und Verfassungsschutz haben in der Zwischenzeit zunehmend Skepsis erkennen lassen, ob sich der Aufwand für die Einführung eines ganz neuen Ausweissystems wirklich lohnen wird. Fälschungssicherheit nützt nichts, wenn falsche, also für andere Personen ausgestellte Ausweise benutzt werden; Maschinenlesbarkeit nützt wenig, wenn die Grenzen fast offen sind, und eben diese Öffnung wollen um der europäischen Einigung willen dieselben Innenpolitiker, die für mehr Sicherheit und Kontrolle plädieren.

Auch die Reisepässe der Bundesrepublik sollen nach einem gleichzeitig verabschiedeten Gesetz ab 1. Januar 1988 maschinenlesbar sein.

Ich meine, mit der Einführung der maschinenlesbaren Personalpapiere wird ein entscheidender Schritt in die falsche Richtung getan. Die Informations-Infrastruktur wird sich dann in nicht mehr umkehrbarer Weise verändert haben. Wer die Karte hat, ist leichter zu überwachen; und jeder muß sie haben. Die datenschutzrechtlichen Bestimmungen, die das Risiko übermäßiger Überwachung verringern sollen, sind im Prinzip sachgerecht, aber auch hier besteht die Gefahr extensiver Auslegung. Der Gesetzgeber hat auch sogleich den Beweis dafür geliefert, daß er das Informationsbedürfnis bestimmter Behörden höher einschätzt als den Schutz von Betroffenen, indem er als »Anhang« zu dem Paßgesetz eine Änderung der Strafprozeßordnung beschloß, durch die die »Schleppnetzfahndung« zugelassen wurde; hierbei können vorübergehend die Daten zahlreicher Unbeteiligter und Unverdächtiger gespeichert werden.

Vermutlich denken viele bei uns, der Mensch müsse sich doch ordentlich ausweisen können und ein »sauberer« Ausweis sei für seinen Inhaber eher nützlich als nachteilig. Ausländer hingegen können eben dies vielfach nicht nachvollziehen. Unsere Verwaltungskultur, auf die wir stolz sind, ist in unseren Nachbarstaaten auch solchen Menschen unheimlich, die sonst in manchem ähnlich denken wie unsere Verwaltungsleute. Völker, die unter deutscher Besatzung gelebt haben, und Minderheiten im eigenen Lande, die verfolgt worden sind, mißtrauen auch einer »wohlwollenden« deutschen Verwaltung. Man sollte das zur Kenntnis nehmen und die Vorteile für die öffentliche Sicherheit, die man von einer perfekteren Registrierung und Kontrolle der Bürger erhofft, auch in Relation zu solchen Nachteilen setzen.

Hinzu kommt folgendes: Die Einführung eines maschinell lesbaren Ausweises, mit dessen Hilfe auf unauffällige, aber sehr wirksame Weise Informationen über den Inhaber gespeichert und ebenso leicht mit vorhandenen anderen Beständen verknüpft werden können, ist nur hinnehmbar, wenn die zulässigen informationellen Verknüpfungen klar und restriktiv geregelt sind. Eben dies ist nicht geschehen und wird auch nach den neuen Gesetzentwürfen nicht geschehen.

5. Für das freiheitliche Klima im Staat ist von entscheidender Bedeutung, welche Informationen die *»Sicherheitsbehörden«* über die Bürger sammeln, aufbewahren und auswerten. Mit Überraschung und oft mit Empörung haben Betroffene und Nichtbetroffene in den letzten Jahren stückweise zur Kenntnis nehmen kön-

nen, welche Praktiken der Informationsverarbeitung bei der Polizei und den Nachrichtendiensten üblich sind und wie sich diese Stellen – und andere, mit denen sie in Verbindung stehen, wie die Zollbehörden und die Staatsanwaltschaften – zunehmend der neuen Techniken bedienen. Die verfassungsrechtlichen Grundsätze für die Informationsverarbeitung müssen gerade in diesen Bereichen zur Geltung gebracht werden. Damit ist begonnen worden, aber ein zufriedenstellendes Ende dieser Bemühungen ist noch nicht abzusehen.

Gesetzgebung ist hier freilich besonders schwierig. Zum einen ist die bundesstaatliche Kompetenzaufteilung zu beachten: Für die Polizei sind in erster Linie die Länder zuständig, für die Strafjustiz der Bund. Beim Verfassungsschutz müssen Bund und Länder aufeinander abgestimmte Gesetze erlassen. Zum anderen versuchen die Sicherheitsbehörden, sich einer kritischen Erörterung ihrer Aktivitäten soweit wie möglich mit dem Argument zu entziehen, dies dürfe nicht öffentlich besprochen werden, weil sonst die »Gegenseite« sich darauf einstellen könne. Dabei werden manchmal selbst Angaben für geheimhaltungsbedürftig erklärt, die längst publiziert wurden. Auch die zur Kontrolle bestellten Datenschutzbeauftragten dürfen nicht öffentlich darstellen, was die Sicherheitsbehörden im einzelnen tun – es sei denn, die vorgesetzten Behörden (Ministerien) erlaubten die öffentliche Erörterung. Die Ergebnisse von Prüfungen werden deshalb in den Tätigkeitsberichten der Datenschutzbeauftragten nur sehr allgemein behandelt. Wenn die Details nicht bekannt sind, fällt die juristische und rechtspolitische Diskussion manchmal recht akademisch aus. So haben *Rupert Scholz und Rainer Pitschas* in ihrer Schrift *Informationelle Selbstbestimmung und staatliche Informationsverarbeitung*[43] das Volkszählungs-Urteil des Bundesverfassungsgerichts ausführlich und facettenreich analysiert, sind dann jedoch zu dem überraschenden Ergebnis gekommen, die bestehenden Rechtsgrundlagen für die Informationsverarbeitung der Sicherheitsbehörden reichten aus. Denn die geltenden Rechtsnormen könnten unter dem übergreifenden Gesichtspunkt der »Funktionseinheit« und der Zielvorstellung effektiver sicherheitsbehördlicher Aktivitäten im herkömmlichen Sinne ausgelegt werden; wünschenswert sei lediglich bessere Transparenz.[44] Die Vorstellung von der »Funktionseinheit« trifft schon deshalb nicht zu, weil die verschiedenen Behörden unterschiedliche Aufgaben haben, und die Effektivität ihrer Arbeit hängt nicht von der pauschalen Zulassung breiter Informationsströme ab, sondern gerade von der dem jeweiligen Ziel angemessenen Differenzierung.

Die Entwürfe zur Änderung des Bundes-Verfassungsschutzgesetzes und für ein neues MAD-Gesetz werden ebenso wie die Absichten zur Änderung des Polizeirechts und zur Schaffung eines »Zusammenarbeitsgesetzes« (ZAG) in diesem Band an anderer Stelle behandelt.[45] Aber einige Anmerkungen sind auch hier unumgänglich.

Gerade bei der Novellierung des Verfassungsschutzgesetzes hätte Anlaß bestanden, politische Signale zu setzen, die die Liberalität der bestehenden Verfassung auch den Bürgern stärker verdeutlichen. Über 35 Jahre nach Erlaß des ersten Verfassungsschutzgesetzes durch den Bundesgesetzgeber (September 1950) hätte festgestellt werden können, daß die freiheitliche demokratische Grundordnung der Bundesrepublik von der ganz überwältigenden Mehrheit des Volkes verteidigt worden ist und wird, daß die Abwehr der extremistischen Kräfte im wesentlichen in der politischen Auseinandersetzung mit den dafür angemessenen Mitteln geleistet worden ist und daß die behördliche Registrierung »verfassungsfeindlicher« Bestrebungen nur eine subsidiäre und beschränkte Bedeutung haben kann. Ein solches Signal ist in dem Gesetzentwurf nicht enthalten, und es ist wohl auch nicht beabsichtigt. Damit ist aber auch die Chance vergeben, bei den Bürgern um mehr Vertrauen in die Rechtmäßigkeit und Notwendigkeit administrativen Verfassungsschutzes zu werben. Mögen auch einige Einzelvorschriften tatsächlich mehr Rechtsklarheit und gewisse Fortschritte im Datenschutz bringen – da die Befugnisse des Verfassungsschutzes nunmehr den unveränderten Aufgaben angepaßt werden sollen, dominiert der Eindruck, daß der Staat mit diesem Gesetz die bisherige Praxis der Bürgerüberwachung durch Verfassungsschutzbehörden gesetzlich »in Form bringt« oder sogar ausdehnt.

Die Gesetzentwürfe über Verfassungsschutz und MAD werden auch den Anforderungen des Bundesverfassungsgerichts nicht voll gerecht. Ihnen und ganz besonders dem ZAG fehlt hinreichende Normenklarheit, sie erlauben Informationstätigkeit über das Erforderliche hinaus und zum Teil außerhalb eines angemessenen Verhältnisses zu dem legitimen Zweck. Der Verfassungsschutz erhält mehr Informationsansprüche als alle anderen Behörden und wird außerdem noch zu einer Art »Nebenpolizei«. Die Befugnisse des Militärischen Abschirmdienstes werden durch Verweisung auf das Verfassungsschutzgesetz ebenso extensiv abgesichert.[46] Das ZAG sollte ursprünglich nur die Richtlinien über die Amtshilfe des BGS für die Nachrichtendienste ablösen, aber nach den bisherigen Plänen könnte es eine Ermächtigung zum totalen Informationsverbund aller »Sicherheitsbehörden« werden.

VI.

Allein mit Änderungen bestehender Gesetze – seien es die allgemeinen Datenschutzgesetze, seien es Regelungen für spezielle Zweige der öffentlichen Verwaltung – ist noch kein zeitgemäßes *Recht der Informationsbeziehungen* zu schaffen. Auch das Volkszählungs-Urteil repräsentiert nicht das Ganze der Grundsätze, die dieses neue Rechtsgebiet prägen. Künftig müssen auch andere Aspekte von Informationspolitik und Informationsrecht stärker beachtet werden als diejenigen, die unter dem Begriff des Datenschutzes ins Bewußtsein der Öffentlichkeit geraten sind.

So ist noch fast gar nicht die Frage erörtert, unter welchen Voraussetzungen personenbezogene Daten überhaupt mit Hilfe von Informationstechnik verarbeitet werden dürfen. Es macht einen großen Unterschied aus, ob Informationen auf traditionelle Weise erhoben und ausgewertet werden oder ob sie z. B. mittels technischer Geräte unmittelbar aus einem Arbeitsprozeß heraus gespeichert werden oder ob man Informationstechnik dazu benutzt, Datenbestände unter verschiedenen Aspekten durchzusehen und dabei neue Informationen zu gewinnen.[47] Auch die Problematik der Direktabfragen gehört in diesen Zusammenhang (s. o. V. 3.); im Entwurf eines BDSG-Gesetzes ist hierzu eine Bestimmung formuliert, die aber noch nicht ausreicht.

Die Öffentlichkeit weiß von den neuen Informationstechniken recht wenig; in Wirtschaft und Verwaltung werden sie jedoch zunehmend eingesetzt. Unter welchen Voraussetzungen und bei welchen Vorkehrungen soll der Gesetzgeber die Umstellung auf Informationstechnik zulassen? Wo liegt der Punkt, an dem die höhere Quantität in eine andere – vielleicht riskantere – Qualität umschlägt? Das sind beileibe keine müßigen Fragen.

Zu einer angemessenen Betrachtung des zu regelnden Bereiches gehört aber auch die richtige Einordnung des dem Datenschutz gegenläufigen Interesses anderer Personen und Stellen, das sich auf Kenntnis und Verarbeitung von Informationen richtet.[48] Es ist ja keineswegs von vornherein illegitim, Informationen über andere zur Kenntnis nehmen zu wollen; der informationelle Robinson ist kein Ideal. Verfassung und Gesetze gewährleisten vielmehr in unterschiedlichen Formen und unterschiedlichem Ausmaß auch Ansprüche *auf Information*. Die Würde des Menschen und das Recht auf freie Entfaltung seiner Persönlichkeit ebenso wie das Recht auf Meinungsäußerung setzen ein erhebliches Maß an Kommunikation mit anderen einschließlich des Informationsaustausches über andere voraus. Dies ist selbstverständlich im Datenschutzrecht berücksichtigt, muß aber bei seiner Anwendung und Weiterentwicklung immer wieder neu bedacht werden. Diese Perspektive gerät manchmal in Vergessenheit, weil sich die Aufmerksamkeit auf die Abwehr *staatlicher* Informationseingriffe konzentriert; der Staat aber hat überhaupt nur Rechte, soweit ihm Verfassung und Gesetze solche einräumen. Die Bedeutung von Informationsansprüchen kann aber leicht an der Problematik der *Archive* verdeutlicht werden: Historische Forschung gerät hier in einen Konflikt mit Geheimhaltungsinteressen.

Besonders wichtig ist das Recht auf Information gegenüber den Menschen und Einrichtungen, die ihrerseits Kontrolle über andere auszuüben haben. Dies kann innnerhalb des öffentlichen Bereichs geschehen, aber auch aufgrund privatrechtlicher Rechtsverhältnisse. Kontrolle über staatliche Funktionäre ist schon aus dem Demokratieprinzip begründet. Die Verwirklichung des Rechts auf Information wirft jedoch erhebliche Probleme auf. Die Forderung, dem einzelnen ein Recht auf Zugang zu den Unterlagen der öffentlichen Verwaltung (Informationszugangsrecht, freedom of information) zu gewähren, wie es in den Vereinigten Staaten und einigen europäischen Ländern gesetzlich festgelegt ist, stößt bei uns auf erheblichen Widerstand, und es sind bezeichnenderweise oft dieselben Personen und Einrichtungen, die sich gegen ein solches Recht zur Wehr setzen, die auch einen Vorbehalt gegen den Datenschutz artikulieren – ein Indiz dafür, daß Informationsfreiheit wie Datenschutz bestimmten etablierten Interessen von Bürokratien im Wege stehen. Auch die Errichtung von Fachinformationszentren und überhaupt die Fragen der richtigen Verteilung von Wissen sind alles andere als gelöst. Im weltweiten Maßstab beginnt gerade erst die Diskussion um eine »neue Informationsordnung«.[49]

Künftig wird man sich also auch mit Informationsfreiheit, Informationsorganisation, Informationsversorgung und Informationsnutzung befassen müssen. Es hat auch Wirkungen auf das Verhältnis von Bürgern und Verwaltung, Kunden und Unternehmen, Vereinsmitgliedern und Vereinen, wie die gegenseitige Information gestaltet ist. Umgekehrt ausgedrückt: Wenn dieses Verhältnis angemessen, fair, sachgerecht sein soll, müssen auch die Informationsvorgänge in diesem Sinne gestaltet werden. Wieviel Informationsarbeit darf die Verwaltung oder ein Unternehmen auf den Bürger abwälzen? Wieviel Formulare und wie komplizierte Automaten dürfen öffentliche und private Unternehmen uns zumuten? Welchen Beitrag zum Informationsprozeß kann der einzelne Arbeitnehmer leisten: Ist er nur ein kleines Rädchen in dem großen Verwaltungsgetriebe, oder kann er Informationen selbständig suchen und verarbeiten? Wie weitgehend soll oder darf man sich überhaupt auf Informationstechnik verlassen?

Fragen über Fragen. Die Antworten werden nicht schnell gefunden werden, und sie können nicht allein vom Gesetzgeber erwartet werden; viele Instanzen der Rechtsfindung und -anwendung werden dazu beitragen müssen.

VII.

Die Volkszählung, die den Anstoß zur grundlegenden verfassungsrechtlichen Überprüfung der Datenverarbeitung gegeben hat, soll im Mai 1987 nachgeholt werden. Das neue Gesetz vermeidet die rechtlichen Fehler, die das Bundesverfassungsgericht gerügt hat, und die Datenschutzbeauftragten haben daran nur noch wenig zu kritisieren – zudem nur solche Bestimmungen, die »von relativ geringer Bedeutung« sind.[50]

Der Verdacht, die Volkszählung könne zu einer »Volksaushorchung« mißbraucht werden, war schon gegenüber dem ursprünglichen Gesetz sehr spekulativ;[51] gegenüber dem neuen ist er erst recht nicht begründet. Aber offenbar glauben viele dies nicht. Auch seinerzeit, als die Boykottbewegung sich in Windeseile verbreitete, war die Volkszählung in Wahrheit nur der Prügelknabe für Versäumnisse auf ganz anderen Gebieten der Informationssammlung; das berechtigte allgemeine Unbehagen an der kaum noch verstehbaren Technisierung bildete den Nährboden selbst für völlig unbegründete Ängste.[52] Zu der Kritik, daß die Informationsverarbeitung in wichtigen Bereichen rechtlich noch nicht hinreichend eingedämmt worden ist, besteht nach wie vor Anlaß, und das timing der regierenden Koalition ist für die Sache der Statistiker äußerst ungünstig: Kurz vor dem Stichtag der Volkszählung sollen die ersten neuen, maschinenlesbaren Personalausweiskarten ausgegeben werden (s. o. V. 4.). Ob sich das auf die Bereitschaft auswirkt, die Fragebögen der Volkszählung auszufüllen?

Die Geschichte wiederholt sich selten; das Bundesverfassungsgericht wird kaum mit einem zweiten Volkszählungs-Urteil Geschichte machen. Datenschutz und Informationsrecht sind – wie alle Gegenstände des öffentlichen Interesses – auch vom Zeitgeist und seinen Strömungen und Verzweigungen abhängig. So sehr man enttäuscht sein mag, daß viele Hoffnungen nicht in Erfüllung gegangen sind – das Thema bleibt auf der Tagesordnung: Wer die Informationsverarbeitung fortentwickeln will, muß immer auch auf ihre Einfügung in die Rechtsordnung achten.

Anmerkungen:

1 *Hans Schneider,* in: Die öffentliche Verwaltung (DÖV) 1984, 161.
2 *Robert Leicht,* Süddeutsche Zeitung vom 7. 9. 1984, S. 4.
3 *Jost-Dietrich Busch,* in: Deutsches Verwaltungsblatt (DVBl.) 1984, 387.
4 *Friedhelm Hufen,* Juristenzeitung 1984, 1076.
5 *Berhard Schlink,* in: Der Staat 1986, 234.
6 *Schlink* a. a. O.; ähnlich auch *Massing* in diesem Band.
7 Fünfter Tätigkeitsbericht (TB) der Landesbeauftragten für den Datenschutz (LfD) Baden-Württemberg, Stuttgart 1984, S. 8.
8 Dritter TB des Hamburgischen Datenschutzbeauftragten, 1985, S. 4.
9 Bundestags-Drucksache 10/4737 und 4738 sowie Bundesrats-Drucksache 65/86; zur Beratung vgl. Stenographischer Bericht, 195. Sitzung, S. 15097f.
10 BGBl. I, S. 537.
11 BGBl. I, S. 545.
11a Gesetz v. 28. 1. 1987, BGBl. I, S. 486.
12 *Schlink* a. a. O. (Anm. 5) S. 236.

13 Das Übereinkommen ist von der Bundesrepublik inzwischen ratifiziert worden; das Zustimmungsgesetz wurde am 13.3. 1985 verkündet (BGBl. II, S. 538).

14 Die OECD-Richtlinien sind von deren Ministerrat beschlossen worden und richten sich als Empfehlung auch an den Mitgliedstaat Bundesrepublik Deutschland. Vgl. *Bergmann*, Grenzüberschreitender Datenschutz, Baden-Baden 1985, S. 143 ff., sowie *ders.* in diesem Band.

15 BVerfGE 65, 1, 46; s. a. BVerfGE 56, 37, 49 ff. und die abweichende Meinung des Richters *Heußner*, 52 ff.

16 BVerfGE 65, 1, 43.

17 *Schlink* a. a. O. (Anm. 5) S. 237.

18 Vgl. auch dazu *Schlink* a. a. O.

19 A. a. O. (Anm. 16); s. a. S. 42.

20 A. a. O. S. 45; vgl. schon BVerfGE 64, 67, 70 (einstweilige Anordnung vom 13.4. 1983).

21 Vgl. etwa *Auernhammer*, BDSG, Kommentar, Köln u. a. 1977, Einführung Rn. 32. Zum »Datei«-Begriff vgl. *Harald Hohmann*, Der praktische Fall: Die Daten des Studentensekretariats, in: JuS 1987.

22 Ebenso die Stellungnahme der *Gesellschaft für Informatik* (GI) vom 10. 10. 1983 zu einem früheren BDSG-Änderungsentwurf, Informatik-Spektrum 1984/2, S. 112.

23 Dazu *Bull*, De fundamentele problemen van het informatierecht/Die Grundprobleme des Informationsrechts, Zwolle/Frankfurt am Main 1985; sowie: Was ist Informationsrecht? in: Informatik und Recht 1986 Heft 7/8, S. 287 ff.

24 Schwedisches Kreditauskunftsgesetz und Fair Credit Reporting Act der USA, abgedruckt bei *U. Dammann/O. Mallmann/S. Simitis*, Data Protection Legislation/Die Gesetzgebung zum Datenschutz, Frankfurt am Main 1977, S. 140 ff., 176 ff.

24a Einzelkritik in dem von mir herausgegebenen Band: *Sicherheit durch Gesetze?* Baden-Baden 1987.

25 Vgl. *Bull*, Rechtliche Grundlagen der Offenbarung von Patientendaten durch Kassenärzte, in: Transparenzprojekte in der GKV, Wissenschaftliche Reihe des Zentralinstituts für die kassenärztliche Versorgung in der Bundesrepublik Deutschland, Bd. 29, Köln 1985, S. 97 ff.; anderer Ansicht: Bundessozialgericht, Urt. v. 19. 11. 1985, NJW 1986, 1574 – (eine sehr abgewogene Entscheidung, aber doch nur eine Ersatzlösung statt einer klaren gesetzlichen Regelung!). Dazu auch die Beiträge von *Simitis, Gradek* und *Schwartz/Meye* in diesem Band.

26 »Eine ewige Erfahrung lehrt . . . daß jeder Mensch, der Macht hat, dazu getrieben wird, sie zu mißbrauchen. Er geht immer weiter, bis er an Grenzen stößt . . . Damit die Macht nicht mißbraucht werden kann, ist es nötig, durch die Anordnung der Dinge zu bewirken, daß die Macht die Macht bremse.« (Vom Geist der Gesetze, Buch XI, Kap. 4, Über-

setzung von K. Weigand, Stuttgart 1974, S. 211).

27 Informationsgesellschaft oder Überwachungsstaat. Symposium der Hessischen Landesregierung, Protokoll, Wiesbaden 1984, S. 62.

28 Vom 9. 4. 1986, vervielfältigt als Ausschuß-Drucksache 10/154 v. 15. 4. 1986, S. 359ff., hier S. 364.

29 A. a. O. (Anm. 28) S. 331ff.

30 S. 331f.

31 S. 351.

32 Vgl. Anm. 9. Eine Übersicht über den Inhalt der Entwürfe der Koalitionsfraktionen, der SPD-Fraktion (BT-Drs. 10/1180) und der hessischen Landesregierung (LT-Drs. 11/4749) bringt *Schomerus* in: Recht der Datenverarbeitung 1986, S. 62–66. *Hessen* hat inzwischen ein neues (Landes-)Datenschutzgesetz beschlossen (v. 11. 11. 1986, GVBl. S. 309). In *Nordrhein-Westfalen* berät der Landtag über den Gesetzentwurf der Landesregierung zur Fortentwicklung des Datenschutzes (GFD) v. 5. 1. 1987 (Drucksache 10/1565). Die Entwicklung in den Ländern kann hier nicht kommentiert werden.

33 Siehe aber BVerfGE 67, 157; zuvor schon BVerfGE 65, 1, 70; dazu *R. Riegel*, DÖV 1985, 314ff.

34 Vgl. den Bericht im »Spiegel« vom 16. 6. 1986 sowie den 9. TB des BfD (BT-Drs. 10/6816) S. 79.

35 Vgl. Bundesrats-Drucksache 179/86.

36 Vgl. dazu etwa 6. TB des LfD Nordrhein-Westfalen, 1985, S. 19ff.; 7. Jahresbericht des Bremer LfD, Bürgerschafts-Drucksache 11/365 v. 26. 4. 1985, S. 25ff.

37 Gesetz v. 26. 2. 1985, GVBl S. 507. Vgl. dazu aber auch die Kritik von *Schwan* in diesem Band.

38 Vgl. 7. TB des BfD (BT-Drs. 10/2777) S. 27ff.; BT-Drs. 10/1719 Nr. I.11.

39 6. TB des BfD (BT-Drs. 10/877) S. 26.

40 Vgl. etwa 6. TB des LfD NW, Düsseldorf 1985, S. 131 und den Bericht im »Spiegel« v. 10. 11. 1986 S. 42/44.

41 Dazu insbesondere *H. Hirte*, NJW 1986, 1899ff.

42 A. a. O. (Anm. 39) S. 75.

43 Berlin 1984. Kritisch dazu auch *Schlink*, NJW 1985, 1822f.

44 Vgl. insbes. S. 177f.

45 Siehe die Beiträge von *Bäumler* und *Schwan* in diesem Band.

46 Einzelheiten in den Stellungnahmen zahlreicher Sachverständiger zur Anhörung des Bundestags-Innenausschusses v. 28. 4. 1986 (vgl. oben Anm. 28).

47 Vgl. nochmals die Stellungnahme der GI (Anm. 22). Dort heißt es: »Datenschutz muß auch die Frage beantworten, ob im Einzelfall eine bestimmte Form der Datenverarbeitung auf Automaten übertragen werden darf, ohne daß dadurch entscheidende Merkmale der Verarbei-

tung verloren gehen. Mit anderen Worten: Wenn Personen in ihren Rechten oder schutzwürdigen Belangen allein schon dadurch beeinträchtigt werden, daß ihre personenbezogenen Daten nicht mehr durch Menschen, sondern durch Automaten ausgewertet werden sollen, dann darf ein solcher Wechsel – völlig unabhängig von jeder Mißbrauchsklausel – nicht zugelassen werden.« Vgl. auch *Bäumler*, ÖVD-online 1985/4, S. 120ff.

48 Vgl. *Bull*, Was ist Informationsrecht? (oben Anm. 23) m. w. N.

49 Nachweise a. a. O. (Anm. 48 und Anm. 14).

50 3. TB des Hamburgischen Datenschutzbeauftragten S. 40. Vgl. a. 7. TB des BfD (Anm. 38) S. 38f.; 8. TB des BfD (BT-Drs. 10/4690) S. 27; 7. TB des LfD NW S. 98f. – Vgl. a. *O. Mallmann*, NJW 1986, 1850ff.; etwas kritischer dagegen: *J. Simon* in diesem Band.

51 Dazu *mein* Buch: Datenschutz oder Die Angst vor dem Computer, München 1984, S. 308ff.

52 Vgl. dazu etwa die Stellungnahme des BfD, *Reinhold Baumann*, zu den Verfassungsbeschwerden gegen das Volkszählungsgesetz in der mündlichen Verhandlung vor dem BVerfG am 18./19. 10. 1983, in: 6. TB des BfD (Anm. 39) S. 63; ähnlich auch *Heußner* in diesem Band.

Michael Bergmann
Auf dem Weg zu einer rechtlichen Regelung des grenzüberschreitenden Datenflusses

I.

Die Bedeutung des grenzüberschreitenden Datenflusses ist weiterhin im Wachsen begriffen. Die Internationalisierung wirtschaftlicher Tätigkeit und die Intensivierung internationaler Zusammenarbeit bedingen einen ständig steigenden Informationsbedarf und führen zu einem schnellen Anwachsen der Übermittlung von Daten über staatliche Grenzen. Der anhaltende technologische Fortschritt im Computer- und Telekommunikationsbereich ermöglicht, erleichtert und fördert diesen Prozeß.

Diese Entwicklung führt zu einem wachsenden Bedarf an rechtlicher Regelung. Das gilt insbesondere für den Export und Import personenbezogener Daten, die im Vergleich zu den sachbezogenen Daten zwar nur einen geringen Anteil an der Gesamtmenge der übermittelten Informationen ausmachen. Dennoch entsteht gerade beim Transfer personenbezogener Daten ins Ausland die Gefahr der Beeinträchtigung von Rechtspositionen Betroffener: Der Empfänger der Daten mißt dem Schutz der Privatsphäre möglicherweise nur geringe oder gar keine Bedeutung bei, und der Betroffene kann die Wahrung seines Rechts auf »informationelle Selbstbestimmung« nur unter großen Schwierigkeiten durchsetzen. Zwischen dem Bedarf an rechtlicher Regelung des grenzüberschreitenden Datenflusses und dem aktuellen Stand gesetzgeberischer Tätigkeit klafft jedoch eine große Lücke. Die meisten Staaten haben noch kein Datenschutzgesetz (wenn auch nicht übersehen werden darf, daß eine Reihe von Ländern über gewisse bereichsspezifische Normen oder über eine mehr oder weniger ausgeprägte Rechtsprechung zum Schutz der Privatsphäre verfügt), von den in Kraft befindlichen Datenschutzgesetzen sparen einige den grenzüberschreitenden Datenfluß bewußt aus, und seit einigen Jahren sind sowohl die legislatorische Tätigkeit als auch die wissenschaftliche Diskussion ins Stocken geraten.

Zu verwundern braucht dies aber nicht, sind doch einerseits die aufgeworfenen rechtlichen Probleme komplex und kompliziert und stehen doch andererseits gewichtige wirtschaftliche und politische *Interessen* auf dem Spiel. Beteiligt sind insbesondere

– die Interessen natürlicher Personen am Schutz der auf sie bezogenen Informationen vor Mißbrauch bei und nach deren Transfer ins Ausland;

– die Interessen juristischer Personen an einem ungehinderten Transfer von Geschäftsdaten und ihrer vertraulichen Behandlung sowie an sicheren Wegen der Informationsübertragung;

– die Interessen von Staaten an der Wahrung ihrer nationalen Sicherheit, ihrer staatlichen Souveränität und ihrer kulturellen Identität;

– die Interessen der Industrieländer (und darunter besonders der USA), ihre technologische Vorrangstellung zu erhalten und auszubauen;

– die Interessen von weniger entwickelten Staaten am Abbau technologiebedingter Abhängigkeit und am Aufbau eigener Informationstechnologien.

Selbstverständlich können diese gegensätzlichen Positionen nicht ohne weiteres auf einen gemeinsamen Nenner gebracht werden. Zudem gebietet die Achtung der nationalstaatlichen Souveränität, jedem Staat die Verfolgung und Durchsetzung seiner je eigenen Interessen in seinem nationalen Datenschutzrecht zuzugestehen. Gleichzeitig erscheint es aber auch notwendig, auf internationaler Ebene Vereinbarungen anzustreben, die einen gerechten Ausgleich zwischen der Gewährleistung eines freien Informationsflusses und dem Schutz der Privatsphäre ermöglichen. Eine kritische Betrachtung des einzelstaatlichen und des supranationalen Weges kann dann helfen, Sackgassen aufzuzeigen und Fixpunkte für die einzuschlagende Richtung festzulegen.

II.

Die *nationalen Gesetzgeber,* die bislang Datenschutzgesetze verabschiedet haben, haben den grenzüberschreitenden Datenfluß höchst unterschiedlich geregelt: Einige Datenschutzgesetze gehen gar nicht auf ihn ein (USA, Neuseeland, Kanada, Australien), andere sehen gewisse materiellrechtliche Beschränkungen vor (Bundesrepublik Deutschland, Dänemark, Israel) oder erweitern den Anwendungsbereich ihres Datenschutzgesetzes über das nationale

Territorium hinaus (Luxemburg, Österreich), wieder andere haben Lizenzierungsverfahren eingerichtet (Schweden, Norwegen, Österreich, Island), Brasilien schließlich bedient sich eines strengen staatlichen Kontrollsystems.[1] In den meisten Fällen gehen die Bestimmungen nur auf den Datenexport ein, lediglich Österreich, Luxemburg und Brasilien normieren auch den Datenimport.

Diese Unterschiede in der Regelung des grenzüberschreitenden Datenflusses sind als eine konsequente Ausweitung der verschiedenen nationalen Ansätze auf die transnationale Ebene anzusehen. Schon im innerstaatlichen Bereich bestehen grundsätzliche Unterschiede zwischen den einzelnen Gesetzeswerken. Abgesehen vom schwedischen Datenschutzgesetz, das als Vorbild für die nordischen Länder (Norwegen, Dänemark, Island) gedient hat, gibt es kein Gesetzeswerk, das Modellcharakter gewonnen und andere Legislatoren zur Nachahmung angeregt hat. Von Harmonie kann mithin keine Rede sein, charakteristisch ist vielmehr der Variationsreichtum. Für den grenzüberschreitenden Datenfluß bedeutet dies, daß Informationen, die aus dem Geltungsbereich eines Datenschutzgesetzes in den eines anderen transferiert werden, in vielfacher Hinsicht anders bewertet und geschützt werden. Die Regelungsunterschiede zwischen den einzelstaatlichen Datenschutzgesetzen stellen also ein gravierendes Hemmnis für einen wirksamen Datenschutz im transnationalen Bereich dar.

Für die Normierung des grenzüberschreitenden Datenflusses haben die Gesetzgeber im wesentlichen zwei Modelle entwickelt. Das eine dieser Modelle ist das *Lizenzierungssystem:* In mehreren Staaten bedarf der grenzüberschreitende Datenfluß einer Genehmigung durch die dafür zuständige Lizenzierungsbehörde. In der Regel gilt die Genehmigungspflicht nur für den Datenexport, teilweise wird sie aber auch auf den Datenimport erstreckt. Einerseits wird damit der grenzüberschreitende Datenfluß grundsätzlich untersagt, andererseits kann dieses Verbot durch einen Erlaubnisvorbehalt durchbrochen werden.

Das andere Modell besteht in der Koppelung von grundsätzlicher Freiheit des Datenexports und des Datenimports mit der Forderung nach Beachtung bestimmter materiellrechtlicher Bedingungen (materiellrechtliches Modell). Der grenzüberschreitende Datenfluß kann danach nur dann untersagt werden, wenn die geforderten inhaltlichen Voraussetzungen nicht eingehalten werden. Die weiteste Verbreitung hat dabei das *Prinzip vom »äquivalenten*

Datenschutzstandard« gefunden: Die grenzüberschreitende Übermittlung personenbezogener Daten ist nur dann zulässig, wenn im Empfängerland Bestimmungen vorhanden sind, die den im Inland geltenden Prinzipien zum Schutz der Privatsphäre und zur Sicherung der Betroffenenrechte entsprechen.

Wegen ihrer Bandbreite können beide Modelle nicht pauschal verglichen und bewertet werden. Grundsätzlich kann jedoch vermerkt werden: Das Lizenzierungssystem wird durch das Erfordernis einer eigenen Behörde und den daraus resultierenden bürokratischen Aufwand beeinträchtigt. Wenn die Genehmigungspraxis streng ausgeübt wird, kommt es zu einer unangemessenen Beschränkung der Informationsfreiheit und zu einem der internationalen Zusammenarbeit abträglichen Protektionismus. Die materiellrechtliche Lösung bringt den Nachteil mit sich, daß oft nur schwer festgestellt werden kann, ob die Voraussetzungen für einen Export erfüllt sind (besonders dann, wenn das Datenschutzniveau des Empfangsstaats bewertet werden muß). Wenn das materiellrechtliche System großzügige Erlaubnistatbestände vorsieht, erfolgt eine übersteigerte Beschränkung des Persönlichkeitsschutzes. Die Schwächen beider Modelle verringern sich dort, wo das Genehmigungssystem liberal gehandhabt wird und das materiellrechtliche Modell eher restriktiv verfährt. In diesen Konstellationen kommen sich beide Verfahrensweisen ziemlich nahe, die Unterschiede sind mehr gradueller, weniger prinzipieller Natur. Beide Systeme können in diesem Bereich als leistungsfähig bezeichnet werden, eine Entscheidung für das eine oder für das andere Modell sollte mithin nicht in abstracto getroffen werden, sondern unter Berücksichtigung der Eigenheiten des nationalen Rechts erfolgen.

Dieses positive Urteil trifft nur auf die zwei genannten speziellen Ausgestaltungen des Lizenzierungssystems und des materiellrechtlichen Systems zu. Darüber dürfen jedoch nicht die anderen Erscheinungsformen beider Modelle und die nicht seltene Praxis der vollkommenen Freigabe von Datenexport und Datenimport vergessen werden. Diese Verfahrensweisen bleiben hinter der Leistungsfähigkeit jener wesentlich zurück.

III.

Die Schwierigkeiten der nationalstaatlichen Regelung des grenzüberschreitenden Datenflusses haben die Datenschutzdebatte schon relativ früh auf die Tagesordnung *supranationaler Institutionen* geführt. Aus den bisher erzielten Ergebnissen ragen die Richtlinien der OECD[2] und die Konvention des Europarats[3] heraus; zu nennen sind jedoch auch die Bemühungen der Europäischen Gemeinschaft (und hier besonders die des Europäischen Parlaments)[4] und der UNESCO (Stichwort: Neue Internationale Informationsordnung).[5]

Entscheidende Anstöße für eine Weiterentwicklung des Datenschutzrechts und der Regelung des grenzüberschreitenden Datenflusses gehen von diesen Vertragswerken bzw. Entwürfen jedoch nicht aus. Dafür stellen sie zu sehr die kompromißbeladenen Resultate kontroverser Diskussion dar: Noch stärker als im nationalen Bereich stehen im internationalen Sektor wirtschaftliche und politische Interessen auf dem Spiel und werden von den beteiligten Staaten hartnäckig verteidigt und in die Textentwürfe eingebracht. Diese vordergründige Interessendurchsetzung geht dann in nahezu allen Fällen auf Kosten einer exakten Analyse der Problematik und zu Lasten der Entwicklung eines überzeugenden Konzepts zur Regelung des grenzüberschreitenden Datenflusses.

Insbesondere die bereits verabschiedeten *Übereinkommen der OECD und des Europarats* bleiben hinter dem Niveau eines Großteils der nationalen Bestimmungen zurück. Die OECD-Richtlinien betonen zu stark den freien internationalen Informationsfluß; die Privatsphäre und ihre Bedrohung durch computerisierte Datenverarbeitung im Ausland spielen in ihnen lediglich eine untergeordnete Rolle. Bei der Europarats-Konvention muß gerade die Bestimmung, die die Zulässigkeit einer grenzüberschreitenden Datenübermittlung regelt, als überaus mißlungen angesehen werden, da sie dem Schutz der Privatsphäre zu geringes Gewicht beimißt und gravierende Widersprüche zwischen dem Konventionstext und der amtlichen Begründung bestehen. Der moralische Aspekt, daß durch die Minimalvorschriften der Vereinbarungen von OECD und Europarat die Länder ohne Datenschutzgesetz zur legislativen Tätigkeit angeregt werden sollen, kann nicht darüber hinwegtäuschen, daß es an einer wohldurchdachten materiellrechtlichen Regelung zum grenzüberschreitenden Datenfluß fehlt. Den Schwächen der einzelstaatlichen Bestimmungen kann im Bereich des internationalen Rechts nur durch eine Rechtsfortbildung eine beachtliche Alternative gegenübergestellt werden; gerade dies vermögen die Arbeiten von OECD und Europarat jedoch nicht zu leisten.

Ein internationales Datenschutzrecht bedarf weitergehender materiellrechtlicher Normen, als sie in den OECD-Richtlinien und in der Konvention des Europarats enthalten sind. Die *Empfehlungen des Europäischen Parlaments vom 8. 5. 1979* hingegen bieten, da sie nicht den kleinsten gemeinsamen Nenner an Datenschutz suchen, sondern den Schutz der Privatsphäre auf höchstem Niveau realisieren wollen, eine gute Grundlage. Das Europäische Parlament strebt mit seinen Forderungen nach einem umfassenden Anwendungsbereich einer Datenschutz-Richtlinie, nach Einhaltung hoher Qualitätsstandards bei der Datenverarbeitung, nach der Gewährleistung weitreichender Schutzrechte für die Betroffenen und nach der Errichtung eines gemeinschaftseigenen Datenschutzorgans nicht nur eine Rechtsvereinheitlichung, sondern auch eine Rechtsfortbildung an. Für den Hoheitsbereich der EG soll ein gemeinsames Datenschutzrecht geschaffen werden: Innerhalb der Gemeinschaft soll ein freier Informationsfluß garantiert werden, nur für den Datenexport aus dem Gebiet der EG soll die Genehmigung des Datenschutzorgans der Gemeinschaft eingeholt werden müssen. Das Konzept des Europäischen Parlaments zeichnet sich somit dadurch aus, daß es sich sowohl um die Errichtung eines europäischen Informationsmarktes und damit um die Absicherung des freien Informationsflusses als auch um eine umfassende Gewährleistung der Belange der Betroffenen bemüht – das Spannungsfeld zwischen den beiden Polen Informationsfreiheit und Persönlichkeitsschutz wird also nicht, wie bei OECD und Europarat, zugunsten des »free flow« aufgelöst, vielmehr wird auch der Privatsphäre ein beachtlicher Stellenwert zugestanden.

Intensive Aufmerksamkeit verdient auch die angestrebte *Neue Internationale Informationsordnung* (NIIO). Zwar hat der Datenschutz in der Diskussion um die NIIO bislang kaum eine Rolle gespielt, doch darf daraus nicht gefolgert werden, daß eine NIIO keinen Einfluß auf den grenzüberschreitenden Datenfluß hätte. Schließlich beschränken sich die Vertragswerke von OECD, Europarat und EG fast ausschließlich auf Europa und die USA, wogegen sich die Mitgliedsstaaten der UNESCO über den gesamten

Erdball verteilen. Zudem steckt in den Forderungen der Entwicklungsländer nach freiem Zugang zu Informationen und nach Kontrolle der Informationen, die ihr Land verlassen, beträchtliche politische Brisanz, und die Industriestaaten werden sich langfristig nicht mehr dagegen sperren können, endlich konkrete Schritte in die Richtung der Verwirklichung einer Neuen Internationalen Informationsordnung zu unternehmen.

IV.

Weder die nationalstaatliche noch die supranationale Lösung kann das alleinige Ziel einer gesetzlichen Normierung des grenzüberschreitenden Datenflusses sein. Beide Pfade sollten daher weitergegangen werden und sollten sich gegenseitig beeinflussen. Da der grenzüberschreitende Datenfluß einerseits eine weltumspannende Erscheinung ist und da sich andererseits die betroffenen Staaten in einer teilweise extrem voneinander abweichenden wirtschaftlichen, politischen, sozialen und kulturellen Situation befinden, kann es nicht eine einzige richtige rechtliche Lösung geben. Dennoch lassen sich durchaus einige Grundsätze entwickeln, die bei jeder materiellrechtlichen Normierung des grenzüberschreitenden Datenflusses herangezogen werden sollten.

Als schwierigstes Hindernis auf dem Weg zu einem überzeugenden grenzüberschreitenden Datenschutz hat sich das unterschiedliche Schutzniveau der einzelnen Datenschutzgesetze herausgestellt. Das Ziel muß deshalb darin bestehen, das Datenschutzrecht weltweit zu harmonisieren. Angesichts der schwerwiegenden Auswirkungen der modernen Informationstechnologien und wegen des Grundrechtscharakters des Rechts auf Datenschutz dürfen diese Bemühungen nicht darauf hinauslaufen, den kleinsten gemeinsamen Nenner zu suchen, vielmehr muß ein möglichst umfassender Schutz angestrebt werden. Dies bedeutet, daß sowohl der private als auch der öffentliche Sektor einbezogen werden muß; daß weder bei bereichsspezifischen Regelungen (sectoral approach) noch bei einem allgemeinen Datenschutzgesetz (omnibus approach) stehengeblieben werden kann; daß sowohl die manuelle als auch die automatisierte Verarbeitung umfaßt werden muß; und daß keine Daten als »frei« definiert und aus dem Schutzbereich des Gesetzes ausgenommen werden dürfen.

Darüber hinaus müssen verbindliche Voraussetzungen für die Zulässigkeit der Datenverarbeitung formuliert werden. Dadurch sind den Datenverarbeitern gewisse Verpflichtungen aufzuerlegen und den Betroffenen gewisse Rechte einzuräumen. Wenn überall wenigstens bestimmte Grundprinzipien zum Datenschutz verwirklicht würden, könnte auf diesem Wege ein Mindestmaß an Vereinheitlichung erreicht werden. Hierbei kann ohne weiteres auf den *von der OECD und dem Europarat proklamierten »noyau dur«*[6] zurückgegriffen werden. Der *»noyau dur«* (deutsch: »harter Kern«) *besteht aus zehn Grundprinzipien,* die wie folgt zusammengefaßt werden können:

– Das Sammeln personenbezogener Daten ist auf das notwendige Minimum zu beschränken (Collection Limitation Principle).

– Der Zweck, zu dem personenbezogene Daten gesammelt werden, ist gegenüber dem Betroffenen zu benennen; die nachfolgende Verwendung soll auf diese Zwecke begrenzt werden (Purpose Specification Principle).

– Das Sammeln personenbezogener Daten soll einem sozial erwünschten Zweck dienen (Social Justification Principle).

– Personenbezogene Daten sollen hinsichtlich der Zwecke, für die sie gebraucht werden, richtig, vollständig und auf dem neuesten Stand sein (Information Quality Principle).

– Die Informationen sollen nicht weitergegeben oder Dritten zugänglich gemacht werden außer bei Zustimmung des Betroffenen, mit gesetzlicher Ermächtigung oder gemäß einem allgemein üblichen Brauch (Disclosure Limitation Principle).

– Personenbezogene Daten sollen durch vernünftige und angemessene Sicherheitsvorkehrungen geschützt werden (Security Safeguards Principle).

– Gegenüber den Entwicklungen und Praktiken bezüglich personenbezogener Daten soll eine allgemeine Politik der Offenheit bestehen (Openness Principle).

– Personenbezogene Daten, die die Identifizierung des Betroffenen ermöglichen, sollen, wenn sie ihre Zweckbestimmung erreicht haben, vernichtet, archiviert oder anonymisiert werden (Time Limitation Principle).

– Für jede Datei soll es eine bestimmbare Person geben, die für die Durchsetzung der Grundprinzipien zum Datenschutz rechtlich verantwortlich ist (Accountability Principle).

– Jeder Betroffene soll ein Recht auf Auskunft, Berichtigung und

Löschung haben; zur Durchsetzung dieser Rechte soll eine wirksame Kontrollinstanz installiert werden (Individual Participation Principle).

Diesen Grundsätzen muß eine große Bedeutung zugemessen werden, da sie sich auf einen breiten internationalen Konsens stützen können. Zudem schreiben sie keinesfalls Banalitäten fest, sondern fordern Verarbeitungsbedingungen, die über das, was in vielen Staaten praktiziert wird, hinausgehen. Selbst in den westeuropäischen Ländern, die gemeinhin eine sehr hohe Meinung von ihren Datenschutzgesetzen haben, sind noch längst nicht überall diese Grundprinzipien verwirklicht. Wenn sich die Gesetzgeber dazu entscheiden könnten, diese Prinzipien in ihr Datenschutzrecht aufzunehmen, käme überall ein Datenschutzrecht zustande, das es weitgehend erlauben würde, grenzüberschreitende Datenflüsse von Restriktionen freizuhalten und gleichzeitig einen vortrefflichen Schutz der Privatsphäre der Betroffenen zu gewährleisten.

Allerdings steht nicht zu erwarten, daß in absehbarer Zeit dieses allseits hohe Datenschutzniveau verwirklicht werden wird. Die vielfältigen Unterschiede werden, wenn überhaupt, nur langsam abgebaut werden können, so daß auch weiterhin personenbezogene Daten nach einem Grenzübertritt anderen rechtlichen Bedingungen unterliegen werden als zuvor. Es bleibt mithin unabdingbar, für den grenzüberschreitenden Datenfluß besondere rechtliche Bestimmungen vorzusehen.

Wenn man den Schutz personenbezogener Daten ernst nimmt und dabei den Grundrechtscharakter des Rechts auf informationelle Selbstbestimmung bedenkt, gibt es nur eine Voraussetzung, an die die Zulässigkeit des grenzüberschreitenden Datenflusses rechtlich zu knüpfen ist: Der Grad an Schutz, der personenbezogenen Angaben gewährt wird, darf nach einem Grenzübertritt nicht geringer sein als vorher. Maßgeblich sollte demnach der *Grundsatz vom gleichwertigen Datenschutz (»Äquivalenzprinzip«)* sein, der bereits in mehreren Gesetzen explizit[7] oder implizit[8] verankert ist. Sollen Daten exportiert werden, muß mithin zunächst geprüft werden, welchen Rechtsvorschriften diese Daten im Empfängerstaat unterliegen würden. Danach sind diese Bestimmungen mit denen im Exportland zu vergleichen, und vom Ergebnis dieses Vergleichs ist die Zulässigkeit der Datenausfuhr abhängig zu machen: Ist der Standard an Datenschutz im Empfängerland niedriger als im Exportland, muß die Weitergabe unterbleiben, ist er dort gleich hoch oder höher, steht der Weitergabe nichts mehr im Wege.

Eine praktikable Handhabung des Äquivalenzprinzips wird jedoch nur mit Schwierigkeiten möglich sein. Schließlich ist herauszufinden, wie es um den Datenschutz in anderen Ländern steht, und außerdem muß dieses Datenschutzrecht auch noch bewertet werden. Gerade der Bewertungsvorgang wird nicht immer leicht fallen, da sich ein nationales Datenschutzrecht aus einer Vielzahl von Einzelvorschriften und Grundsätzen zusammensetzt, die mit den Normen und Prinzipien in einem anderen Staat teilweise übereinstimmen, teilweise aber auch von ihm abweichen werden. Es müssen daher Kriterien entwickelt werden, anhand derer bestimmt werden kann, worauf zu achten und wonach zu entscheiden ist.

Hier kann nun wieder auf die Verarbeitungsbedingungen des »noyau dur« zurückgegriffen werden. Es sollte mithin danach gefragt werden, inwieweit die zehn Grundprinzipien zum Datenschutz in einem nationalen Recht verwirklicht sind. Dabei ist zu ermitteln, welche materiellen Voraussetzungen bei der Erhebung, Speicherung, Übermittlung, Veränderung und Löschung personenbezogener Daten gelten, wie die Datensicherung geregelt ist, welche Rechte den Betroffenen zugestanden werden und auf welche Weise dies alles kontrolliert wird. Dadurch kann festgestellt werden, ob und inwieweit das betreffende nationale Datenschutzrecht hinter dem »noyau dur« zurückbleibt, ihn in die Tat umsetzt oder über ihn hinausgeht. *Der »noyau dur« jedenfalls sollte der Maßstab sein, nach dem die Gleichwertigkeit zweier Datenschutzgesetze bemessen wird.*

Dennoch kann man nicht beim »noyau dur« stehenbleiben. Schließlich trifft der »noyau dur« keine Aussage zum Geltungsbereich eines Datenschutzgesetzes. Selbst wenn sich die Verarbeitungsbedingungen und die Betroffenenrechte in zwei Staaten noch so sehr gleichen, können die Schutzbereiche der jeweiligen Gesetze erheblich voneinander abweichen. Im einen Land mag im Gegensatz zum anderen nur der öffentliche Bereich geregelt sein; möglicherweise beschränkt das eine Gesetz seine Bestimmungen auf die automatisierte Datenverarbeitung, während das andere auch die manuelle Verarbeitung miteinbegreift; unter Umständen gewährleistet der eine Staat seinen Schutz ausschließlich den Daten natürlicher Personen, wogegen der andere seine Datenschutzgewährleistungen auch den Daten juristischer Personen zukommen läßt. Für bestimmte Daten heißt dies, daß sie nach dem Grenzübertritt von Datenschutzbestimmungen ausgenommen sind, obwohl das Datenschutzniveau in beiden betroffenen Staaten grundsätzlich vergleichbar ist. Hier wird man folglich nicht umhin können, die Ausfuhr zu untersagen. *Im Ergebnis sollte ein Export personenbezogener Daten nur in solche Länder erfolgen, die ein aufgrund ähnlicher Verarbeitungsbedingungen vergleichbares Datenschutzniveau besitzen, wobei solche Daten, die vom Geltungsbereich der Datenschutzbestimmungen im Empfängerland nicht umfaßt werden, ausgenommen bleiben.*

Damit nicht jeder Datenverarbeiter vor der Ausfuhr personenbezogener Daten jedesmal von neuem untersuchen muß, ob dem Äquivalenzprinzip Rechnung getragen wird oder nicht, empfiehlt es sich, daß eine kompetente Stelle die Vergleiche für die in der Praxis am häufigsten vorkommenden Fälle durchführt und in geeigneter Form veröffentlicht. Dies könnte durch eine Verordnung der Regierung oder eine Verfügung der Datenschutzaufsicht bzw. Lizenzierungsbehörde geschehen. Eine gesetzliche Festlegung erscheint dagegen nicht zweckmäßig, da auf diese Weise nicht flexibel genug auf aktuelle Entwicklungen reagiert werden kann. Auch sollte man davon Abstand nehmen, einem privaten Importeur in einem Staat, der im Verhältnis zum Exportland ein geringeres Datenschutzniveau hat, zu gestatten, vertraglich die Einhaltung eines gleichen Datenschutzstandards wie im Exportstaat zu versprechen. Zum einen ist der Betroffene nicht Vertragspartner des zwischen Exporteur und Importeur zu schließenden Kontrakts und kann daher auf die Ausgestaltung und Einhaltung des Vertrags keinen Einfluß ausüben, und zum anderen besteht für die Aufsichtsbehörden des Ausfuhrlandes keine Kontrollmöglichkeit, wenn die Daten das Land erst einmal verlassen haben. Der Datenexport in ein Land mit niedrigerem Schutzniveau muß generell unterbleiben, Abhilfe kann nur eine Verbesserung der gesetzlichen Datenschutzbestimmungen im Empfangsstaat bringen. Dies bedingt auch, daß als Maßstab des Vergleichs nicht auf eine nationale Rechtsprechung rekurriert werden kann. Zunächst lassen sich die Grundlinien einer Rechtsprechung für einen Außenstehenden kaum feststellen, und außerdem kann auf diesem Weg keine Rechtssicherheit erzielt werden, da die Gerichte immer Einzelfälle entscheiden und Verallgemeinerungen nur eingeschränkt möglich sind. Als Vergleichsgrundlage können mithin nur legislative Maßnahmen herangezogen werden.

Das Schwergewicht bei der materiellrechtlichen Regelung des grenzüberschreitenden Datenflusses muß also auf dem Datenexport liegen. Die Beachtung des Äquivalenzprinzips gewährleistet, daß der Schutz für die Privatsphäre der Betroffenen nicht beeinträchtigt wird; und jeder Staat hat die Möglichkeit, durch eine entsprechende Ausgestaltung seines Datenschutzrechts für einen ungehinderten transnationalen Informationsfluß zu sorgen. Besondere Importbeschränkungen sind insoweit nicht vonnöten. Es reicht aus, wenn jeder Staat die personenbezogenen Daten, die in sein Hoheitsgebiet gelangen und hier verarbeitet werden, seinem Datenschutzrecht unterwirft. Deshalb sollte es nicht darauf ankommen, woher die Daten stammen, sondern darauf, wo sie verarbeitet werden. Das bedeutet, daß ein Datenschutzgesetz alle Verarbeitungsphasen innerhalb seines Geltungsbereichs, von der Erhebung der Daten bis zu ihrer Löschung, regeln sollte und daß es sich auf die Daten aller Betroffenen beziehen sollte, unabhängig von ihrer Staatsangehörigkeit.

V.

Der Weg zu einer Anerkennung und Realisierung des Äquivalenzprinzips ist weit und mit Steinen gepflastert. Noch befinden sich die nationalen Datenschutzgesetze in einem höchst unterschiedlichen Entwicklungsstadium, und die Implementierung internationaler Übereinkünfte kommt nur schleppend voran. Neben der materiellrechtlichen Seite darf zudem die kollisionsrechtliche Problematik (welches Recht ist bei datenschutzrechtlichen Sachverhalten mit Auslandsberührung anwendbar?) nicht vernachlässigt werden. Dennoch kann jeder Gesetzgeber selbstverantwortlich den Grundsatz vom gleichwertigen Datenschutzstandard in seinem Recht verankern und damit dazu beitragen, die Schere zwischen dem Bedarf an einer rechtlichen Regelung des grenzüberschreitenden Datenflusses und dem tatsächlichen Stand seiner Normierung nicht weiter auseinanderklaffen zu lassen.

Anmerkungen

1 Siehe dazu ausführlich *M. Bergmann,* Grenzüberschreitender Datenschutz, Baden-Baden 1985.

2 »Richtlinien zum Schutz der Privatsphäre und zum grenzüberschreitenden Fluß personenbezogener Daten« vom 23. September 1980, Bundesanzeiger Nr. 215 vom 14. November 1981.

3 »Konvention zum Schutz des einzelnen im Hinblick auf die automatische Verarbeitung personenbezogener Daten« vom 18. September 1980, abgedruckt in: European Treaty Series, No. 108. Nachdem Schweden, Frankreich, Spanien, Norwegen und die Bundesrepublik Deutschland die Konvention ratifiziert haben, ist sie 1985 in Kraft getreten.

4 Siehe die Entschließung des Europäischen Parlaments vom 8. Mai 1979, Amtsblatt der EG Nr. C 140 vom 9. Juni 1979, S. 34ff.

5 Vgl. vor allem die Mediendeklaration vom 28. November 1978, abgedruckt in: International Legal Materials 18 (1979), S. 276. Vgl. dazu: *Steinweg* (Red.), Die Internationale Informationsordnung, Frankfurt 1984.

6 Vgl. §§ 7–14 OECD-Richtlinien und Art. 5–8 Europarats-Konvention.

7 Dänemark, Österreich, Island.

8 Bundesrepublik Deutschland.

Literatur

1 *Bergmann,* Michael: Grenzüberschreitender Datenschutz, Baden-Baden 1985.

2 *Dill,* Richard: Stolpersteine auf dem Weg zu einer Neuen Weltinformations- und Kommunikationsordnung, in: Vereinte Nationen 1983, S. 179–183.

3 *Freese,* Jan: International Data Flow, Lund (Schweden) 1979.

4 *Hondius,* Frits W.: Emerging data protection in Europe, Amsterdam/Oxford/New York 1975.

5 *Koch,* Frank A.: Bürgerhandbuch Datenschutz, Reinbek bei Hamburg 1981.

6 *Nora,* Simon/Minc, Alain: L'informatisation de la société, Paris 1978.

7 *OECD:* Transborder Data Flows and the Protection of Privacy, Paris 1979.

8 *Sauvent:* Grenzüberschreitender Datenverkehr, in: Europa Archiv 1983, S. 261–272.

9 *Simitis,* Spiros: Grenzüberschreitender Datenaustausch – Notwendige Vorbemerkungen zu einer dringend erforderlichen Regelung, in: Fest-

schrift für Murad Ferid, 1978, S. 355–375.
10 *Steinweg*, (Red.): Die Neue Internationale Informationsordnung, Frankfurt 1984.
11 *Wochner*, Lucius N.: Der Persönlichkeitsschutz im grenzüberschreitenden Datenverkehr, Zürich 1981.

Jürgen Simon*

Rechtsprobleme des Volkszählungsgesetzes 1987

I.

Das Volkszählungsgesetz 1987 sieht die nächste Volkszählung als Gesamterhebung für den 25. Mai 1987 vor. Ein erster Gesetzentwurf für eine Volkszählung im April 1986 war auf erhebliche Bedenken gestoßen, nachdem sich herausgestellt hatte, daß der geplante Termin zu kurzfristig anberaumt war, um noch inhaltliche Beratungen zuzulassen. Die Zählung wurde deshalb verschoben, obwohl sich der Vorsitzende des Innenausschusses, *Wernitz*, noch Ende 1984 zustimmend zur Vorlage geäußert hatte und der parlamentarische Staatssekretär beim Bundesminister des Innern, *Waffenschmidt*, die Auflagen des Bundesverfassungsgerichts Punkt für Punkt erfüllt sah.[1]

Das Volkszählungsgesetz 1987 vom 8. November 1985[2] (VZG) ist nach § 21 am 15. November 1985 in Kraft getreten. Von *Mallmann*[3] wurde die schließlich verabschiedete Fassung des VZG der juristischen Öffentlichkeit als den verfassungsrechtlichen Anforderungen genügend vorgestellt. Eine Analyse des Gesetzes soll zeigen, ob und inwieweit diese Einschätzung haltbar ist.

1. Rückblick auf das Volkszählungsgesetz 1983

Einstimmig hatte der Deutsche Bundestag das Gesetz über eine Volks-, Berufs-, Wohnungs- und Arbeitsstättenzählung (Volkszählungsgesetz 1983) am 25. März 1982 verabschiedet.[4] Die darauf folgende öffentliche Auseinandersetzung hat in beispielloser Weise das Unbehagen weiter Bevölkerungskreise an einer undurchschaubaren und übermächtig scheinenden »Verdatung« dokumentiert.

Durch Erlaß einer einstweiligen Anordnung vom 13. April 1983[5] hat das Bundesverfassungsgericht die Durchführung der Volkszählung bis zur Entscheidung[6] über die zwischenzeitlich eingereichten Verfassungsbeschwerden ausgesetzt; das Urteil wurde am 15. September 1983 verkündet.

* Harald Kuhne und Thomas Hinderlich danke ich für vielfältige Anregungen und Kritik.

Der I. Senat des Gerichts hatte unter Vorsitz des damaligen Präsidenten *Benda* eine Gesamtprüfung des Gesetzes vorgenommen, die folgendes ergab:

– Insbesondere verfassungswidrig war § 9 Abs. 1–3 VZG 1983 (Melderegisterabgleich und Weitergabe von Daten).

– Einige Regelungen zur Durchführung und Organisation der Volkszählung waren nicht haltbar.

– Basis der Entscheidung war die Anerkennung des informationellen Selbstbestimmungsrechts, das ausführlicher dargestellt werden soll, um an seinen Grundsätzen das neue Volkszählungsgesetz '87 messen zu können.

2. Das informationelle Selbstbestimmungsrecht

Im Urteil wird ausgeführt, daß vielfältige moderne Entwicklungen neue Gefährdungen für die menschliche Persönlichkeit hervorbringen und dadurch ihre freie Selbstbestimmung einschränken können. Dies gilt nach Auffassung des Bundesverfassungsgerichts in besonderem Maße für die Möglichkeiten der heutigen automatischen Datenverarbeitung. Dabei können Persönlichkeitsbilder zusammengesetzt werden, ohne daß der Betroffene ihre Richtigkeit und Verwendung kontrollieren kann.[7] Das Gericht anerkennt deshalb das Recht auf informationelle Selbstbestimmung, das dem einzelnen die Befugnis gibt, grundsätzlich selbst über Preisgabe und Verwendung seiner Daten zu bestimmen.[8] Es gewährleistet so einen Schutz gegen unbegrenzte Erhebung, Speicherung, Verwendung und Weitergabe persönlicher Daten. Insoweit ist dieses Recht eine Konkretisierung des in Art. 2 Abs. 1 in Verbindung mit Art. 1 Abs. 1 GG garantierten allgemeinen Persönlichkeitsrechts.[9]
Überwiegende Allgemeininteressen können das Recht auf informationelle Selbstbestimmung einschränken. Diese Beschränkungen bedürfen einer ausdrücklichen gesetzlichen Ermächtigung; für die vollziehende Gewalt gilt der *Vorbehalt des Gesetzes.* Außerdem müssen gesetzliche Regelungen folgenden Verfassungsprinzipien genügen:

1. *dem Grundsatz der Normenklarheit:* Er fordert, staatliches Handeln für den Bürger vorhersehbar und damit zugleich berechenbar zu gestalten.

2. *dem Grundsatz der Verhältnismäßigkeit:* Dieses Prinzip stellt

eine Beziehung zwischen Mittel und Zweck her und ermöglicht durch die Gegenüberstellung von Eingriffsgrund oder -zweck mit der Wirkung des Eingriffs eine Übermaßkontrolle (Übermaßverbot). Verhältnismäßig ist eine Maßnahme, wenn sie als geeignet, erforderlich und zumutbar erscheint.

Diese Prinzipien sind gerade im Hinblick auf Besonderheiten des Umgangs mit Daten zu beachten. So kann ein an sich harmloses Datum in einem anderen Kontext einen neuen Stellenwert erhalten; ein »belangloses« Datum gibt es deshalb unter den Bedingungen der automatischen Datenverarbeitung nicht mehr.[10] Wegen dieser Besonderheit präzisierte das Gericht seine Anforderungen an den Gesetzgeber zum Schutz des informationellen Selbstbestimmungsrechts in vier Punkten:

1. Zunächst durch das dem Verhältnismäßigkeitsprinzip nahestehende *Prinzip der Zweckbindung*. Danach ist die Verwendung der Daten auf den gesetzlich bestimmten Zweck zu begrenzen. Verarbeitungsziel und -umfang sind festzulegen und zu definieren. Erforderlich ist ein – amtshilfefester[11] – Schutz gegen Zweckentfremdung durch Weitergabe- und Verwertungsverbote.

2. Das Selbstbestimmungsrecht darf nur aufgrund *bereichsspezifischer Regelungen* eingeschränkt werden, da der spezielle Verwendungszweck des Datums entscheidend ist. Die Generalklauseln in den Datenschutzgesetzen reichen somit nur noch ausnahmsweise als Auffangnorm aus.

3. Außerdem muß bei einem Gesetz Klarheit darüber bestehen, zu welchem Zweck Angaben verlangt werden und welche Anknüpfungs- und Verwendungsmöglichkeiten gegeben sind. Das Gericht fordert also *Kenntnis und Vorrang des Verwendungszusammenhangs.*

4. Schließlich betont der Senat die Notwendigkeit einer *institutionalisierten Verarbeitungskontrolle.* Für den effektiven Schutz des Rechts auf informationelle Selbstbestimmung sind unabhängige Datenschutzbeauftragte von wesentlicher Bedeutung.

Das Bundesverfassungsgericht würdigt das VZG 1983 insgesamt, so daß sich *aus der Kritik des alten Gesetzes* zugleich die Anforderungen an ein verfassungsrechtlich »wasserdichtes« neues Volkszählungsgesetz herausschälen. Daran ist das VZG '87 zu messen.

3. Das Volkszählungsgesetz 1987

Am 28. Februar 1985 fand im Bundestag die erste Beratung des von der Bundesregierung eingebrachten Entwurfs eines Gesetzes über eine Volks-, Berufs-, Gebäude-, Wohnungs- und Arbeitsstättenzählung[12] statt (Volkszählungsgesetz 1986). Dieser Entwurf wurde auf Vorschlag des Ältestenrats an den Innenausschuß zur Beratung überwiesen, der am 17. April eine Expertenanhörung zu dem Entwurf durchgeführt hat. Dabei und in vorherigen Auseinandersetzungen mit dem Entwurf artikulierten sich trotz der Versicherung strikter Beachtung des Volkszählungsurteils seitens der Bundesregierung kritische Stimmen. Kernpunkt der Auseinandersetzung war die Frage, ob das informationelle Selbstbestimmungsrecht des Bürgers erneut verletzt wird.

Das Volkszählungsgesetz 1987[13] ist gegenüber diesem Entwurf in leicht modifizierter Fassung in Kraft getreten.

Neben einigen redaktionellen Änderungen wurden verschiedene Anregungen der Ländervertretung in den Beschlüssen des Innenausschusses berücksichtigt. Beispielsweise zählt jetzt die Blockseite (Festlegung der Zugehörigkeit zu kleinräumigen Gliederungen) nach § 3 I S. 2 ausdrücklich zu den Erhebungsmerkmalen. Um die Deanonymisierung zu erschweren, ist die Angabe des Geburtsmonats der eines Zeitraums (1. 1.–24. 5. oder 25. 5.–31. 12.; § 5 Ziff. 1). § 9 II sieht die schriftliche Geheimhaltungsverpflichtung für die Mitarbeiter der Erhebungsstellen, § 10 IV für die Zähler vor. Der neue Abs. 5 von § 10 ist für die Nichteinsetzung von Zählern in der Nähe ihrer Wohnung (Ziff. 1) oder wenn zu besorgen ist, daß sie Erkenntnisse aus der Zählertätigkeit zu Lasten der Auskunftspflichtigen nutzen, als Verbotsnorm ausgestaltet worden.

Daß im Falle der schriftlichen Auskunftserteilung die Briefe an die Erhebungsstellen in amtlichen Umschlägen nunmehr für die Bürger gebührenfrei eingeliefert werden können (§ 13 IV), ist letztlich der »Lesart« des Bundesverfassungsgerichts zu verdanken. Es hat die in § 10 III Bundesstatistikgesetz enthaltene Verpflichtung des Bürgers, die Auskunft porto- und kostenfrei zu erteilen,[14] vor dem Hintergrund des Rechts auf informationelle Selbstbestimmung als Recht des einzelnen auf Portofreiheit interpretiert.[15]

Hinzugefügt wurden ferner ein Reidentifizierungsverbot und eine Strafvorschrift (§§ 17, 18).

4. Volkszählungsurteil und Erhebungsmethode

Das VZG '87 sieht wiederum eine Makroerhebung vor (§ 1 Abs. 1 »flächendeckend«). Das Bundesverfassungsgericht hatte dazu klargestellt, daß eine Volkszählung als Totalerhebung mit Auskunftspflicht über ein Erhebungsprogramm, wie das des VZG 1983, verfassungskonform sein könne.[16] Ein Voll-Erhebungsprogramm führt nicht zu einer mit der Würde des Menschen unvereinbaren gänzlichen oder teilweisen Registrierung und Katalogisierung der Persönlichkeit. Allerdings betont das Gericht in diesem Zusammenhang, daß der Gesetzgeber sich jeweils mit dem neuesten Stand der *Methodendiskussion* auseinandersetzen muß.[17] Bei jeder Anordnung einer statistischen Erhebung ist also zu prüfen, ob eine Totalerhebung trotz einer inzwischen möglicherweise fortgeschrittenen Entwicklung der statistischen und sozialwissenschaftlichen Methoden noch verhältnismäßig ist. Zur Rechtfertigung der Volkszählung soll es nicht ausreichen, lediglich darauf hinzuweisen, daß sie schon immer in Form von Totalerhebungen durchgeführt worden seien.

Der Regierungsentwurf begründet die Volkszählung als Vollerhebung damit,[18] daß sich

1. kein sicheres Ergebnis bei einem Verzicht auf diese Form der Erhebung gewinnen ließe. Das gelte insbesondere für statistische Ergebnisse, die einen hohen Genauigkeitsgrad für die Gesamtheit der Erhebungseinheiten
– in großer fachlicher und
– in großer regionaler Differenzierung
benötigten.

2. Absolute »Besetzungszahlen« seien nötig über Grundgesamtheiten wie Zahl der Einwohner, der Wohnungen usw.

3. Als Anwendungsfälle für hohe Genauigkeitsanforderungen werden Daten aus dem Arbeitsmarkt und der Beschäftigungsentwicklung genannt.

4. Auch die Rahmendaten für Stichproben, z. B. die Gesamtbevölkerung, Gebäude, Wohnungen und Arbeitsstätten, ließen sich nur durch eine Vollerhebung bereitstellen.

Aus diesen Überlegungen kann der Hessische Datenschutzbeauftragte nicht ersehen, daß das Volkszählungsurteil zu einer grundsätzlichen Umorientierung der amtlichen Statistik geführt hätte, obwohl dies möglich wäre: »Eine Einschränkung der amtlichen

Statistik in ihrem Erhebungsumfang und im Hinblick auf ihre Methoden ist bisher nicht auszumachen.«[19] Insofern wirken die Begründungen im Regierungsentwurf wie Behauptungen, denen noch die Reflexion über Nutzen und Funktion der amtlichen Statistik fehlt. Auch das nunmehr verabschiedete Volkszählungsgesetz '87 hat keine entscheidenden neuen Impulse in dieser Hinsicht erhalten. Auf ein neues Methoden- (und Verfahrens-)konzept wurde verzichtet.[20] Unwiderlegt sind bisher auch die Argumente von *Güllner*, der als Direktor des statistischen Amtes der Stadt Köln die Volkszählung 1983 als fundamental widersprüchlich beurteilt hatte: Mit völlig veralteten Konzepten und Methoden, die aus dem 19. Jahrhundert stammten, wolle man ein »vielfältiges Strukturbild« der Gesellschaft von heute zeichnen, um »Wissen für die Zukunft zu schöpfen«.[21] Dieses Konzept ist dennoch in das VZG '87 unverändert übernommen worden. *Güllner* hält die Daten der Volkszählung für fehlerhafter als die der Melderegister; die Fiktion der Unfehlbarkeit der amtlichen Statistik sei brüchig, da Volkszählung und Mikrozensus nur unter Vorbehalt verwendbare Ergebnisse produzierten; ein vielfältiges Strukturbild der Bevölkerung sei nicht zu gewinnen, da ein klares Konzept von Indikatoren und Kennziffern fehle, um die gesellschaftliche Wirklichkeit zu beschreiben; und schließlich seien gerade auf nationaler Ebene für die einzelnen Teilsegmente der Gesellschaft zum Teil sehr viel differenziertere Daten vorhanden, als die Volkszählung sie liefern könne. Deshalb erübrige sich auch das Argument, die Zählung müsse für Zwecke der Bundes- und Länderstatistik lange entbehrte wichtige Daten liefern.[22] Im Unterschied zu früheren Äußerungen des Bundesbeauftragten für den Datenschutz, in denen er sehr zurückhaltend Kritik geübt hatte,[23] läßt der Vorwurf des Hessischen Datenschutzbeauftragten nicht die nötige Deutlichkeit missen: *Die Frage nach der Erforderlichkeit einer Totalerhebung sei in der Begründung des Regierungsentwurfs unzureichend behandelt.*[24]

5. VZG '87: Totalerhebung mit Auskunftszwang

Das neue Gesetz sieht wieder eine Totalerhebung *mit Auskunftszwang* für alle Bewohner der Bundesrepublik vor. Alle Auskunftspflichtigen sind nach § 12 VZG '87 gesetzlich verpflichtet, alle Fragen vollständig und wahrheitsgemäß zu beantworten.

Das Urteil des Bundesverfassungsgerichts erhellt dagegen, daß der Gesetzgeber wegen des Prinzips der Verhältnismäßigkeit bei der Wahrung des Grundrechts auf informationelle Selbstbestimmung verpflichtet ist, jeweils nach dem neuesten Entwicklungsstand der statistischen und sozialwissenschaftlichen Methoden die angemessene Erhebungsform zu wählen. Jede Frage ist mithin auch danach zu überprüfen, ob sie für eine Totalerhebung mit *Auskunfts*pflicht nötig ist oder ob nicht ein »milderes« Mittel zur Verfügung steht, also eine statistische Methode, die den Bürger weniger stark in seinen Grundrechten einschränkt. Als solche Formen kommen *Stichprobenerhebungen* und insbesondere *freiwillige Erhebungen* in Betracht.[25] Der Gesetzgeber ist deshalb für die Erforderlichkeit einer Totalerhebung mit Auskunftszwang bei jeder Frage, die jeweils einen Grundrechtsbegriff bedeutet, begründungspflichtig. Auch dieser »Beweispflicht«[26] genügt der Gesetzgeber nicht, da er die Notwendigkeit lediglich pauschal für alle geforderten Einzelangaben in folgenden Schritten begründet:[27]

1. Eine Volkszählung steht und fällt mit der Höhe der Antwortquoten (Ergebnisqualität).
2. Erhebungen mit freiwilliger Auskunftserteilung bieten keine sichere Ergebnisqualität.
3. Erfahrungen der empirischen Sozialforschung zeigen, daß Freiwilligkeit bei der Auskunftserteilung – selbst bei gezielten Antwortanreizen wie Prämien – zu einer erheblichen Zahl von Antwortausfällen führt.
4. Die Antwortausfälle verteilen sich hierbei nicht gleichmäßig über die gesamte Bevölkerung; die Verzerrung der Ergebnisse ist insofern in ihrer Größe und Richtigkeit nicht abschätzbar.

Bei diesen Überlegungen wird ein wichtiger Aspekt unterschlagen: Die Ergebnisqualität ist abhängig von Vollständigkeit *und* Richtigkeit der Angaben. Dies wird auch in der Beschlußempfehlung und im Bericht des Innenausschusses vom 18.09. 1985[28] in Verbindung mit § 12 VZG '87 nicht problematisiert. Weitgehend einig war man sich darüber, daß der Einbau der Erhebung einzelner Merkmale auf freiwilliger Basis in das VZG '87 mangels empirischer Erkenntnisse nicht sinnvoll sei.[29] Die Vertreter der Grünen wiesen darauf hin, daß ein solches Vorgehen im übrigen ungeeignet sei, einem insgesamt freiwilligen Beantwortungsmodus als methodenempirischer Vorläufer zu dienen.[30]

Ein Auskunftszwang kann jedoch widerstrebende Auskunftspflichtige zu falschen Angaben verleiten; diese Gefahr besteht bei einer Freiwilligkeit der Antworten nicht.

Erscheint die pauschale Begründung der Totalerhebung vielleicht noch manchen als ausreichend, so bleiben für einen Teil der Fragen dennoch Zweifel. Das gilt insbesondere für folgende Fragen:

– Art des überwiegenden Lebensunterhalts (§ 5 Nr. 4 VZG '87);
– Beteiligung am Erwerbsleben (§ 5 Nr. 5);
– erlernter Beruf und Dauer der praktischen Berufsausbildung (§ 5 Nr. 6);
– benutztes Verkehrsmittel für den Weg zur Arbeits- und Ausbildungsstätte (§ 5 Nr. 7, 2. Erhebungsmerkmal);
– Wirtschaftszweig des Betriebs und Stellung im Beruf (§ 5 Nr. 8).

Für die Erhebung dieser Daten scheint eine detaillierte Begründung nötig zu sein, besonders im Hinblick darauf, daß beispielsweise bei der Volkszählung 1970 die erhobenen Daten von den statistischen Ämtern nicht vollständig ausgewertet worden sind.[31] Für die Volkszählung '87 steht die gleiche Vorgehensweise zu erwarten. Im übrigen verzichten manche Staaten wie die USA seit längerem auf einen umfangreichen Fragenkatalog. Trotzdem erhalten auch sie die notwendigen Planungsdaten.[32]

6. Durchführung und Organisation der Datenerhebung

Zur wesentlichen Bedingung der *Sicherung* des Rechts auf informationelle Selbstbestimmung bei der Volkszählung hat das Bundesverfassungsgericht *verfahrensrechtliche Vorkehrungen* für die Durchführung und Organisation der Datenerhebung erklärt.[33] Der Entwurf des VZG '87 sieht deshalb folgende Neuregelungen vor:

1. § 3 VZG '87 unterscheidet zwischen *Erhebungsmerkmalen* (Angaben für die statistische Verwendung) und *Hilfsmerkmalen* (Angaben zur Durchführung der Zählung). Diese »strikte funktionale Differenzierung von statistischen Einzelangaben« soll als wesentlichen Fortschritt der Statistikgesetzgebung eine »eindeutige Zweckbindung dieser beiden Datenarten innerhalb der amtlichen Statistik« mit sich bringen.[34] Familien- und Vornamen der Haushaltsmitglieder sind wie die Adresse keine Erhebungsmerkmale mehr. Im Unterschied zum Entwurf des VZG '86 sind aber die

Blockseiten, in denen die Erhebungsmerkmale zu kleinen räumlichen Einheiten zusammengefaßt werden (»Block« ist im Sinne einer Straßenseite zwischen zwei Straßenmündungen zu verstehen), nach § 3 I S. 3 den Erhebungsmerkmalen zuzurechnen. Diese Neueinteilung wurde vorgenommen, weil der Bundesbeauftragte für den Datenschutz in den Verhandlungen des 4. Ausschusses (Innenausschuß) eine gesetzliche Klarstellung angeregt hatte. Die Blockseite setzt sich nämlich aus den *Hilfsmerkmalen* Straße und Hausnummer zusammen. Hilfsmerkmale sind nach der Rechtsprechung des Bundesverfassungsgerichts jedoch dann zu löschen, wenn sie für die Organisation der Zählung nicht mehr erforderlich sind. Ist nunmehr die Blockseite unter die Erhebungsmerkmale zu subsumieren, bestünden, so der Bundesbeauftragte für den Datenschutz,[35] gegen die Streichung der entsprechenden Löschungsvorschrift des § 15 (4) keine Bedenken mehr. Abgesehen davon, daß die im Entwurf des VZG '86 vorgesehene Löschungsfrist für ein aus Hilfsmerkmalen zusammengesetztes Datum ohnehin zu lang war, täuscht die Etikettierung der Blockseite als Instrument zur Daten-Aggregierung[36] darüber hinweg, daß eine Reidentifizierung auf der Basis derart kleiner Einheiten ohne größere Schwierigkeiten möglich ist.[37] Eine strikte Trennung von Erhebungs- und Hilfsmerkmalen ist damit faktisch aufgehoben. Dem soll § 14 Abs. 2 mit dem Verweis auf § 15 Abs. 4, S. 4 VZG '87 zwar entgegenwirken.[38] Die Vorschriften sehen vor, daß bei der Weitergabe von Daten, die nach Blockseiten sortiert sind, soweit sie Einzelangaben enthalten, zu höheren Einheiten zusammengefaßt werden müssen. Es ist aber mehr als fraglich, ob diese Bestimmungen den Schutz des Bürgers vor einer Deanonymisierung, den das Bundesverfassungsgericht[39] zur Voraussetzung einer verfassungskonformen Durchführung der Volkszählung gemacht hat, garantieren können. Gerade auf Gemeindeebenen wird der Verwaltungssachbearbeiter aufgrund seiner Ortsansässigkeit leicht aus dem »Erhebungsmerkmal« Blockseite auf einzelne Personen rückschließen können, auch wenn diese keine Einzelangaben enthält. Einer durch EDV vorgenommenen Reidentifizierung zu kommerziellen oder exekutiven Zwecken stehen bei Angabe der Blockseiten keine nennenswerten Hindernisse entgegen. Vor diesem Hintergrund sind die gegenüber dem Entwurf zum VZG '86 neu eingebrachten §§ 17 und 18 VZG '87 (Reidentifizierungsverbot und Strafvorschrift) zu sehen – als Versuch, datenschutzrechtliche

Schwächen des Auswertungsverfahrens durch Poenalisierung aufzufangen.

Ein zentrales Argument brachte bei dem Hearing des Innenausschusses des Deutschen Bundestages am 17. April 1985 der Hamburger Informatiker *Brunnstein* wieder[40] in die Diskussion ein: Er führte vor, daß jemand, der die nötige Rechenkapazität besitzt, auch ohne Namen Einzelpersonen herausfiltern kann. Damit wird die Anonymität des Fragebogens angezweifelt und gleichzeitig eine zentrale Forderung des Bundesverfassungsgerichts[41] als nicht erfüllt zu betrachten sein. Anscheinend setzt auch kein unverhältnismäßig hoher wirtschaftlicher Aufwand der Deanonymisierung eine Grenze, weil Rechenkapazitäten immer leichter zur Verfügung stehen.

Erst Organisation und Auswertung der Zählung werden zeigen, ob das Regelungsprogramm des Volkszählungsgesetzes auf dem geplanten Wege tatsächlich durchgesetzt werden kann.

2. Die Erhebungssachverhalte werden konkret bezeichnet (§§ 5–7 VZG).

3. Die Erhebungsstellen werden personell und organisatorisch von anderen Verwaltungsstellen getrennt (§ 9 VZG). § 9 Abs. 3 VZG verweist auf noch ausstehende Regelungen der Länderregierungen. Dabei ist fraglich, ob und wie kleinere Gemeinden »räumlich, organisatorisch und personell« getrennte Erhebungsstellen überhaupt einrichten können. Jedenfalls ist die verfassungsrechtliche Gesamtbeurteilung der Zählung nur bei Vorlage der ausformulierten landesrechtlichen Bestimmungen möglich; der pauschale Hinweis in § 9 Abs. 3 zeigt lediglich diese Problematik auf, ohne sie jedoch zu lösen.[42] Das gleiche gilt für die Übermittlung von Daten nach § 14 Abs. 1, S. 3 VZG '87. Der Gesetzgeber will sie nur zulassen, »wenn durch Landesgesetz eine Trennung von anderen kommunalen Verwaltungsstellen sichergestellt und das Statistikgeheimnis durch Organisation und Verfahren gewährleistet ist«. Das hört sich zwar gut an, ist aber noch ungeklärt in Inhalt, Form und Kontext. Der Hessische Landesdatenschutzbeauftragte zieht aus den Verweisen von § 9 Abs. 3 und § 14 Abs. 1 S. 3 VZG den einzig richtigen Schluß, daß Bundes- und Landesgesetz ein Junktim für das Normprogramm der Volkszählung bilden.[43]

4. Auswahl und Aufgaben der *Zähler* werden unter Ausschluß von Interessenkollisionen geregelt (§ 10 VZG). Das Bundesverfassungsgericht hatte die schon im VZG '83 vorgesehene Begehung des Wohngebiets durch Zähler für verfassungsmäßig erklärt, da ein reiner Postversand der Fragebögen nicht alle Auskunftspflichtigen

erreichen würde. Außerdem muß nach Auffassung des Gerichts dem Auskunftspflichtigen die Möglichkeit gegeben werden, dem Zähler den Erhebungsbogen in einem verschlossenen Umschlag auszuhändigen oder diesen Umschlag bei der Zählungsdienststelle abzugeben bzw. an sie zurückzusenden. Diese Forderungen werden im Gesetz grundsätzlich eingelöst. Allerdings suggeriert § 12 VZG '87 durch seine Überschrift »Auskunftspflicht«, daß er die Pflicht zur Auskunft abschließend regelt, obwohl die mündliche Auskunftspflicht in § 13 unter der unkenntlichen Überschrift »Erhebungsvordrucke« erscheint. Diese Regelung kollidiert mit dem Gebot der Normenklarheit.[44] Problematisch ist auch die spezielle mündliche Auskunftspflicht gegenüber dem Zähler nach § 13 Abs. 5. Sie richtet sich auf die Angaben über die Anzahl der Personen im Haushalt sowie die Zahl der Haushalte und der Arbeitsstätten im Gebäude. Auch Vor- und Familiennamen der Haushaltsmitglieder bzw. die Bezeichnung der Arbeits- oder Ausbildungsstätte sowie Straße und Hausnummer oder das Leerstehen der Wohnung sind anzugeben. Das Bundesverfassungsgericht hat dagegen in seinem Volkszählungsurteil (S. 62) darauf hingewiesen, ein milderes Verfahren gegenüber der Volkszählung '83 bestehe darin, die Zähler die Fragebogen lediglich austeilen und eine Adressenliste anlegen zu lassen.

5. Der Erhebungsvordruck und die Form der Auskunftserteilung werden geregelt (§ 13 VZG). Nach den Vorgaben des Bundesverfassungsgerichts muß der Inhalt des Fragebogens mit dem Gesetz übereinstimmen, wobei dem Gesetzgeber die Möglichkeit offensteht, den Fragebogen durch Rechtsverordnung festzulegen. Mit dem Bundesbeauftragten für den Datenschutz[45] kann diese Auflage durch die abschließende Aufzählung der Erhebungsmerkmale im Gesetz und die Tatsache, daß die Auskunftsbögen Anlage des Entwurfs sind, als erfüllt betrachtet werden.

6. Die Übermittlung von Einzelangaben, die Auskunftspflichtigen oder Betroffenen noch zugeordnet werden können, an die Kommunen und der Melderegisterabgleich sollen ausgeschlossen werden (§ 14 VZG). Damit würde einem essentiellen Verbot des Bundesverfassungsgerichts genügt, das § 9 Abs. 1–3 VZG '83 für verfassungswidrig und damit nichtig erklärt hatte. Statistik und Verwaltung müssen strikt getrennt bleiben. Die Weiterleitung von Daten, die für statistische Zwecke erhoben werden, aber noch nicht anonymisiert sind, zum Verwaltungsvollzug ist wegen des

Zweckentfremdungsverbots nicht mit dem Grundgesetz vereinbar. Denn dabei würden zwei unterschiedliche Anforderungen miteinander verbunden. Das könnte den Bürger angesichts der für ihn undurchsichtigen Möglichkeiten automatischer Datenverarbeitung stark verunsichern und dadurch die Zulässigkeit der Auskunftspflicht, die Zuverlässigkeit der Angaben und ihre Eignung für statistische Zwecke gefährden. Diese zentrale Forderung des Bundesverfassungsgerichts soll das Gesetz verwirklichen.

Nach dem bereits unter (1) ausgeführten Bedenken ist allerdings § 14 Abs. 1 problematisch, wonach die Übermittlung von Einzelangaben in der Blockseite an Gemeinden und Gemeindeverbände ausschließlich für eigene statistische Aufbereitungen ermöglicht werden soll. Dadurch ließen sich statistische Daten womöglich für Verwaltungszwecke verwenden. Ein solcher Gebrauch würde gegen das Zweckentfremdungsverbot verstoßen und zur Verfassungswidrigkeit führen. Es ist allerdings kaum vorstellbar, daß sich Informationsflüsse in Gemeindeverwaltungen oder selbst bei Landkreisen durch »Dekret« zerschneiden lassen, insbesondere deshalb, weil die personelle Trennung zwischen Bearbeitung der statistischen Angaben und anderen Verwaltungsaufgaben letztlich nicht gewährleistet werden kann.

7. Auf Regelungen zur Übermittlung von Einzelangaben für Aufgaben oberster Bundes- und Landesbehörden wurde verzichtet, auch auf solche für wissenschaftliche Zwecke.

8. Schließlich enthält das Gesetz besondere Trennungs- und Löschungsvorschriften (§ 15 VZG). Neben den unter (1) angesprochenen Regelungen und Problemen ist gegenüber dem Regierungsentwurf für ein VZG '86 die Löschungsvorschrift des Abs. 4 hinsichtlich der Gliederungseinheiten Blockseite weggefallen, um statistische Fortschreibungen auf der Grundlage der Baustatistiken durch die statistischen Landesämter zu ermöglichen. Damit wurde ferner einem Begehren der Kommunen Rechnung getragen, die nicht untergliederte Datensätze als für die Planungen der Gemeinden wertlos erachteten.[46] Die §§ 17 und 18 VZG '87 verbieten zuletzt unter Androhung von Freiheitsstrafe die Zusammenführung von Datensätzen zur Herstellung des Personenbezugs.

Zusammenfassend ist für den Punkt der verfahrensrechtlichen Vorkehrungen festzuhalten, daß hier der Entwurf verfassungsrechtlichen Grundsätzen nicht in jeder Hinsicht genügt.

7. Umfeldprobleme der Volkszählung 1987

Neben verfassungs*rechtlichen* Gründen, die gegen das VZG '87 sprechen, spielen auch *praktische* eine Rolle: Die Vorbehalte in der Bevölkerung gegen eine Volkszählung konnten bisher nicht ausgeräumt werden. Noch 1984 wollte jeder vierte Bundesbürger die Fragebögen gar nicht oder falsch ausfüllen.[47] Ende 1985 neigten noch 12 % der Bevölkerung eher dazu, sich an der Volkszählung nicht zu beteiligen; nur 57 % hielten sie für notwendig.[48] Bei einem so hohen Verweigerungsanteil würde die Zählung wertlos und eine halbe Milliarde DM wäre vergeblich investiert. Es ist sehr fraglich, ob dieses widerstrebende »Potential« sich bis zum Volkszählungstermin durch die verbleibenden Mittel aus dem 16 Millionen DM enthaltenden Topf für die »Aufklärungs«-Kampagne des Statistischen Bundesamtes dämpfen läßt.

Auch der hessische Datenschutzbeauftragte mußte in seinem 14. Tätigkeitsbericht für das Jahr 1985 erneut darlegen, daß seine Hinweise, die Volkszählung sollte

1. im Erhebungsprogramm konsequent eingeschränkt werden;
2. in der Terminierung auf den 1990 beabsichtigten Weltzensus der Vereinten Nationen abgestimmt werden,

ungehört verhallt sind.[49]

Alles in allem zeigen Gesetzestext des VZG '87, Diskussion der Experten und fehlende Akzeptanz[50] der Bevölkerung, daß diese Zählaktion im Mai 1987 nach der jetzigen Fassung des Gesetzes nicht in jeder Hinsicht verfassungskonform und auch nicht sinnvoll wäre. Insbesondere die Ängste in der Bevölkerung, die das Bundesverfassungsgericht für sehr berechtigt hält, sollten das ausschlaggebende Argument dafür sein, auf eine flächendeckende Volkszählung vorerst überhaupt zu verzichten.

Anmerkungen

1 *Wernitz,* Sozialdemokratischer Pressedienst, 39. Jahrgang (222), vom 16. 11. 1984, S. 4, und *Waffenschmidt,* 1. Beratung im Bundestag, 123. Sitzung am 28. 2. 1985, Drs. 10/2814.

2 BGBl. I, S. 2078 ff.

3 NJW 1986, S. 1850ff. (1852).
4 BGBl. I, S. 369. Über Gesetzgebungsverfahren und Inhalte des Gesetzes vgl. *J. Taeger*, Das Volkszählungsgesetz 1983. Eine Bestandsaufnahme, in: *J. Taeger* (Hrsg.), Die Volkszählung, Reinbek 1983, S. 68ff. Vgl. auch *Massing* in diesem Band.
5 BVerfGE 64, S. 67.
6 BVerfGE 65, S. 1ff.
7 BVerfGE, a. a. O., S. 42.
8 Ebenda, S. 43.
9 Vgl. *J. Simon*, Das allgemeine Persönlichkeitsrecht und seine gewerblichen Erscheinungsformen, Berlin 1981, S. 79ff.
10 BVerfGE, a. a. O., S. 45.
11 Vgl. dazu grundlegend *B. Schlink*, Die Amtshilfe, Berlin 1982; *ders.*, Datenschutz und Amtshilfe, NVwZ 1986, S. 249ff.
12 BT-Drs. 10/2814; BT-Stenogr. Bericht, 123. Sitzung, Plenarprotokoll 10/123.
13 Gesetz über eine Volks-, Berufs-, Gebäude-, Wohnungs- und Arbeitsstättenzählung v. 8. 11. 1985.
14 Begründung des Bundesstatistikgesetzes, BT-Drs. 8/2517, S. 15f.
15 BVerfGE, a. a. O., S. 48.
16 BVerfGE, a. a. O., S. 47ff.
17 Ebenda, S. 55.
18 Unter der Ziffer A4.
19 Der Hessische Datenschutzbeauftragte, 13. Tätigkeitsbericht vom 31. Dezember 1984, Darmstadt, S. 63.
20 14. Tätigkeitsbericht des Hessischen Datenschutzbeauftragten v. 31. Dezember 1985, Darmstadt, S. 80.
21 *M. Güllner*, Von der Fiktion der Unfehlbarkeit. Kritische Anmerkungen zum Konzept der amtlichen Statistik, in: J. Taeger, a. a. O., S. 186ff. (187).
22 Ebenda, S. 189f.; ablehnend auch B. Kolleck, Zur Überflüssigkeit einer Totalerhebung, in: Vorsicht Volkszählung (Hrsg. R. Appel/D. Hummel), Köln 1987, S. 53ff.
23 7. Tätigkeitsbericht des Bundesbeauftragten für den Datenschutz vom 1. Januar 1985, BT-Drs. 10/2777, Bonn 1985, S. 38. Die Anforderungen des Bundesverfassungsgerichts hält der Bundesbeauftragte seit dem 8. Tätigkeitsbericht, Bonn 1986, S. 27, für erfüllt; vgl. auch den 9. Tätigkeitsbericht, Bonn 1987, S. 45. Dazu hat entscheidend beigetragen, daß die Länder in Rechtsverordnungen die Erhebungsstellen bestimmt und Einzelheiten bei der Durchführung der Zählungen geregelt haben; daß die Statistischen Ämter Anleitungen für Gemeinden, Erhebungsstellen und Zähler erstellt haben; daß einzelne Länder mit Musterdienstanweisungen für die Durchführung der Volkszählung konkrete Empfehlungen gemacht haben. Kritisch dazu äußert sich z. B. der

Hamburgische Datenschutzbeauftragte in seinem 5. Tätigkeitsbericht, Hamburg 1987, S. 38ff.; ebenso kritisch die Baden-Württembergische Datenschutzbeauftragte in ihrem 7. Tätigkeitsbericht, Stuttgart 1986, S. 26ff.: Die Regelung über die Bestimmung der Erhebungsstelle (§ 3 Abs. 4 DVO) bietet keine Garantie, daß jede Erhebungsstelle von vornherein dem Volkszählungsgesetz entsprechend abgeschottet sei.

24 13. Tätigkeitsbericht, a. a. O. Anm. 14, S. 65.

25 Vgl. den 3. Tätigkeitsbericht des Hamburgischen Datenschutzbeauftragten zum 1. Januar 1985, Hamburg, S. 41.

26 *Spiros Simitis,* in: Frankfurter Rundschau vom 22. 2. 1985.

27 BT-Drs. 10/2814, S. 11f.

28 BT-Drs. 10/3843, S. 22f.

29 Ebenda.

30 Ebenda, S. 23.

31 Vgl. den 5. Tätigkeitsbericht der Landesbeauftragten für den Datenschutz in Baden-Württemberg, Stuttgart 1984, S. 84: Die Angabe über den erlernten Beruf sollte lediglich bei 10 % der Bürger für Zwecke der Bundesstatistik genutzt werden. Das gleiche gilt für andere Länder, in denen die Datenfülle nicht verarbeitet werden kann. So stellt *B. Edwards,* Sources of Economic and Business Statistics, London 1972, S. 91 fest, daß der Zensus von 1968 in Großbritannien durchgeführt wurde, obwohl der von 1963 noch nicht bewältigt war. Zum notwendigen Umfang des Fragenkatalogs vgl. Horst Bieber, Viele Fragen – und welche Antworten?. Die Zeit, Nr. 9 v. 20. Februar 1987, S. 4.

32 Ebenda.

33 BVerfGE, a. a. O., S. 58.

34 13. Tätigkeitsbericht des Hessischen Datenschutzbeauftragten, a. a. O., S. 65.

35 Vgl. BT-Drs. 10/3843, S. 27. Zum Problem der Blockseite und einem Modell zur sozialen Strukturanalyse ausführlich M. Hoffmann/J.-P. Regelmann, Volkszählung '87, Braunschweig 1986, S. 22ff.

36 Ebenda, S. 28.

37 Vgl. *Dammann,* in: Simitis/Dammann/Mallmann/Reh, Kommentar zum Bundesdatenschutzgesetz, Baden-Baden, 3. Aufl. 1981, S. 152.

38 Die Erörterung dieser Vorschriften wird deshalb an dieser Stelle vorweggenommen.

39 Vgl. BVerfGE, a. a. O., S. 72f.

40 Vgl. auch derselbe, Über Möglichkeiten der Re-Identifikation von Personen aus Volkszählungsdaten, in: Vorsicht Volkszählung, aaO., S. 62ff.; V. Rottmann/H. Strohm, Was Sie gegen Mikrozensus und Volkszählung tun können, Frankfurt 1986, S. 127ff.; *J. Simon,* Die erfaßte Persönlichkeit, in: J. Taeger a. a. O., S. 136ff. (137f.).

41 BVerfGE, a. a. O., S. 49f. Zur Anonymisierung vgl. *Hammersbacher,* Datenschutz und Datensicherung 1982, S. 284ff. und 1984, S. 181ff.

42 Vgl. 13. Tätigkeitsbericht des Hessischen Datenschutzbeauftragten, a. a. O., S. 66.

43 Vgl. ebenda. Die *Bundesvereinigung der kommunalen Spitzenverbände* hat sich dazu geäußert: »Die in § 9 Abs. 1 getroffene Regelung der strikten organisatorischen und personellen Trennung der Erhebungsstellen von anderen Verwaltungsstellen wird hinsichtlich kleinerer Gemeinden für außerordentlich problematisch gehalten.« (Anhang zum Entwurf des VZG '86). Auch bei größeren Städten müßte genau kontrolliert werden, wie der Datenschutz gewährleistet werden kann.

44 Vgl. den 13. Tätigkeitsbericht des Hessischen Datenschutzbeauftragten, a. a. O., S. 67f.

45 BT-Drs. 10/3843, S. 49.

46 Vgl. BT-Drs. 10/3843, S. 48.

47 So Der Spiegel, Nr. 17/1985 vom 22. April, S. 23, der sich auf Umfragen aus dem Jahr 1984 beruft.

48 Hannoversche Allgemeine Zeitung v. 25. 3. 1986 (dpa-Meldung).

49 Vgl. ebenda, a. a. O., S. 80f.

Helmut Bäumler

Das Recht auf informationelle Selbstbestimmung im Sicherheitsbereich und der maschinenlesbare Ausweis

I. Die Datenverarbeitung als Ausgangspunkt

Das Volkszählungsurteil des Bundesverfassungsgerichts vom 15. Dezember 1983[1] hat augenscheinlich alle Chancen, als eines der meistzitierten Urteile in die jüngere deutsche Rechtsgeschichte einzugehen. Würden die aus diesem Urteil gezogenen Konsequenzen in einem auch nur annähernd ausgeglichenen Verhältnis zu den mit ihm verknüpften Erwartungen stehen, so könnte man weitreichende Veränderungen des Datenschutzrechts und in ihrem Gefolge auch der Datenverarbeitung erwarten. Ob all diese Blütenträume reifen, erscheint mehr als drei Jahre nach dem Volkszählungsurteil alles andere als sicher. Wenn nicht alle Zeichen trügen, dann scheint die Tendenz eher dahin zu gehen, die bestehende Datenverarbeitungspraxis bei den Sicherheitsbehörden möglichst lückenlos gesetzlich abzusichern.

Die Wirksamkeit neuer Datenschutzvorschriften, insbesondere für die Sicherheitsbehörden, hängt entscheidend davon ab, daß möglichst klare Vorstellungen von der Datenverarbeitung in diesem Bereicht bestehen. Es wäre nicht sachgerecht, wenn Rechtsvorschriften für die Datenverarbeitung im Sicherheitsbereich erlassen würden, ohne deren derzeitigen Stand und die bisherige und weiter zu erwartende Entwicklung zu berücksichtigen. Die genaue Kenntnis des Regelungsgegenstandes erhöht die Chancen für die Wirksamkeit von Normen. Aus diesem Grund soll im folgenden zunächst beispielhaft von einigen wesentlichen Entwicklungen im Bereich der polizeilichen Datenverarbeitung die Rede sein, bevor untersucht wird, welche Folgerungen das Recht auf informationelle Selbstbestimmung für die Datenverarbeitung im Sicherheitsbereich verlangt.

II. Die Entwicklung der Datenverarbeitung bei den Sicherheitsbehörden

1. Datenverarbeitung als Grundelement sicherheitsbehördlicher Arbeit

Die Sammlung, Auswertung, Speicherung, Übermittlung, kurz: Verarbeitung personenbezogener Daten ist ein wesentlicher Bestandteil sicherheitsbehördlicher Arbeit. Was ist die Aufklärung der Tat bis hin zur Überführung des Täters anderes als die systematische Sammlung personenbezogener Daten? Klassische polizeiliche Maßnahmen wie Durchsuchung, erkennungsdienstliche Behandlung oder Personenidentifizierung ebenso wie nachrichtendienstliche Methoden der Beschattung, Beobachtung und V-Mann-Infiltration geschehen nicht als Selbstzweck, sondern dienen dem Interesse der Informationssammlung. Polizeiliche und nachrichtendienstliche Recherchen zielen in ihrem Kern auf die Gewinnung von Informationen über menschliches Handeln, d.h. über personenbezogene Daten ab. Zu allen Zeiten haben folglich Polizei und Nachrichtendienste Personendaten gesammelt, ausgewertet und registriert.

Der Erfolg der Arbeit dieser Behörden hing und hängt immer auch davon ab, wie einmal gewonnene Informationen archiviert und für die weitere Arbeit zugänglich gemacht werden können. Hierfür hatten sie Methoden und Techniken entwickelt, bevor die EDV ihren Einzug hielt. Diese traf auf ein zwar manuell betriebenes, aber durchdachtes System der Datenverarbeitung und des gegenseitigen Datenaustauschs.

Gerade deshalb konnte es nicht ausbleiben, daß der Siegeszug der Computer vor allem im Bereich der Sicherheitsbehörden nachhaltige Spuren hinterlassen hat. Ein Ende dieser Umwälzungen ist überhaupt noch nicht abzusehen. Da die Sicherheitsbehörden nicht Vorreiter der EDV sind, sondern eher ein deutliches Timelag in der Einführung neuer Verfahren zu verzeichnen haben, sind weitere Veränderungen ihrer Arbeitsweise scheinbar unausweichlich. Dies gilt allgemein für alle Sicherheitsbehörden, insbesondere aber auch für solche, bei denen die Datenverarbeitung über das normale Maß hinaus Hauptgegenstand der täglichen Arbeit ist. In § 2 Abs. 1 des Gesetzes über die Errichtung eines Bundeskriminalpolizeiamtes (Bundeskriminalamtes) vom 29. Juni 1973[2] (BKAG) sind z. B. dem BKA eine Reihe von Aufgaben zugewiesen, die allesamt auf die systematische Verarbeitung personenbezogener Daten hinauslaufen.

Es ist sicher nicht falsch, wenn man davon ausgeht, daß diese Aufgaben ein deutliches Übergewicht gegenüber denjenigen haben, die das Bundeskriminalamt (BKA) als originär ermittelnde oder Gefahren abwehrende Behörde hat. Vielleicht hängt es auch damit zusammen, daß dem BKA in bezug auf die Weiterentwicklung der polizeilichen Datenverarbeitung eine gewisse Vorreiterrolle zugefallen ist. Der dem Amt bisweilen zugeschriebene »besondere Datenhunger« mag vor allem in der Zentralstellenfunktion des BKA für die Datenverarbeitung der deutschen Polizei seine Ursache haben. Nicht zufällig stammen also die im folgenden dargestellten Beispiele für die Entwicklung der polizeilichen Datenverarbeitung und die damit verbundenen Veränderungen vorwiegend aus dem Bereich des BKA. Mit gewissen Einschränkungen ist die Entwicklung der Datenverarbeitung auch bei anderen Sicherheitsbehörden mit der beim BKA vergleichbar.

2. *Beispiele wichtiger Veränderungen der Datenverarbeitung beim Bundeskriminalamt*

a) *Kriminalakten und ihr Nachweis*

Die klassische polizeiliche Sammlung personenbezogener Daten ist die Kriminalakte. Sie beinhaltet im Grundsatz diejenigen Informationen, die die Polizei bezüglich des strafrechtlich relevanten Verhaltens einer Person zusammengetragen hat. Es kann sich dabei um zweifelsfrei aufgeklärte Fakten wie auch um Verdachtsmomente handeln. Während andere polizeiliche Akten wie z. B. Verfahrens- und Ermittlungsakten oder Spurenakten mehr die jeweilige – meist umfangreichere – Straftat zum Gegenstand haben, ist die Kriminalakte an der Person des Täters oder Verdächtigen »aufgehängt«.

Derartige Akten in umfangreichen Aktensammlungen gezielt wiederzufinden, ist in der Regel nur dann möglich, wenn mit Hilfe der Personalien des Täters oder Beschuldigten, d. h. des »Trägers« der Kriminalakte gesucht werden kann. Folglich hat es, solange es Kriminalakten gibt, Karteimittel gegeben, mit deren Hilfe über die Personendaten des jeweiligen »Trägers« Kriminalakten wiedergefunden werden konnten. Ein Nachweis aller Personen, über die eine Kriminalakte existiert, ist also für die Polizei nichts Neues.

Und doch weist der jetzt im Aufbau befindliche Kriminalaktennachweis (KAN) der deutschen Polizei Besonderheiten auf. Er ist als Verbundsystem konzipiert, d. h., an ihn sind das BKA und die Polizeien der Länder angeschlossen. Die Abfrage in der KAN-Datei liefert also nicht nur den Nachweis über eigene Kriminalakten oder jedenfalls diejenigen der Polizei des eigenen Bundeslandes, sondern über alle »KAN-fähigen«[3] Kriminalakten der gesamten deutschen Polizei. Die KAN-Datei dient also nicht nur dem Nachweis der Kriminalakten in der eigenen Aktenhaltung, sondern sie bedeutet die ständige gegenseitige Übermittlung der Daten von Personen, über die irgendwo in Deutschland eine »KAN-fähige« Kriminalakte existiert.

Nebenbei ist der Umfang der zur jeweiligen Person gespeicherten Daten so groß und damit das Verfahren so komfortabel ausgefallen, daß die Datei nicht nur zum Auffinden von eigenen oder der Akten anderer Polizeidienststellen dient, sondern schlagwortartige Kurzinformationen enthält, die eine erste Einschätzung der gespeicherten Person zu ermöglichen scheinen. Es handelt sich dabei z. B. um Merkmale wie »Gewalttätig«, »Freitodgefahr«, »Bewaffnet«, »Wechselt häufig Aufenthaltsort«, »BTM-Konsument« usw. Der Bundesbeauftragte für den Datenschutz bezweifelt die Erforderlichkeit derartiger Merkmale für ein Aktennachweissystem und sieht darüber hinaus die Gefahr, daß aufgrund solcher schlagwortartiger Merkmale Entscheidungen getroffen werden könnten, ohne Möglichkeit der Nachprüfung, ob sie auch wirklich noch zutreffen.[4] Gleichwohl: Automatisiert betriebene polizeiliche Aktennachweissysteme sind, sofern sie sich im Rahmen dieser Zweckbindung halten, eine gradlinige Fortführung traditioneller polizeilicher Datenverarbeitung mit den Mitteln der elektronischen Datenverarbeitung.

b) Das PIOS-Verfahren

Einen wesentlichen Schritt weiter gehen Aktenauswertungssysteme auf der Basis des PIOS-Verfahrens. Es dient dem Zweck, aus bestehenden polizeilichen Akten Informationen über Personen, Institutionen, Objekte und Sachen in Dateien zu speichern. Es geht hier also nicht primär um das Wiederauffinden von Akten mit Hilfe der Daten derjenigen Person, zu der die Akte angelegt worden ist, sondern um die dateimäßige Erfassung des *Inhalts* von Polizeiakten. Die aus einer Akte als relevant erachteten Personen,

Institutionen, Objekte und Sachen werden in der jeweiligen PIOS-Datei gespeichert und, sofern sie miteinander zu tun haben, durch Verknüpfungen untereinander verbunden. Derart aufbereitete Daten erlauben umfangreiche Querschnittsauswertungen und damit eine ungleich intensivere Nutzung der gespeicherten Daten.

Vor allem aber knüpfen sie an einen ganz anderen Personenkreis als Aktennachweissysteme an. Nicht nur der Täter oder Verdächtige, zu dem eine Kriminalakte besteht, wird gespeichert, sondern noch weitere Personen aus der Akte: seine vermuteten Hintermänner, seine Unterstützer, sein Umfeld, seine Kontaktpersonen. Es geht also um die Erfassung auch »anderer Personen« als nur der Täter oder Verdächtigen. PIOS sieht folglich die Speicherung auch solcher Personen vor, denen strafrechtlich nichts vorzuwerfen ist, ja gegen die noch nicht einmal ein konkreter Verdacht besteht.

Ursprünglich wurde das Verfahren entwickelt, um die Fülle von Informationen aus dem Bereich der Terrorismusbekämpfung verarbeiten und in einen sinnvollen Zusammenhang bringen zu können. Nach und nach wurden und werden PIOS-Anwendungen in immer mehr Kriminalitätsbereichen eingesetzt. Die Polizei hält PIOS für ein geeignetes Verfahren vor allem zur Bekämpfung der organisierten Kriminalität und ist deshalb bestrebt, überall dort, wo Kriminalität in dieser Erscheinungsform hervortritt, PIOS-Verfahren anzuwenden. *Dies bedeutet die immer weitere Ausbreitung der Methode, andere Personen als nur Beschuldigte oder Verdächtige zu erfassen.*

c) *Spurendokumentationsverfahren (SPUDOK)*

PIOS-Verfahren sind auf Dauer angelegt, um eine bestimmte Form der Kriminalität zu bekämpfen. In Zeiten moderner bundesweiter Fahndungsmethoden unter Einschaltung der Medien und der Öffentlichkeit ist die Zahl der eingehenden und zu bearbeitenden Spuren oft wesentlich höher als in früheren Jahren. Die Aufklärung großer terroristischer Straftaten kann Zehntausende von Spuren erbringen. Die Polizei hat die Erfahrung gemacht, daß es einen enormen Aufwand bedeutet, derartige Spurendaten in einem auf Dauer angelegten System wie PIOS zu speichern, wenn sich unter Umständen bereits nach Tagen oder Wochen die Irrelevanz der meisten Spuren herausgestellt hat. Derart als irrelevant erkannte Informationen aus einem System wie PIOS zu löschen, ist nur mit großem Personaleinsatz möglich.

Weil andererseits die Polizei im Zeitalter der EDV auf eine elektronische Speicherung von Spurendaten in großen Kriminalfällen nicht verzichten zu können glaubte, wurde das Spurendokumentationsverfahren (SPUDOK) entwickelt. Es ist ebenso wie PIOS darauf angelegt, nicht nur Täter oder Verdächtige, sondern vor allem andere Personen wie Kontaktpersonen, Zeugen, Hinweisgeber, letztlich alle für die Fallaufklärung möglicherweise relevanten Personen zu erfassen.

SPUDOK ist nicht nur ein Verfahren zur Erfassung von Personen, sondern es dient ebenso zur Dokumentation des polizeilichen Vorgehens. Folglich ist im Grundsatz jede der unter Umständen zigtausend Spuren zu dokumentieren.

Wesentliches Kennzeichen von SPUDOK ist die freitextliche Informationserfassung. Dies bedeutet, daß die Umsetzung von Lebenssachverhalten in Schlüsselbegriffe wegfällt, so daß eingehende Spurenmeldungen regelmäßig im Verhältnis eins zu eins im System erfaßt werden können. Bei der Wiedergewinnung der gespeicherten Informationen kann jeder freitextlich eingegebene Begriff als Suchbegriff dienen. Auswertungen bringen auch dann Ergebnisse, wenn Informationen bei der Eingabe noch gar nicht, so wie bei PIOS notwendig, verknüpft worden sind. Verbindungen zwischen den gespeicherten Informationen werden bei der Recherche automatisch vom Rechner hergestellt, der alle eingegebenen Werte mit allen bereits gespeicherten vergleicht. Einmal gespeicherte Informationen können deshalb einer nicht vorhersehbaren Palette von Auswertungs- und Verknüpfungszusammenhängen unterworfen sein. Suchbegriffe sind auch alle im jeweiligen Text vorkommenden Namen, sofern sie nicht ausnahmsweise in Klammern gesetzt sind. Bei der Erfassung in SPUDOK lautet die Entscheidung nicht, ob eine Person zu speichern ist, sondern ob sie ausnahmsweise in Klammern zu setzten ist, d. h. zwar gespeichert wird, aber nicht mehr unter den Personalien abfragbar ist.

Das Ergebnis ist die Erfassung von vergleichsweise sehr vielen Personen in den jeweiligen SPUDOK-Systemen, wobei letztlich die überwältigende Mehrzahl mit dem Fall objektiv nichts zu tun hat. Der Kreis der bei der Polizei elektronisch gespeicherten Personendaten vergrößert sich mit der Einführung des SPUDOK-Verfahrens. Schon im eigenen Interesse ist die Polizei allerdings darauf bedacht, SPUDOK-Dateien möglichst nach relativ kurzen Fristen wieder zu löschen. Die Löschung von Einzeldaten aus einer SPUDOK ist dabei die Ausnahme, das Belassen aller Datensätze bis zur Löschung der gesamten Datei die Regel. Hierin kommt ein Trend zum Ausdruck, nicht die Person und ihren individuellen, vermuteten oder wirklichen, Tatbeitrag zum Beurteilungsmaßstab einer Speicherung zu machen, sondern den Fall als Ganzes zu sehen. An die Stelle der subjektiven Betrachtungsweise des einzelnen Individuums tritt das objektive Interesse an der kompletten Dokumentation eines polizeilichen Ermittlungsverfahrens.

Die Zahl der SPUDOK-Anwendungen ist ständig im Steigen begriffen.[5] Auch werden SPUDOKs längst nicht mehr nur zur Strafverfolgung betrieben, sondern kommen auch bei der Gefahrenabwehr zum Einsatz. Bei großen Demonstrationen etwa erlaubt die leichte Handhabbarkeit des Systems und nicht zuletzt auch, weil Speicherkapazität heute kein ins Gewicht fallender Kostenfaktor mehr ist, die Erfassung vermuteter oder wirklicher Teilnehmer, etwa um angenommene Gefahren abzuwehren.

Aber auch im Bereich der Strafverfolgung sind mehr Probleme ungelöst als gelöst. Kann die Polizei so ohne weiteres SPUDOKs löschen, wo doch die Staatsanwaltschaft Herrin des Verfahrens ist? Kann sie es mit Zustimmung der Staatsanwaltschaft, oder gebietet der Grundsatz der Waffengleichheit, daß auch die Verteidigung noch im SPUDOK-System recherchieren kann, etwa um festzustellen, ob noch andere Verdächtige vorhanden sind, oder ob einseitig ermittelt worden ist? Wenn die Polizei die Notwendigkeit bejaht, SPUDOKs betreiben zu dürfen, um ein großes Spurenaufkommen sinnvoll bearbeiten zu können, muß dies dann nicht auch für die Verteidigung gelten, wenn die Gerichte neuerdings[6] mit nicht eben schlechten Gründen der Verteidigung in gewissen Grenzen die Einsicht in Spurenakten ermöglichen? Die Folge wäre eine unübersehbare Speicherungsdauer, da wohl jedenfalls der rechtskräftige Abschluß des Gerichtsverfahrens und vorgängig der Abschluß der unter Umständen Jahre dauernden polizeilichen Ermittlungen abgewartet werden müßte. Folge hiervon wiederum wäre die Speicherung einer Vielzahl von Personen, die rein zufällig in die Ermittlungen geraten sind und deren Unschuld sich mittlerweile herausgestellt hat, über einen unter Umständen langen Zeitraum.

Dies und eine Reihe weiterer Fragen sind ungeklärt, was einer ständigen Verbreiterung des Anwendungsbereichs des SPUDOK-Verfahrens bislang allerdings nicht im Wege stand.

d) Massendatenverarbeitung

Die Flexibilität und damit vielseitige Einsetzbarkeit des SPUDOK-Verfahrens sowie die Bedienerfreundlichkeit und die damit verbundene hohe Akzeptanz des Verfahrens bei den Anwendern haben in der Polizei zu Überlegungen geführt, den Anwendungsbereich der SPUDOKs noch zu erweitern. Unter bestimmten Voraussetzungen soll die Begrenzung der SPUDOKs auf die Erfassung von Spuren wegfallen. Gespeichert werden sollen dann auch Daten über Personen, die in einem rein zufälligen Bezug zum Tatgeschehen stehen. Gedacht ist hier – wie der Name »Speicherung von Massendaten« besagt – offenbar an die Erfassung großer Personenkreise. Zum Einsatz könnte das geplante Verfahren z. B. bei einer Ringalarmfahndung kommen, bei der in bestimmten Entfernungen zum Tatort Kontrollstellen eingerichtet werden. Stellt man sich vor, daß etwa an einer belebten Bundesstraße eine derartige Kontrollstelle eingerichtet werden muß, so kann die Zahl der kontrollierten Personen in die Tausende gehen. Derartige Datenmengen konnten mit den bisherigen Datenverarbeitungsmöglichkeiten der Polizei nicht gespeichert und ausgewertet werden.

Das auf dem SPUDOK-Verfahren aufbauende Konzept der »Massendatenverarbeitung« ist hierzu in der Lage. Mit seiner Hilfe können große Datenmengen erfaßt und unter den verschiedensten Gesichtspunkten ausgewertet werden – z. B. »wer ist zweimal an der Kontrollstelle innerhalb eines Tages vorbeigekommen« usw. – oder mit anderen polizeilichen Beständen abgeglichen werden. Wichtig ist vor allem die Feststellung, daß bei der »Massendatenverarbeitung« für die Speicherung einer Information nicht die Qualität einer »Spur« vorliegen muß. Sie geht damit einen entscheidenden Schritt über herkömmliche SPUDOK-Verfahren hinaus. Ihr Einsatzgebiet könnte überall dort sein, wo wie bei der sog. Aktion »Gitternetz«[7] massenhaft Daten Unbeteiligter erhoben werden, wie z. B. an allen möglichen Kontrollstellen. Mit dem Einsatz der sog. Schleppnetzfahndung im Zuge der Einführung maschinenlesbarer Ausweispapiere eröffnet sich ein neues Anwendungsgebiet für die Massendateiverarbeitung.

Im Grunde ist das Konzept der Massendatenverarbeitung der Rasterfahndung schon sehr nahe. In beiden Fällen geht es darum, durch Abgleiche und Rasterung aus einer großen Datenmenge über zum Tatgeschehen meist nur in einem zufälligen Zusammenhang stehende Personen einen Bodensatz jedenfalls soweit Verdächtiger zu gewinnen, daß eine weitere Abklärung mit herkömmlichen polizeilichen Methoden lohnend erscheint. Im Unterschied zur Rasterfahndung, bei der sich die Polizei die Daten von anderen Stellen übermitteln läßt, erhebt sie sie für die Massendatenverarbeitung selbst.

e) Gesamttendenz

Die hier notwendigerweise nur in Ansätzen skizzierte Entwicklung zeigt, daß die ständige Weiterentwicklung der automatisierten Datenverarbeitung und ihre Einführung bei der Polizei den von der Polizei erfaßten Personenkreis beständig erweitert hat. Freilich darf nicht übersehen werden, daß diese Entwicklung nicht so gradlinig und idealtypisch verlaufen ist. Gegenläufige Interessen, Besonderheiten des Einzelfalles und andere Faktoren könnten bei oberflächlicher Betrachtungsweise den Anschein einer unstrukturierten, vielfach geschichteten, eben scheinbar zufälligen Entwicklung geben. Im Kern zeigt sich allerdings die Aufeinanderfolge der Veränderungen in der Datenverarbeitung der Polizei als logische Folge eines einmal eingeschlagenen Wegs.

Die moderne Datenverarbeitung der Polizei macht beim Beschuldigten oder Verdächtigen nicht halt. Ihr Weg führt über die »anderen Personen«, das heißt die Kontakt- und Umfeldpersonen von Verdächtigen über die möglichst lückenlose Erfassung der in einer konkreten Spur auftauchenden Personendaten bis hin zur massenhaften Erfassung von lediglich in einem zufälligen Zusammenhang zur Tat oder zur abzuwehrenden Gefahr stehenden Personen. Bei der Massendateiverarbeitung hat die elektronische Datenverarbeitung am sinnfälligsten ihren Charakter als Hilfsmittel traditioneller polizeilicher Ermittlungsarbeit verloren und ist zu einem eigenständigen »Ermittlungsfaktor«, eben zu einem Verdachtschöpfungsinstrument geworden. *Mit den Begriffen und Mitteln der herkömmlichen Polizeidogmatik sind diese Entwicklungen rechtlich kaum adäquat zu erfassen.*

3. Die Entwicklung der Datenverarbeitung im Bereich des polizeilichen Staatsschutzes

Der polizeiliche Staatsschutz berührt sensible Bereiche des gesellschaftlichen und politischen Lebens, ja allgemein gesagt: wichtige

Fragen des Verhältnisses von Freiheit und Staatseingriff. Nachdem im vorstehenden eine Entwicklungslinie der polizeilichen Datenverarbeitung sozusagen im Querschnitt dargestellt worden ist, sollen deshalb nun Veränderungen speziell in diesem Kriminalitätsbereich beleuchtet werden. Polizeilicher Staatsschutz hat nicht nur die Aufklärung und Verfolgung von Staatsschutzdelikten im engeren Sinn, etwa der ersten fünf Abschnitte des Strafgesetzbuches, zum Gegenstand, sondern jede Straftat, die aus einem politischen Motiv heraus begangen worden ist oder jedenfalls begangen worden sein könnte.

Alle derartigen Straftaten sind gemäß den einschlägigen Richtlinien von den Polizeidienststellen der Länder an das BKA zu melden. Dort werden die einlaufenden Meldungen verarbeitet. Kommt es – wie im Regelfall – zu einer Speicherung, so geschieht dies derzeit im nachrichtendienstlichen Informationszentrum (NADIS). NADIS ist ein Verbundsystem, das die Verfassungsschutzbehörden des Bundes und der Länder gemeinsam betreiben. Angeschlossen ist aber auch die Staatsschutzabteilung des Bundeskriminalamtes (BKA-St). Da BKA-St kein eigenes Aktennachweissystem besitzt, speichert es seine Aktenzeichen samt den Daten des Täters oder Verdächtigen in NADIS.

NADIS ist ein typisches Aktennachweissystem, das die Personengrunddaten, einige weitere Zusatzinformationen sowie insbesondere das Aktenzeichen enthält.[8] Mit Hilfe von NADIS kann also in erster Linie unter Eingabe der Daten des »Trägers« der Akte das Aktenzeichen der jeweiligen Kriminalakte aufgefunden werden. Verknüpfungen zwischen unterschiedlichen Datensätzen sind gar nicht, Recherchen und Auswertungen nur in sehr bescheidenem Ausmaß möglich.

Der datenschutzrechtliche Nachteil des derzeitigen Anschlusses von BKA-St an NADIS ist vor allem, daß auf diesem Wege das BKA unmittelbar Kenntnis von den Aktenzeichen der Verfassungsschutzbehörden zu den vom BKA gespeicherten Personen erhält, die Verfassungsschutzbehörden umgekehrt von den Aktenzeichen des Bundeskriminalamtes auch. Von einer Trennung der jeweiligen Datenbestände und der Übermittlung nur im Einzelfall bei Vorliegen der Erforderlichkeit, so wie es zumindest aus dem verfassungskräftigen Gebot der Trennung von Polizei und Geheimdiensten folgt, kann demnach insoweit keine Rede sein.

Daß das BKA im Zuge der Fortentwicklung seiner Datenverarbeitung diesen Verbund lösen will, wird von der Datenschutzseite begrüßt.[9] Die Art, *wie* dies geschehen soll, führt zu einer qualitativ völlig anders gearteten Datenverarbeitung. Nunmehr werden die BKA-St-Akten nach dem PIOS-Verfahren in einer Datei namens APIS[10] (Arbeitsdatei PIOS Innere Sicherheit) gespeichert. Es wurde schon erwähnt, daß die Einführung der PIOS-Technik in einem Kriminalitätsbereich zu einer neuen Qualität der Datenverarbeitung führt. Gespeichert werden nicht mehr nur die Personendaten des Beschuldigten oder Verdächtigen, um mit ihrer Hilfe die Akte wiederzufinden. Sinn und Zweck des PIOS-Verfahrens ist es gerade, andere Personendaten erfassen, verknüpfen und auswerten zu können, die sich noch in der Akte befinden. Gerade in einem Bereich wie dem polizeilichen Staatsschutz besteht immer dann, wenn etwa Kontaktpersonen oder »Hintermänner« z. B. eines der Sachbeschädigung durch »wildes Plakatieren« Verdächtigen erfaßt werden sollen, die Gefahr, daß die Grenzen zur Vorfeldarbeit und damit zum Zuständigkeitsbereich der Verfassungsschutzbehörden verwischt werden. Besteht erst einmal die Möglichkeit, das Umfeld von derartigen Straftätern zu erfassen und die Daten untereinander zu verknüpfen, so wird auch die Neigung wachsen, derartige Daten in verstärktem Maße zu erheben. Eine Zunahme der Erhebung und Verarbeitung von Vorfelderkenntnissen unter Einsatz polizeilicher Befugnisse könnte die direkte Folge sein – eine Entwicklung, der gerade mit dem Trennungsgebot von Polizei und Nachrichtendiensten von Verfassung wegen vorgebeugt werden sollte.

In APIS werden nicht nur Daten des polizeilichen Staatsschutzes erfaßt, sondern auch die Datenbestände aus der Terrorismusbekämpfung. *Terroristische Gewaltverbrecher und Sachbeschädiger durch »wildes Plakatieren« oder Beleidiger von Politikern sollen buchstäblich in »einen Topf« geworfen werden.* Zum Zwecke der Terrorismusabwehr vorgenommene Auswertungen und Recherchen umfassen zugleich auch Daten des polizeilichen Staatsschutzes. Wer einmal eine »politische Straftat« begangen hat oder zum Umfeld einer derartigen Straftat gehört, kann auf diesem Weg leicht in Ermittlungszusammenhänge oder gar in Verdacht bei der Terrorismusbekämpfung geraten.

APIS wird als Verbunddatei von Bund und Ländern betrieben. Dies bedeutet, daß jeder Teilnehmer Daten in die Datei einstellen und die Daten jedes anderen Teilnehmers abrufen kann. Da der

Umfang der in APIS zur Erfassung vorgesehenen Daten beispielsweise wesentlich größer als die in NADIS erfaßbaren Daten ist und da insbesondere auch Informationen freitextlich erfaßt werden können, wächst damit die Gefahr, daß die einzelnen Teilnehmer sich auf die vermeintlich komfortable Bildschirmauskunft verlassen und die Originalquellen nicht mehr heranziehen. *Die Polizei begibt sich damit in eine Abhängigkeit gegenüber der automatisierten Datenverarbeitung, die Gefahren nicht nur für das Grundrecht auf informationelle Selbstbestimmung der Betroffenen heraufbeschwört, sondern auch die Qualität der polizeilichen Ermittlungsarbeit beeinträchtigen kann.*

Wenn APIS in Betrieb ist, sollen die Meldungen von Staatsschutzdelikten durch die Landespolizeibehörden an das BKA wegfallen. Die Informationen werden vielmehr dann auf indirektem bzw. vielmehr gerade auf direktem Weg übermittelt: Jeder Teilnehmer speichert unmittelbar »vor Ort« selbst in die Datei APIS ein und eröffnet damit jedem anderen Teilnehmer unmittelbaren Zugriff auf die Daten.[11]

APIS soll Informationen redundanzfrei abbilden. Dies bedeutet, daß die einzelnen APIS-Teilnehmer nicht nur die bei ihnen jeweils vorhandenen Informationen aneinanderspeichern, sondern daß aus den Einzelinformationen eine Informationssynthese erstellt wird. Die Daten der selbständigen Länderpolizeien geraten zu Puzzleteilen eines Gesamtinformationsbildes des polizeilichen Staatsschutzes. Im Bereich der Datenverarbeitung geht damit ein Stück der föderativen Struktur der deutschen Polizei verloren. Aus der Sicht von APIS werden im Bereich des polizeilichen Staatsschutzes aus eigenständigen Länderpolizeien regionale Untergliederungen eines einheitlichen Apparates.

APIS wird, das kann behauptet werden, die Datenverarbeitung im Bereich des polizeilichen Staatsschutzes von Grund auf verändern, ihr eine ganz andere Qualität verleihen, obwohl doch scheinbar nur eine etwas antiquierte Datenverarbeitungsmethode durch eine »moderne« ersetzt wird.

4. Ausblick

Man könnte noch von einer Reihe weiterer tiefgreifender Veränderungen der polizeilichen Datenverarbeitung berichten. Stichworte wie: Dezentralisierung der Datenverarbeitung durch arbeitsplatzorientierte Personalcomputer, Aufbau der Systeme »Forensisches Informationssystem Handschriften« (FISH) und »Dokumentationssystem für terrorismus- und extremismusbezogene Schriften« (TESCH), mit deren Hilfe Handschriften und Texte automatisch miteinander verglichen werden können, automatisierte Einsatzleitsysteme mit Protokollierung, ganz allgemein das auch bei der Polizei zu erwartende »elektronische Büro« bis hin zum prognostizierten Einsatz der »intelligenten« fünften Computergeneration markieren wichtige Abschnitte der Entwicklung. Verfahren wie Handschriften- und Stimmerkennung und überhaupt der Fortschritt der kriminologischen Technologie machen ein Überdenken der herkömmlichen Rechtsvorschriften, etwa zu den erkennungsdienstlichen Unterlagen, erforderlich.

Die Gesetzgebung hat bislang diesen Aspekt der Weiterentwicklung der Datenverarbeitung noch nicht aufgegriffen. Sie beschäftigt sich in erster Linie mit dem »ob« der Datenverarbeitung, nicht mit dem »wie«. Ein typisches Beispiel ist der Vorentwurf zur Änderung des Musterentwurfs eines einheitlichen Polizeigesetzes. Dort ist die Erhebung von Daten in den §§ 8a–8d vergleichsweise detailliert geregelt.[12] Hinsichtlich der Verarbeitung dieser Daten bestimmt § 10a Abs. 1 lediglich, daß die Polizei personenbezogene Daten, die sie rechtmäßig erlangt hat, in Akten oder Dateien speichern und verändern sowie sonst nutzen kann, soweit dies zur Aufgabenerfüllung erforderlich ist. Ob die Polizei herkömmliche Akten benutzt oder Daten in Dateien speichert, bleibt also ihrer Entscheidung überlassen. Ebenso bleibt ungeregelt, ob Dateien in Form von manuellen Karteien oder in Form von hochmodernen Datenbanken betrieben werden.

In den §§ 10c und 10d ist die Datenübermittlung zwischen Polizeibehörden sowie insbesondere die Übermittlung in Form der Einrichtung von automatisierten Abrufverfahren geregelt. Letztere sollen zulässig sein, wenn diese Form der Datenübermittlung unter Berücksichtigung der schutzwürdigen Belange der Betroffenen und der Erfüllung polizeilicher Aufgaben angemessen ist.

Die spezifische Problematik der Verbunddateien ist im Entwurf nicht angesprochen. Im Gegensatz zu automatisierten Abrufverfahren, bei denen selbständige Datensammlungen der Länderpolizeien den jeweiligen Teilnehmern am Abrufverfahren on line zur Verfügung stehen, tragen bei Verbunddateien alle Teilnehmer ein Stück zum Entstehen einer gemeinsamen Datensammlung bei:

Wird eine Verbunddatei vom Typ der APIS eingerichtet, die ausdrücklich den Anspruch redundanzfreier Informationserfassung erhebt, so bedeutet dies im Ergebnis einen Verlust für die föderative Struktur der deutschen Polizei. Geht die technische Entwicklung weiter in diese Richtung, so stellen sich ernsthafte verfassungsrechtliche Fragen.

Kritische Fragen nach den Folgen dieser Entwicklungen sind übrigens nicht nur aus der Sicht der Betroffenen oder des Datenschutzes angebracht. Auch die Polizei selbst muß sich fragen, wie weit sie sich in die Abhängigkeit vom Computer begeben will. Wobei hier Abhängigkeit durchaus in einem doppelten Sinn zu verstehen ist: Das Verlassen auf die schiere Objektivität der Computerinformation kann nicht nur eigenständige und originelle Denkansätze verschütten. Immer mehr Computer am Arbeitsplatz der Polizei können auch zu immer mehr Beobachtung der und Kontrolle über die Polizeibeamten selbst führen.

III. Der maschinenlesbare Personalausweis und seine Auswirkungen auf das Grundrecht auf informationelle Selbstbestimmung

Der neue maschinenlesbare Personalausweis wird bei seiner Einführung eine ganze Reihe von datenschutzrechtlichen Wirkungen haben und damit eine ebensolange Reihe von Problemen aufwerfen. Um hier von vornherein den Blick auf das Wesentliche zu konzentrieren, sollen die weniger wichtigen Standardprobleme, die auch nicht unbedingt als Spezifikum *dieses* Ausweises angesehen werden können, vorweg eher kursorisch behandelt werden. Das Hauptaugenmerk muß dem Wesen der Sache, nämlich der Maschinenlesbarkeit und der ausdrücklich vorgesehenen gesetzlichen Erlaubnis für die Sicherheitsbehörden, diese Eigenschaft auch zu nutzen, gelten.

1. Datenschutzrechtliche Risiken bergen die neu einzuführenden Personalausweis- und Paßregister. Teil der dort zu speichernden Daten sind auch das Lichtbild und die Unterschrift des Antragstellers. Beides kann wie erkennungsdienstliches Material verwandt werden. Lichtbilder sind ohnehin klassische erkennungsdienstliche Mittel, Unterschriften können mit den heutigen technischen Möglichkeiten auch bei großem Mengenanfall wie personenidenti-

fizierende Merkmale ausgewertet werden. Die bereits erwähnte Datei FISH des BKA ist in der Lage, Handschriften automatisch miteinander abzugleichen. Da das neue Personalausweis- und das Paßgesetz Datenübermittlungen aus den Registern sowohl an die Polizei als auch an alle Nachrichtendienste vorsieht, kann auf diesem Wege etwas entstehen, was sich wie eine allgemeine vorbeugende Volksdaktyloskopie auswirkt.[13]

Demgegenüber sind die Probleme bei der Aussagekraft und Verwendung der Seriennummer vergleichsweise gering. Sie enthält zwar keine offenen oder versteckten Hinweise auf den Ausweisinhaber und darf außer bei der Sachfahndung nach gestohlenen Ausweispapieren nicht zur Erschließung von Dateien verwendet werden, sie darf aber in Dateien gespeichert werden. Bei Abfragen mit anderen, sogar und vor allem mit nicht ganz eindeutigen Abfragedaten, wirkt sich dann die gespeicherte Seriennummer wie ein unverwechselbares Personenkennzeichen aus.

Solange der Begriff »Fahndung« nicht geklärt ist, mangelt es auch der Regelung über den automatisierten Abruf aus Dateien mit Hilfe der neuen Ausweise an Normenklarheit.[14] Es bleibt weitgehend der Polizei überlassen, welche Daten sie »im polizeilichen Fahndungsbestand« führt. Der Versuch, im Personalausweis- und im Paßgesetz mit Hilfe der Begriffe Strafverfolgung, Strafvollstreckung und Gefahrenabwehr Eingrenzungen zu schaffen, geht fehl, da die Polizei praktisch ohnehin nur auf diesen Gebieten tätig wird.

Schwerer noch wiegt die Zulassung der automatisierten Protokollierung von Fahndungsabfragen unter den Voraussetzungen des § 163 d Strafprozeßordnung StPO (sog. *Schleppnetzfahndung*).[15] Auch wenn § 163 d StPO in der endgültigen Fassung noch erheblich datenschutzrechtlich verbessert wurde, bleibt die Frage, warum anläßlich der Einführung der maschinenlesbaren Ausweise um jeden Preis eine Vorschrift wie der § 163 d in die StPO eingefügt werden mußte. Nach dem Erlaß des Volkszählungsurteils muß die gesamte StPO datenschutzrechtlich neu durchdacht und an vielen Stellen geändert werden. Es macht methodisch wenig Sinn, ja gibt zu Argwohn Anlaß, wenn aus dem Gesamtpaket der anstehenden Veränderungen ausgerechnet eine Vorschrift vorgezogen und mit höchster Eile über die parlamentarischen Hürden gebracht wird, die den Sicherheitsbehörden neue Möglichkeiten der Datenverarbeitung eröffnet.

Die Protokolldaten über alle Abfragen im Fahndungsbestand, unabhängig davon, ob das Ergebnis positiv oder negativ war, sind

»Massendaten«. Sie können so lange »gerastert« werden, bis Daten mit Auffälligkeiten übrigbleiben.

Ob ein derartiges Instrument mit der Forderung des Bundesverfassungsgerichts, der Bürger müsse grundsätzlich wissen, wer was wann und bei welcher Gelegenheit über ihn speichere, im Einklang stehen kann,[16] muß bezweifelt werden. Da die Maschinenlesbarkeit überhaupt nur Sinn macht, wenn häufig und in großen Mengen kontrolliert wird – dazu unten mehr –, wird damit von vorherein Mißtrauen in großem Ausmaß erzeugt. Theoretisch kann bei jeder Polizeikontrolle eine Maßnahme nach § 163 d StPO angeordnet sein, so daß der kontrollierte Bürger immer damit rechnen muß, daß sein Kontakt mit der Polizei nicht ohne Spuren in deren Dateien bleibt.

Ob dies alles last not least auf die Dauer nicht eine Belastung im Verhältnis Bürger-Polizei erzeugt, die im Augenblick noch unterschätzt wird, und ob damit letztlich die »Sozialkosten« der Protokollierung nicht bei weitem höher sind als der erhoffte Sicherheitsgewinn, steht auf einem anderen Blatt.

2. *Insbesondere: Die Maschinenlesbarkeit des neuen Ausweises*

Die Maschinenlesbarkeit war und ist aus datenschutzrechtlicher Sicht das zentrale Problem des neuen Personalausweises. Neben der Fälschungssicherheit, die datenschutzrechtlich problemlos ist, ist sie der eigentliche Grund für die Einführung des neuen Ausweises. Es ist deswegen nicht zutreffend, wenn bisweilen argumentiert wird, die Maschinenlesbarkeit sei eine Folge der technischen Entwicklung, da man heute ja bereits den bisherigen Personalausweis maschinell lesen könne. Mit der ausdrücklichen *Zulassung* der Maschinenlesbarkeit beim neuen Personalausweis wird nicht etwa eine technische Errungenschaft so nebenbei eben mitgenutzt: Die Maschinenlesbarkeit war von Anfang an neben der Fälschungssicherheit das erklärte Ziel, das mit dem neuen Ausweis verfolgt wurde.

Es ist zwar in der Tat so, daß die Fortentwicklung der Mustererkennung dazu geführt hat, daß ein Ausweis heute nicht mehr unbedingt speziell maschinenlesbar gestaltet sein muß, um maschinenlesbar zu sein. Das neue Personalausweisgesetz exerziert in § 3 a Abs. 1 und § 4 Abs. 3 mit dem Ausschluß der Maschinenlesbarkeit für die Verwaltungsbehörden und im Privatbereich vor, daß man diese gesetzlich ausschließen kann, wenn man dies will.

Ein Zwang, die neuen technischen Möglichkeiten zu nutzen, besteht nicht. Die Eröffnung der Möglichkeit der Maschinenlesbarkeit für die Sicherheitsbehörden in § 3a Abs. 1 S. 2 des Gesetzes beruht also auf einer bewußten und so gewollten Entscheidung.

Was können die Gründe für diese Entscheidung sein? Bei der herkömmlichen Kontrolle wird die Identität des Ausweisinhabers durch einen Vergleich mit dem Ausweisfoto festgestellt und außerdem werden die Daten des Ausweisinhabers als Abfragedaten in den Fahndungscomputer eingegeben. Letzteres wird in Zukunft wegfallen, da der Ausweis lediglich in ein Lesegerät geschoben werden muß, das dann selbsttätig dem Ausweis die zur Abfrage notwendigen Daten entnehmen wird. Die dadurch erreichbare Zeitersparnis ist bezogen auf den Einzelfall gering. Sie fällt nur ins Gewicht, wenn viele Kontrollen durchgeführt werden sollen.

Ursprünglich wurde die Notwendigkeit der Maschinenlesbarkeit mit dem Wunsch nach einer Beschleunigung der Grenzkontrollen begründet. Dieses Argument ist seit dem Abbau der Grenzkontrollen obsolet geworden. Ausländer, die nicht in den Genuß der beschleunigten Abfertigung kommen sollen, besitzen ohnehin keinen Personalausweis. Deutsche, die ausnahmsweise kontrolliert werden sollen, werden auf eine eigene Kontrollspur dirigiert – ein Einzelvorgang also, kein Massengeschäft. Die Grenzübergänge, an denen noch wie bisher kontrolliert wird, liegen zumeist im Osten. Sie haben bei weitem nicht den Massenverkehr der westlichen Grenzübergänge, so daß die dort durch den neuen Ausweis möglicherweise zu erzielende Beschleunigung die Einführung der Maschinenlesbarkeit nicht trägt. Im ganzen gesehen kann also die Notwendigkeit der Maschinenlesbarkeit jedenfalls heute nicht mehr mit der Beschleunigung der Grenzkontrollen begründet werden.[17]

Es muß also Gründe geben, die mit Kontrollen im Inland zu tun haben. Überall dort, wo massenhaft kontrolliert wird, etwa bei Razzien, an Kontrollstellen u. ä., kann in Zukunft mehr und schneller kontrolliert werden.[18] Der Wegfall der Grenzkontrollen kann wenigstens zu einem gewissen Teil durch mehr Kontrollen im Inland aufgefangen werden. Wegen der Schnelligkeit und damit doch vergleichsweise geringen Lästigkeit der Kontrollen kann u. U. eine befriedigende Akzeptanz beim Bürger erreicht werden.

Darauf aufbauend könnten die Kontrollanlässe erweitert werden. Etwa bei großen Ereignissen, bei denen Straftaten drohen oder nach aller Erfahrung häufig begangen werden, nämlich beispielsweise bei Fußballspielen oder Großdemonstrationen, könnte an den Zufahrtswegen kontrolliert werden, ohne daß unerträgliche Verzögerungen eintreten. Auch verstärkte Kontrollen beim Zutritt zu gefährdeten Objekten, wie etwa Atomkraftwerken oder anderen umweltschutzpolitisch umstrittenen Industrieanlagen, zu militärischen Anlagen oder auch zu wichtigen Verwaltungsgebäuden, wären denkbar. Mag sein, ja es ist sogar wahrscheinlich so, daß niemand derzeit Pläne dieser Art hegt. Da die Maschinenlesbarkeit aber nur noch mit Kontrollen innerhalb der Landesgrenzen begründet werden kann, ist nicht auszuschließen, daß die Möglichkeiten der Maschinenlesbarkeit, da sie nun einmal durchgesetzt ist, nach und nach auch genutzt werden. Dies ist aus der Sicht der Polizei auch durchaus verständlich.

Die Frage ist nur, ob es auf die Dauer ohne Schaden für den freiheitlichen Charakter unseres Staates angehen kann, wenn der Personalausweis im Inland mehr und mehr zu einem Berechtigungs- und Passierschein für alles und jedes wird. Ohne Plazet aus dem polizeilichen Fahndungscomputer würden dann viele Türen verschlossen bleiben. Die polizeiliche Beobachtung, die im wesentlichen bisher nur an der Grenze wirksam war und als deren Resultat der Polizei vor allem Grenzübertritte der zur Beobachtung ausgeschriebenen Personen und ihre Begleiter bekannt wurden, würde Wirksamkeit auch im Inland erzeugen.

Man mag in all dem einen Gewinn an Sicherheit erblicken, möglicherweise trifft dies sogar zu. Der Gesetzgeber muß aber bedenken, daß dies nur auf Kosten eines Stücks Freiheit erreichbar ist. Betrachtet man manche unweltrelevanten Entscheidungen früherer Jahre und vergleicht damit die Spätfolgen, so ist es wichtig, bei einer Entscheidung von der Tragweite der Einführung der Maschinenlesbarkeit Wirkungen über die unmittelbaren Folgen hinaus zu bedenken. Von der zu erwartenden Entwicklung des neuen Personalausweises von einem Identitätspapier zu einem Sesam-Öffne-Dich für viele Bereiche war bereits die Rede. Subjektiv würde eine solche Funktionserweiterung das Gefühl bei den Betroffenen entstehen lassen, die Plastikkarten seien ein Eintrittsbillett in viele Bereiche der Gesellschaft.

Damit wäre vermutlich der Bann gebrochen für Plastikkarten einer anderen Qualität, nämlich die *Chip-Karten.* Ihre technische Entwicklung scheint zur massenhaften Anwendung ausgereift, ihre Möglichkeiten stellen den Personalausweis in den Schatten.[19] Obwohl nicht größer als dieser und scheinbar äußerlich von gleicher Beschaffenheit, enthalten sie Informationen nicht codiert auf einem Magnetstreifen, sondern auf einem Mikrochip, auf einem kleinen Rechner also. Chipkarten können somit nicht nur ungemein viel mehr Informationen speichern, als dies mit einer Magnetstreifenkarte möglich wäre. Der Speicherinhalt ist auch veränderbar. Die Einsatzmöglichkeiten derartiger Chipkarten sind vielseitig. Z. B. können sie detallierte Krankheitsdaten über ihren Besitzer enthalten. Diese könnten dann abgelesen – und bei Bedarf fortgeschrieben werden, wenn der Besitzer z. B. ohne Bewußtsein in ein Krankenhaus eingeliefert wird.[20]

Natürlich lassen sich auch sicherheitsrelevante Informationen speichern, etwa ob jemand zum Betreten von Sicherheitszonen berechtigt ist oder nicht. Während des automatischen Kontrollvorgangs könnte das Betreten des entsprechenden Bereichs auch gespeichert werden. So könnte ein Bewegungsprofil aufgezeichnet und fortgeschrieben werden, das der Betroffene bei sich herumträgt. Der Phantasie für den Einsatz der Chipkarten sind nahezu keine Grenzen gesetzt. Eines ihrer wesentlichen Charakteristika scheint mir zu sein, daß ihr Besitzer in Form dieser Plastikkarten Informationen über sich mit sich herumträgt, die er selbst gar nicht mehr lesen kann. Die Vereinbarkeit einer solchen Entwicklung mit dem Grundrecht auf informationelle Selbstbestimmung erscheint fraglich.

Es steht zu befürchten, daß, da mit der Einführung des maschinenlesbaren Personalausweises erst einmal das Eis gebrochen ist, die Verbreitung dieser Plastikkarten nicht mehr aufzuhalten ist. *Ob mit der Einführung dieser Chipkarten, die Zutritt und Berechtigung zum gesellschaftlichen und politischen Leben eröffnen, nicht auch die Eintrittskarte in den Überwachungsstaat gebucht wird, sollte zu einem Zeitpunkt überlegt werden, zu dem ein Nein zu dieser Technologie noch möglich ist.*

IV. Folgerungen aus dem Volkszählungsurteil für das Recht auf informationelle Selbstbestimmung im Sicherheitsbereich

Die Koalitionsfraktionen im Deutschen Bundestag haben in der vergangenen Legislaturperiode ein Bündel von Gesetzentwürfen eingebracht, mit denen die Folgerungen aus dem Volkszählungsurteil im Sicherheitsbereich gezogen werden sollen. Einzelheiten dieser Entwürfe hier nachzuzeichnen hat wenig Sinn, da wohl nicht anzunehmen ist, daß sie ohne jegliche Veränderung neu eingebracht werden. Bei aller Würdigung des einen oder anderen positiven datenschutzrechtlichen Aspekts erwecken die Entwürfe in ihrer Gesamtheit den Eindruck einer eher lästigen Pflichtaufgabe, deren man sich mit manchmal akribischem Fleiß zu entledigen sucht. Dies soll an einigen wichtigen Beispielen veranschaulicht werden.

1. Das Volkszählungsurteil und die nunmehr notwendige Gesetzgebung im Sicherheitsbereich werden nicht als Chance begriffen, gesetzgeberisch gestaltend und freiheitserweiternd zu wirken.[21] Statt dessen wird mit aller verfügbaren Akuratesse geprüft, welche Vorgaben des Volkszählungsurteils bindend sind. Statt mit eigenen Vorstellungen Freiheitsräume zu sichern und zu erweitern, wird das unbedingt Notwendige, eben Unausweichliche, nachvollzogen. Ein Beispiel hierfür ist die Regelung des Datenaustauschs unter den Sicherheitsbehörden. Statt zu überlegen, ob dem Gebot der Trennung von Polizei und Nachrichtendiensten im Zeitalter der modernen Informationstechnologien nicht ein zeitgemäßer, freiheitssichernder Gehalt zukommt, der weit über die Verhinderung des »Gestapo-Syndroms« hinausgeht, wird sein Inhalt unhistorisch rein organisatorisch verstanden und mit mancherlei Interpretationskunst seine verfassungsrechtliche Geltungskraft in Abrede gestellt.[22] Nicht der Schutz des einzelnen gegenüber dem Informationspotential der Sicherheitsbehörden ist der Kern des Zusammenarbeitsgesetzes (ZAG),[23] sondern der Schutz eines möglichst ungehinderten Datenaustauschs unter den Sicherheitsbehörden.[24] Das Trennungsgebot wird nicht als Gestaltungschance, sondern geradezu als »Bedrohung« sicherheitsbehördlicher Effizienz verstanden.

2. Diese gleichsam ängstliche Sicherung der derzeitigen Datenverarbeitungsstruktur bei Polizei und Nachrichtendiensten zieht sich auch im übrigen wie ein roter Faden durch die sog. »Sicherheitsgesetze«. Der Gesetzgeber vollzieht nach, was bei den Sicherheitsbehörden weitgehend unter dem Vorzeichen entstanden ist, die Verarbeitung personenbezogener Daten sei kein Rechtseingriff, stehe also mehr oder weniger im Belieben der jeweiligen Behörde. Von peripheren Bereichen abgesehen, wird man kaum eine

Datei oder ein Datenverarbeitungsverfahren finden, das aufgrund der Sicherheitsgesetze abgeschafft oder wenigstens grundlegend geändert werden müßte. Werden diese Entwürfe Gesetz, so bleibt in der Praxis doch letztlich alles »beim alten«.

Hierfür sorgt schon die Übernahme des Erforderlichkeitsprinzips aus dem BDSG in die bereichsspezifischen Gesetze. Was nach allgemeinem Datenschutzrecht bislang ohnehin bereits zu beachten war, wird nun noch einmal spezialgesetzlich wiederholt. Statt *selbst* zu regeln, welche Datenverarbeitungsmaßnahmen zulässig sein sollen, wird ein Prinzip wiederholt, das weitgehend von der Interessenlage des jeweiligen Datenverarbeiters ausgeht. Dabei wäre es gerade im Bereich der Nachrichtendienste notwendig, daß der Gesetzgeber selbst das Wesentliche regelt und einen fairen Ausgleich zwischen dem Informationsinteresse der Dienste und den Grundrechten der Betroffenen schafft. Wenn Einschränkungen des Grundrechts auf informationelle Selbstbestimmung nur im überwiegenden Allgemeininteresse zulässig sind, dann bedeutet dies, daß vorgängig ein Abwägungsprozeß stattfinden muß. Die Allgemeininteressen, hier in Form des Interesses der Sicherheitsbehörden an bestmöglicher Aufgabenerfüllung, müssen abgewogen werden gegen die Individualinteressen, insbesondere in Form der Beachtung der Grundrechte. Ein bloßer Rekurs auf das Erforderlichkeitsprinzip wird hierfür nicht immer ausreichen, da das Erforderlichkeitsprinzip zu sehr an der Perspektive der jeweiligen Sicherheitsbehörde orientiert ist. Ihre bestmögliche Aufgabenerfüllung wird bei Zugrundelegung des Erforderlichkeitsprinzips zum Maßstab der Zulässigkeit der Datenverarbeitung gemacht. Die dagegen abzuwägenden Privatinteressen sind durchaus unterschiedlicher Qualität. So mag der bei der Tat gesehene, flüchtende Bankräuber kaum ein Grundrecht gegen die Speicherung seiner Daten in den Fahndungsdateien anführen können, während sich z. B. die Teilnehmer einer geschlossenen, nicht öffentlichen Versammlung gegen staatliche Ausforschung und anschließende Datenspeicherung mit guten Gründen auf Art. 8 Grundgesetz berufen können. Beide Male wird die jeweilige Sicherheitsbehörde die Erforderlichkeit der Datenverarbeitung mit guten Gründen dartun können. Gleichwohl kann der notwendige Abwägungsvorgang zu unterschiedlichen Ergebnissen führen. Es ist also wichtig, daß der Gesetzgeber möglichst viele derartige Abwägungsvorgänge selbst vornimmt und der Generalklausel des Erforderlichkeitsprinzips wenig Raum läßt.

Die bislang vorgelegten Entwürfe haben alle die »Erforderlichkeit« zur zentralen Zulässigkeitsvoraussetzung für Datenverarbeitungsmaßnahmen gemacht und geben sich damit als Entwürfe aus der Perspektive der Sicherheitsbehörden zu erkennen.[25]

3. In dem Bestreben, die gewachsene Datenverarbeitung gesetzlich abzusichern, entstehen gewollt oder ungewollt Freiräume für neue Entwicklungen. Beispiele hierfür sind §6 Abs. 2 Ziff. 1a BVerfSchGE, wonach die Erhebung personenbezogener Informationen durch Anwendung nachrichtendienstlicher Mittel u. a. zulässig ist, wenn

»tatsächlich Anhaltspunkte dafür vorhanden sind, daß auf diese Weise Erkenntnisse über Bestrebungen oder Tätigkeiten nach § 3 Abs. 1 *oder die zur Erforschung solcher Erkenntnisse erforderlichen Nachrichtenzugänge gewonnen werden können ...«*

sowie §7 Abs. 1 Ziff. 2, wonach das BfV für Zwecke des Verfassungsschutzes personenbezogene Daten in Dateien speichern, verändern und sonst nutzen darf, wenn

»dies für die Erforschung und Bewertung von Bestrebungen oder Tätigkeiten nach § 3 Abs. 1 erforderlich ist«.

Im Grunde können sich beide Vorschriften, die ihre Entstehung vermutlich dem Bestreben verdanken, möglichst alle denkbaren Fälle »abzusichern«, so auswirken, daß sich der Einsatz nachrichtendienstlicher Mittel gegen völlig Unbeteiligte richtet und Daten über Demokraten systematisch erhoben und gespeichert werden, weil all dies bei weiter Interpretation ohne weiteres aus beiden Bestimmungen herausgelesen werden kann. Die Sicherheitsgesetze enthalten noch weitere derartige »Öffnungsklauseln«, die, selbst wenn dies nicht beabsichtigt ist, einer intensiven Überwachungspraxis gesetzliche Legitimation verleihen.

4. Die vorgelegten Sicherheitsgesetzentwürfe bleiben der bisweilen zu engen datenschutzrechtlichen Sichtweise des BDSG verhaftet. Als datenschutzrechtlich relevant wird nach wie vor entscheidend die Speicherung von Daten in Dateien angesehen. Dateien sind aber nur ein Ausschnitt aus der gesamten Informationsverarbeitungsstruktur. Sowohl für den Verfassungsschutz als auch für den Militärischen Abschirmdienst (MAD) fehlt es an einer Regelung über die Datenspeicherung in den Akten, ohne die die Vor-

schriften über die Datenspeicherung ein Torso bleiben.

Fragen der Datenerhebung werden nur zögernd und unzureichend geregelt. Die allgemeine Datenerhebung für das BfV ist beispielsweise in § 6 Abs. 1 des BVerfSchGE lediglich an das Erforderlichkeitsprinzip gebunden, die Regelung der Datenerhebung mit Hilfe des Einsatzes nachrichtendienstlicher Mittel läßt in § 6 Abs. 2 BVerfSchGE die bereits dargestellte uferlose Interpretation zu. Auch hier also Bescheidung mit dem Notwendigsten. Statt dessen ist eine Erweiterung des datenschutzrechtlichen Denkens nach allen Richtungen notwendig:

– Nach »vorne« in die Erhebungsphase, wobei sich für den Gesetzgeber die Chance bietet, selbst zu entscheiden, unter welchen Voraussetzungen etwa Verfassungsschutz und MAD das politische Leben beobachten und personenbezogene Daten erheben dürfen.

– In die »Breite«, damit auch andere Formen von Datenspeicherung, etwa die Aktenform, datenschutzrechtlich geregelt werden, da sie mit der Dateispeicherung in aller Regel »verzahnt« sind.

– Nach »hinten«, indem die Form der Datenverarbeitung, insbesondere die dabei angewandte Technik, an Regelungen gebunden wird. Derzeit sehen der BVerfSchGE in § 7 Abs. 1 und der MAD-GE in § 4 Abs. 1 Ziff. 3 lediglich vor, daß Daten im Rahmen der Erforderlichkeit »in Dateien« gespeichert werden dürfen. Dieser Begriff umschließt die simple Sammlung von Karteikarten ebenso wie die leistungsfähige moderne Datenbank mit allen dazwischenliegenden Varianten. Welche Form der Verarbeitung gewählt wird, ist in das Belieben der Verarbeiter, also von BfV und MAD gestellt. Solange der Gesetzgeber die bei der Datenverarbeitung angewandte Technik wie eine »black box« behandelt, bleiben wesentliche Fragen der Verarbeitung personenbezogener Daten ungeregelt. Notwendig sind statt dessen gesetzliche Zuverlässigkeitsvoraussetzungen für die Einführung neuer qualitativer Schritte in der Datenverarbeitung.[26] Die bisher vorgelegten Entwürfe klammern diesen Fragenkreis aus, so daß, wenn sie Gesetz werden, weiter zu befürchten ist, daß die ständige Verbesserung der Datenverarbeitungstechnik zu qualitativen Veränderungen führt, durch die traditionelle Rechtsstrukturen ausgehöhlt werden.

Die bewußt an den Anfang dieses Beitrags gestellte Darstellung der Entwicklung der Datenverarbeitung im Polizeibereich hat gezeigt, wie die stetige Weiterentwicklung der Datenverarbeitung die Polizeirechtsdogmatik in Frage und den Gesetzgeber vor die Notwendigkeit stellt, die bereits stattgehabte technische Entwicklung gesetzlich nachzuvollziehen. Das Volkszählungsurteil würde wahrscheinlich gründlich mißverstanden, wollte man es als Aufforderung an den Gesetzgeber interpretieren, nunmehr alle bestehenden Formen und Methoden der sicherheitsbehördlichen Datenverarbeitung, möglichst auch noch unter Berücksichtigung von Spielraum für künftige Entwicklungen, gesetzlich zu sanktionieren.[25] Die teilweise geradezu programmatisch anmutenden Ausführungen über die Bedeutung des Grundrechts auf informationelle Selbstbestimmung nicht nur für den einzelnen Bürger, sondern auch für die freiheitlich demokratische Struktur unseres Staates zwingen vielmehr dazu, vor emsiger, auf lückenlose Abdekkung der Datenverarbeitungspraxis bedachter Gesetzgebungstätigkeit grundsätzliche Überlegungen darüber anzustellen, wie das Verhältnis Bürger-Sicherheitsbehörden gestaltet werden soll. Hierbei kann nicht außer acht gelassen werden, daß der starke Ausbau der elektronischen Datenverarbeitung bei der Polizei, aber auch bei anderen Sicherheitsbehörden nicht zuletzt auf die Bedürfnisse der Terrorismusbekämpfung zurückgeführt wird. Mancher Beschluß aus dem Ende der siebziger und dem Anfang der achtziger Jahre kommt heute erst zur vollen Anwendung. Einmal in Gang gesetzt, breitet sich die EDV immer mehr auch in anderen Kriminalitätsbereichen aus. Polizei und Gesetzgeber müssen sich fragen, ob die Ausnahmesituation der Terrorismusfahndung wirklich stilbildend für das Verhältnis Bürger-Polizei sein kann. Die Notwendigkeit, Folgerungen aus dem Volkszählungsurteil zu ziehen, könnte hierfür Anlaß sein.

Soll dabei der bisherige Trend umgekehrt werden und die Entwicklung in den vom Gesetzgeber vorgezeichneten Bahnen, nicht aber unter den Eigengesetzlichkeiten der Technik verlaufen, sind Sicherheitsgesetze anderer Qualität notwendig als die bisher vorgelegten.

1 BVerfGE Bd. 65, 1 ff.
2 BGBl. I, S. 704 ff.
3 D. h. in erster Linie der überregional bedeutsamen Straftaten, vgl. 4. Tätigkeitsbericht des Bundesbeauftragten für den Datenschutz, (BfD) BT-Drucks. 9/1243, S. 25 f.
4 Vgl. 7. Tätigkeitsbericht des BfD, BT-Drucks. 10/2777, S. 61.
5 Beim BKA waren bis Ende 1984 insgesamt 26 SPUDOK-Dateien im Einsatz, vgl. 7. TB des BfD (Anm. 4), S. 66.
6 Vgl. Beschluß des Bundesverfassungsgerichts (BVG) v. 12. 1. 1983, NJW 1983, S. 1043.
7 Bei der Aktion »Gitternetz« wurden im Herbst 1983 in Rheinland-Pfalz an bestimmten Straßenpunkten die Kfz-Kennzeichen vorbeifahrender Pkw notiert. Die Daten der Halter wurden ermittelt und mit Hilfe polizeilicher Informationssysteme überprüft. Die Maßnahme sollte dem Zweck dienen, vermutete Anschläge auf NATO-Einrichtungen zu verhindern. Vgl. 7. Tätigkeitsbericht des BfD, Anm. 5, S. 67.
8 Vgl. dazu *meinen* Beitrag zum Thema »Datenschutz beim Verfassungsschutz« in: Archiv des öffentlichen Rechts, 1985, S. 1 ff. (3 ff.).
9 Vgl. 7. Tätigkeitsbericht des BfD (Anm. 4), S. 68.
10 Vgl. dazu im einzelnen den 7. TB des BfD, BT-Drucks. 10/2777, S. 68.
11 Ein Streit etwa um die Frage, ob die Blockierer von Mutlangen an das BKA gemeldet und dort gespeichert werden dürfen (vgl. 5. TB des Landesbeauftragten für Datenschutz Baden-Württemberg 1984, S. 45), ist kaum mehr vorstellbar: Es wird kein Brief, kein Formular, kein Fernschreiben mehr gefertigt, sondern die Informationen werden direkt in die Verbunddatei APIS eingegeben und damit zugleich on line den anderen Polizeibehörden zur Verfügung gestellt. – Zur Frage der Zulässigkeit des Meldens von Demonstrationsteilnehmern an den Verfassungsschutz vgl. *Bäumler,* Versammlungsfreiheit und Verfassungsschutz, JZ 1986, S. 469 ff.
12 Vgl. dazu *Seifert* in diesem Band.
13 Vgl. dazu *meinen* Beitrag: »Das neue Paß- und Ausweisrecht« in: Computer und Recht, (Heft 5) 1986, S. 284 (285).
14 Vgl. die Stellungnahme des BfD zu den Auswirkungen des Volkszählungsurteils, vorgelegt dem Innenausschuß des Deutschen Bundestages am 25. 4. 1984, S. 45 f.
15 Vgl. dazu eingehend *Reinhard Riegel,* Einführung der Schleppnetzfahndung – behutsame Fortentwicklung des Rechts? in: Computer und Recht (Heft 3) 1986, 138 ff.
16 Volkszählungsurteil des BVG (Anm. 1), S. 43.
17 So auch der BfD in seinem 7. TB, (Anm. 5), S. 9. Bis 1992 sollen die Grenzkontrollen für EG-Bürger im EG-Bereich entfallen, vgl. BR-Drucks. 289/85 v. 10. 7. 1985, Ziff. 55.

18 Insoweit ist *Jürgen Taeger* in: Der neue Personalausweis, hrsg. von Jürgen Taeger, Hamburg 1984, S. 9 (24ff.) zuzustimmen, der im maschinenlesbaren Personalausweis vor allem ein Massenkontrollmittel sieht.

19 Vgl. dazu Drucks. 11/473 des Hess. Landtags, 11. Wahlperiode, insbes. S. 66ff.

20 Vgl. dazu *Volkhart Schönberg*, Chip-Karte, in: Wirtschaftskriminalität 1984, S. 157 (161).

21 Vgl. dazu auch den Beitrag von *Hans Peter Bull* in diesem Band.

22 Vgl. dazu *Helmut Roewer*, Trennung von Polizei und Verfassungsschutzbehörden, DVBl. 1986, S. 205 ff. und die Erwiderung von *Martin Kutscha*, Die Aktualität des Trennungsgebotes für Polizei und Verfassungsschutz, ZRP 1986, S. 194ff.

23 Entwurf eines Gesetzes über die informationelle Zusammenarbeit der Sicherheits- und Strafverfolgungsbehörden des Bundes und der Länder in Angelegenheiten des Staats- und Verfassungsschutzes und nachrichtendienstlicher Tätigkeit, ZAG, BT-Drucks. 10/5344.

24 Zur Kritik am Zusammenarbeitsgesetz vgl. insbes. *Reinhard Riegel*, Informationelle Zusammenarbeit der Sicherheits- und Strafverfolgungsbehörden (II) in: Computer und Recht, (Heft 7) 1986, S. 417ff.

25 Vgl. dazu näher *meine* Kritik am Verfassungsschutzgesetzentwurf in DÖV 1986, S. 496ff. und am Gesetzentwurf für den Militärischen Abschirmdienst in DVBl. 1986, S. 496ff.

26 Vgl. dazu *meinen* Beitrag: Datenverarbeitungstechnik und Datenschutzrecht, in: ÖVD/Online 1985, S. 120ff.

27 In diesem Sinne auch *Erhard Denninger*, in diesem Band. Ähnlich, wenn auch von einer entgegengesetzten Position ausgehend, *Ruppert Scholz* und *Rainer Pitschas*, Informationelle Selbstbestimmung und staatliche Informationsverantwortung, Berlin 1984, S. 178ff., die ergänzende bereichsspezifische Regelungen für die Datenerhebung und Datenverarbeitung lediglich unter dem Aspekt der Rechtsklarheit für angebracht halten, da das geltende Polizei- und Strafverfahrensrecht die gehandhabte Praxis der polizeilichen Informationsvorsorge legitimiere.

Jürgen Seifert
Der Lauschangriff als Erhebung personenbezogener Daten

1. Die Änderung des Polizeirechts als Teil der »Sicherheitsgesetze«

Die öffentliche Kritik an den von den Bonner Koalitionsparteien Anfang 1986 eingebrachten sogenannten »Sicherheitsgesetzen«,[1] die in Wahrheit zu einem wesentlichen Teil Überwachungsgesetze sind, hat dazu geführt, daß diese Gesetze (wenn man von den Gesetzen über maschinenlesbare Identifikationspapiere absieht) auf die 1987 beginnende Legislaturperiode vertagt worden sind. Zu diesem Gesetzespaket gehört der Sache nach auch der »Vorentwurf zur Änderung des Musterentwurfs eines einheitlichen Polizeigesetzes des Bundes und der Länder«.[2]

Die Innenminister (bzw. -senatoren) des Bundes und der Länder konnten sich am 18.4. 1986 über den letzten Entwurf (Stand: 12.3. 1986) nicht einigen.[3] So gibt es in einigen Punkten eine Fassung der sog. B-Länder (das sind die CDU/CSU-regierten Länder) und »Alternativen« der sog. A-Länder (SPD-regierten Länder). Auf dieser Grundlage sollen in Zukunft die Polizeigesetze in Bund und Ländern geändert werden. Zusätzlich wird eine bundeseinheitliche Regelung durch Änderungen der Strafprozeßordnung (StPO) angestrebt.[4] Federführend für den »Vorentwurf zur Änderung des Musterentwurfs« war das Innenministerium in Nordrhein-Westfalen. Dieses Bundesland will bei der Umsetzung des Vorentwurfs in ein Landesgesetz auch Vorreiter sein.

Neben diesem Entwurf haben die Länder Rheinland-Pfalz, Hamburg und Hessen Entwürfe für eine Neufassung ihrer Polizeigesetze vorgelegt.[5] Der Hamburger Entwurf ist vorerst Makulatur; er wird in der neuen Legislaturperiode neu eingebracht werden. Der hessische Entwurf wird gegenwärtig nicht behandelt. Das rechtfertigt im folgenden eine Konzentration auf den Text der Innenministerkonferenz.

Die Gesetzentwürfe verdienen Aufmerksamkeit und Kritik.[6] Unter anderem soll durch die vorgesehenen Regelungen festgeschrieben werden, daß die Tätigkeit der Polizei nicht mehr auf Gefahrenabwehr beschränkt ist, sondern ausgeweitet wird auf die »Vorbereitung auf Gefahrenabwehr« und auf die »vorbeugende Bekämpfung von Straftaten«.[7] Auch von »Gefahrenvorsorge« und von »Informationsvorsorge«[8] ist die Rede. Damit würde der Polizei erlaubt, nahezu alle Daten, die ihr wichtig erscheinen, zu erheben, zu speichern und zu verarbeiten. Es geht demnach um einen grundlegenden Wandel von Praxis und Funktion der Polizei. Die Polizeitätigkeit soll nicht mehr gerichtet sein auf einen konkreten Tatverdacht oder eine konkrete Gefahrenabwehr. Auch der »verdachtsferne« Bürger soll in Zukunft der polizeilichen Tätigkeit unterworfen sein. Damit wird eine Rechtsgrundlage nachgeschoben für eine teilweise bereits bestehende Praxis der Polizei, die aber bisher politisch und rechtlich heftig umstritten war. Ein besonders markantes Beispiel für diese gefährliche Entwicklung ist § 8 c des Vorentwurfs, der übertitelt ist »Besondere Formen der Datenerhebung«.

2. Die Unverletzlichkeit der Wohnung und der Kommunikationsrechte im Rahmen des Grundgesetzes

Das Grundgesetz erklärt durch Art. 10 das Brief-, Post- und Fernmeldegeheimnis für unverletzlich; nur aufgrund eines Gesetzes kann in dieses Grundrecht eingegriffen werden. Damit soll die Kommunikation, die sich im Austausch mit anderen vollzieht, als eine quasi räumlich erweiterte Intimsphäre vor staatlich organisierter Aushorchung geschützt werden. Es ist bekannt, daß es aufgrund spezifischer Erfahrungen mit der Telephonüberwachung im NS-Regime um die Einschränkung dieses Grundrechts harte Auseinandersetzungen gegeben hat. Im Dezember 1954 sprachen sich Vertreter aller Fraktionen des Deutschen Bundestages gegen die Vorlage eines Gesetzesentwurfes zur Einschränkung von Art. 10 GG aus. Ohne gesetzliche Grundlage regten Jahre später die sogenannten Sicherheitsdienste bei den Alliierten, denen dieses Recht aufgrund alliierter Vorbehaltsrechte zustand, Telephonobservationen an. Aufgrund dieser von deutschen Stellen ausgesprochenen »Anregung«, die auf einem Formblatt erfolgte, wurde in der Regel eine Überwachung ausgelöst. Doch die Alliierten prüften nicht selbst, ob der Fall ihre Sicherheitsinteressen berührte, sondern überließ deutschen Stellen die Auswertung des durch solche Observationen erlangten Materials. Erst 1968 wurde für diese zweifelhafte – in meinen Augen verfassungswidrige – Praxis eine Rechtsgrundlage nachgeschoben: das sogenannte G 10-Gesetz und eine Grundgesetzänderung, die die Rechtsweggarantie für diesen Fall aufhob. Schon in dieser Zeit haben Kenner der Materie, so der spätere Bundesminister *Kurt Gscheidle*, darauf hingewiesen, daß die kommunikative Intimsphäre durch technische Mittel ganz anderer Art viel stärker gefährdet sei.

Zunächst jedoch ging es noch um die Anwendung sogenannter Wanzen. Es ist für die Geschichte der rechtsstaatlichen Demokratie in der Bundesrepublik nicht unwichtig, daß zwei Bundesminister *(Maihofer* und *Leber)* zurücktraten, weil sie die Anwendung von Wanzen durch Nachrichtendienste zu vertreten hatten. Doch schon damals, im Jahre 1977, gab es Stimmen, die das, was für die Geheimdienste verboten bleiben sollte, für die Polizei für rechtens erklärten.

Auf den Einbau von Wanzen ist heute niemand mehr angewiesen. Mittlerweile existieren Geräte, mit denen es möglich ist, ohne auf einen in der Wohnung installierten Sender zurückgreifen zu müssen, jedes dort gesprochene Wort abzuhören und auf Tonträger aufzunehmen. Auch optische Vorgänge in geschlossenen Räumen können in einem bestimmten Umfang unter besonderen Bedingungen mit Spezialkameras und Infrarotgeräten aufgezeichnet werden. Es liegt auf der Hand, daß nicht nur der Geheimdienst, sondern auch die Polizei daran interessiert ist, solche »technischen Mittel« in die Hand zu bekommen und einzusetzen. Doch diese technischen Mittel schränken Grundrechte ein: die Freiheit der Wohnung (Art. 13), die freie Entfaltung der Persönlichkeit, das daraus abgeleitete Recht auf informationelle Selbstbestimmung (Art. 2) und die durch Art. 10 GG geschützte kommunikative Intimsphäre.

Weder die Polizei noch die Innenminister haben sich bisher an die Öffentlichkeit und die Parlamente gewandt und gefordert: Wir brauchen klare gesetzliche Regelungen, die den Einsatz solcher technischer Mittel und die Voraussetzungen für ihre Anwendung regeln, denn ohne diese Mittel können wir unsere Aufgaben nicht erfüllen. Statt dessen hat man diese neuen technischen Geräte, von denen die Autoren des Grundgesetzes nichts wissen konnten, angeschafft, sie zunächst in Einzelfällen, dann vermehrt eingesetzt und die Anwendung solcher Mittel auf die Generalklausel der Polizeigesetze gestützt. Die unbestreitbare rechtliche Problematik eines solchen Einsatzes wurde verdrängt oder verschwiegen. Die Anwendung dieser geheimdienstlichen Mittel gehört heute »im Prinzip« – so die Begründung der bisher erstellten Vorentwürfe zu einer gesetzlichen Regelung – zum »Ist-Bestand« polizeilicher Praxis.

Man muß sich das Ungeheuerliche dieser Praxis klarmachen. Zwei Bundesminister sind wegen der Anwendung von Wanzen zurückgetreten: Doch die Polizei wendet vergleichbare, verbesserte Geräte an. Innenminister und Innensenator verantworten das. Vor der Öffentlichkeit und vor den Parlamenten wird es geheim gehalten. Das ist die Mentalität, mit der in der Weimarer Republik die »Schwarze Reichswehr« aufgebaut wurde. Damals allerdings wurde die illegale Praxis abgeschirmt gegenüber den Siegermächten des Ersten Weltkrieges – heute wird sie den parlamentarischen Gremien und dem Volkssouverän verschwiegen.

Doch seit dem Volkszählungsurteil des Bundesverfassungsgerichts vom 15. 12. 1983[9] sind Polizei und Innenminister aufgeschreckt. Die Anwendung solcher Mittel – das läßt sich nach diesem Urteil nicht wegdiskutieren – muß als ein sogenannter Informationseingriff angesehen werden, der das informationelle Selbstbestimmungsrecht des Bürgers verletzt. Ein solcher Eingriff bedarf – so das Gericht – nicht nur einer gesetzlichen Grundlage, sondern setzt auch voraus, daß eine solche Regelung mit einer spezifischen Normenklarheit erfolgt. Die Generalklausel der Polizeigesetze schafft unbestreitbar keine Ermächtigung für die weitgehend präventive Erhebung personenbezogener Daten mit geheimdienstlichen Mitteln; denn diese Klausel ist nur auf die konkrete Gefahrenabwehr beschränkt und gilt nicht für eine »vorbeugende Bekämpfung von Straftaten«, für die die Polizei meint, diese Geräte einsetzen zu müssen.

Das Urteil des Bundesverfassungsgerichts hat dazu geführt, daß Polizeiexperten auf Beschluß der Innenministerkonferenz vom 12. 1. 1984 und vom 13. 6. 1984 prüfen, »welche Auswirkungen das Urteil des Bundesverfassungsgerichts vom 15. 12. 1983 zur Volkszählung 1983 auf die Datenerhebung und -verarbeitung der Polizei« habe, und daß sie an einem Entwurf arbeiten für »bereichsspezifische Regelungen für die polizeiliche Datenerhebung und -verarbeitung«.

Der gebildete ad hoc-Ausschuß hat verschiedene »Vorentwürfe« zur Änderung des »Musterentwurfs« vorgelegt.[10] Über die letzte Fassung (Stand 12. 3. 1986) konnten sich die Innenminister des Bundes und der Länder – wie dargelegt – nicht einigen. Auch im § 8 c gibt es eine »Alternative« der A-Länder. Auch für »besondere Formen der Datenerhebung« gilt der Satz aus der allgemeinen Begründung des »Vorentwurfs« der früheren Fassung:

»Alle vorgesehenen Regelungen laufen daher im Prinzip auf eine präzisere Fixierung des Ist-Zustandes hinaus.« Ehrlicher wäre es zu sagen: Die Rechtsgrundlage für die gegenwärtige polizeiliche Praxis wird durch diesen Entwurf, der in Vorentwürfen einzelner Bundesländer seine Entsprechung findet, *nachgeschoben*. Das derzeit Illegale wird legalisiert. So bleibt auch die »besondere Form der Datenerhebung« nach § 8 c nicht mehr auf die Gefahrenabwehr beschränkt, sondern es soll auch die Befugnis zur »vorbeugenden Bekämpfung von Straftaten« möglich sein. Nirgends ist präzise geregelt und niemand weiß, wann diese »vorbeugende Bekämpfung von Straftaten« beginnt und wo sie aufhört. Im Extremfall kann diese Formel eine Zuständigkeit der Polizei nahezu in allen Lebensbereichen bedeuten. Was hat das mit der Anpassung des Musterentwurfs für ein Polizeigesetz an das Urteil des Bundesverfassungsgerichts vom 15. 12. 1983 zu tun?

3. Die Anwendung »geheimdienstlicher Mittel« und andere Formen des Informationseingriffs durch die Polizei

Wie sehen die besonderen Formen der Datenerhebung aus, die in § 8 c vorgesehen sind?

§ 8 c
Besondere Formen der Datenerhebung

(1) Die Polizei kann personenbezogene Daten von den in § 8 a Abs. 1 Nr. 1 und Abs. 2 Nr. 1 genannten Personen sowie deren Kontakt- oder Begleitpersonen mit Mitteln nach Absatz 2 nur erheben, soweit dies

1. zur Abwehr einer erheblichen Gefahr oder[a])

2. zur vorbeugenden Bekämpfung
   a) der in § 100 a der Strafprozeßordnung oder der in den §§ 176 bis 181 a, 243, 244, 260, 263 bis 265, 266 oder 324 bis 330 a des Strafgesetzbuches genannten Straftaten, wenn tatsächliche Anhalts-

punkte die Annahme rechtfertigen, daß eine dieser Straftaten begangen werden soll, oder

b) anderer Straftaten, wenn tatsächliche Anhaltspunkte die Annahme rechtfertigen, daß die Straftat gewerbsmäßig, gewohnheitsmäßig oder von Banden begangen werden soll,

erforderlich ist und die Datenerhebung ohne Gefährdung der Aufgabenerfüllung auf andere Weise nicht möglich ist und die Maßnahme nicht außer Verhältnis zur Bedeutung des aufzuklärenden Sachverhalts steht. Brief-, Post- und Fernmeldegeheimnis bleiben unberührt. Außer bei Gefahr im Verzug erfolgt die Anordnung der Maßnahme durch den Behördenleiter/Leiter der Dienststelle/oder einen von ihm beauftragten Beamten.

(2) Mittel nach Absatz 1 sind
1. die längerfristige Observation,
2. der verdeckte Einsatz technischer Mittel, insbesondere zur Anfertigung von Bildaufnahmen oder -aufzeichnungen sowie zum Abhören oder Aufzeichnen des gesprochenen Wortes auf Tonträger,
3. der Einsatz von Polizeivollzugsbeamten unter einer Legende (verdeckte Ermittler) und
4. der Einsatz sonstiger Personen, deren Zusammenarbeit mit der Polizei Dritten nicht bekannt ist.

(3) In oder aus Wohnungen (§ 19 Abs. 1 Satz 2) kann die Polizei personenbezogene Daten mit den in Absatz 2 genannten Mitteln nur erheben, wenn dies zur Abwehr einer gegenwärtigen Gefahr *für Leib oder Leben oder Freiheit einer Person oder erhebliche Sach- oder Vermögenswerte*[b] unerläßlich ist. Datenerhebungen mit Mitteln nach Absatz 2 Nr. 2 dürfen in oder aus Wohnungen außer bei Gefahr im Verzug nur durch den Richter angeordnet werden, es sei denn, daß der Einsatz ausschließlich zur Abwehr einer Gefahr für Leib oder Leben der bei einem polizeilichen Einsatz in der Wohnung tätigen Person erfolgt, wenn das technische Mittel mitgeführt wird und keine Aufzeichnung erfolgt. Für das Verfahren gilt § 20 Abs. 1 entsprechend.

(4) Wird bei der Observation ein selbsttätiges Aufzeichnungsgerät eingesetzt, sind die Aufzeichnungen über andere als die in Absatz 1 genannten Personen unverzüglich zu vernichten.

(5) Nach Abschluß der in den Absätzen 1 und 3 genannten Maßnahmen ist der Betroffene zu unterrichten, sobald dies ohne Gefährdung des Zwecks der Maßnahme geschehen kann. Die Unterrichtung ist dann nicht geboten, wenn keine Aufzeichnungen mit personenbezogenen Daten erstellt oder sie unverzüglich nach Beendigung der Maßnahme vernichtet worden sind. Eine Unterrichtung nach Satz 1 unterbleibt, wenn sich an den auslösenden Sachverhalt ein strafrechtliches Ermittlungsverfahren gegen den Betroffenen anschließt.

Die beiden Alternativ-Vorschläge der SPD-regierten (A-)Länder lauten:

a) Alternative: § 8 c Abs. 1 Satz 1 wird ersatzlos gestrichen.

b) Alternative: für Leib oder Leben einer Person (§ 8 c Abs. 4)

Durch eine solche Regelung würden der Polizei ausdrücklich folgende Befugnisse zugesprochen:

– *Die »längerfristige Observation«.* Das kann – so heißt es in der Begründung – sowohl die verdeckte Beschattung als auch die für jedermann sichtbare »offene Beschattung« sein. Eine solche Observation aber setzt den Betroffenen, der nicht einer konkreten Straftat verdächtig ist, sondern nur vorbeugend beschattet wird, unter Druck und diskriminiert ihn – weil beide Formen der Beschattung auf die Dauer nicht verborgen bleiben können – in den Augen seiner Mitmenschen.

– *Der »verdeckte Einsatz technischer Hilfsmittel«.* Das sind die von Geheimdiensten angewandten Mittel, die »das Anfertigen von Bildaufnahmen sowie das Abhören und das Aufnehmen des gesprochenen Wortes auf Tonträger« ermöglichen.

– *Der »Einsatz von Polizeivollzugsbeamten unter einer Legende«.* Hierbei handelt es sich um die sogenannten »Verdeckten Ermittler«, die im Bereich des vom Arbeitskreis II der Innenministerkonferenz eingesetzten ad hoc-Ausschusses »Neue Methoden der Verbrechensbekämpfung«[11] noch als »undercover agents« bezeichnet worden sind.

– *Der »Einsatz sonstiger Personen, deren Zusammenarbeit mit der Polizei Dritten nicht bekannt ist«.* Das sind vor allem »V-Personen«. V-Leute sind Privatpersonen, die (wie beispielsweise der bekannt gewordene Versicherungsagent *Mauss,* alias Claude etc.) zur Polizei in einer auf gewisse Dauer angelegten, gewollten, vertraulichen, nichtamtlichen Verbindung stehen, um ihr Informationen zu liefern oder um sie auf sonstige Art bei ihrer Tätigkeit zu unterstützen.

Die Befugnis, in dieser Weise vorzugehen, soll die Polizei haben

– einmal zur Abwehr einer erheblichen Gefahr (so die CDU/CSU-regierten Länder),

– sodann zur »vorbeugenden Bekämpfung von Straftaten«, bei denen in der Regel die Einschränkung des Fernmeldegeheimnisses zulässig ist, oder

– schließlich zur »vorbeugenden Bekämpfung von Straftaten«, wenn tatsächliche Anhaltspunkte die Annahme rechtfertigen, daß die Straftaten »gewerbsmäßig, gewohnheitsmäßig oder von Banden begangen werden«.

Das bedeutet, daß diese, in der Öffentlichkeit umstrittenen, Mittel für etwa zwei Drittel der Vergehen und Verbrechen des Strafgesetzbuches angewandt werden können – und zwar zur »vorbeugenden Bekämpfung von Straftaten«.

Die Polizei hält diese Befugnisse für unerläßlich. Es ist verständlich, daß sie zunächst auf die Effektivität blickt, statt auf die durch das Grundgesetz und das Bundesverfassungsgericht gesetzten Grenzen. Unverständlich allerdings ist, daß die Polizeiexperten, die diesen Entwurf erstellt haben, nicht einmal innerhalb der Polizei *verfahrensrechtliche* Vorkehrungen gegen Mißbrauch als geboten ansehen.[12] Vermutlich soll das in der Form interner Dienstanweisungen erfolgen. Das aber bedeutet: Bei Fehlverhalten entstehen keine Verwertungsverbote; faktisch könnte jeder Polizeibeamte nicht nur über den Einsatz verdeckter Ermittler, sondern auch über die Anwendung geheimdienstlicher Mittel entscheiden, ohne daß der Bürger sich dagegen wehren kann. Die einzige rechtliche Grenze ist das Verhältnismäßigkeitsgebot.

Lediglich für Wohnungen ist eine Einschränkung vorgesehen. Das »Verwanzen« einer Wohnung durch die Polizei, der Aufbau von Richtmikrophonen und dergleichen zum Belauschen des gesprochenen Wortes in Wohnungen und das Anfertigen und Aufzeichnen von Bild- und Filmaufnahmen (unter Umständen mit Infrarotgeräten) aus Wohnungen wird in der modernen Technokratensprache zur »Erhebung personenbezogener Daten aus Wohnungen mit technischen Mitteln«. Die CDU/CSU-regierten Länder halten einen solchen Einsatz für gerechtfertigt nicht nur zur Abwehr einer »gegenwärtigen Gefahr für Leib oder Leben oder Freiheit einer Person«, sondern bereits dann, wenn es um »erhebliche Sach- oder Vermögenswerte« geht. Die SPD-regierten Länder wollen den Lauschangriff auf Wohnungen nur dann zulassen, wenn eine »gegenwärtige Gefahr für Leib oder Leben einer Person« abgewehrt werden soll. Die CDU-regierten Länder stellen »erhebliche Sach- oder Vermögenswerte« über die vom Grundgesetz besonders geschützte »Unverletzlichkeit der Wohnung« (Art. 13 GG).

Solche Eingriffe müssen – so lautet der Obersatz der vorgesehenen Regelungen – »durch den Richter angeordnet werden«. Der Untersatz läßt jedoch auch eine Anwendung ohne eine solche Anordnung zu, sofern »Gefahr im Verzug« vorliegt. Bei der Klausel »Gefahr im Verzug« ist es geboten, an die Auslegung dieses Begriffs durch die Polizei bei Hausdurchsuchungen hinzuweisen. Zwei Drittel der durchgeführten Hausdurchsuchungen werden mit Hilfe der Ausnahmeregelung durchgeführt. Beim Begriff »Gefahr im Verzug« ist ferner zu berücksichtigen, daß bei Eingriffen in das Fernmeldegeheimnis nach § 100a StPO die Polizei bei »Gefahr im Verzug« nicht selbständig vorgehen kann; in diesem Fall kann die »Anordnung auch vom Staatsanwalt getroffen werden« (§ 100b Abs. 1 Satz 2 StPO). Die Anordnung tritt zudem außer Kraft, »wenn sie nicht binnen drei Tagen vom Richter bestätigt wird« (ebd., Satz 3). Alles das soll wegfallen bei dem gewichtigeren Eingriff.

Die Anordnung durch den Richter soll grundsätzlich wegfallen, wenn »Verdeckten Ermittlern« oder V-Leuten, die eine Wohnung betreten, ein sogenannter »Personenbegleitender« mitgegeben wird (»wenn das technische Mittel mitgeführt wird und keine Aufzeichnung erfolgt«).[13] Das Skandalöse der vorgesehenen Regelung macht folgende Überlegung klar: Für den Spezialfall der Überwachung des Brief-, Post- und des Fernmeldegeheimnisses bedarf es in jedem Fall einer Anordnung oder Bestätigung durch den Richter bzw. die G 10-Kommission. In keinem Fall kann die Polizei ohne die Staatsanwaltschaft tätig werden. Dabei soll es auch bleiben. Für den weitaus umfassenderen Eingriff in die nicht-öffentliche Kommunikation soll es nicht einmal eine solche Verfahrenssicherung geben: Ein Polizist braucht lediglich der Auffassung zu sein, es bestehe eine gegenwärtige erhebliche Gefahr und es liege Gefahr im Verzuge vor, dann darf er nach diesem Entwurf zum Aushorchen einer Wohnung die technischen Mittel einsetzen, die das Anfertigen von Bild- und Filmaufnahmen sowie das Abhören und Aufzeichnen des gesprochenen Wortes auf Tonträger ermöglichen.

Hier wird die Verfassung auf den Kopf gestellt. Um den geringeren Eingriff durchführen zu können, gab es jahrelange Auseinandersetzungen, eine Grundgesetzänderung und erschwerende Verfahrenssicherungen; der sehr viel weitergehende Eingriff, der die Überwachung des Brief-, Post- und des Fernmeldeverkehrs nahezu überflüssig werden läßt, wird dem polizeitaktischen Ermessen überantwortet.

Die in § 8c Abs. 4 vorgesehene Unterrichtung der Betroffenen, »sobald dies ohne Gefährdung des Zwecks der Maßnahme geschehen kann«, entspricht nicht der Regelung in § 101 Abs. 1 StPO (»sobald dies ohne Gefährdung des Untersuchungszwecks geschehen kann«). Dabei ist zu berücksichtigen, daß Eingriffe in das Fernmeldegeheimnis nach § 100a ff. StPO nur angeordnet werden dürfen, »wenn bestimmte Tatsachen den Verdacht begründen, daß jemand als Täter oder Teilnehmer einer Straftat« in Frage kommt. Die Datenerhebung nach § 8c kann jedoch auch ohne Tatverdacht zur vorbeugenden Verbrechensbekämpfung erfolgen, d.h. auch Bürger betreffen, die selbst in keinem Tatverdacht stehen.

Wenn der Grundsatz beibehalten wird, daß jemand, der *nicht* aufgrund zureichender konkreter Anhaltspunkte einer Straftat verdächtigt ist, durch Informationseingriffe in seinen Rechten verletzt wird, muß dieser Bürger aufgrund seiner Rechte nach Art. 19 Abs. 3 Satz 1 GG unabhängig vom »Zweck der Maßnahme« ein unabdingbares Recht auf Unterrichtung haben. Das ergibt sich aus dem Volkszählungsurteil des Bundesverfassungsgerichts. Zu beachten ist in diesem Zusammenhang auch, daß der Begriff »Gefährdung des Untersuchungszwecks« in § 101 Abs. 1 StPO präziser ist und zudem einen Tatverdächtigen betrifft. Gerade weil es sich im Fall des § 8c in der Regel um Bürger handelt, die nicht tatverdächtig sind, muß der Bürger unterrichtet werden. Zumindest fehlt die vom Bundesverfassungsgericht geforderte Fristsetzung für solche Unterrichtung.[14]

4. Grundsätzliche Thesen zur Kritik des Vorentwurfs

Die grundsätzliche Kritik an der Norm des § 8c des Vorentwurfs (und den ähnlichen Bestimmungen der Länder) läßt sich in folgenden Thesen zusammenfassen«

1. These: Der vorgesehene Entwurf, insbesondere die angestrebte Regelung der Anwendung der von Geheimdiensten benutzten Mittel und des Einsatzes »Verdeckter Ermittler« durch die Polizei zur vorbeugenden Verbrechensbekämpfung, widerspricht der im Grundgesetz angelegten strikten Trennung zwischen Polizei und Geheimdiensten.

Wird diese Trennung zwischen der nur beobachtenden und Erkenntnisse sammelnden Tätigkeit der Geheimdienste und der mit hoheitlicher Gewalt ausgestatteten, bisher auf Gefahrenabwehr beschränkten Exekutivtätigkeit aufgehoben, so wird ein Strukturelement der Verfassung der Bundesrepublik in Frage gestellt: Die Polizei erhält Kompetenzen, die über die Befugnisse des Verfassungsschutzes hinausgehen. Die vorbeugende Verbrechensbekämpfung mit Methoden der Geheimdienste durch »Verdeckte Ermittler« und durch V-Personen schafft eine andere, eine polizeistaatliche Republik.

Das Trennungsgebot ist historisch begründet.[15] Das zeigen unmißverständlich die Beratungen zum Bundesverfassungsschutzgesetz 1950. Das Trennungsgebot ist im Rechtsstaatsgebot verankert: Jeder Eingriff im Rahmen der polizeilichen Tätigkeit ist gerichtlich überprüfbar nach Art. 19 Abs. 4 Satz 1 GG; für geheimdienstliche Tätigkeit im Rahmen der Spionage und Spionageabwehr können Ausnahmen davon berechtigt sein; für die sonstige Tätigkeit der Verfassungsschutzbehörden dagegen muß Art. 19 Abs. 4 Satz 1 GG zur Anwendung kommen, sofern es sich um einen Eingriff in das Recht auf informationelle Selbstbestimmung handelt.

Das Bundesverfassungsgericht hat das Trennungsgebot anerkannt durch den Begriff der »informationellen Gewaltentrennung«.[16] Es verlangt einen »amtshilfefesten Datenschutz« und fordert, daß »der Gesetzgeber für organisatorische Vorkehrungen sorgen (muß), welche die vorgesehene Zweckbindung (personenbezogener Daten) garantiert«.

2. These: Die Ausforschung der verbalen und non-verbalen Kommunikation in einer Wohnung durch die Polizei ist verfassungswidrig.

Der heimliche Eingriff durch die von Geheimdiensten angewandten Mittel in die Wohnung als eine Freistätte der Privatsphäre ist durch den Gesetzesvorbehalt in Art. 13 Abs. 3 GG nicht gedeckt. Die heimliche, optische und akustische Überwachung einer Wohnung erfaßt den räumlichen Intimbereich des Betroffenen und läßt von der grundgesetzlich verbürgten Privatheit der Wohnung nichts mehr übrig. Ohne einen gegen Ausforschung geschützten räumlichen Intimbereich wird der Bürger zum Objekt staatlichen Handelns. Die vorgesehene Regelung verletzt den Wesensgehalt von Art. 13 GG. Wenn die angestrebte Kompetenz der Polizei zur Realität wird, gibt es in der Bundesrepublik eine Einschränkung von Grundrechten, die die Demokratie gefährdet.

3. These: Das Grundgesetz schützt nicht nur die Wohnung, sondern auch (das ergibt sich aus Art. 2 und Art. 10 GG) jede nicht-öffentliche Kommunikation. In die Privatheit der verbalen und non-verbalen Kommunikation darf nach der Systematik des Grundgesetzes nicht oder allenfalls unter Wahrung präziser Verfahrenserfordernisse eingegriffen werden.

Aus bürgerrechtlicher Sicht muß es heißen: Das nicht öffentlich geäußerte Wort ist gegen staatliche Überwachung geschützt. Aus der Sicht der Polizei gibt es Gründe für solche Eingriffe in den kommunikativen Intimbereich. Es gibt jedoch keinen Grund dafür, warum die Polizei nicht an das gebunden sein soll, was im Rahmen des Grundgesetzes für solche Eingriffe in den kommunikativen Intimbereich in bezug auf die Überwachung des Brief-, Post- und des Fernmeldegeheimnisses entwickelt worden ist. Es gibt keine Begründung, mit der zu rechtfertigen ist, warum die Polizei bei der Aufklärung von Straftaten Staatsanwaltschaft und Richter einschalten muß, wenn sie Telephongespräche überwacht haben will, daß sie aber freie Hand haben soll, wenn sie im Rahmen der vorbeugenden Verbrechensbekämpfung Gespräche in einer Wohnung oder außerhalb einer Wohnung observieren will. Polizeitaktische Erwägungen und Opportunität dürfen gerade in dem kaum bestimmbaren Feld der »vorbeugenden Bekämpfung von Straftaten« nicht zum Zuge kommen.

4. These: Der Arbeitskreis II »Öffentliche Sicherheit und Ordnung« der Innenministerkonferenz und die von diesem Arbeitskreis beauftragten ad hoc-Kommissionen sind zu einer Gefahr für die Rechtsstaatlichkeit in der Bundesrepublik und zu einem Risiko für die Demokratie geworden. Parlamentarier aller Parteien sollten sich weigern, die in dieser Dunkelkammer der Demokratie ausgeheckten Gesetzesentwürfe zu beraten.

Der Sache nach beansprucht die Innenministerkonferenz eine ihr nicht zustehende Polizeirechtsrahmenkompetenz. Wenn die Innenminister für die Polizei bundeseinheitliche Regelungen für erforderlich halten, müßten sie für den Bund diese Gesetzgebungskompetenz schaffen. Dagegen gibt es aus guten Gründen Bedenken. Die gegenwärtige Praxis der Innenministerkonferenz aber, bei der die Landesparlamente (die später den Musterentwurf bundeseinheitlich umsetzen sollen) an den Beratungen nicht beteiligt werden, schafft notwendig ein einseitiges Übergewicht polizeilichen Denkens und eine Ausklammerung bürgerrechtlicher Positionen.

5. »Sicherheitsapparate« als sich selbst steuernde politisch-gesellschaftliche Teilbereiche?

Polizei und »Sicherheitsdienste« in der Bundesrepublik entwickeln sich mehr und mehr zu einem wichtigen Teilbereich des Staatswesens, der sich selbst steuert. Sie orientieren sich – in einer dafür günstigen Phase – zunehmend an Effektivität statt an den »Grenzmarken« der Verfassung *(Joachim Perels).* Im Vordergrund steht die Praxis. Diese Praxis wird erprobt, auch wenn es dafür keine Rechtsgrundlage gibt. Normen, die nachträglich diese Praxis absichern sollen, werden selbst formuliert. Taktisch geschickt und mittels besonderer Einflußchancen und unter Ausnutzung spezifischer Kanäle wird versucht, solche Normen auch gegenüber Gesetzgeber und Gerichten durchzusetzen.[17]

Ein solcher Lobbyismus der »Sicherheitsapparate« unterscheidet sich in der Substanz nicht von anderen Formen der Einflußnahme. Doch würde heute jeder einen Gesetzentwurf beispielsweise der pharmazeutischen Industrie über die Zulassung von Arzneimitteln als einseitige Interessenposition einordnen. Den Polizeiexperten und ihren Vertretern in den Innenministerien dagegen ist es gelungen, ihre Sonderinteressen unter der Maske des Allgemeinen zu verdecken.

Aus diesem Grund sind die Entscheidungen über die vorgesehenen Veränderungen des Polizeirechts nicht nur wichtig im Blick auf die Frage, ob die Bundesrepublik ein Stück weiter in Richtung Überwachungsstaat marschiert. Sie sind zugleich ein Kriterium dafür, ob Öffentlichkeit, demokratischer Gesetzgeber und Gerichte noch fähig sind, der Eigenproduktion von Normen durch den gesellschaftlichen Teilbereich Polizei entgegenzutreten und der Verselbständigung eines Teilbereichs wirksame rechtliche Schranken zu setzen.

Anmerkungen

1 Vgl. dazu (jeweils mit weit. Hinw.) *Jürgen Seifert,* Die Überwachungsgesetze, in: Kritische Justiz 1986, S. 42–51; *J. Seifert/Ulrich Vultejus* (für die Humanistische Union): Texte und Bilder gegen die Überwa-

chungsgesetze, Hamburg 1986, S. 17ff. Bei der Humanistischen Union (Bräuhausstraße 2, 8000 München 2) können verschiedene Materialien zu den Sicherheitsgesetzen bezogen werden.

2 Der Entwurf (Stand: 31. 10. 1984) ist abgedruckt in: Bürgerrechte und Polizei (Cilip) Nr. 19, Heft 3, 1984, S. 78–90; der Vorentwurf (Stand 8. 2. 1985) ist abgedruckt: ebda, Nr. 21, Heft 2, 1985, S. 44–57 (Versand Kirschkern, Lietzenburger Straße 99, 1 Berlin 15); der hier berücksichtigte Vorentwurf vom 12. 3. 1986 ist jetzt veröffentlicht in: Cilip Nr. 24, Heft 2, 1986, S. 74ff. – Dieser Buchbeitrag wurde am 24. 9. 1986 abgeschlossen.

3 Vgl. Frankfurter Rundschau (FR) 19. 4. 1986 (»Differenzen beim Polizeirecht. Vorerst keine einheitliche Regelung«)

4 Ebda.

5 Drucksache des Landtags Rheinland-Pfalz 10/1487 vom 22. 5. 1985; Entwurf des Hamburger Innensenators zur Änderung des Hamburger SOG vom 2. 12. 1985; Gesetzentwurf zur Änderung des Hessischen Gesetzes über die öffentliche Sicherheit und Ordnung HSOG vom 30. 9. 1985.

6 Vgl. dazu Redaktion Cilip, Redaktionelle Stellungnahme zum Vorentwurf zur Änderung des MEPolG, Fassung vom 8. 2. 1985, in: Cilip 21 a. a. O. (Anm. 2) S. 21–43; *Sebastian Cobler,* Gutachten zum Gesetzentwurf zur Änderung des HessSOG, Manuskript (14. 2. 1986); Stellungnahme des Hamburger Datenschutzbeauftragten *C. H. Schapper* vom 10. 9. 1985 zum Vorentwurf zur Änderung des MEPolG.

7 So Vorentwurf zum Musterentwurf: Änderung zu § 1 Abs. 1.

8 So insbes. *Rupert Scholz/Rainer Pitschas:* Informationelle Selbstbestimmung und staatliche Informationsvorsorge, Berlin 1984, S. 103ff.; kritisch dazu: *Denninger* in diesem Band.

9 BVerfGE 65, S. 1ff. (insbes. S. 42ff.)

10 Siehe Anm. 2.

11 Abgedruckt im Memorandum der Humanistischen Union (Anm. 1) »Auf dem Weg zu einer halbkriminellen Geheimpolizei«, München 1984; abgedruckt mit anderen Dokumenten zu diesem Thema in: Vorgänge Nr. 68, Heft 6, 1983, S. 29ff.; vgl. dazu *J. Seifert,* Vom Undercover-Agent zum Verdeckten Ermittler, in: Vorgänge Nr. 79, Heft 1, 1986, S. 30ff. (m. w. Nachw.).

12 *Denninger* fordert gerade für die Überprüfung nichtverdächtiger Personen (insbes. Dateienabgleich oder »Rasterfahndung«) verfahrensmäßige und organisatorische Schutzvorschriften (u. a. begleitende Kontrolle von Datenschutzbeauftragten), ähnliches gilt für das Erstellen partieller Persönlichkeitsbilder (präzise gesetzliche Regelungen, Anordnung durch Richter oder Staatsanwalt) und ähnlicher Maßnahmen im Rahmen der vorbeugenden Bekämpfung von Straftaten (*Denninger,* in diesem Band).

13 Der hessische Entwurf geht von zwei Extremfällen aus. Zum einen geht es um das Belauschen einer Wohnung, von der die Polizei vermutet, daß in dieser eine Geisel versteckt gehalten wird (§ 44 Abs. 7 Nr. 1 »zur Abwehr einer gegenwärtigen erheblichen Gefahr für Leib oder Leben einer Person«); zum anderen geht es um Personenschutz durch einen »Personenbegleitender« (Nr. 2). Die Daten sind zu löschen, wenn der Zweck der Maßnahme erreicht ist. Vgl. kritisch hierzu *Cobler* (Anm. 6) und *Rita Wellbrock*, Der Hessische Regelungsentwurf für die polizeiliche Datenverarbeitung, in: Computer und Recht 1986, S. 149–157.

14 Vgl. hierzu *Schapper* a. a. O. (Anm. 6): »Wenn ein Betroffener nicht weiß, daß er staatliche Eingriffsmaßnahmen erdulden mußte, kann er diese auch nicht hinterher gerichtlich überprüfen lassen. Dies ist ihm aber nach Art. 19 Abs. 4 GG garantiert. Eine Ausnahme von der Rechtsweggarantie ist nur in Art. 10 Abs. 2 Satz 2 GG (sog. nachrichtendienstlicher Vorbehalt) vorgesehen. Dieser ist aber auf den Schutzbereich des Art. 13 GG nicht übertragbar.« Ähnlich *ders.* im 4. Tätigkeitsbericht des Hamburgischen Datenschutzbeauftragten vom 1. Januar 1986, S. 66f. Vgl. auch die Darlegung von *J. Seifert* auf der Pressekonferenz der Humanistischen Union am 8. 4. 1986, abgedruckt in: Kritische Justiz 1986, S. 239 (sowie die Erklärung der Humanistischen Union ebda, S. 236–248) und die Beispiele von *J. Seifert*, Die Überwachungsgesetze a. a. O. (Anm. 1).

15 Zum Trennungsgebot vgl. insbes. *Bernhard Schlink*, Datenschutz und Amtshilfe, NVwZ 1986, S. 249–256; kritisch *Helmut Roewer*, Die Trennung von Polizei und Verfassungsschutzbehörden, DVBl. 1986, S. 205–208, und die Erwiderung durch *Martin Kutscha*, Die Aktualität des Trennungsgebots für Polizei und Verfassungsschutz, ZRP 1986, S. 194ff.

16 BVerfGE 65, 1 (Volkszählungsurteil), die Zitate befinden sich ebda., S. 59, S. 46 und S. 69.

17 Vgl. etwa die Serie »Fällt Deutschland unter die Räuber?« in der »Welt« vom 5. 4., 7. 4., 8. 4., 11. 4 und 12. 4. 1986, in der der Landespolizeipräsident von Baden-Württemberg *(Alfred Stümper)* Angst schürte und damit für seine Polizeistrategie warb. Die »Welt« führte dazu in acht Großstädten Diskussionsveranstaltungen mit Referenten aus Ministerien und Polizeiführung vom 30. 4. bis 13. 5. 1986 durch. – Zur Eigendynamik der Polizeibürokratie vgl. *Roland Girtler:* Polizei-Alltag. Strategien, Ziele und Strukturen polizeilichen Handelns, Opladen 1980 und dazu die Rezension von *H. Hohmann*, in: Kölner Zschr. für Soziologie 1981, S. 383–385.

Eggert Schwan
Auf dem Weg zum Überwachungsstaat? Plädoyer für eine rechtsstaatliche Datenverarbeitung der Polizei

1. Wissen ist Macht *(Kon-fut-se)*, und nach Macht über seine Mitmenschen strebt der Mensch und streben von Menschen geschaffene Institutionen, insbesondere der Staat. Dies ist eine Binsenweisheit, die *Montesquieu* im *Geist der Gesetze* wie folgt umschrieben hat:

»Eine ewige Erfahrung lehrt, daß jeder Mensch, der Macht hat, dazu getrieben wird, sie zu mißbrauchen. Er geht immer weiter, bis er an die Grenzen stößt. Wer hätte das gedacht, sogar die Tugend hat Grenzen nötig. Damit die Macht nicht mißbraucht werden kann, ist es nötig, durch Anordnung der Dinge zu bewirken, daß die Macht die Macht bremse.«[1]

Genau dies ist auch das Problem, das sich hinter dem Begriff »Datenschutz« verbirgt: Es geht darum, der Datenverarbeitung (vor allem der durch den Staat betriebenen Datenverarbeitung) rechtliche Fesseln anzulegen, sie in die Zucht und Ordnung der Verfassung und der Gesetze, der sie entlaufen ist, zurückzuzwingen, »durch die Anordnung der Dinge zu bewirken, daß die Macht die Macht bremse«. Denn unangekränkelt durch irgendwelche moralischen oder ethischen Skrupel und ohne den Versuch einer Rückkopplung mit dem geltenden Recht und der Verfassung sind in unserem Lande staatliche Instanzen dazu übergegangen, Modelle für den Einsatz der modernen Techniken der Datenverarbeitung zu entwickeln und in die Tat umzusetzen, die das Modell des Überwachungsstaats sind.

So hat etwa der ehemalige Präsident des Bundeskriminalamtes, *Horst Herold*, ein von ihm selbst so bezeichnetes »Zukunftsmodell« für die »organisatorischen Grundzüge der elektronischen Datenverarbeitung im Bereich der Polizei« entwickelt, das eine weitreichende Überwachung des Bürgers und der Gesellschaft erlauben würde. Fasziniert von den allerdings phantastischen Möglichkeiten, die die EDV für die Aufgabenerfüllung der Polizei (insbesondere für die präventive Kriminalitätsbekämpfung) geschaffen hat, fordert *Herold*[2] wörtlich die

»entschlossene Abkehr von der Beschränkung auf die... traditionellen Funktionen (der Polizei), einen radikalen geistigen Neubeginn, eine Hinwendung zu einem ganz andersartigen Selbstverständnis einer höherstufigen, wissenschaftlich arbeitenden, gleichsam gesellschaftssanitären Polizei.« Die Erkenntnisbestände der Polizei seien für eine »Therapie der Gesellschaft freizusetzen«, denn: »Mit der Möglichkeit, die Verbrechensvorbeugung als eigentlich wichtigste, heute aber vernachlässigte Form der Verbrechensbekämpfung zur vorrangigen Polizeiaufgabe zu erheben, ergibt sich erstmals die Chance, das Verbrechen buchstäblich in den Zangengriff zu zwingen.«

Ausdrücklich fordert *Herold* die »Beteiligung der Polizei an einem kommunalen oder regionalen Informationszentrum«, weil sämtliche auf die Personen bezogenen Daten anderer Dienststellen, »wie etwa Angaben über akademische Grade aus dem Einwohnermeldeamt, über die Blutgruppe aus dem Gesundheitsamt, die Gaststättenkonzession aus dem Gewerbeamt usw.«, für die Polizei von Bedeutung seien und diese zum Zwecke der »vorbeugenden Verbrechensbekämpfung« die »umfassende Erhebung aller sich auf den Verbrecher und das Verbrechen beziehender Daten in einer systematisierten, maschinengerechten Form von Tat- und Tätersätzen« benötige, »die von den Personalien, Familien-, Wohn-, Rechts-, Besitz- und Sozialverhältnissen bis zu kriminalbiologischen und kriminalsoziologischen Daten reichen und dabei alle auch schon herkömmlicherweise für Akten und Karteien erhobenen Daten einschließen«.

Die Gewinnung dieser Datensätze erfordere, »ähnlich wie bei der klinischen Untersuchung eines Patienten, eine Reihe von Erhebungsstationen« und könne »durch Beteiligung einer Vielzahl von gleichermaßen informationsinteressierten Ämtern und Behörden« sowie »zugleich mit anderen gesellschaftlichen Erhebungen (z. B. medizinische Reihenuntersuchungen, Erhebungen über Führerscheintauglichkeit, Intelligenz- und Reaktionstesten, volkswirtschaftlichen Untersuchungen usw.)« erfolgen. *Herold* wörtlich:

»Auch brauchen die Sätze nicht auf einmal gewonnen zu werden; sie können vielmehr im Laufe eines Lebens von der Geburtsurkunde über die Schulimpfung, das Zeugnis und die Lehre bis zur Eheschließung, Straffälligkeit oder sonstigen markanten Lebensabschnitten entstehen.«

Der Bürger habe angesichts des auf den ersten Blick in der Tat edlen Zweckes der *»vorbeugenden Verbrechensbekämpfung«* zu dulden, daß er von der Polizei sozusagen von der Wiege bis zur

Bahre und bis hin zu seinen »abweichenden Verhaltensweisen« beobachtet, erfaßt, registriert und katalogisiert wird und daß sämtliche staatlichen Institutionen zu einem einzigen globalen Informationsverbundsystem zusammengefaßt und somit sämtliche im staatlichen Bereich angefallenen Informationen für die polizeilichen Zwecke verwertbar gemacht werden.

Die Gesellschaftstherapie, die dabei herauskommt, dürfte sicherlich das Ende unserer Freiheit sein. Nach *Denninger*[3] ist es gerechtfertigt, dann von einem *»totalen Persönlichkeitsbild«* zu sprechen,

»wenn die Intention seiner Urheber auf eine Zusammenfassung möglichst zahlreicher Daten eines Bürgers aus seinen unterschiedlichen Lebensbereichen gerichtet ist. Ein in diesem Sinne totales Bild würde beispielsweise entstehen, wenn die wesentlichen Daten einer beruflichen Karriere mit den ›Gesundheitsdaten‹, den Daten über politisches und Freizeitverhalten, über persönliche Beziehungen einschließlich des geschlechtlichen Verhaltens und den Daten über kulturell-religiöses Verhalten eines Menschen zusammengeführt würden. Ein *›partielles‹ Persönlichkeitsbild* bleibt hingegen auf einen zeitlich, räumlich und/oder sachlich abgegrenzten Lebensausschnitt begrenzt ... Die Herstellung eines ›totalen Persönlichkeitsbilds‹ ... wäre die Realisierung der Orwellschen Vision vom totalitären Überwachungsstaat, das Ende der Autonomie der Persönlichkeit, eine unter keinem Gesichtspunkt zu rechtfertigende Verletzung der Menschenwürde.«

2. Nun könnte man argumentieren, daß dies nur die Ansicht eines einzelnen Mannes sei und daß dieser selbst in der letzten Phase seiner Amtsausübung sehr deutliche Absetzbewegungen von dem von ihm entwickelten »Zukunftsmodell« gemacht habe. Auch dieser Einwand trifft jedoch nur die halbe Wahrheit, denn wir müssen immer wieder aus dem Munde namhafter Vertreter der Polizeibehörden Äußerungen vernehmen, die genau auf der Linie dieses Zukunftsmodells liegen.[4] So hat etwa der in Berlin noch bis zum Februar 1987 amtierende Polizeipräsident *Hübner* (SPD) erst neulich seine Forderung nach dem »vollen Ausbau der polizeilichen Datensammlungen« erneuert. Das Berliner Anwaltsblatt berichtete im Dezember 1979 über ein mit *Hübner* geführtes Gespräch wie folgt:[5]

»Hübner bedauerte, daß angesichts des ›Modetrends Datenschutz‹ sich aus der Arbeitsgemeinschaft der Polizeipräsidenten nur noch BKA-Präsident Herold und er für den vollen Ausbau polizeilicher Datensammlungen einsetzten. Er bekannte sich auch voll zu seiner Forderung von 1975, daß die

Polizei Zugang zu den Daten von Arbeitsämtern, Krankenkassen, Finanzämtern, Vollzugsanstalten, Pfandleihbetrieben, Kreditschutzeinrichtungen und der BfA haben müßte. Gespräche über einen Datenverbund liefen mit der AOK. Auf den Vorhalt, daß dies zur totalen Erfassung aller Lebensbereiche des Bürgers führe, meinte Hübner, er als Polizeipräsident müsse das totale Fahndungsinteresse anmelden; es sei ›Sache des Souveräns‹, ihm die Grenzen zu setzen.«

Mit dem Souverän dürfte *Hübner* vermutlich den Gesetzgeber, also Gesetz und Recht, gemeint haben. Das heißt aber, daß der ehemalige Berliner Polizeipräsident sich auf ein Organ beruft, dessen Stimme er ganz offensichtlich nicht vernimmt. Denn Gesetz, Recht und Verfassung haben schon seit langem und für den Kundigen deutlich vernehmbar ihr »Nein« zu solchen Vorstellungen verkündet, indem sie sowohl die Strafverfolgung als auch die Gefahrenabwehr (also die Prävention) angehalten haben, nicht tätig zu werden, solange nicht ein *konkreter Anfangsverdacht einer Straftat*[6] *oder einer Gefahr*[7] entstanden ist. Nichts geht im Bereich der Polizei nach Recht und Gesetz, solange nicht dieser Anfangsverdacht vorliegt, und man hat dieses Prinzip, das man auch als *»rechtsstaatliche Unschuldsvermutung«* bezeichnen könnte, zu Recht auch aus der Menschenwürdegarantie unserer Verfassung abgeleitet. Es geht in einem Rechtsstaat ganz einfach nicht an, daß die Tatsache, daß sich in einer jeden Gesellschaft auch ein Bodensatz an Kriminalität verbirgt, zum Anlaß dafür genommen wird, in jedem Auge den Splitter des Verdachtes zu entdecken und darum potentiell jeden Bürger zu erfassen, solange nicht der erwähnte Anfangsverdacht entstanden ist. Bedenklicherweise hat etwa der Berliner Landeskriminaldirektor bei der gleichen Gelegenheit, bei der sein Präsident die zitierten Äußerungen getan hat, ausdrücklich bestätigt, daß auch Daten von jugendlichen Verdächtigen, ja selbst »Taten« strafunmündiger Kinder gespeichert würden.[8] Aus Kindern würden Jugendliche, und die gespeicherten Daten gestatteten die frühe Erkennung von Wiederholungstätern. Jeder Verdächtige, jede Strafanzeige, jede Personen- und Sachfahndung, alle Kfz- und EMA-Unterlagen würden im »Kommissar Computer« gespeichert, und da ein Rückfluß der Daten von der Justiz zur Polizei nicht vorgesehen sei, bleibe auch der Freigesprochene im Computer als Verdächtiger gespeichert.[9]

Noch am 30. 6. 1985 bekennt der Berliner Landeskriminaldirektor unbekümmert,[10] daß Berlin als einziges Bundesland die bisher getrennt in den Kriminalakten und »Tagebüchern« der Polizei gespeicherten Daten in einem zentralen Informationssystem Verbrechensbekämpfung (ISVB) zusammengefaßt habe und daß dort »rund 1,32 Millionen Datensätze gespeichert« seien und aus dem letzten Bericht des Datenschutzbeauftragten in Berlin erfahren wir, daß sich diese Zahl inzwischen auf 1,5 Millionen erhöht hat.[11] Der Justizsenator[12] sowie der Innensenator von Berlin erklären dazu,[13] daß Rechtsgrundlage für die Sammlung und Speicherung der Daten § 81 b StPO sei. Auch nach Abschluß eines Strafverfahrens könne eine Speicherung teilweise auf diese Vorschrift, teils aber auch auf die polizeiliche Generalklausel gestützt werden. Da diese Bestimmungen jedoch entweder das Vorliegen einer konkreten Gefahr oder aber die Beschuldigten-Eigenschaft sowie die Gefahr der Wiederholung von Straftaten voraussetzen, muß man wohl davon ausgehen, daß die beiden genannten Senatoren 1,32 Millionen Bürger in Berlin als Beschuldigte, Wiederholungstäter oder Verursacher konkreter Gefahren ansehen. Eine Fehlleistung à la Freud, die wir unseren Behörden wahrlich nicht erlauben dürfen!

3. Ganz ähnlich argumentiert und verfährt leider auch die *Ständige Konferenz der Innenminister*, denn sie hat gleichfalls vorbei an Gesetz und Recht Richtlinien erlassen, die nichts anderes darstellen als den Versuch, das oben beschriebene Zukunftsmodell juristisch auf den Weg zu bringen.[14] Jedenfalls enthalten auch diese Richtlinien das *Konzept der »vorbeugenden Verbrechensbekämpfung«* im »Vorfeld der Entstehung konkreter Gefahren und Verdächte«. Der Bürger hat sich auch danach die Beobachtung, Erfassung, Registrierung und Katalogisierung nicht erst dann gefallen zu lassen, wenn er dazu Anlaß gegeben hat, *sondern die polizeiliche Datenerhebung und -speicherung erfolgt auch »auf Vorrat« und ohne jede konkrete Veranlassung*. Desgleichen ist nach diesen Richtlinien auch die Übermittlung personenbezogener Daten zum Zwecke der bloßen »Verhütung« (und das heißt: ohne jedweden konkreten Tatverdacht oder Anhaltspunkt für das Vorliegen konkreter Gefahren) zulässig. Dies gilt sogar für die Übermittlung der Daten an ausländische, private oder staatliche Institutionen.

Herold führt in diesem Zusammenhang wörtlich aus:

»Auf diese Weise wird weniger vermögenden Staaten ›kriminaltechnische Entwicklungshilfe‹ geleistet. Indem sie an dem gemeinsamen Informationssystem teilnehmen, partizipieren sie an den Erfahrungen und Leistungen potenterer Staaten.«[15]

Wenn z. B. ein totalitärer Potentat auf die Idee käme, ein polizeiliches Überwachungssystem nach Art der Ochrana, der GPU oder der Gestapo einzurichten und sich dafür die Datenbestände des deutschen Bundeskriminalamtes zu erbitten, so wäre das BKA nach den für dieses Amt geltenden Richtlinien durchaus berechtigt, diese Daten an den ausländischen Potentaten weiterzugeben, und zwar ohne daß die betroffenen Bürger davon irgendetwas erfahren würden.

Um ein anderes durchaus realistisches Beispiel zu konstruieren: Ein böser Nachbar hat Sie wiederholt wegen irgendwelcher üblen Dinge denunziert. Die Polizei leitet jeweils pflichtgemäß ein Strafverfahren ein, und das BKA registriert dies in seinem Informationssystem. Die Staatsanwaltschaft stellt das Verfahren wegen fehlenden Tatverdachtes sofort ein, ohne Sie anzuhören. Sie erfahren von alledem nichts. Dann fahren Sie z. B. in den Urlaub nach Spanien und werden dort in einen Verkehrsunfall verwickelt. Die spanische Polizei fragt beim BKA an, ob etwas gegen Sie vorliegt, und das BKA übermittelt getreu den für dieses Amt geltenden Richtlinien seine unvollständigen und damit falschen Daten an die spanische Polizei. Diese hält Sie aufgrund dieser Meldung für einen »schweren Jungen« und behandelt Sie dementsprechend, d. h., Sie verschwinden zunächst einmal in einem der spanischen Gefängnisse.

Hier spätestens sollte jedem klar sein, daß das Problem der polizeilichen Datenverarbeitung ein Jedermannsproblem ist und daß es nichts anderes darstellt als eine Unwissenheit, wenn man immer wieder aus dem Munde der Gegner des Datenschutzes hören muß: »Was soll das eigentlich? Der Datenschutz nutzt doch nur dem Verbrecher! Also ist Datenschutz letztlich nichts anderes als Tatenschutz!«

Auch für denjenigen, der meint, nichts verbergen zu müssen, ist es letztlich unerträglich, daß unsere Sicherheitsbehörden heimlich über potentiell jeden von uns Informationen sammeln und daß sie meinen, über diese Informationen nach Belieben verfügen und sie ohne Wissen des Betroffenen auch anderen Institutionen und Personen übermitteln zu dürfen. Gerade diese *Heimlichkeit* ist es, die das Vorgehen unserer Sicherheitsbehörden so zweifelhaft und rechtlich bedenklich macht. Ein Beispiel dafür haben wir erst jüngst wieder vernehmen müssen: In Hamburg hat der Senat in einer Antwort auf eine Anfrage einer Abgeordneten der Fraktion der Grünen eingestanden,[15] daß die Staatsschutzabteilung der Polizei auch Veranstaltungen des DGB heimlich beobachtet und die dabei gewonnenen Erkenntnisse routinemäßig auch an Dienststellen der Nato sowie der Briten und Amerikaner weitergeleitet hat, natürlich ohne die davon betroffenen Personen über diesen Eingriff in ihr »informationelles Selbstbestimmungsrecht« zu informieren.

Dies hat einen Abgeordneten der Alternativen Liste im Abgeordnetenhaus von Berlin bewogen, eine Kleine Anfrage an den Senat von Berlin zu richten, in der um Auskunft über den vom Landesamt für Verfassungsschutz betriebenen geheimen Informationsdienst gebeten wurde. Die Anfrage hatte folgenden Wortlaut:[17]

»1. Wie viele und welche in- und ausländischen natürlichen und juristischen Personen werden mit dem Informationsdienst des Berliner LfV versorgt?
2. In welchen Abständen wird der genannte Informationsdienst verbreitet?
3. Welche mitteilungswerten ›Erkenntnisse‹ enthält dieser Informationsdienst in der Regel, und nach welchen Kriterien wird er zusammengestellt?
4. Werden dabei auch personenbezogene Daten (Name, Geburtstag, Geburtsort, Anschrift) übermittelt?
5. Auf welcher Rechtsgrundlage oder sonstigen Vereinbarung geschieht die Übermittlung dieses Informationsdienstes?
6. Auf welcher Rechtsgrundlage geschieht insbesondere die Übermittlung personenbezogener Daten?
7. Seit wann besteht diese Praxis?
8. Welchem Zweck dient die Übermittlung des Informationsdienstes an die einzelnen Adressaten jeweils?«

Die Antwort des Senates lautete wie folgt:[18]

»Die Beantwortung Ihrer vorgenannten Kleinen Anfrage ist wegen der Verschlußsacheneigenschaft der Anfragegegenstände im einzelnen nicht möglich. Die in Frage stehenden vertraulichen Informationsdienste werden von den jeweiligen Dienststellen in Wahrnehmung ihrer gesetzlichen Aufträge verfaßt. Hierzu wie zur Information bestimmter Adressaten bedarf es keiner besonderen gesetzlichen Ermächtigung. Die Informationsberichte dienen der Lagebeurteilung, insbesondere für den Bereich politisch extremistischer und sicherheitsgefährdender Bestrebungen sowie der polizeilichen Aufgabenerfüllung, insbesondere der Verfolgung strafbarer Handlungen sowie der Verhinderung von Straftaten.«

Der Senat von Berlin ignoriert nach dieser Auskunft nicht nur das Volkszählungsurteil des Bundesverfassungsgerichtes,[19] nach der für jeden Akt der Übermittlung personenbezogener Informationen eine *gesetzliche Ermächtigung* erforderlich ist, er ignoriert auch die *Informationsrechte des Parlamentes,* die durch die Entscheidung des Bundesverfassungsgerichtes vom 17.7. 1984 zur Aktenvorlage an den Flick-Untersuchungsausschuß besonders hervorgehoben worden sind. Er beruft sich auf das aus dem Obrigkeitsstaat überkommene *Arkanprinzip*[21] und ist der Meinung, daß sogar die Kontrollrechte des Parlaments an der von der Exekutive selbstherrlich getroffenen Anordnung – daß es sich um eine »Verschlußsache« handele – eine selbstverständliche Grenze fänden.

4. Es gilt in unserem Land noch immer als verpönt und nach Meinung mancher gar als beleidigend, wenn man sich anschickt, die Spuren dessen, was ist, zurückzuverfolgen, und wenn man dabei dann auch im sog. Dritten Reich fündig wird. Allein das Befassen auch mit diesem Teil unserer Vergangenheit und das Erkennen und Eingestehen der Existenz historischer Zusammenhänge wird uns dorthin zurückführen, wo wir einmal waren, nämlich zu einer von ethischen Prinzipien geprägten Polizei. Dafür soll an dieser Stelle *Franz Kugler,* der berühmte Biograph Friedrich des Großen, zitiert werden, der in seiner erstmals 1840 erschienenen Lebensbeschreibung des großen Preußenkönigs folgendes berichtet:[22]

»An den Vorteilen eines anderen Gebietes – der Geheimen Polizei –, die zu jener Zeit in Frankreich ebenfalls schon außerordentliche Erfolge gehabt hatte, wünschte Friedrich auch teilzunehmen. Mancherlei Sittenverderbnis, die als Folge des Krieges zurückgeblieben war, schien eine solche Institution wünschenswert zu machen. Friedrich sandte deshalb einen in diesem Fach vorzüglich geübten Geschäftsmann, Philippi, nach Paris und machte ihn hernach zum Polizeipräsidenten von Berlin. Als aber einige Jahre darauf verschiedene Verbrechen verübt wurden, ohne daß man die Urheber entdecken konnte, stellte Friedrich den Polizeipräsidenten zur Rede. Dieser erwiderte, daß er mit großem Fleiße alle vom Könige genehmigten Maßregeln zur Ausführung bringe, daß er indessen mehr zu unternehmen sich ohne ausdrücklichen Befehl nicht für befugt halte. Er entwickelte dem König darauf das ganze Wesen der geheimen Polizei, wodurch er ohne Zweifel jedem Verbrechen auf die Spur kommen könne, wodurch aber auch der sittliche Charakter des Volkes müsse verdorben werden. Er fügte hinzu, daß überdies in Berlin die Wirkung der geheimen Polizei erst allmählich eintreten könne, da die Brandenburger für solche Einrichtung vorderhand noch viel zu treuherzig und ehrlich seien. Durch diese Vorstellungen war Friedrich sehr gerührt; er erwiderte ohne langes Bedenken, daß er kein größeres Übel an die Stelle des kleineren setzen und die Ruhe und das Vertrauen seiner guten Untertanen nicht gestört wissen wolle. Dabei hatte es denn auch sein Bewenden.«

Dies ist es, was uns im Dritten Reich verlorengegangen ist, nämlich die von ethischen Prinzipien geformte Gestalt der Polizei[23] und die Erkenntnis, daß der sittliche Charakter eines Volkes durch eine geheime Polizei verderbt zu werden vermag und daß der gute Zweck der Strafverfolgung und derjenigen der Gefahrenabwehr eben nicht jedes Mittel zu heiligen vermag.[24]

Der Rechtsstaat kämpft mit offenem Visier, und er darf sich auch in schweren Zeiten – die wir gegenwärtig nicht haben – nicht die Methoden seiner Gegner aufdrängen lassen. Die Vertreter unserer Behörden sollten daher darauf verzichten, fortwährend Vertrauensvorschüsse für sich und die Erfüllung ihrer Aufgaben zu reklamieren. Dies ist auch deswegen problematisch, weil sie ihrerseits dem »Untertanen« gegenüber keineswegs bereit sind, Vertrauen obwalten zu lassen, sondern sich als berechtigt erachten, jedermann als potentiell gefährlich oder verdächtig zu behandeln. Hinter der Art und Weise ihres Vorgehens, hinter PIOS und Inpol, hinter den KpS- und BKA-Richtlinien, hinter dem (aus dem Nationalsozialismus übernommenen und von unserem Gesetzgeber sogar noch perfektionierten) Meldewesen, hinter Volkszählung nach dem Muster von 1983, Melderegisterabgleich und »Kopfprämien« für das Finden nicht gemeldeter Personen, hinter maschinenlesbarem Ausweis, exzessiver Ausdehnung der Eingriffsermächtigungen für erkennungsdienstliche Maßnahmen und Identitätsfeststellungen in den Ländern, die den Musterentwurf einheitlicher Polizeigesetze übernommen haben, hinter fälschungssicherem Kfz-Kennzeichen und »Gitterfahndung«, hinter BEFA, »Amtshilfe« nach Art des BGS und BND, Verbundsystem und Datenaustausch unter den Sicherheitsbehörden, »Rasterfahndung«, »Wanzen« und Lauschaffären, hinter einseitig durchsichtigen Spiegeln in Männer-Pissoirs in Hamburg, hinter geschwärzten oder vermummten Gesichtern im Einsatz befindlicher Polizeibeamter (z. B. in Berlin und Gorleben), hinter der Ausuferung und Entfesselung des Einsatzes sog. V-Leute, hinter – jüngst – dem routinemäßigen (!) Überprüfen der Listen der Kurgäste in bayerischen Ferienorten, hinter der Forschungskonzeption des BKA und hinter der »vorbeugenden Verbrechensbekämpfung« verbirgt sich ein höchst problematisches Polizeimodell. Wer Vertrauen fordert, muß Vertrauenstatbestände schaffen.

5. Es geht dem Datenschutz in der Tat um nichts Geringeres als darum, die polizeiliche Datenverarbeitung in Einklang zu bringen mit dem überkommenen rechtsstaatlichen Polizeirecht, aus dem diese in jüngerer Zeit infolge des allzu zügellosen Einsatzes moderner Informationstechnologien ausgebrochen ist. Es geht also um die Beibehaltung des Rechtsstaates, der in den letzten Jahrzehnten einem außerordentlich gefährlichen Erosionsprozeß ausgesetzt war und der deshalb in der Gefahr steht, uns sozusagen zwischen den Fingern zu zerrinnen.

Leider ist dies jedoch eine Erkenntnis, die bei den Vertretern unserer Sicherheitsbehörden nur sehr selten anzutreffen ist. Natürlich hat der Datenschutz, dies soll nicht bestritten werden, auch den Effekt der Minderung polizeilicher Effektivitätsentfaltung. Natürlich führt die Beachtung der vom Rechtsstaat gebotenen Disziplin auch dazu, daß dieser oder jener Verbrecher nicht überführt werden kann. Genau wie die Vorschrift des § 136a StPO, die um des Rechtsstaates und der Menschenwürde willen die Anwendung von Daumenschrauben, Wahrheitsdrogen oder Lügendetektoren verbietet – sämtlich an sich sehr wirkungsvolle Instrumente der polizeilichen Wahrheitsfindung –, so geht es auch dem Datenschutz um das *Finden eines vernünftigen Kompromisses zwischen dem Anliegen der Polizei und demjenigen des Rechtsstaates,* darum, zwar dem Kaiser (dem Staate, der Polizei) zu belassen, was des Kaisers ist, jedoch auch dem Bürger zu geben, was des Bürgers ist, nämlich die Sicherung seiner Rechte und die grundsätzliche Freiheit vor staatlicher Überwachung.

6. Und wir sind ja keineswegs schon am Ende dieser Entwicklungen, die unsere Freiheit und den Rechtsstaat sowie die Demokratie bedrohen. Die *Einführung des sogenannten fälschungssicheren Personalausweises,* der in Wahrheit gar nicht fälschungssicher ist und bei dem es auch gar nicht um die Fälschungssicherheit geht, sondern um die Maschinenlesbarkeit, steht unmittelbar bevor. Zu Recht warnt die Datenschutzbeauftragte aus Baden-Württemberg davor, daß dies die Grundlagen unserer Rechts- und Gesellschaftsordnung in gefährlicher Weise verändern und zu einem Verlust an Freiheit und Rechtsstaatlichkeit führen wird.[25] Für die Polizei wäre es jedoch nur logisch und konsequent, dieses Instrument, wenn es erst einmal vorhanden ist, auch exzessiv zu nutzen – und dann

womöglich den Bürger an jeder Straßenecke, an U-Bahn-Eingängen, Bordell-Pforten und Kinokassen zu nötigen, seine Kennkarte in einen dort aufgestellten Automaten zu stecken, so daß der Computer in der Lage ist, ohne die Zwischenschaltung des Menschen Bewegungsbilder zu erstellen und zu registrieren, wer wo wann in wessen Begleitung erschienen ist.[26] Der ehemalige BKA-Abteilungsleiter *Steinke* forderte in diesem Zusammenhang ausdrücklich »neue Formen automatischer Fahndung« und »Kontrollstellen an jeder nur denkbaren verkehrsgünstigen Stelle«. *Steinke* wörtlich:

»Bei der Prognose sollten wir hoffen können, daß wir in einigen Jahren zur vollautomatischen Kfz-Kontrolle kommen können. Vorreiter werden der maschinenlesbare Ausweis und Paß sein, ein Projekt, das die vollautomatische Personenfahndung, die unbedingt notwendig ist, garantiert.«[27]

Beim BKA hat man inzwischen die menschliche Stimme des sogenannten kooperativen Sprechers, d. h. desjenigen, der seine Stimme nicht verstellt (weil er z. B. arglos ist), maschinenlesbar gemacht. Auch bei verschiedenen Banken benutzt man seit geraumer Zeit diese Methode zum Zwecke der Identifizierung von Kunden. Der Computer vermag die unterschiedlichen Frequenzen der menschlichen Stimme, die genauso individuell sind wie der Fingerabdruck, ohne die Zwischenschaltung des Menschen und damit kostengünstig zu identifizieren. Damit gelangt es in den Bereich der Möglichkeiten, Kontrollstellen an den genannten Orten auch heimlich und ohne merkbare Belästigung des betroffenen Bürgers zu installieren, indem man ganz einfach Mikrophone anbringt, die gleichsam jeden Räusper registrieren und damit dem Computer die Erstellung der beschriebenen Bewegungsbilder ermöglichen.

Man arbeitet beim BKA des weiteren intensiv daran, die Individualität der menschlichen Physiognomie maschinenlesbar zu machen, indem für jedes Gesicht anhand von Fotos auf der Grundlage der unterschiedlichen Augenabstände, Nasenlängen, Stirnbreiten etc. mathematische Formeln ermittelt werden, die genauso einmalig sind wie der Fingerabdruck und sicher ebenso fälschungssicher wie der maschinenlesbare Personalausweis. *Herold* stellt dazu in seinem mit dem Titel *Datenverarbeitung und Menschenrechte* überschriebenen Aufsatz fest:

»Wegen des Nachlassens der Leistungskraft der Daktyloskopie wird international die Neuentwicklung und Elektronisierung von Personenidentifizierungsverfahren angestrebt. Vorbereitet werden Dateien, die mit verformelten Daten Lichtbilder, Handschriften, Blutspektren oder Stimmen von Straftätern und Strafverdächtigen speichern.«[28]

Gelingt es, diese Technik zur Einsatzreife zu entwickeln, dann wäre es technisch durchaus möglich, an beliebig herausgegriffenen Orten (z. B. in den oben bereits erwähnten Männer-Pissoirs)[29] Kameras aufzustellen, und diese registrieren dann in Zusammenarbeit mit dem Computer, wer wann wo in Begleitung welcher anderer Personen angetroffen worden ist. Es wäre nur eine Frage der Bereitschaft zur intensiven Nutzung dieses Instrumentes, ob es zur Totalerfassung jedweder Bewegung in unserer Gesellschaft kommt oder aber nicht – und es liegt vermutlich nicht in der Potenz des typisch deutschen Perfektionismus bei den Vertretern unserer Sicherheitsbehörden, das, was technisch möglich ist, zu unterlassen. Es ist zu befürchten, daß eben nicht nur das *Instrumentarium* für die Installation des »Großen Bruders« bereits vorhanden oder unmittelbar vor der Einsatzreife ist, sondern ebenso die *Bereitschaft,* dieses Instrumentarium tatsächlich zu nutzen. Jedenfalls ist es als Alarmsignal zu werten, daß die Ständige Konferenz der Innenminister schon vor geraumer Zeit einen *Musterentwurf einheitlicher Polizeigesetze*[30] geschaffen hat, der inzwischen in den meisten der Bundesländer auch zum Gesetz erhoben worden ist, in dem das Recht zur sogenannten erkennungsdienstlichen Behandlung und damit das Recht zur Erfassung nicht nur der Fingerabdrücke, sondern auch der Schallspektrogramme, also der »Stimmabdrücke«, und der Gesichtszüge von jedweder konkreten Veranlassung freigestellt und damit gegenüber zumindest potentiell jedermann erlaubt worden ist, der irgendwann einmal in den Verdacht einer Straftat geraten ist.[31]

In dem erwähnten Musterentwurf heißt es dazu u. a. wörtlich (§ 9 Abs. 1 Nr. 4):

»Die Polizei kann die Identität einer Person feststellen, ... an einer Kontrollstelle, die von der Polizei eingerichtet worden ist, um Straftaten im Sinne von § 100a der Strafprozeßordnung oder § 27 des Versammlungsgesetzes zu verhindern.«

Irgendwelche Voraussetzungen dafür, daß an dem Ort der Kontrollstelle die Möglichkeit besteht, solche Straftaten zu verhindern, und daß irgendwelche Tatsachen vorliegen müssen, die diese Annahme rechtfertigen, fordert der Musterentwurf nicht. Es gibt in den Ländern, die den Musterentwurf einheitlicher Polizeigesetze übernommen haben, folglich keinen Ort mehr, an dem der Bürger nicht damit rechnen muß, von seinem Staate genötigt zu werden, sich auszuweisen und die Überprüfung seiner Personalien mit irgendwelchen Fahndungsdateien gefallen zu lassen. So hat z. B. der Polizeipräsident in München einer Bürgerin aus Berlin, die wissen wollte, warum die Personalien vor dem Fluge von München nach Berlin kontrolliert worden sind, folgendes zur Antwort gegeben:

»Die von Ihnen beschriebenen polizeilichen Maßnahmen wurden im Rahmen der Terroristenfahndung getroffen. Befugnisnorm für die Identitätsfeststellung ist hier Artikel 12 Absatz 1 Nr. 4 Polizeiaufgabengesetz (PAG), nach dem die Polizei an einer Kontrollstelle, die z. B. zur Verhinderung schwerer Straftaten eingerichtet wurde, die Identität einer Person feststellen kann. Der Umstand, daß in Ihrem Fall gerade nur die Fluggäste nach Berlin kontrolliert wurden, ist darauf zurückzuführen, daß in dem entsprechenden Zeitpunkt nicht mehr Dienstkräfte für die anderen Flüge zur Verfügung standen, die Kontrolle also nur stichpunktartig durchgeführt werden konnte. Die Überprüfung Ihres Reisepasses mittels der von Ihnen genannten elektronischen Einrichtung geschah zu Zwecken der Abgleichung mit Fahndungsausschreibungen. Es handelt sich dabei um nichts anderes als um den Blick ins Fahndungsbuch.«

Das Bedrückende daran sind die psychischen Auswirkungen, die *Erhard Denninger* sehr plastisch folgendermaßen beschrieben hat:
»Müßte der Bürger damit rechnen, bei allen (oder bei beliebigen) seiner Verhaltensweisen in der (mehr oder weniger beschränkten) Öffentlichkeit beobachtet zu werden, so würde ihn schon dies wegen der Befürchtung nachteiliger staatlicher Reaktionen in seiner Entscheidungsfreiheit beeinträchtigen, erschwerend käme die Furcht vor einer jederzeit möglichen Registrierung seiner Handlungen und vor einer unkontrollierbaren Weitergabe seiner Daten hinzu. Die ›psychologische Zwangswirkung‹, die von dem Gefühl des ständig ›Überwachtwerdens‹ ausgeht, berührt sowohl die Freiheit der Selbstdarstellung als ein Element des ›allgemeinen Persönlichkeitsrecht‹ als auch die ›allgemeine Handlungsfreiheit‹ als die mehr ›aktive‹ Seite der freien Entfaltung der Persönlichkeit, wie sie in Art. 2 Abs. 1 GG geschützt wird.«[32]

7. Nicht unerwähnt darf die *neuere Entwicklung des Meldewesens* bleiben. Es gibt nach dem neuen bundesrepublikanischen Melderecht keinen Ort mehr, an dem der Bürger sein müdes

Haupt zum Schlafen niederlegen kann, ohne von seinem Staate genötigt zu werden anzuzeigen, wo dies geschieht. Wir müssen nicht nur unseren Haupt- und Nebenwohnsitz, sondern auch jedweden Aufenthalt in einem Hotel, auf einem Camping- oder Zeltplatz oder in einem Krankenhaus unserem Staate offenbaren, und dieser scheut sich auch nicht, die Leiter solcher Institutionen in die Rolle von Hilfspolizisten zu zwingen, indem sie genötigt werden, die Richtigkeit der von ihren Gästen oder Patienten gemachten Angaben zu überprüfen. Nicht einmal die ärztliche Schweigepflicht ist vor diesem Gesetzgeber des Melderechtes sicher. Die Begründung, die der nationalsozialistische Gesetzgeber der mit der Reichsmeldeordnung von 1937 eingeführten Krankenhausmeldepflicht gegeben hat, lautet sinngemäß wie folgt: »Es geht doch nicht an, daß sich ein Individuum allein schon dadurch unserer Überwachung zu entziehen vermag, daß es sich in ein Krankenhaus begibt.« Diese Begründung paßt haargenau auf das bei uns geltende Melderecht, und es ist auch der gleiche *perfektionistische Geist*, der diesem Gesetzgeber die Hand geführt hat. In Berlin sollen Ausländer – zu denen u. a. auch die Angehörigen unserer Schutzmächte gehören – nach dem neuen Meldegesetz (trotz der verfassungsrechtlichen Bedenken von *Benda*) sogar genötigt sein, die voraussichtliche Dauer und den Zweck ihres Aufenthaltes – und sei es auch nur in einem Stundenhotel – zu offenbaren. Man hat nicht den Eindruck, daß mit diesen Regelungen ein vernünftiger Kompromiß zwischen »Kaiser« und Bürger gesucht worden ist. Vielmehr ist es offensichtlich, daß bei diesen Gesetzen die staatliche Sicherheit über alles geht und daß im Falle des Konfliktes zwischen staatlichen Interessen und denen des Individuums stets das letztere zu weichen hat.

Leider gilt dies in vollem Umfang auch für die Gesetze, die sich »Datenschutzgesetze« nennen, die in Wahrheit jedoch Datenschutzverhinderungsgesetze sind, nämlich Datenerhebungs- und -weitergabe-Ermächtigungsgesetze sowie Auskunftsverweigerungsgesetze. Diese Gesetze stehen voll in der Kumpanei der Mächtigen, die die Ständige Konferenz der Innenminister mit den Meldegesetzen, mit dem Volkszählungsgesetz 1983, mit dem Melderegisterabgleich und Kopfprämien für das Aufspüren nicht angemeldeter Personen und mit dem Musterentwurf einheitlicher Polizeigesetze zu Lasten unserer Freiheit, der Rechtsstaatlichkeit und der Demokratie anzuzetteln versucht hat.

8. In unserem Lande hat sich bisher überhaupt nur eine einzige staatliche Instanz als bereit und fähig erwiesen, Datenschutz wirksam zu betreiben und uns vor den Bedrohungen der Freiheit zu bewahren, die mit der Entwicklung der modernen Informationstechnologie heraufdrängen, nämlich das *Bundesverfassungsgericht*. Dieses Gericht hat in seinem Volkszählungsurteil vom 15. Dezember 1983[33] die *»Bergpredigt des Datenschutzes«* verkündet, wie das *Hans Schneider* formuliert hat,[34] und darin hat es allen anderen staatlichen Instanzen den verfassungsrechtlichen Rahmen vorgehalten, der der Vergewaltigung der Bürgerfreiheit in unserem Rechtsstaat gezogen ist. Nicht nur das Volkszählungsgesetz, sondern auch das Melderecht und – vor allem – die »Datenschutzgesetze« dürften nach diesem Spruch des höchstrangigen der deutschen Gerichte zum überwiegenden Teil nur noch Makulatur sein, und dies scheinen auch die Datenschutzbeauftragten begriffen zu haben. Nun endlich, nachdem ihnen so vom BVerfG der Rücken gestärkt worden ist, trauen sie sich heraus aus den Versenkungen, in die sie sich in ihrer Mehrzahl vergraben hatten,[35] übernehmen sie die Rolle des Bürger-Schutz-Beauftragten und fordern den Gesetzgeber auf, die Konsequenzen aus dem Urteil des BVerfG zu ziehen und vor allem die datenschutzfeindlichen Datenschutzgesetze zu novellieren.

Nach diesem Urteil stehen die Chancen etwas besser, nicht nur die Polizei in die Fesseln des diese bindenden rechtsstaatlichen Polizeirechts zurückzuzwingen, sondern vor allem auch die Geheimdienste, die sich noch viel weiter von Gesetz und Recht entfernt haben und im Begriff sind, einen Staat im Staate zu bilden. Letzteres ist im übrigen auch die Auffassung des Flottenadmirals *Schmähling*, des ehemaligen Chefs des Militärischen Abschirmdienstes (MAD), der wörtlich von »Geheimniskrämerei«, von »blindwütigem Nachrichtensammeln«, von »unzulässigem Auftragsverständnis«, von »Unsicherheit über Auftrag und Grenzen der Nachrichtenbeschaffung«, von »unzulässigen Dateien« und davon gesprochen hat, daß versucht wurde, den MAD zum »Instrument einer Partei« zu machen.[36] Ich glaube, es ist nicht nur das gute Recht des Generals *Kießling* zu erfahren, was in seinem Fall gelaufen ist, sondern es ist unser aller ›heiliger‹ Rechtsanspruch, daß die Regeln, nach denen unsere Geheimdienste verfahren, endlich vom Gesetzgeber bestimmt werden, und daß auch wir die Möglichkeit haben zu erfahren, über welche Informationen zu unserer Person die Geheimdienste verfügen.

Darum ist es wichtig, daß das Urteil des BVerfG den Behörden (auch den Sicherheitsbehörden) den Schleier der Geheimhaltung wegreißen möchte. Das BVerfG leitet den Anspruch auf Auskunft über die zur eigenen Person gespeicherten Daten – den die »Datenschutzgesetze« zu sehr beschnitten haben – unmittelbar aus der Verfassung ab, nämlich aus dem »informationellen Selbstbestimmungsrecht« sowie aus dem Gerichtsschutzanspruch des Art. 19 Absatz 4 GG.[37] Damit kommt der »Magna Charta des Datenschutzes«, wie dieser Auskunftsanspruch zu Recht bezeichnet worden ist, endlich der ihr zustehende Rang zu. Wörtlich heißt es im Volkszählungsurteil:

»Mit dem Recht auf informationelle Selbstbestimmung wären eine Gesellschaftsordnung und eine diese ermöglichende Rechtsordnung nicht vereinbar, in der Bürger nicht mehr wissen können, wer was wann und bei welcher Gelegenheit über sie weiß.« Und: »Würde das Volkszählungsgesetz 1983 demnach verhindern, daß der Bürger Kenntnis davon erlangen könnte, wer wo über welche seiner personenbezogenen Daten in welcher Weise und zu welchen Zwecken verfügt, so wäre sein Rechtsschutz verfassungsrechtlich unzureichend.«

Dies ist die Antwort des BVerfG auf die von unseren Sicherheitsbehörden noch immer vertretene Rechtsansicht, daß man z. B. »als Polizeibehörde generell von der Auskunftspflicht ausgenommen« sei.[38] Da das BVerfG den Anspruch auf Auskunft über die zur eigenen Person gespeicherten Daten unmittelbar aus dem Grundgesetz ableitet, ist jeder Versuch des einfachen Gesetzgebers zum Scheitern verurteilt, den verfassungsrechtlichen Auskunftsanspruch (vermittels der Regelungstechnik des Verbotes mit Erlaubnisvorbehalt) zu einem solchen auf lediglich fehlerfreie Ermessensausübung umzufunktionieren bzw. zu verniedlichen.[39]

Dies hat Bundesjustizminister *Engelhard* offenbar auch erkannt, denn am 30. 12. 1983 erklärte er vor der Presse,[40] daß nach dem Urteil des BVerfG zum Volkszählungsgesetz »weitreichende Änderungen des Datenschutzrechtes notwendig« seien und daß er erwäge, »Möglichkeiten eines Rechts auf Auskunft über gespeicherte Daten für Bürger sogar gegenüber Sicherheitsbehörden« zu gewähren. Bisher liege es im Ermessen der Sicherheitsbehörden, ob sie über gespeicherte Daten Auskunft erteilen.

Erfreulich an dieser Äußerung des Bundesjustizministers ist nicht nur der darin zum Ausdruck kommende Respekt eines der beiden »Verfassungsminister« gegenüber den Rechtssprüchen des höchstrangigen der deutschen Gerichte sowie die Bereitschaft, über die Konsequenzen dieses Urteils für die datenschutzfeindlichen »Datenschutzgesetze« nachzudenken – beides leider durchaus keine Selbstverständlichkeit, wie die Vorgehensweisen unserer Sicherheitsbehörden sowie diejenigen der Ständigen Konferenz der Innenminister beweisen[42] –, sondern auch die aus dieser Äußerung ersichtliche Entschlossenheit des Justizministers, die ihm obliegende Verantwortung für die Datenverarbeitung des BKA nun endlich wahrzunehmen.[43] Vielleicht ergibt sich bei der weiteren Verfolgung dieses Gedankens irgendwann einmal auch die Erkenntnis, daß für die Entscheidung über die Gewährung von Auskünften gar nicht das BKA, sondern der »Herr des strafrechtlichen Ermittlungsverfahrens«, nämlich die Staatsanwaltschaft, zuständig ist.[44]

9. Daß jedoch auch in dieser Beziehung eine Schwalbe noch lange keinen Sommer macht, beweist eine Entscheidung des Oberverwaltungsgerichts (OVG) Berlin vom 31.7. 1985.[45] Da der dieser Entscheidung zugrundeliegende Fall exemplarisch ist und geradezu schlaglichtartig die Situation beleuchtet, in der sich unser Rechtsstaat befindet, soll darauf an dieser Stelle näher eingegangen werden.

Eine Journalistin, die als Jugendliche im Alter von 19 Jahren und vor nunmehr 13 Jahren wegen Verunglimpfung eines Staatssymboles und Diebstahls eines Kraftfahrzeugkennzeichens nach dem Jugendstrafrecht verurteilt worden war, klagt seit Jahren vor mehreren Gerichten gegen mehrere Polizei- und Sicherheitsbehörden auf Auskunft über die zu ihrer Person gespeicherten Daten.[46] Zwar darf sie sich nach dem Bundeszentralregistergesetz als unbescholten bezeichnen und sind auch die dort gemachten Eintragungen sowie die einstmals von ihr angefertigten erkennungsdienstlichen Unterlagen inzwischen vernichtet worden, gleichwohl wird ihr die begehrte Auskunft bisher noch immer ohne Angabe einer jeden auf ihren Fall eingehenden Begründung verweigert. Die angegangenen Behörden behaupten, die bei ihnen gespeicherten Daten seien »dem Wesen nach geheim« und unterlägen der »generellen Geheimhaltung« und sie, die Behörden, seien berechtigt, zum Zweck der Verhinderung von Ausforschungsversuchen auch dann die Auskunft zu verweigern, wenn gar keine Daten gespeichert seien, damit andere Personen nicht aus der Verweigerung der Auskunft bereits Schlüsse zu ziehen in der Lage seien. Man habe dafür eine »schematische Abfolge« vorgesehen, die jedoch gleichfalls nicht offenbart werden könne. Aus dem gleichen Grunde bräuchten sie die Verweigerung der Auskunft auch nicht zu begründen. Gleichwohl haben die Behörden des Landes Berlin nunmehr bereits zum zweiten Mal die Daten, die sie der Klägerin vorenthalten, deren jeweiligem Arbeitgeber heimlich zugesteckt, wohl in der Absicht, damit die berufliche Existenz der Klägerin zu schädigen, wobei ihnen der Erfolg keineswegs versagt blieb (ganz abgesehen davon, daß auf diesem Wege auch die inzwischen längst im Zentralregister getilgten Jugendstrafen zur Kenntnis der Öffentlichkeit gelangten).

All dies ist für das OVG Berlin keine Veranlassung, der Klage auf Auskunft stattzugeben. In der mündlichen Urteilsbegründung führte der Vorsitzende des 1. Senats dieses Gerichts aus,[47] daß die Polizei eine Behörde mit »hohem Geheimhaltungsbedürfnis« sei und daß es im öffentlichen Interesse liege, Ausforschungsversuche zu vereiteln. *Der Polizei könne man nicht widerlegen, daß das öffentliche Interesse an der Geheimhaltung gegenüber den persönlichen Belangen der Betroffenen vorgehe.* Darum sei das informationelle Selbstbestimmungsrecht selbst dann nicht verletzt, wenn es an ausreichenden Rechtsgrundlagen für die Speicherung von Daten im Rahmen sogenannter »vorbeugender Verbrechensbekämpfung« fehle. Dem Gesetzgeber müsse dafür »zur Erhaltung der Funktionsfähigkeit der Institutionen« eine Übergangszeit eingeräumt werden, bis der Gesetzgeber eindeutige Normen erlassen habe.

Seit fast einem dreiviertel Jahrhundert steht fest, daß die Polizei zur »vorbeugenden Verbrechensbekämpfung« (wie wir heute die Informationserhebung und -sammlung ohne konkrete Gefahr und ohne konkreten Tatverdacht zu bezeichnen pflegen) nicht befugt ist, weil »der Polizei nicht die Befugnis zugesprochen werden kann, die in ihre Hände gelegten Machtmittel dort zu gebrauchen, wo es an jedem Anlaß zur Entfaltung einer polizeilichen Tätigkeit fehlt«.[48] Seit der gleichen Zeit steht fest, daß auch die hinter dem Rücken des Betroffenen erfolgende Informationssammlung Eingriffsnatur hat. *Walter Jellinek* bemerkt dazu im Jahr 1927 in seinem berühmten Lehrbuch des Verwaltungsrechts,[49] daß »bei verfeinerter Anschauung über die Grenze der persönlichen Rechtssphäre« auch solche Maßnahmen als »Eingriffe tatsächlicher Art« anzusehen seien. Bis zum heutigen Tag hat der Gesetzgeber die polizeiliche Informationsverarbeitung nicht gesetzlich geregelt. Seit 38 Jahren bestimmt das Grundgesetz in Art. 1 Abs. 3 GG die unmittelbare Verbindlichkeit der Grundrechte für die Exekutive. Gleichwohl gibt es auch im Jahr 1985 noch immer Richter, die meinen, Dispense von der Notwendigkeit der Beachtung der Grundrechte erteilen zu dürfen, indem sie der Verwaltung Übergangszeiten für die Fortsetzung rechtswidriger Verwaltungspraktiken einräumen, um die »Funktionsfähigkeit von Institutionen« zu sichern. Glänzender konnte der bedenkliche Satz, mit dem *Herold* sein »Zukunftsmodell« gekrönt hat, gar nicht bestätigt werden.[50]

»Angesichts der unausweichlichen polizeilichen Entwicklung, der die EDV neue Dimensionen eröffnet hat, bestehen jedoch keine ernsthaften Zweifel, daß die Verfassungsfesseln, die dem Fortschritt entgegenstehen, sich werden sprengen lassen.«

10. Das Beispiel des OVG Berlin zeigt, daß mit der Entscheidung des BVerfG zum Volkszählungsgesetz im Ringen zwischen Rechtsstaat und Überwachungsstaat keineswegs schon die ganze Schlacht gewonnen ist. Zwar bewegte sich das Staatsschiff bis zum 15. 12. 1983 bereits mit gefährlich hoher Geschwindigkeit in die Richtung zum Überwachungsstaat. Das Urteil des BVerfG hat die Dynamik dieser Entwicklung jedoch gestoppt, und es ist zu hoffen, daß die Machtentfaltung des Staates nach einer Phase des Austrudelns der unterbrochenen Bewegung am Ende doch in die Bahnen zurückkehren wird, die Recht und Gesetze bestimmen. Nachdem nunmehr sogar *Herold* eingeräumt hat, daß es »keinem Zweifel unterliegen (kann), daß weite Teile ... der praktischen kriminalistischen Arbeitsweisen den vom Verfassungsgericht formulierten Geboten widersprechen«,[51] vernimmt man allenthalben den Ruf nach dem Gesetzgeber, der das Polizei- und Strafverfolgungsrecht »von Grund auf neu zu ordnen« habe. »Alle waren sich in der Forderung nach gesetzlichen Regelungen einig«, berichtete die *Frankfurter Rundschau* am 6. 9. 1984 über eine Expertentagung, die in der Zeit vom 3. bis 5. 9. 1984 von der Hessischen Staatskanzlei in Wiesbaden veranstaltet worden ist.[52] Damit ist aber auch zu befürchten, daß die oben kritisierten Richtlinien über die Führung kriminalpolizeilicher Sammlungen (KpS-Richtlinien) sowie die »Richtlinien für die Errichtung und Führung von Dateien über personenbezogene Daten beim Bundeskriminalamt«, wie dies von Anfang an geplant war, womöglich doch eine Chance erhalten, in den Rang eines Gesetzes aufzurücken, daß sich – wieder einmal – die Praxis nicht nach Gesetz und Recht richtet, sondern der Gesetzgeber nach der Praxis; und das heißt für den konkreten Fall, daß die »vorbeugende Verbrechensbekämpfung« und die Ausdehnung der polizeilichen Überwachungsmaßnahmen in das Vorfeld der Entstehung konkreter Gefahren oder Verdächte gesetzlich festgeschrieben werden. In Rheinland-Pfalz ist genau dies bereits geschehen. Dort hat das Parlament am 26. 3. 1986 ein Gesetz beschlossen, das nicht nur die vorbeugende Verbrechensbekämpfung absegnet, sondern nach dem Willen der Gesetzesväter auch eine

»eindeutige rechtliche Grundlage« für die nach bisherigem Recht nicht zulässige sogenannte Gitterfahndung sowie die Anlage von Störer-Dateien und die Speicherung nichtverdächtiger Personen abgeben soll.[53]

11. Darüber hinaus hat die Ständige Konferenz der Innenminister einen *»Vorentwurf zur Änderung des Musterentwurfes eines einheitlichen Polizeigesetzes des Bundes und der Länder«* verfaßt (Stand 12. 3. 86), hinter dem sich die Gefahr des Überwachungsstaates verbirgt. Oberstes Gesetz ist für die Ständige Konferenz der Innenminister das Festschreiben des Ist-Zustandes der von unseren Polizeibehörden betriebenen Datenverarbeitung. Wörtlich heißt es dazu auf S. 4f. der Begründung:

»Der Entwurf stellt darauf ab, daß die Datenerhebung und -verarbeitung der Polizei, die bislang von wenigen gesetzlichen Bestimmungen und einer Vielzahl von Verwaltungsvorschriften geregelt war, im bisherigen Umfang zur Erfüllung der polizeilichen Aufgaben erforderlich ist und deshalb auch in Zukunft in diesem Ausmaß zulässig sein muß ... Alle vorgesehenen Regelungen laufen daher im Prinzip auf eine präzisere gesetzliche Fixierung des Ist-Zustandes hinaus.«

Damit hat der Vorentwurf die Forderung der Konferenz der Datenschutzbeauftragten[54] nach Überprüfung der bestehenden Praxis mit einem Handstreich vom Tisch gewischt. Diesem Vorentwurf geht es nicht um das Finden eines vernünftigen Kompromisses zwischen den Geboten der Grundrechte und den Bedürfnissen der polizeilichen Praxis, sondern es geht ihm um die uneingeschränkte Absicherung polizeilicher Besitzstände, und tatsächlich geht der Vorentwurf auch darüber noch hinaus, denn die dort vorgeschlagenen Regelungen gestatten auch den weiteren Ausbau und die Perfektionierung des polizeilichen Überwachungssystemes z. B. durch den Einsatz der oben beschriebenen, in der Entwicklung begriffenen technischen Überwachungsinstrumente.

Der Begriff der konkreten Gefahr und derjenigen des Störers sind danach faktisch abgeschafft, denn zum Zwecke der »vorbeugenden Verbrechensbekämpfung« wird nach diesem Entwurf nicht nur das Erheben (§ 8a), Speichern, Verändern und Nutzen (§ 10a und b) sowie die Übermittlung (§ 10c und d) und der Abgleich personenbezogener Daten (§ 10e und f) für zulässig erklärt, sondern der Vorentwurf nutzt auch die Gelegenheit, das technische Belauschen und Beobachten öffentlicher Veranstaltungen, Ansammlungen und Versammlungen (§ 8b) sowie den »verdeckten

Einsatz von technischen Mitteln« (§ 8 c)[55] und die »Polizeiliche Beobachtung« (frühere BEFA) zum Zwecke der »vorbeugenden Verbrechensbekämpfung« für zulässig zu erklären (§ 8 d). Der Verzicht auf das Erfordernis der konkreten Gefahr ergibt sich dabei entweder aus der Verwendung des Begriffes »vorbeugende Verbrechensbekämpfung«, der erklärtermaßen[56] genau diesen Zweck verfolgt, aus der Verwendung der Begriffe »Vorsorge der Gefahrenabwehr« oder »Verhütung« oder daraus, daß der Vorentwurf bei der Befugnisregelung auf die Aufgabenzuweisung verweist, wodurch dann auch auf die »vorbeugende Verbrechensbekämpfung« verwiesen wird, denn diese will der Vorentwurf als »Unterfall der Gefahrenabwehr« verstanden wissen.[57]

Dieser Technik der Verweisung von der Aufgabe auf die Befugnis bei der Regelung von Eingriffsbefugnissen bedient sich der Vorentwurf im übrigen in den verschiedensten Zusammenhängen, ohne dabei irgendwelche Skrupel im Hinblick auf die Volkszählungsentscheidung des BVerfG zu haben, die die gleichlautende Formel im Volkszählungsgesetz 1983 wegen zu großer Unbestimmtheit für verfassungswidrig erklärt hat.[58] Der Störerbegriff, ein anderer Eckpfeiler des rechtsstaatlichen Polizeirechts, wird durch denjenigen der »anderen Person« ersetzt, und er ist in der Tat obsolet, wenn das Vorliegen einer konkreten Gefahr nicht mehr Voraussetzung eines polizeilichen Eingriffs ist.

Der Auskunftsanspruch des Betroffenen wird durch die »Datenschutzgesetze« nahezu vollkommen beseitigt, und natürlich hält der Vorentwurf auch die Benachrichtigung des Betroffenen über die hinter dessen Rücken vorgenommenen Datenübermittlungen nicht für erforderlich, ungeachtet der Tatsache, daß das BVerfG im Volkszählungsurteil folgendes gesagt hat:

»Gerade deshalb verpflichtet Art. 19 Absatz 4 GG die Statistischen Ämter des Bundes und der Länder, die Übermittlung personenbezogener Daten zu protokollieren, so daß der Bürger von der Weitergabe seiner Daten gemäß § 13 BDSG und den entsprechenden Vorschriften der Datenschutzgesetze der Länder Kenntnis erlangen und dagegen den Rechtsweg beschreiten kann.«

Selbstverständlich gilt dieser Satz und gilt auch Art. 19 Absatz 4 GG nicht nur für die Statistischen Ämter, sondern auch für die Polizei, denn die Übermittlung personenbezogener Daten an andere Behörden enthält einen Eingriff in das »informationelle

Selbstbestimmungsrecht«, der (auch) wegen Art. 19 Abs. 4 GG der gerichtlichen Kontrolle zugeführt werden können muß.

Auch über das vom BVerfG ausgesprochene *Verbot der Datenvorratswirtschaft* setzt sich der Vorentwurf mit leichter Hand hinweg. Das BVerfG sagt dazu unmißverständlich:[59]

»Ein Zwang zur Angabe personenbezogener Daten setzt voraus, daß der Gesetzgeber den Verwendungszweck bereichsspezifisch und präzise bestimmt und daß die Angaben für diesen Zweck geeignet und erforderlich sind. Damit wäre die Sammlung nicht anonymer Daten auf Vorrat zu unbestimmten oder noch nicht bestimmbaren Zwecken nicht zu vereinbaren.« Und: »Es gehört zum Wesen der Statistik, daß die Daten nach ihrer statistischen Aufbereitung für die verschiedensten, nicht von vornherein bestimmbaren Aufgaben verwendet werden sollen; demgemäß besteht auch ein Bedürfnis nach Vorratsspeicherung. Das Gebot einer konkreten Zweckumschreibung und das strikte Verbot der Sammlung personenbezogener Daten auf Vorrat kann nur für Datenerhebungen zu nichtstatistischen Zwecken gelten.«

Daraus ist im Wege des Umkehrschlusses zu folgern, daß die Datensammlung »auf Vorrat« außerhalb des statistischen Bereiches verfassungsrechtlich unzulässig ist, und dies gilt dann auch für die Datensammlung im Vorfeld der Entstehung konkreter Gefahren zum Zwecke der »Verhütung« oder »vorbeugenden Verbrechensbekämpfung«, denn die Datenspeicherung zu solchen Zwecken ist nichts anderes als Datenvorratswirtschaft zu »noch nicht bestimmbaren Zwecken«.

Würde dieser Vorentwurf zum Gesetz erhoben werden, dann wäre dies das Ende des überkommenen rechtsstaatlichen Polizeirechtes. Mehr als ein Jahrhundert des Bemühens um die rechtsstaatliche Bändigung der Polizeigewalt wäre dann nur noch Makulatur. Die Einführung neuer Techniken bei der Bewältigung eines ja keineswegs neuen, sondern uralten Problems, nämlich desjenigen der polizeilichen Informationsgewinnung und -verwertung, wäre ein Markstein in der Entwicklung unseres Gemeinwesens, an dem die Rückentwicklung des Rechtsstaates zum Überwachungsstaat beginnt.

12. Demgegenüber ist darauf hinzuweisen, daß es natürlich nicht im Belieben des einfachen Gesetzgebers steht, die im Begriff des »Störers« sowie der »konkreten Gefahr« oder im Begriff des »konkreten Anfangsverdachtes« sowie der »Beziehungs- oder Kontaktperson« liegende rechtsstaatliche Disziplin und Bändigung der Po-

lizeigewalt preiszugeben und die Eingriffsbefugnis in das erwähnte Vorfeld der Entstehung konkreter Gefahren oder Verdächte auszudehnen. Das Preußische Oberverwaltungsgericht hat sich bei der Auslegung der berühmten polizeilichen Generalklausel in 10 II 17 des Preußischen Allgemeinen Landrechtes um die Entwicklung der »konkreten Gefahr« verdient gemacht und dabei auch das Prinzip entwickelt, daß es der Polizei nicht zusteht, Eingriffe lediglich zum Zwecke der Erleichterung der Erfüllung ihrer Aufgaben vorzunehmen. Ebenso wie der gleichfalls zuerst vom Preußischen Oberverwaltungsgericht entwickelte *Grundsatz der Verhältnismäßigkeit (Übermaßverbot)* inzwischen als ein auf der Ebene des Verfassungsrechtes angesiedeltes Element des Rechtsstaatsprinzipes erkannt worden ist,[60] so stellt auch die *»rechtsstaatliche Unschuldsvermutung«*, die sich aus den genannten polizeirechtlichen und strafprozessualen Begriffen ergibt, ein Element des Verfassungsrechtes dar, das nicht der Disposition des einfachen Gesetzgebers ausgesetzt ist.

Dies ist auch die Ansicht der Rechtsprechung. So hat z. B. das Bundesverwaltungsgericht in seiner Leitentscheidung zur Anfertigung und Aufbewahrung sog. erkennungsdienstlicher Unterlagen folgendes ausgeführt:

»Ausgangspunkt hat die Feststellung zu sein, daß *nach dem Menschenbild des Grundgesetzes die Polizeibehörde nicht jedermann als potentiellen Rechtsbrecher betrachten* und auch nicht jeden, der sich irgendwie verdächtig gemacht hat (›aufgefallen ist‹) oder bei der Polizei angezeigt worden ist, ohne weiteres ›erkennungsdienstlich behandeln‹ darf. *Eine derart weitgehende Registrierung der Bürger aus dem Bestreben nach möglichst großer Effektivität der Polizeigewalt und Erleichterung der polizeilichen Überwachung der Bevölkerung widerspräche den Prinzipien des freiheitlichen Rechtsstaates.«*[61]

Dies gilt selbstverständlich nicht nur für die Aufbewahrung erkennungsdienstlicher Unterlagen, sondern auch für die Speicherung aller anderen personenbezogenen Daten. Das Bundesverfassungsgericht leitet weiter im sog. Abhörurteil[62] zur Zulässigkeit der Eingriffe in das Brief-, Post- und Fernmeldegeheimnis aus dem verfassungsrechtlichen Übermaßverbot das Postulat ab, daß solche Eingriffe nur dann zulässig sind, wenn

»konkrete Umstände den Verdacht eines verfassungsfeindlichen Verhaltens rechtfertigen« und »dem verfassungsfeindlichen Verhalten im konkreten Fall nach Erschöpfung anderer Möglichkeiten der Aufklärung nur durch den Eingriff in das Brief-, Post- und Fernmeldegeheimnis beigekommen werden kann«. Außerdem heißt es dort: »Aus dem *Verfassungsgebot der Beschränkung der Überwachungsmaßnahmen auf das unumgänglich Notwendige* folgt weiter, daß nach Art. 10 Abs. 2 Satz 2 GG nur Personen, die in den konkreten Verdacht der genannten Art geraten sind, überwacht werden dürfen; diese Überwachung wird freilich nicht deshalb unzulässig, weil infolge des Kommunikationscharakters von Post und Telefon bei der Überwachung des Verdächtigen notwendigerweise auch Personen, mit denen der Verdächtige in Verbindung steht, in diese Überwachung geraten.«

Es fordert also von Verfassungs wegen, daß solche Eingriffe nur bei Vorliegen eines konkreten Verdachtes und nur gegenüber dem selbst Verdächtigen sowie gegenüber eventuellen Beziehungs- oder Kontaktpersonen und nur als ultima ratio vorgenommen werden dürfen. Auch dies gilt nicht nur für die Eingriffe in das Brief-, Post- und Fernmeldegeheimnis, sondern auch für alle anderen »Informationseingriffe«,[63] d. h. für alle Formen der Erhebung, Speicherung und Übermittlung personenbezogener Daten. Dies hat das Preußische Oberverwaltungsgericht schon im Jahre 1912 hervorgehoben, indem es sagte, daß »der Polizei nicht die Befugnis zugesprochen werden kann, die in ihre Hände gelegten Machtmittel dort zu gebrauchen, wo es an jedem Anlasse zur Entfaltung einer polizeilichen Tätigkeit fehlt«.[64]

Schließlich sagt auch der Europäische Gerichtshof für Menschenrechte im Abhörurteil vom 6. 9. 1978,[65] *daß »Befugnisse zur geheimen Überwachung der Bürger, wie sie für den Polizeistaat typisch sind, nach der Europäischen Menschenrechtskonvention nur insoweit hingenommen werden können, als sie zur Erhaltung der demokratischen Einrichtungen unbedingt notwendig sind«*. Der Gerichtshof fordert ausdrücklich, daß

»tatsächliche Anhaltspunkte für den Verdacht bestehen, daß jemand bestimmte schwerwiegende Straftaten plant, begeht oder begangen hat; die Maßnahmen dürfen nur angeordnet werden, wenn die Erforschung des Sachverhaltes auf andere Weise aussichtslos oder wesentlich erschwert wird. Selbst dann darf die Überwachung sich nur gegen den Verdächtigen selbst oder gegen seine mutmaßlichen Kontaktpersonen richten. Die angegriffenen Vorschriften gestatten somit keine sogenannte ›erkundende‹ oder allgemeine Überwachung.«

Dies sind die verfassungs- und völkerrechtlichen Vorgaben, an die sich der einfache Gesetzgeber zu halten hat, wenn er sich anschickt, das Polizeirecht oder die Strafprozeßordnung zu novellieren. Sie sollen verhindern, daß der einfache Gesetzgeber der Exekutive Blankovollmachten zur »vorbeugenden Verbrechensbekämpfung«, zur »Verhütung« oder »Vorfelderfassung« in der Form von Generalklauseln erteilt, wie das mit den erwähnten Richtlinien versucht worden ist und in Rheinland-Pfalz und aufgrund der o. g. »Vorentwürfe« auch in den anderen Ländern und im Bunde nunmehr auch in Gesetzesform geplant ist.

Wenn überhaupt, dann ist der Gesetzgeber lediglich punktuell und bei Vorliegen besonderer Gefährdungslagen imstande, auf das Kriterium der »konkreten Gefahr« oder der »Störereigenschaft« zu verzichten; und auch dann hat er dafür zu sorgen, daß die durch diesen Verzicht für den Rechtsstaat heraufbeschworenen Gefahren durch anderweitige »flankierende« Maßnahmen gebändigt werden. Im Strafprozeßrecht stellt die Vorschrift des § 81 b 2. Alternative StPO gewissermaßen die äußerste Grenze dar, bis zu der der einfache Gesetzgeber bei dem Verzicht auf das Vorliegen des konkreten Anfangsverdachtes gehen darf, und auch dies gilt nur in dem Rahmen, den die Rechtsprechung der Nachkriegszeit[66] dieser Vorschrift gezogen hat, indem sie das Aufbewahren erkennungsdienstlicher Unterlagen nur bei Beschuldigten gestattet hat, bei denen eine Wiederholungsgefahr besteht. Desgleichen stellen die Vorschriften über die Kontrollstelle (§ 111 StPO) sowie über die sog. Gebäudedurchsuchung (§ 103 Abs. 1 Satz 2 StPO), die mit dem sog. Terroristengesetz aus dem Jahre 1978 in die StPO hineingelangt sind, die äußerste Grenze dar, bis zu der der einfache Gesetzgeber den Verzicht auf den anderen Eckpfeiler des überkommenen rechtsstaatlichen Strafverfolgungsrechtes, der sich in dem Begriff der Beziehungs- oder Kontaktperson verbirgt, treiben darf, und dort ist im übrigen auch sehr deutlich das Bemühen um anderweitige »flankierende Maßnahmen« erkennbar, die die in diesem Verzicht liegende Aufweichung rechtsstaatlicher Schutzvorkehrungen erträglich zu machen vermögen.

Diese verfassungsrechtlichen Vorgaben sind dem immer lauter zu vernehmenden Ruf nach neuen Polizeigesetzen entgegenzuhalten, damit das Kainsmal der Verfassungswidrigkeit verschwindet, das die neuen Gesetzentwürfe auf der Stirn geschrieben tragen. Leider haben wir vom Gesetzgeber unserer Tage nicht viel Gutes zu erwarten, sondern Veranlassung zu der Befürchtung, daß er sich auch in diesem Falle bereitwillig in die Kumpanei mit den Herrschaftsansprüchen der Exekutive begibt, wie er dies schon bei den »Datenschutzgesetzen«, den Meldegesetzen oder beim Volkszählungsgesetz 1983 getan hat.

13. Die gefährlichste Entwicklung, die unserem Rechtsstaat von dorther droht, ist aber die *bevorstehende Gesetzgebung im Bereich*

der Geheimdienste. Inhaltlich übertreffen die in diesen Entwürfen enthaltenen Regelungen selbst die argwöhnischsten Befürchtungen.[67] Danach dürfen unsere Geheimdienste nämlich in Zukunft alles erfassen, speichern, übermitteln und archivieren, was ihnen nicht ausdrücklich verboten ist. Es gibt faktisch keinerlei Grenzen für die Erfassung von Daten und für den Fluß derselben nach allen Richtungen, auch und sogar zu und von ausländischen Stellen. Vermittels des Instrumentes der EDV wird die von der Verfassung gebotene organisatorische Abspaltung der Verfassungsschutzbehörden von der Polizei aufgehoben bzw. unterlaufen.[68] Auch der aus dem informationellen Selbstbestimmungsrecht folgende Auskunftsanspruch des Betroffenen hat dem Geheimhaltungsinteresse der »Geheimdienste« und damit der Staatsraison zu weichen. »Wir dürfen unsere Nachrichtendienste nicht durch Transparenz schwächen«, so zitiert der *Spiegel* den CDU-Abgeordneten Karl Miltner, und auch hier wird die Vergewaltigung der »Magna charta des Datenschutzes« damit gerechtfertigt, daß die Geheimdienste deswegen zur »generellen Geheimhaltung« berechtigt sein müßten, weil anderenfalls derjenige, dessen Daten tatsächlich gespeichert seien, aus einer Auskunftsverweigerung zwingend auf das Vorhandensein von Erkenntnissen schließen könne. »Das ›Ob‹ einer Datenspeicherung wäre also nicht mehr geschützt.« Die Antwort darauf lautet: Das »Ob« einer Datenspeicherung ist im Rechtsstaat auch nicht des Schutzes wert. Vielmehr ist der Verlust an Effektivität, den die Arbeit der Sicherheitsbehörden durch den Verzicht auf die Geheimhaltung des »Ob« der Speicherung möglicherweise erleidet, der Preis, den der Rechtsstaat ganz unabdingbar auch von den »Geheimdiensten« verlangt; daß dieser Preis keineswegs zu hoch ist, beweist z. B. die Auskunftspraxis der amerikanischen Geheimdienste nach dem Freedom of Information Act.[69]

In unserem Lande ist die gängige These jedoch noch immer die, daß »die Arbeit eines Nachrichtendienstes sich notgedrungen im Verborgenen abspielen muß«[70] und daß darum die Verpflichtung zur Erteilung von Auskünften an die betroffenen Bürger »bei einem geheimen Nachrichtendienst ein Widerspruch in sich« sei.[71] Es will jedoch scheinen, daß das dabei zugrundegelegte Modell eines Nachrichtendienstes wohl doch eher bei James Bond oder aber bei den totalitären Ländern bzw. bei unserer eigenen totalitären Vergangenheit entlehnt worden ist, denn das Grundgesetz spricht nirgends davon, daß es der Staatsgewalt in der Bundesrepublik Deutschland gestattet sei, einen »geheimen Nachrichtendienst« einzurichten, sondern es spricht in Art. 87 davon, daß es zulässig ist, Behörden »für Zwecke des Verfassungsschutzes« einzurichten. Daß dieser Verfassungsschutz nur mit verfassungskonformen Mitteln betrieben werden darf, sollte dabei in einem Rechtsstaat eigentlich außer Zweifel sein. Der Rechtsstaat darf seine Feinde nur mit legalen Mitteln bekämpfen (anders geschehen z. B. im Fall Traube, an der Zuchthausmauer von Celle und im Schmücker-Prozeß, um nur diese drei besonders spektakulären Beispiele zu nennen), und er hat dies zumindest grundsätzlich mit offenem Visier zu tun, also Transparenz herzustellen und Auskünfte zu erteilen. Der Europäische Gerichtshof für Menschenrechte führt z. B. im Anschluß an die oben wiedergegebenen Zitate[72] folgendes aus:

»Gleichwohl unterstreicht der Gerichtshof, daß dies nicht bedeutet, die Vertragsstaaten hätten ein unbegrenztes Ermessen, Personen innerhalb ihres Hoheitsgebietes geheimer Überwachung zu unterwerfen. Im Bewußtsein der Gefahr, die ein solches Gesetz (das geheime Eingriffe gestattet) in sich birgt, nämlich die Demokratie mit der Begründung, sie zu verteidigen, zu untergraben oder sogar zu zerstören, bekräftigt der Gerichtshof, daß die Vertragsstaaten nicht im Namen des Kampfes gegen Spionage und Terrorismus zu jedweder Maßnahme greifen dürfen, die ihnen geeignet erscheint.« Daraus folgt der Gerichtshof, daß Überwachungsmaßnahmen »auf die Fälle begrenzt sind, in denen tatsächliche Anhaltspunkte für den Verdacht bestehen, daß jemand bestimmte schwerwiegende Straftaten plant, begeht oder begangen hat; die Maßnahmen dürfen nur angeordnet werden, wenn die Erforschung des Sachverhalts auf andere Weise aussichtslos oder wesentlich erschwert wäre. Selbst dann darf die Überwachung sich nur gegen den Verdächtigen selbst oder gegen seine mutmaßlichen Kontaktpersonen richten.« Eine »erkundende oder allgemeine Überwachung« sei daher unzulässig.

Was jedoch tun unsere »Geheimdienste«? Sie meinen, daß sie zur Erfassung, Katalogisierung und Registrierung der Bürger auch im Vorfeld der Entstehung solcher konkreten Verdächte befugt seien und im Prinzip jedermann zum Objekt ihrer Beobachtung machen dürften, ohne diese darüber aufklären zu müssen, ungeachtet der Tatsache, daß der Europäische Gerichtshof für Menschenrechte dazu folgendes ausgeführt hat:

»Der Gerichtshof kann es nicht hinnehmen, daß die zugesicherte Gewährleistung eines von der Konvention garantierten Rechts durch die einfache Tatsache beseitigt werden kann, daß der Betroffene in Unkenntnis über die Verletzung gelassen wird.«

Hier genau stellt sich darum auch die Frage nach der Ideologie, die sich hinter dem jeweiligen Geheimdienstmodell verbirgt: Ist dies die Ideologie des Polizeistaates, der sich anmaßt, jedweden Untertan als potentiellen Staatsfeind verdächtigen und darum nicht nur beobachten, erfassen und registrieren zu dürfen, sondern auch von jedwedem Einblick in behördliche Aktivitäten fernhalten und die Rechte des Individuums auf dem Altar der Staatsraison opfern zu dürfen – ein Modell, bei dem die Interessen des Staates im Zweifel stets höher zu bewerten sind als die des Individuums und bei dem jedweder Verzicht an Effektivität bei der Arbeit staatlicher Organe, insbesondere aber der Sicherheitsbehörden, natürlich verhindert werden muß, bei dem ein Ausgleich oder Kompromiß zwischen den Interessen des Bürgers und denjenigen des Kaisers nicht stattfindet? Oder ist dies das Modell einer rechtsstaatlich agierenden Sicherheitsbehörde, deren Aktivität nicht nur das Vorhandensein eines konkreten Anlasses, also eines konkreten Tatverdachtes oder einer konkreten Gefahr, voraussetzt, sondern die auch auf größtmögliche Offenheit und Transparenz ausgerichtet ist, und bei der die Geheimhaltung einer besonderen Legitimation bedürftig und stets nur im Ausnahmefall zulässig ist?

Es ist offenkundig, daß die Vorgehensweise unserer Behörden und leider auch die Motivation der Verfasser der genannten Gesetzentwürfe sich zunehmend vom rechtsstaatlichen Modell entfernen. Unsere Sicherheitsbehörden nehmen sich nicht nur das Recht heraus, Informationssammlung auch ohne den oben genannten Anlaß betreiben und damit jedermann und letztlich die gesamte Gesellschaft beobachten und erfassen zu dürfen, sondern sie nehmen sich auch das Recht heraus, jede Person, die Auskunft begehrt, praktisch wie einen Kriminellen oder Staatsfeind behandeln zu dürfen, indem sie unterstellen, daß jedwedes Erteilen einer Auskunft oder Begründen der Verweigerung der Auskunft die Staatssicherheit gefährdet. Ein Kompromiß der oben geschilderten Art findet danach nicht statt, und es machen sich zu wenige der Verfasser solcher Gesetzentwürfe sowie Behördenleiter Gedanken darüber, ob es angeht und mit der Gerechtigkeitsidee zu vereinbaren ist, die Rechte aller zu opfern, nur weil sich in einer jeden

Gesellschaft auch ein Bodensatz von Kriminellen und Staatsfeinden verbirgt.

Es muß daran erinnert werden, daß die Väter unseres Grundgesetzes sowie die Alliierten in deren berühmten »Polizeibrief« vom 14. 4. 1949 an den Präsidenten des Parlamentarischen Rates die Abtrennung des Verfassungsschutzes von der Polizei nicht deswegen angeordnet haben, um den Sicherheitsbehörden das Entwikkeln totalitärer Geheimdienst-Modelle zu ermöglichen, wie das nunmehr auch in den (inzwischen vorläufig zurückgezogenen) Sicherheitsgesetzentwürfen geschehen ist.[73] Diese Abtrennung sollte vielmehr das Wiederentstehen einer Geheimen Staats-Polizei *verhindern,* nicht ermöglichen. Es ging auch nicht darum, die Verfassungsschutzbehörden aus der Disziplin des rechtsstaatlichen Polizeirechts zu entlassen, sondern darum, das Instrument der Gewaltenteilung zum Zwecke der zusätzlichen Bändigung der Institution »Verfassungsschutz« zu nutzen. Auch für diese gilt darum das, was § 31 des PrPVG befiehlt, der seinerseits ja nichts anderes war als die gesetzliche Fixierung der vom Preußischen Oberverwaltungsgericht in einer jahrzehntelangen Rechtsprechung entwickelten Fundamente des rechtsstaatlichen Polizeirechts, also ein Ausfluß des Rechtsstaatsprinzips: Auch polizeiliche Spezialregelungen dürfen nicht lediglich den Zweck verfolgen, »den Polizeibehörden die ihnen obliegende Aufsicht zu erleichtern«.

Schon *Svarez,* der Vater des Preußischen Allgemeinen Landrechtes, den *Hans Schneider*[74] zu Recht als einen der frühen Wegbereiter des Übermaßverbotes bezeichnet, hat dazu in einem Vortrag, den er im Winter 1791/92 dem damals 21jährigen Kronprinzen und späteren König Friedrich Wilhelm III. gehalten hat, folgendes ausgeführt:[75]

»Da es nun der erste Grundsatz des öffentlichen Staatsrechts ist, daß der Staat die Freiheit der einzelnen nur soweit einzuschränken berechtigt sei, als es notwendig ist, damit die Freiheit und Sicherheit aller bestehen könne, so fließt aus dieser Betrachtung der erste Grundsatz des Polizeirechts, daß nur die Abwendung eines großen und mit moralischer Gewißheit zu befürchtenden Schadens für die bürgerliche Gesellschaft oder nur die gegründete Hoffnung zur Erlangung eines sehr erheblichen und dauerhaften Vorteils für das Ganze den Staat berechtigen könne, die natürliche Freiheit seiner einzelnen Bürger durch Polizeigesetze einzuschränken.«

Dieser Ausdruck »preußischer Geisteshaltung« und »preußischer Selbstzucht«, d. h. »die Neigung zum Maßhalten und zur Bescheidung auf das, was vernünftig und notwendig ist«, mit dem die preußischen Staatsdiener des 18. Jahrhunderts nach *Hans Schneider*[76] nur Maximen fortgebildet haben, »die bereits bei den protestantischen Reformern angelegt sind«, ist später durch die Rechtsprechung des Preußischen Oberverwaltungsgerichts zur polizeilichen Generalklausel (10 II 17 PrALR) näher präzisiert worden, indem das Gericht mit dem *Störerbegriff* nicht nur die Grenzen der polizeilichen Eingriffsbefugnis in der personalen Dimension bestimmt und eingeengt, sondern vor allem auch mit dem Begriff der *konkreten Gefahr* die Voraussetzungen für die Zulässigkeit der Vermutung eines »mit moralischer Gewißheit zu befürchtenden Schadens« fixiert hat. In PrOVGE 63, 464, 466 hat das Gericht zu den Grenzen der polizeilichen Überwachungsbefugnis ausgeführt, daß »der Polizei nicht die Befugnis zugesprochen werden kann, die in ihre Hände gelegten Machtmittel dort zu gebrauchen, wo es an jedem Anlasse zur Entfaltung einer polizeilichen Tätigkeit fehlt«. Der gleiche Gedanke prägt auch das Preußische Polizeiverwaltungsgesetz vom 1. 6. 1931, das letztlich nichts anderes darstellt als die Kodifikation der polizeirechtlichen Rechtsprechung des Preußischen Oberverwaltungsgerichtes. Darin verzichtet der Gesetzgeber bewußt darauf, Eingriffe zum Zwecke der Bekämpfung lediglich abstrakter Gefahren zu gestatten. Solche Gefahren können nur »bereichsspezifisch« aufgrund von Polizeiverordnungen bekämpft werden, die genügend bestimmt sind und sich auf einen eingegrenzten Lebensbereich beziehen müssen, die im Prinzip nicht auch den Nichtstörer mit Polizeipflichten belasten dürfen und die zudem nicht den Zweck verfolgen dürfen, »den Polizeibehörden (lediglich) die ihnen obliegende Aufsicht zu erleichtern« (§ 31 Abs. 1 PrPVG). *Drews/Wacke*[77] bemerken zu dem Erfordernis des Vorliegens einer zumindest abstrakten Gefahr: »Eine gewisse Wahrscheinlichkeit der Verwirklichung muß freilich durchaus auch bei der abstrakten Gefahr vorliegen, ganz entfernt darf die Gefahr nicht etwa sein«, und das OVG Münster[78] bemerkt zu der gleichen Frage:

»Eine abstrakte Gefahr ist vielmehr anzunehmen, wenn für die von der Polizeiverordnung erfaßten Fälle normalerweise oder in der Mehrzahl der Fälle eine konkrete Gefahr vorliegt; anders ausgedrückt, wenn aus den von der Polizeiverordnung betroffenen Arten von Handlungen oder Zuständen nach den Erfahrungen des täglichen Lebens mit überwiegender Wahrscheinlichkeit konkrete Gefahren im Einzelfall zu entstehen pflegen.«

Zu Heranziehung des Störers durch Polizeiverordnungen führen *Drews/Wacke* aus:[78]

»Wie die polizeiliche Verfügung zur Abwehr einer polizeilichen Gefahr nur den ›Störer‹ heranziehen darf, darf auch die Polizeiverordnung in der Regel nur denjenigen durch Gebote oder Verbote in Anspruch nehmen, der durch die den Vorschriften der Polizeiverordnung zuwiderlaufenden Handlungen oder Zustände zum Störer werden würde... Unbeteiligte Dritte, Nichtstörer, können daher durch Polizeiverordnungen im allgemeinen auch nicht einmal in den Fällen des sogenannten polizeilichen Notstandes herangezogen werden... Eine grundsätzlich dauernde Heranziehung von Nichtstörern zur Gefahrenabwehr würde die Begründung einer neuen öffentlich-rechtlichen Verpflichtung bedeuten, die durch Polizeibefehl überhaupt nicht erfolgen kann.«

Und zu § 31 Abs. 1 PrPVG heißt es bei *Drews/Wacke:*[79]

»Aus dem gleichen Gesichtspunkt sind unzulässig Polizeiverordnungen, durch die der Polizei lediglich die Aufsicht erleichtert werden soll, ob irgendwo eine polizeiliche Gefahr vorhanden ist. Unzulässig sind insbesondere Polizeiverordnungen, durch die zu diesem Zweck unbeteiligten Dritten, bezüglich deren irgendwelche die Gefahr möglicherweise verursachende tatsächliche Umstände gar nicht vorliegen, eine Verpflichtung zur Anzeige, Meldung usw. auferlegt wird. Diesen Grundsatz, daß Polizeiverordnungen nicht lediglich den Zweck haben dürfen, den Polizeibehörden die ihnen obliegende Aufsicht zu erleichtern, kennen fast alle Polizeigesetze. Er gilt als allgemeiner Grundsatz auch dort, wo er nicht ausdrücklich ausgesprochen ist und besteht auch für Polizeiverfügungen. Eine Belastung des Bürgers kann niemals darin ihren Grund finden, daß eine Behörde sich Arbeit ersparen möchte.«

Schon in den Regelungen des Musterentwurfes einheitlicher Polizeigesetze, in den Fassungen von 1974 (die dem ASOG Berlin zugrunde liegt) und von 1977, erst recht aber in den Regelungen des oben erwähnten Vorentwurfes zur Änderung des Musterentwurfes (Fassung 12. 3. 1986) findet sich von dieser rechtsstaatlichen Mäßigung keine Spur mehr! Eingriffe werden zum Zwecke der Abwehr noch nicht einmal abstrakter Gefahren keineswegs nur bereichsspezifisch, sondern global gestattet. Abstrakte Gefahren werden auch dort fingiert, wo keine Regelvermutung für das Vorliegen einer konkreten Gefahr besteht. Die Eingriffsbefugnisse bestehen keineswegs nur gegenüber dem Störer, sondern gegenüber jedermann. Vor allem verfolgen diese Eingriffsermächtigungen aber gerade den Zweck, den § 31 Abs. 1 PrPVG für unzulässig erklärt hat, nämlich die Erleichterung der polizeilichen Aufsicht.

Die polizeiliche und geheimdienstliche Praxis der Erfassung und Registrierung des Bürgers im Rahmen der »vorbeugenden Verbrechensbekämpfung« bzw. der »Verhütung von Straftaten« oder der »Vorfelderfassung« bewegt sich darum außerhalb der Bahnen nicht nur des einfachen Polizeirechtes, sondern auch außerhalb der Bahnen des geltenden Verfassungsrechtes und der Europäischen Menschenrechtskonvention, und sie kann darum auch vom Gesetzgeber nicht legalisiert werden. Zu Recht hat deshalb der ehemalige Präsident des Bundesverfassungsgerichtes, *Benda*, seine Stimme in der Öffentlichkeit erhoben und darauf hingewiesen, daß die gegenwärtige Praxis der Polizei »verfassungsrechtlich bedenklich« und in weiten Teilen »eindeutig rechtswidrig« sei und daß es darum nicht angehe, diese Praxis durch den Gesetzgeber einfach fortschreiben zu lassen.

Es ist notwendig, den Gesetzgeber an das hohe Maß an rechtsstaatlicher Sensibilität zu erinnern, das das Preußische OVG bewiesen hat, als es bei der Auslegung und Anwendung des 10 II 17 PrALR die Eingriffsgrenzen in der personalen Dimension gezogen und die Regeln über die Inanspruchnahme von Störern und Nichtstörern entwickelt hat. Genau dies ist es, was verlorengeht, wenn unsere Sicherheitsbehörden nicht nur bei der Datenerhebung und -speicherung, sondern auch bei der Verweigerung von Auskünften meinen, alle gleichbehandeln und den Unterschied zwischen Störer und Nichtstörer einebnen zu dürfen. Erst dann, wenn wir uns (wieder) darauf verstehen, daß auch die Sicherheitsbehörden genötigt sind, im Prinzip jedermann als ehrlich, unbescholten, loyal und staatstreu anzusehen und zu behandeln, und das heißt jeden, der keinen konkreten Verdacht einer Gefahr oder Straftat hervorruft, zumindest im Prinzip von jedweder Beobachtung und Erfassung zu verschonen und Auskünfte über die gleichwohl gespeicherten Daten zu erteilen, werden wir diesen ehrwürdigen Traditionen gerecht und entspricht die Gestalt unserer Sicherheitsbehörden dem oben beschriebenen rechtsstaatlichen Modell.

1 *Montesquieu,* Vom Geist der Gesetze, Stuttgart (Reclam) 1976, XI. Buch, 4. Kap., S. 211.
2 *Herold,* in: Taschenbuch für Kriminalisten, Bd. 18, Hilden 1968 (*Herold* 1968), S. 241 ff., und ders., Gesellschaftlicher Wandel – Chance der Polizei?, in: Grundlagen der Kriminalistik, Bd. 11, 1973, S. 11 ff. (*Herold* 1973). Die folgenden Zitate stammen von *Herold* 1973, S. 25 und von *Herold* 1968, S. 253, 249, 248, 243, 243 f. und 244.
3 *Denninger* in diesem Band.
4 Vgl. z. B. die 7. Fachtagung des Bundes deutscher Kriminalbeamter, über die der »Tagesspiegel« vom 11. 5. 1984 wie folgt berichtete: »Ein deutscher Rat zur Kriminalitätsverhütung soll das Wissen von Polizisten und Sozialarbeitern, Architekten und Politikern zusammenfassen und über ein Präventionsgesetz den Gedanken der Kriminalitätsvorbeugung in vielen Lebensbereichen verankern«. Es gibt allerdings auch gegenläufige Tendenzen bei der Polizei, vgl. dazu die Diskussion auf dem Symposium »Informationsgesellschaft oder Überwachungsstaat« Protokoll (hrsg. von der Hessischen Staatskanzlei) S. 225–274; sowie z. B. *Karlheinz Merten* (Erster Polizeihauptkommissar) in: DÖV 1985, S. 518–521; *ders.*, Datenschutz und Datenverarbeitungsprobleme bei den Sicherheitsbehörden, 1984.
5 Berliner Anwaltsblatt 1979, Heft 6, S. 113; dazu *Schwan,* in: Datenschutz und Datensicherung (DuD) 1982, S. 274, 276.
6 Siehe § 163 StPO; vgl. dazu schon das Preußische Oberverwaltungsgericht (PrOVG) in: PrOVGE 63, 464, 466.
7 Siehe die polizeiliche Generalklausel; nach den Entscheidungen des VG Frankfurt vom 17. 7. 1984 – IV/3 E 5395/82 – und des VGH Kassel vom 2. 8. 1984 – 11 UE 1165/84 – ist die polizeiliche Generalklausel keine Ermächtigung für das Führen von Kriminalakten.
8 Nachweis bei Anm. 5.
9 Dazu *Herold* in: Recht und Politik 1980, S. 79 ff.: »Der polizeiliche Verdacht wirkt fort, auch wenn die Staatsanwaltschaft das Verfahren mangels ausreichenden Nachweises eingestellt oder das Strafgericht aus dem gleichen Grunde freigesprochen hat.« Also: einmal verdächtig – immer verdächtig?
10 »Der Tagespiegel« v. 30. 6. 1985 (»Senat prüft Aufteilung des zentralen Polizeicomputers ISVB«); vgl. auch »Der Tagesspiegel« vom 9. 7. 1985: »Polizei lehnt Aufteilung ihres zentralen Computers ab.«
11 Diese Zahl ist höher als die Gesamtbevölkerung West-Berlins abzüglich Strafunmündige/Greise (also: ähnliche Entwicklung wie bei der Volkskartei?). – So führt auch *Schenk* (in: der kriminalist 1985, S. 131) aus: »Register mit personenbezogenen Daten von mehr als 1 Million Bürgern, die mit einem dem Personenkennzeichen nahekommenden Zah-

lenschlüssel versehen sind, befinden sich im Besitz der Berliner Polizei. Diese Daten, die nicht nach Verdächtigen und Unverdächtigen getrennt werden können, benutzt die Polizei ohne spezielle Rechtsgrundlage ... Die Polizei besteht darauf, daß bereits ... die generelle Aufgabe ›strafbare Handlungen zu erforschen‹ die Benutzung der Datensammlung rechtfertige, ohne daß es einer speziellen Ermächtigung bedürfe.«

12 Kein anderer als *Rupert Scholz*, der zusammen mit *Rainer Pitschas* die Monographie »Informationelle Selbstbestimmung und staatliche Informationsverantwortung« Berlin 1984 vorgelegt hat.

13 »Tagesspiegel« v. 10. 3. 1985 (»Justiz: Geltendes Recht stützt bereits zentrale Kriminal-Computer«). – § 81 b StPO lautet: »Soweit es für die Zwecke der Durchführung des Strafverfahrens oder für die Zwecke des Erkennungsdienstes notwendig ist, dürfen Lichtbilder und Fingerabdrücke des Beschuldigten auch gegen seinen Willen aufgenommen und Messungen und ähnliche Maßnahmen an ihm vorgenommen werden«.

14 Dazu ausführlich: *Schwan*, Gespenster – ein offener Brief an den Bundesjustizminister, in: Demokratie und Recht 1980, S. 329ff. – Bei den Richtlinien handelt es sich insbes. um die Richtlinien zur Führung Kriminalpolizeilicher personenbezogener Sammlungen (KpS-Richtlinien), abgedruckt in: DVR 1981, S. 145ff.

15 Vgl. Anm. 9.

16 Drucksache der Hamburger Bürgerschaft Nr. 11/2562.

17 Kleine Anfrage an den Berliner Senat vom 18. 7. 1984, Nr. 3893.

18 Schreiben des Berliner Senats vom 31. 7. 1984 – Az. Inn.SenDir/III/IV.

19 BVerfGE 65, 1ff. = NJW 1984, S. 419. Vgl. dazu *Simitis*, NJW 1984, S. 398; *Riegel*, in: Recht im Amt 1984, S. 121; *Wimmer* in: DÖV 1984, S. 453 (mit Kritik an *Schneider*); *Podlech*, in: Leviathan 1/1984, S. 85; *Heußner* und *Denninger* in diesem Band. Zur Eingriffsnatur der Informationsweitergabe vgl. *Schwan*, in: Verwaltungsarchiv 1975, S. 120ff.; und *Barbey*, Amtshilfe durch Informationshilfe und Gesetzesvorbehalt, in: Festschrift zum 125-jährigen Bestehen der Juristischen Gesellschaft zu Berlin, S. 25ff.

20 BVerfGE 67, 100.

21 Vgl. dazu *Massing* in diesem Band, sowie *Schwan*, Amtsgeheimnis oder Aktenöffentlichkeit? Der Auskunftsanspruch des Betroffenen, das Grundrecht auf Datenschutz und das Prinzip der Aktenöffentlichkeit, München 1984.

22 *Franz Kugler*, Die Geschichte Friedrichs des Großen, neu herausgegeben von Roland W. Pinson, Bayreuth (Gondrom) 1981, S. 466f.

23 Vgl. *Theodor Maunz*, Gestalt und Recht der Polizei, 1943.

24 Das Gespräch, von dem *Kugler* (Fußn. 21) berichtet, fand nach Abschluß des Siebenjährigen Kriegs im Jahr 1763 statt. Das zeigt, daß es auch in Zeiten der z. B. durch kriegerische Ereignisse bewirkten Sittenverderbnis nicht angeht, diesem Übel durch das größere Übel einer Ge-

heimpolizei entgegenzuwirken.

25 *Ruth Leuze* (in: FR vom 6. 7. 1985) befürchtet eine »qualitative Veränderung unseres Staatswesens«.

26 Dazu *Bäumler* in diesem Band.

27 *Steinke*, in: Kriminalistik 2/1978.

28 *Herold* a. a. O. (Anm. 8).

29 In Hamburg waren in der Tat 16 Jahre lang über 10 % der Bedürfnisanstalten mit einseitig durchsichtigen Spiegeln ausgerüstet, hinter denen Polizeibeamte saßen und beobachteten.

30 Vgl. *Heise/Riegel*, Musterentwurf eines einheitlichen Polizeigesetzes. 2. Aufl. 1978.

31 In Berlin, das vornewegpreschte und die noch undiskutierte (weil geheimgehaltene) 1. Fassung dieses Musterentwurfs zum Gesetz erhob, ist noch nicht einmal dies erforderlich: Dort ist die Erhebung erkennungsdienstlicher Unterlagen gestattet, »wenn das zur Verhütung von Straftaten erforderlich ist«. Damit ist der Weg nicht nur für die sog. Volksdaktyloskopie, sondern auch für die anderweitige Erfassung letztlich der gesamten Gesellschaft bereitet. Zwar hat die Berliner Polizei bisher diese Ermächtigungen nicht ausgeschöpft. Es ist aber keineswegs sicher, daß dies auch dann noch so bleibt, wenn der Einsatz neuer Techniken die heimliche erkennungsdienstliche Behandlung gestattet, die ohne erkennbare Belästigung und das Wissen des Betroffenen erfolgt.

32 *Denninger* in diesem Band (unter Hinweis auf die Eppler-Entscheidung BVerfGE 54, 148, 153).

33 BVerfG a. a. O. (Anm. 19).

34 *Hans Schneider*, in: DÖV 1984, S. 161.

35 *Ruth Leuze* wird dabei ausdrücklich ausgenommen.

36 *Schmähling* in: »Tagesspiegel« vom 14. 3. 1984. Daß dies keineswegs nur ein deutsches Phänomen ist, ergibt sich deutlich aus den Erinnerungen des ehemaligen CIA-Chefs *Turner* in dessen Buch »Geheimhaltung und Demokratie – der CIA im Wandel« ... (Zu diesem Buch merkt der »Tagesspiegel« vom 19. 5. 1985 an, daß sich daraus »ein beschämendes Bild der Turner-Regie und der moralischen Gesinnung wie Rechtsauffassung gewisser Elemente der Geheimdienste« entnehmen lasse).

37 Dazu ausführlich: *Schwan* a. a. O. (Anm. 21).

38 So wörtlich das BKA in einem Verfahren, das beim VG Wiesbaden anhängig ist, Az. IV/3 E 72/84. Ebenso das Bundesamt für Verfassungsschutz in einem Verfahren, das inzwischen in der Revisionsinstanz beim BVerwG anhängig ist (Az. 1 C 42/83).

39 Dazu ausführlich: *Schwan*, Der Auskunftsanspruch in der Bewährung, in: DVR 1982, S. 311 ff. (339 f.), und *ders.* a. a. .O. (Fußn. 21), S. 39 ff.

40 Vgl. »Tagesspiegel« vom 31. 12. 1983.

41 Vgl. dazu die kritischen Anmerkungen zu dem von der Ständigen Kon-

ferenz der Innenminister vorgelegten »Vorentwurf zur Änderung des Musterentwurfs eines einheitlichen Polizeigesetzes« (Stand 8. 2. 1985) in: Cilip (Bürgerrechte und Polizei) Nr. 20, Heft 1, 1985, S. 73 ff. und Cilip Nr. 21, Heft 2, 1985, S. 44 ff.; sowie (zum Stand 12. 3. 1986) in: Cilip Nr. 24, Heft 2, 1986, S. 74 ff. (Cilip ist erhältlich über: Versand Kirschkern, Lietzenburger Str. 99, 1 Berlin 15).

42 Dazu *Schwan* a. a. O. (Anm. 14), S. 331 und 342 f.

43 Dazu *Schwan* ebda. (Anm. 43) und ders. a. a. O. (Anm. 38), S. 324.

44 OVG Berlin vom 31. 7. 1985 (Az. OVG I B 45/83); vgl. dazu »Der Tagesspiegel« vom 1. 8. 1985 (»Kripo darf Datenauskunft ohne Angaben von Gründen ablehnen«). Zur Strafbarkeit der unbefugten Datenweitergabe (§ 203 StGB, § 41 BDSG) vgl. *Harald Hohmann*, Der praktische Fall: Die Daten des Studentensekretariats, in: JuS 1987, (im Druck).

45 Aktenzeichen a. a. O. (Anm. 38).

46 OVG Berlin und »Tagesspiegel« a. a. O. (Fußn. 45).

47 So bereits im Jahr 1912 das PrOVG a. a. O. (Anm. 6).

48 *Walter Jellinek*, Verwaltungsrecht (unveränderter Nachdruck der 3. Aufl. Berlin 1931) Bad Homburg 1966, S. 258.

49 *Herold* 1968 a. a. O. (Anm. 2), S. 252.

50 *Herold*, zitiert nach: FR vom 6. 9. 1984, S. 18; ähnlich *ders.*, Interview im: »Spiegel« Nr. 37 vom 8. 9. 1986, S. 38–61. Ähnlich auch jetzt *Karlheinz Merten*, a. a. O. (Anm. 4).

51 Vgl. *Hessische Landesregierung* (Hrsg.), Informationsgesellschaft oder Überwachungsstaat, Symposium der Hessischen Landesregierung, Wiesbaden 1984, Band 1 (Gutachten) und Band 2 (Protokolle). Die Gutachten und Referate sind nun nachgedruckt in: *A. von Schoeler* (Hrsg.), Informationsgesellschaft oder Überwachungsstaat, Opladen 1986.

52 Vgl. Drucksache des Landtags von Rheinland-Pfalz 10/1338.

53 Entschließung der Konferenz der Datenschutzbeauftragten vom 27./28. März 1984, abgedruckt in: DÖV 1984, S. 504–510; sowie Beschluß vom 24. 1. 1985.

54 Dazu *Seifert* in diesem Band.

55 Siehe S. 11 f. der Begründung zu § 8 a Abs. 1 Satz 2 a. a. O. (Fußn. 42).

56 Siehe S. 8 der Begründung a. a. O.(Anm. 56).

57 Vgl. dazu auch (neben dem BVerfG a. a. O., Anm. 19) *Schwan* in: Burhenne/Perband, EDV-Recht, Kommentar (zum BDSG), § 9 Rdnr. 13 ff., § 10 Rdnr. 15, § 11 Rdnr. 7 ff., sowie *Denninger* in: Hess. Landesregierung a. a. O. (Anm. 50) Band 2, S. 240 f. (insbes. gegen *Scholz/Pitschas*, a. a. O., Anm. 11).

58 BVerfG a. a. O. (Anm. 19).

59 Statt vieler: *Peter Lerche*, Übermaß und Verfassungsrecht, Köln/Berlin 1961.

60 BVerwGE 26, S. 169ff. = NJW 1967, S. 1192ff.
61 BVerfGE 30, 1ff. = NJW 1971, S. 275ff. (278).
62 Dazu *Schwan* a. a. O. (Anm. 19).
63 PrOVG a. a. O. (Anm. 6).
64 EGMR vom 6.9. 1978, in: NJW 1979, S. 1755ff. (mit Anm. *Arndt*); vgl. dazu die Anmerkung von *Schwan* in: NJW 1980, S. 1992.
65 Siehe vor allem BVerwG a. a. O. (Anm. 59).
66 Siehe dazu: Cilip Nr. 23, Heft 1, 1986, wo die Texte dieser Gesetzentwürfe (samt kritischer Stellungnahmen) abgedruckt sind; vgl. dazu auch *Bäumler* in diesem Band (mit weiteren Nachw.).
67 Vgl. dazu *Bäumler* in: DÖV 1986, S. 496ff. *ders.:* DVBl 1986, S. 496ff., sowie *Roewer* DVBl 1986, S. 205ff.
68 Vgl. *Schwan* a. a. O. (Anm. 21).
69 So *Bäumler*, in: DVBl 1986, S. 496 (502).
70 So die Auffassung des Bundesamtes für Verfassungsschutz (Fußn. 38).
71 EGMR a. a. O. (Anm. 65).
72 Vgl. *Schwan* in: Cilip Nr. 23 (Anm. 67), S. 87ff.
73 *Hans Schneider*, Festgabe zum 25jährigen Bestehen des BVerfG, Band 2, S. 390ff. (393f.).
74 Nachweise bei *Schneider* ebda.
75 *Schneider* ebda., S. 394.
76 *Drews/Wacke*, Gefahrenabwehr (Allgemeines Polizeirecht), 7. Aufl. 1961, S. 390.
77 OVG Münster, DÖV 1958, S. 957.
78 *Drews/Wacke* a. a. O. (Anm. 77),S. 394f.
79 *Dieselben* ebda., S. 395f.

Claus Henning Schapper/Gabriele Waniorek
Informationelle Selbstbestimmung auch für Arbeitnehmer?

1. Einleitung

Im Urteil des Bundesverfassungsgerichts (BVG) zum Volkszählungsgesetz[1] heißt es:

»Wer nicht mit hinreichender Sicherheit überschauen kann, welche ihn betreffenden Informationen in bestimmten Bereichen seiner sozialen Umwelt bekannt sind, und wer das Wissen möglicher Kommunikationspartner nicht einigermaßen abzuschätzen vermag, kann in seiner Freiheit wesentlich gehemmt werden, aus eigener Selbstbestimmung zu planen oder zu entscheiden. Mit dem Recht auf informationelle Selbstbestimmung wären eine Gesellschaftsordnung und eine diese ermöglichende Rechtsordnung nicht vereinbar, in der Bürger nicht mehr wissen können, wer was wann und bei welcher Gelegenheit über sie weiß.«

Wie es um die informationelle Selbstbestimmung des Bürgers Arbeitnehmer bestellt ist, de facto und de iure, soll im folgenden untersucht werden. Anschauungsmaterial liefert der Arbeitsalltag des Herrn A.[2]

Herr A kommt kurz nach halb acht in die Firma und zieht an der Pforte seinen magnetisch beschrifteten Firmenausweis durch die elektronische Stempeluhr. Erfaßt werden die Personalnummer, die Zeit seines Kommens und der Ort, an dem er gestempelt hat. Herr A geht zum Rechenzentrum der Firma, seinem Arbeitsplatz. Bevor er den Raum betreten kann, muß er seinen Firmenausweis in einen elektronischen Türautomaten stecken: Es wird seine Zugangsberechtigung überprüft (nur wenn er zugangsberechtigt ist, öffnet sich die Tür); außerdem werden wieder die Personalnummer sowie Ort und Zeit seines Kommens erfaßt. Herr A muß in dieser Woche ein einigermaßen schwieriges Programm ändern, wozu er häufig an einem Bildschirmarbeitsplatz arbeitet. Bevor er anfängt, muß er über den Bildschirm seinen Namen, seine Kostenstelle und die Projektnummer angeben. Während er arbeitet, wird die Anzahl der neu erstellten Programmzeilen erfaßt; die Zahl wird projekt- und personenbezogen gespeichert. Wegen der schwierigen Änderungsarbeiten muß Herr A häufiger als sonst telefonieren: Selbstverständlich werden Anzahl und Dauer der Telefongespräche und die Nummer des Angerufenen erfaßt und gespeichert. Will Herr A direkt mit einem Kollegen Kontakt aufnehmen, so muß er wieder einen oder mehrere Türautomaten betätigen, je nachdem, ob ein Kollege auch in

einem sogenannten »sicherheitsempfindlichen Bereich« arbeitet oder nicht. Jedesmal wird die Zugangsberechtigung überprüft, und es werden Ort, Zeit und Personalnummer des Betätigenden erfaßt. Mittags freut sich Herr A auf seine Pause. Die Kantine ist sehr gut, und das Kantinenabrechnungssystem ist sehr praktisch. Statt bar zu bezahlen, gibt man der Kassiererin nur den Firmenausweis, die ihn in die elektronische Kasse steckt und dann Preise und Kennziffern für Speisen und Getränke eingibt. Am Monatsende wird ein entsprechender Betrag von Herrn A's Gehalt einbehalten. Heute hat Herr A Geburtstag: Er spendiert sich und seinen Kollegen ein Bier zum Mittagessen.
Nach Arbeitsschluß fährt Herr A mit seinem Privat-Pkw zur firmeneigenen Zapfsäule, um den nahezu leeren Tank seines Wagens zu füllen. Die Abrechnung erfolgt ebenfalls automatisch am Monatsende. In den darauffolgenden drei Werktagen ist Herr A wegen einer Grippe arbeitsunfähig erkrankt. Auch diese Information wird elektronisch gespeichert und verarbeitet. Am Freitag nimmt er seine Arbeit wieder auf und tankt erneut.
Anläßlich des nächsten turnusmäßigen Personalgesprächs, bei dem Herr A wegen seiner abgesunkenen Erledigungsquote zur Stellungnahme aufgefordert wird, muß er sich ermahnen lassen, den Alkoholkonsum während des Mittagessens einzustellen. Außerdem wird ihm vorgehalten, er benutze offensichtlich Zeiten der Arbeitsunfähigkeit dazu, Privatfahrten zu unternehmen.

Die in dem Beispiel aufgezeigte umfassende Überwachung ist gegenwärtig noch nicht Standard in den Unternehmen. Dennoch spiegeln die einzelnen Elemente dieser Geschichte die Wirklichkeit wider. Diese Wirklichkeit heißt elektronische Betriebsdatenerfassung, computergestützte Personalinformationssysteme. Das Arbeitsverhältnis ist zu einer Schnittstelle staatlicher und privater Informationsansprüche geworden.

Der Staat benutzt das Arbeitsverhältnis als Anknüpfungspunkt, um sein Informationsbedürfnis zu befriedigen. Das Arbeitsverhältnis vermittelt die für die staatliche Aktivität entscheidenden Grundinformationen.[3] Den Arbeitgeber treffen rund 300 Auskunfts-, Bescheinigungs- und Meldevorschriften im Personalwesen.[4] Allein für die Lohn- und Gehaltsabrechnung muß er mindestens 60 Personaldaten pro Arbeitnehmer vorhalten.[5] Nicht zuletzt diese Zahlen zeigen, welche ungeheure Informations- und Dokumentationsflut in der Personalabteilung eines Unternehmens zu bewältigen ist und wie stark dementsprechend der Anreiz in den Unternehmen ist, sich dabei der Hilfe der modernen Informationstechnologie zu bedienen.

Der staatliche Informationsanspruch ist jedoch nicht die einzige Triebfeder für den Automationsprozeß in der Personaldatenverarbeitung. Innovations- und Rationalisierungsdruck bewirken eine permanente Auseinandersetzung mit der Produktivität des Faktors Arbeit.[6] Dies bedeutet vollständige detaillierte Erfassung von Arbeitsplatzanforderungen, die Erstellung von Produktionsablaufanalysen, Arbeitnehmerfähigkeitsprofilen u.a.m. Durch den Einsatz von EDV sind dazu die technischen Möglichkeiten in einem umfassenden Sinne an die Hand gegeben. Zwar hätte man auch früher einen Sachbearbeiter beispielsweise mit der Erstellung einer Statistik des Inhalts, welche Mitarbeiter im letzten Jahr mehr als dreimal an einem Montag kurzfristig erkrankt waren, beschäftigen können. Dies ist aber wegen des damit verbundenen Zeitaufwandes unterblieben. Heute kann fast jedes automatische Personalabrechnungssystem auch eine Fehlzeitenstatistik erstellen, so daß eine entsprechende Liste der Mitarbeiter auf Knopfdruck am Bildschirm erscheint.

Der Automatisierungsprozeß verläuft nicht reibungslos. Die Tätigkeit unzähliger Einigungsstellen und eine Prozeßflut anläßlich der Einführung von Bildschirmarbeitsplätzen, Personalinformations- und Betriebsdatenerfassungssystemen legen Zeugnis darüber ab, daß die Akzeptanz bei den Betroffenen äußerst gering ist.

Auch unter Juristen streitet man vehement um – salopp ausgedrückt – mehr oder weniger Arbeitnehmerdatenschutz. Diese Auseinandersetzung hat natürlich nicht nur eine juristische, sondern vor allen Dingen eine gesellschaftliche Dimension. Informationsverarbeitung schafft Wissen, und Wissen schafft Macht über diejenigen, deren psycho-soziales Grundraster durchleuchtet ist. Es erleichtert die Verfügbarkeit über jene Subjekte, die von der unfehlbaren und nichts vergessenden Instanz »Datenbank« registriert werden.[7]

Im sogenannten Volkszählungsurteil des BVG[8] sind die verfassungsrechtlichen Grenzen zulässiger Verarbeitung personenbezogener Daten umrissen worden. Das dort konstatierte Grundrecht auf informationelle Selbstbestimmung wird die Rechtsprechung auch der Zivil- und Arbeitsgerichte über viele Jahre hinaus prägen. Diese These wird schon heute durch den Beschluß des Bundesarbeitsgerichts (BAG) vom 14. 9. 1984[9] zur Mitbestimmung des Betriebsrates nach § 87 Abs. 1 Nr. 6 BetrVG bei automatischer Auswertung von Arbeitnehmerdaten belegt, dessen Begründung in wesentlichen Punkten auf das Volkszählungsurteil gestützt ist. Darüber hinaus zwingt diese Entscheidung zur Novellierung der Landesdatenschutzgesetze und auch des BDSG. Um die Konsequenzen des Urteils für den Arbeitnehmerdatenschutz aufzeigen zu können, ist eine kurze Skizze der wesentlichen Aussagen der Verfassungsrichter erforderlich.

2. Das Grundrecht auf informationelle Selbstbestimmung

2.1 *Informationelle Selbstbestimmung ist kein neues Grundrecht*

Das Grundrecht auf informationelle Selbstbestimmung wurde in der Volkszählungsentscheidung nicht überraschend kreiert. Schon gar nicht wurde ein »neues« Grundrecht aus der Taufe gehoben.[10] Das BVG hat vielmehr – in der Tradition einer ganzen Reihe seiner Entscheidungen – den Schutz des einzelnen vor Registrierung und Katalogisierung seiner Daten als Bestandteil des allgemeinen Persönlichkeitsrechts aus Art. 2 Abs. 1, 1 Abs. 1 GG entwickelt.

Bereits in der Mikrozensus-Entscheidung[11] aus dem Jahre 1969 wurde es als mit Art. 2 Abs. 1, 1 Abs. 1 GG für unvereinbar erachtet, wenn der Staat das Recht für sich in Anspruch nehmen könnte, den Menschen zwangsweise in seiner ganzen Persönlichkeit statistisch zu erfassen. In zwei Beschlüssen, welche die Weitergabe von Ehescheidungsakten betrafen,[12] ist dem Art. 2 Abs. 1, 1 Abs. 1 GG das »verfassungskräftige Gebot der Achtung der Intimsphäre« entnommen worden. Eine staatliche Verwendung von Ehescheidungsakten ohne Einverständnis des Betroffenen hielt das Gericht nur in äußerst engen Grenzen für zulässig. Diese Rechtsprechung wurde in der sog. Lebach-[13] und in der Eppler-Entscheidung[14] fortgeführt. Für erzwungene Informationsübermittlungen schließlich hat das Gericht in der Gemeinschuldnerentscheidung[15] aus dem Jahre 1981 klargestellt, erzwungene Auskünfte dürften nur für die nach dem jeweiligen Gesetz zulässigen Zwecke verwertet und Unbefugten nicht offenbart werden.

Für denjenigen, der diese Rechtsprechung aufmerksam verfolgt hat, kam also der Ausspruch des Gerichtes, die in Art. 2 Abs. 1, 1 Abs. 1 GG garantierte freie Entfaltung der Persönlichkeit setze den Schutz des einzelnen gegen unbegrenzte Erhebung, Speicherung, Verwendung und Weitergabe seiner persönlichen Daten voraus, nicht überraschend. Neu mag für viele die Bezeichnung »informationelle Selbstbestimmung« sein, die das Gericht für diesen informationellen Bestandteil des allgemeinen Persönlichkeitsrechts zugrunde gelegt hat. In der wissenschaftlichen Datenschutzdiskussion wird dieser Terminus indessen seit über 10 Jahren gehandelt.[16]

Die Bedeutung der BVG-Entscheidung liegt also nicht in erster Linie in der Feststellung, daß das allgemeine Persönlichkeitsrecht verfassungsmäßige Barrieren gegen die Datenverarbeitung errichtet, sondern in der ausführlichen Erläuterung von Inhalt und Schranken des Grundrechts auf informationelle Selbstbestimmung.

2.2 *Inhalt informationeller Selbstbestimmung – Abschied von der Sphärentheorie*

Der Schutzbereich des Grundrechts garantiert die Befugnis des einzelnen, grundsätzlich selbst über die Preisgabe und Verwendung seiner persönlichen Daten zu bestimmen. Das Gericht verzichtet darauf, nach Art der abverlangten Daten, etwa nach ihrer Zugehörigkeit zur Intimsphäre, zu differenzieren. Es führt vielmehr aus, unter den Bedingungen moderner Datenverarbeitung gäbe es kein belangloses Datum mehr. Jedes Datum könne in einem bestimmten Kontext einen neuen Stellenwert erhalten. Damit verabschiedet sich der 1. Senat von seiner Sphärentheorie,[17] die bislang das Raster für den Persönlichkeitsschutz lieferte. Ihr lag die Vorstellung gestaffelter Eingriffstiefen und dadurch bedingter gestaffelter Rechtfertigungserfordernisse zugrunde. So war der Eingriff in die Intimsphäre nur unter wesentlich strengeren Voraussetzungen rechtmäßig als einer in lediglich die sie umgebende Privatsphäre.

Dieser Veränderung der Rechtsprechung ist auch gerade im Hinblick auf den Arbeitnehmerdatenschutz uneingeschränkt beizupflichten. Der Schutz der Intimsphäre am Arbeitsplatz ist nämlich ein eher peripheres Problem. Gefährdungspotentiale erheblichen Ausmaßes erwachsen demgegenüber aus der Registrierung der gewissermaßen »öffentlichen« Arbeitnehmersphäre durch automatische Erfassung oder Auswertung von Leistungs- oder Verhaltensdaten. Diese Informationen betreffen etwa die Kontaktfreude, die Aktivität oder Flexibilität des Mitarbeiters sowie die Qualität seines Arbeitsergebnisses. Sie wurden »schon immer« Vorgesetzten oder Kollegen preisgegeben. Nach herkömmlicher Sphärendogmatik wäre die Erhebung derartiger Daten allenfalls an der Peripherie der Schutzzonen des Persönlichkeitsrechtes angesiedelt. Damit wäre die Gefährdung des Persönlichkeitsrechtes durch automatische Datenverarbeitung nur unzulänglich erfaßt worden. Diese besteht in prinzipiell unbeschränkter Speicherkapazität des DV-Systems, jederzeitiger Verfüg- und Verknüpfbarkeit sowie multifunktionaler Verwendungsmöglichkeit der Daten. Die Richter haben aus diesem Befund nunmehr die richtige Konsequenz gezogen, grundrechtlichen Schutz unabhängig davon zu gestalten, welche personenbezogenen Daten berührt sind.

2.3 *Schranken der informationellen Selbstbestimmung*

Das Grundrecht auf informationelle Selbstbestimmung ist – wie alle Grundrechte – nicht schrankenlos gewährleistet. Das BVG hat die verfassungsrechtlichen Anforderungen, denen eine zulässige Einschränkung des Grundrechts auf informationelle Selbstbestimmung zu genügen hat, präzise umrissen. Die gesetzliche Eingriffsermächtigung muß dem rechtsstaatlichen Gebot der Normenklarheit entsprechen, d.h., aus der gesetzlichen Grundlage müssen sich Voraussetzungen und Umfang der Beschränkungen klar und für den Bürger erkennbar ergeben. Wie bei jeder grundrechtsbeschränkenden Regelung unterliegt der Gesetzgeber ferner dem Verhältnismäßigkeitsgebot. Die Regelung muß also geeignet, erforderlich und angemessen sein, um das gesetzgeberische Ziel, das unter Ausnutzung der Grundrechtsbeschränkung verfolgt wird, zu erreichen.

Angesichts der Gefährdungen durch die Nutzung der automatischen Datenverarbeitung hat der Gesetzgeber mehr als früher die Pflicht, organisatorische und verfahrensrechtliche Vorkehrungen zu treffen, welche der Gefahr einer Verletzung des Persönlichkeitsrechts entgegenwirken. Bei einem Zwang zur Abgabe personenbezogener Daten muß der Gesetzgeber den beabsichtigten Verwendungszweck bereichsspezifisch und präzise bestimmen. Die Sammlung personenbezogener Daten auf Vorrat zu noch nicht bestimmten Zwecken ist unzulässig. An diesen einmal gesetzlich definierten Zweck ist der Verwender gebunden. Eine nachträgliche Zweckänderung ist also ebenfalls unzulässig.

3. Konsequenzen des Volkszählungsurteils für den Arbeitnehmerdatenschutz

Die Bedeutung des Volkszählungsurteils für die Datenverarbeitung in der Privatwirtschaft wird in der Literatur unterschiedlich bewertet.

Einige Autoren betonen, die Aussagen der Verfassungsrichter hätten keine über das Verhältnis Staat-Bürger hinausreichende Konsequenzen,[18] während etwa *Simitis*[19] aus dem Urteil die Forderung nach präzisen, bereichsspezifischen Datenschutzbestimmungen auch für das Arbeitsrecht ableitet. Außer Streit steht, daß informationelle Selbstbestimmung im Sinne der mittelbaren Drittwirkung die Auslegung des geltenden Privatrechtes beeinflußt. Da aber eine korrigierende Auslegung bestehender Vorschriften nicht ausreicht, um die spezifisch arbeitsrechtlichen Datenschutzprobleme befriedigend zu lösen, ist darüber hinausgehend zu untersuchen, ob und welche Vorgaben für den Gesetzgeber bei der Novellierung des BDSG und anderer Bestimmungen zum Arbeitnehmerdatenschutz dem Volkszählungsurteil entnommen werden können.

3.1 Allgemein

Das Volkszählungsurteil betrifft in erster Linie die Grenzen staatlicher (also hoheitlicher) Befugnis zum Eingriff in das informationelle Selbstbestimmungsrecht des Bürgers. Arbeitnehmerdatenschutz aber ist ein Problem der Privatrechtsordnung, also der Rechtsverhältnisse der Bürger untereinander ohne Beteiligung des Staates. Die Sicherung menschlicher Freiheit wäre allerdings unvollkommen, wenn sie nicht um den Schutz gegen Freiheitsgefährdungen durch nichtstaatliche Mächte ergänzt werden würde.[20] Die Bedrohung des einzelnen durch die automatische Datenverarbeitung wird nämlich nicht dadurch geringer, daß nicht eine Behörde, sondern ein privates Unternehmen die personenbezogenen Daten verarbeitet. Dementsprechend legt bereits die Gleichartigkeit der Gefährdungen durch Datenverarbeitung im öffentlichen und im nichtöffentlichen Bereich ähnlich restriktive Regelungen nahe.[21] Dennoch ist eine schematische Übertragung der für hoheitliches Handeln im Volkszählungsurteil formulierten Grundsätze für die Zulässigkeit privater Informationsverarbeitung nicht sachgerecht, weil nicht übersehen werden darf, daß im Verhältnis Privater untereinander regelmäßig alle Beteiligten am Schutz der Grundrechte teilhaben, während dies im Verhältnis des Bürgers zum Staat nicht der Fall ist.

Das bedeutet, daß die informationelle Selbstbestimmung des Arbeitnehmers mit dem Recht des Arbeitgebers am eingerichteten und ausgeübten Gewerbebetrieb aus Art. 14 Abs. 1 GG kollidieren kann. Derartige Kollisionsfälle aufzulösen ist in erster Linie Aufgabe des Gesetzgebers als desjenigen Verfassungsorgans mit der größten demokratischen Legitimation. Die Verfassung enthält im allgemeinen keine eindeutigen Lösungen für Privatrechtskonflikte, vielmehr hat der Gesetzgeber eine Spannbreite, innerhalb derer er Regelungen treffen darf.

Aber: Bei Berücksichtigung widerstreitender Grundrechtspositionen darf im Arbeitsrecht nicht von der Fiktion gleichstarker Interessenkontrahenten ausgegangen werden. Hier ist die soziale Über- und Unterordnung als empirisches Faktum in der normativen Wertung zu berücksichtigen.[22] Dies bedeutet: Es gilt nicht eine Informationsbeschaffungs- und -verarbeitungsfreiheit des Arbeitgebers ausnahmsweise zugunsten informationeller Selbstbestimmung des Arbeitnehmers einzuschränken,[23] sondern der Arbeitnehmer ist vor übermäßiger und zweckwidriger Verarbeitung seiner personenbezogenen Daten zu schützen. Im Arbeitsverhältnis muß das Informationsverlangen des Arbeitgebers regelmäßig als eine zwangsweise Erhebung im Sinne des BVG-Urteils angesehen werden. Der Arbeitnehmer kann sich der Informationserwartung schwerlich entziehen, weil er auf Arbeitsplatz und Einkommen zur Sicherung seiner Existenz angewiesen ist. Hieraus ergibt sich für das Beschäftigungsverhältnis die Notwendigkeit einer bereichsspezifischen und präzisen Bestimmung der Verwendungszwecke der erhobenen Daten und des Schutzes vor Zweckentfremdung durch Weitergabe- und Verwertungsverbote sowie die Notwendigkeit der Beschränkung auf das zur Zweckerreichung erforderliche Datenminimum.[24] Im Grundsatz ist von informationeller Selbstbestimmung des Arbeitnehmers auszugehen. Die Einschränkung dieses Rechtes muß als Ausnahme begriffen werden. Eine solche Ausnahme ist auch im Arbeitsrecht nur zulässig, wenn das Prinzip der Verhältnismäßigkeit gewahrt ist. Diese Überlegungen bilden die Basis, um das geltende Datenschutzrecht für Arbeitnehmer kritisch zu überdenken und Novellierungsvorschläge zu entwickeln.

3.2 Das geltende Arbeitnehmerdatenschutzrecht

Arbeitnehmerdatenschutz ist in seiner individualrechtlichen Komponente in zwei Normenkomplexen geregelt. Dies sind das Arbeitsrecht und das BDSG, das im 3. und 4. Abschnitt Vorschriften für die Datenverarbeitung im nicht-öffentlichen Bereich und damit auch für das Arbeitsverhältnis enthält. Im Arbeitsrecht gibt es nur wenige Datenschutzbestimmungen. Eine solche ist § 83 BetrVG, welche das Einsichtsrecht des Arbeitnehmers in seine Personalakte, die wichtigste ihn betreffende Datensammlung, bestimmt.[25] Zu dem datenschutzrechtlich vorstrukturierten Bereich gehört ferner das Fragerecht des Arbeitgebers. Die in diesem Zusammenhang entwickelten Voraussetzungen zulässiger Datenerhebung sind allerdings nicht kodifiziert, sondern es handelt sich um Richterrecht. Damit sind die spezifischen, einigermaßen präzisen arbeitsrechtlichen Regelungen erschöpft.

Dies führt in der Praxis dazu, daß die Subsidiaritätsklausel des § 45 BDSG, nach welcher besondere Rechtsvorschriften den BDSG-Normen vorgeben, für das Arbeitsrecht keine praktische Bedeutung hat. Dort, wo die Tatbestandsvoraussetzungen des BDSG vorliegen, wird dieses Gesetz auch auf arbeitsrechtliche Sachverhalte angewandt.

3.3 Kritik am BDSG und Novellierungsvorschläge

Aufgrund des breiten Spektrums von unterschiedlichen Sachverhalten, die das BDSG im nicht-öffentlichen Bereich abdecken soll, ist dieses Gesetz nicht geeignet, eine spezifische Schutzfunktion für den Arbeitnehmer zu erfüllen.

Dazu einige Beispiele:

3.3.1 Einwilligung als Erlaubnistatbestand im Arbeitsrecht

Nach § 3 BDSG ist die Verarbeitung personenbezogener Daten, die von diesem Gesetz geschützt werden, nur zulässig, wenn

1. dieses Gesetz oder eine andere Rechtsvorschrift sie erlaubt oder
2. der Betroffene eingewilligt hat.

Für Arbeitnehmerdaten stellt der Erlaubnistatbestand der Einwilligung ein Paradoxon dar. Das Arbeitsrecht ist im Gegensatz zum sonstigen Privatrecht in der Regel zwingend. Die Parteien können also nicht durch Vereinbarung von der gesetzlichen Vorgabe abweichen. Dies beruht auf der Erfahrung, daß ein Schutzgesetz, welches abdingbar ist, seine Aufgabe nicht erfüllen könnte. Der ökonomisch oder sozial überlegene Partner würde erfahrungsgemäß seine Machtposition für einen rechtsgeschäftlichen Verzicht des Schwächeren einsetzen. Die Folge wäre ein Heer Schutzbedürftiger, das sich »freiwillig« des gesetzlichen Schutzes begeben hat. Diese Grundbedingung ist im Arbeitnehmerdatenschutzrecht ebenso wie im sonstigen Arbeitsrecht zu beachten. Deshalb ist die Einwilligung als ein Instrument, das jeglicher Informationsverarbeitung das Etikett der Rechtmäßigkeit verschafft, für arbeitsrechtliche Sachverhalte als Erlaubnistatbestand auszuschließen. Ob de lege lata eine teleologische Reduktion des § 3 Nr. 2 BDSG bei arbeitsrechtlichen Sachverhalten möglich ist, soll an dieser Stelle nicht erörtert werden. De lege ferenda ist der Gesetzgeber aufgefordert, die Verarbeitung personenbezogener Daten des Arbeitnehmers auch mit Einwilligung des Betroffenen nur zuzulassen, wenn dies zur Eingliederung, Durchführung oder Beendigung des Arbeitsverhältnisses erforderlich ist oder eine andere Bestimmung dies vorschreibt.

3.3.2 Zweckbindungsgrundsatz und »berechtigtes Interesse«

Nach § 23 BDSG ist das Speichern personenbezogener Daten zulässig, soweit es zur Wahrung berechtigter Interessen der speichernden Stelle erforderlich ist und kein Grund zu Annahme besteht, daß dadurch schutzwürdige Belange des Betroffenen beeinträchtigt werden. § 24 BDSG enthält eine fast wortgleiche Regelung für die Übermittlung. Nach beiden Vorschriften können also »berechtigte Interessen« die Verarbeitung legitimieren. Außerdem sind Speicherung und Übermittlung im Rahmen der Zweckbestimmung eines Vertragsverhältnisses oder vertragsähnlichen Vertrauensverhältnisses zulässig. »Berechtigte Interessen« erlangen im Arbeitsrecht folglich dort eigenständige Bedeutung, wo die Speicherung und Übermittlung von Arbeitnehmerdaten außerhalb der Zweckbestimmung des Arbeitsvertragsverhältnisses liegen.

Diese Klausel genügt den Anforderungen an Zweckbindung und Normenklarheit nicht. Aus der Volkszählungsentscheidung geht hervor, daß der Gesetzgeber verpflichtet ist, dem Bürger mit Hilfe klarer Normen die Grenzen zulässiger Informationsverarbeitung aufzuzeigen und die zulässigen Verarbeitungszwecke im voraus zu definieren. Dies kann natürlich nicht bis in das Detail gelingen. Denn die Verarbeitungsmodalitäten sind dazu zu vielfältig. Aber: »Berechtigte Interessen« der speichernden oder übermittelnden Stelle, fernab vom Zweck des Arbeitsverhältnisses, lassen keinerlei Zweckbindung erkennen. Der Arbeitnehmer kann bei Abgabe seiner Daten keine Vorstellung darüber entwickeln, welche seiner Daten wann und weshalb gespeichert oder übermittelt werden. Berücksichtigt man ferner, daß die Einwilligung jedenfalls im Arbeitsrecht als Erlaubnistatbestand keinen Platz hat, so ergibt sich folgende Forderung an den Gesetzgeber:

Erhebung, Speicherung, Auswertung und Übermittlung von Arbeitnehmerdaten sind auf die Fälle gesetzlicher Verarbeitungspflichten und der Durchführung der Arbeits- bzw. Dienstverhältnisse zu beschränken.[26] Diese Formulierung bringt die Zweckbindung klar zum Ausdruck. Sie ist dennoch recht allgemein, weil sich präzisere Feststellungen erst vor dem Hintergrund der jeweiligen Arbeitssituation treffen lassen. Hier könnten und sollten die notwendigen Detailbestimmungen mit Hilfe von Betriebsvereinbarungen erfolgen. Generell sollten aber Angaben zu politischen, religiösen oder weltanschaulichen Einstellungen nicht gespeichert werden. Ausnahmen könnten allenfalls für Tendenzbetriebe gelten, und auch dort lediglich soweit, wie dies zur Abwicklung des Arbeitsverhältnisses notwendig ist. Als unzulässig sollte ferner die Herstellung eines Persönlichkeitsprofiles festgeschrieben werden, ohne daß an dieser Stelle der Begriff näher umschrieben werden kann.[27] Auch insoweit muß die erforderliche Konkretisierung der Betriebsvereinbarung vorbehalten bleiben. Erst in Kenntnis der speziellen Arbeitssituation kann festgestellt werden, welche Datensätze und -auswertungen unverzichtbar, vertretbar oder unzulässig sind. Ein Blick in bereits abgeschlossene Betriebsvereinbarungen und in gewerkschaftliche Mustervereinbarungen zeigt, daß intensiv versucht wird, hier detaillierte Verarbeitungszwecke, verschiedene Verarbeitungsziele aufzuzählen und mit einem Zweckentfremdungsverbot zu verbinden. Diese Bemühungen sind richtungsweisend.

3.3.3 Sperrung nach § 27 Abs. 2, Satz 2 BDSG

Kritikwürdig ist auch die Regelung des § 27 Abs. 2 Satz 2 BDSG. Danach sind personenbezogene Daten zu sperren, wenn ihre Kenntnis für die Erfüllung des Zwecks der Speicherung nicht mehr erforderlich ist. Bedenklich ist, daß keine Löschungspflicht, sondern nur ein Verbot der Weiterverarbeitung besteht. Dies kommt der vom Bundesverfassungsgericht verbotenen Datensammlung auf Vorrat für noch nicht bestimmte Zwecke gefährlich nahe. Das BDSG macht nämlich in § 27 Abs. 2 Satz 2 i.V.m. § 14 Abs. 2 Satz 3 vom Weiterverarbeitungsverbot eine Ausnahme, wenn für übergeordnete Interessen der speichernden Stelle oder eines Dritten die Nutzung unerläßlich ist. Dies ist jedenfalls für das Arbeitsrecht nicht akzeptabel.

Der Gesetzgeber hat in § 84 SGB X und auch in § 15 III HmbDSG bereits den richtigen Weg gezeigt. Dort heißt es, personenbezogene Daten sind zu löschen, wenn ihre Kenntnis für die speichernde Stelle zur Erfüllung der in ihrer Zuständigkeit liegenden Aufgaben nicht mehr erforderlich ist und kein Grund zu der Annahme besteht, daß durch die Löschung schutzwürdige Belange des Betroffenen beeinträchtigt werden. Dieser Rechtsgedanke ist auf den Arbeitnehmerdatenschutz zu übertragen, d. h. Arbeitnehmerdaten sind zu löschen, wenn ihre Kenntnis zur Erfüllung einer gesetzlichen Aufgabe oder zur Abwicklung des Arbeitsverhältnisses nicht mehr erforderlich ist und nicht – ausnahmsweise – schutzwürdige Belange des Arbeitnehmers entgegenstehen.[28]

3.3.4 Auskunftsanspruch nach § 26 Abs. 2 BDSG

Nach §§ 26 Abs. 2, 34 Abs. 2 BDSG kann ein Betroffener Auskunft über die zu seiner Person gespeicherten Daten verlangen. Bei automatisierter Verarbeitung kann der Betroffene Auskunft auch über die Personen und Stellen verlangen, an die seine Daten regelmäßig übermittelt werden. Diese Vorschriften sind unbefriedigend, zumal sie von der Rechtsprechung sehr restriktiv ausgelegt worden sind.[29] Für das Arbeitsverhältnis ist § 26 Abs. 2 gänzlich ungenügend. Der Arbeitgeber hält schon aufgrund seiner gesetzlichen Melde- und Auskunftspflichten eine Fülle von Arbeitnehmerdaten vor. Dem Arbeitnehmer ist daher mit der Information, daß diese Daten gespeichert werden, nur unzureichend gedient. Für ihn ist vor allen Dingen interessant, welche Auswertungen vorgenommen werden. Seine Handlungsfreiheit wird empfindlich dadurch beeinträchtigt, daß durch Datenverknüpfung und -selektion, durch Variation des Kontextzusammenhanges einmal erhobener Daten ein Persönlichkeitsprofil herstellbar ist. Deshalb ist der Auskunftsanspruch des Arbeitnehmers über § 26 Abs. 2

BDSG hinaus auszudehnen auf alle (nicht nur die regelmäßigen) Datenempfänger sowie auf die Auswertungsprogramme bzw. Einzelauswertungen, in die seine Daten einbezogen sind. Die Auskunftseinschränkungen nach Nrn. 4 und 5 von § 26 Abs. 4 BDSG (bei Daten aus allgemein zugänglichen Quellen und bei gesperrten Daten) müssen entfallen.[30]

3.3.5 Anwendungsvoraussetzungen des BDSG

Das BDSG schützt ausschließlich personenbezogene Daten, welche in einer Datei verarbeitet werden. Eine Datei ist nach der Legaldefinition in § 2 Abs. 3 Ziff. 3 BDSG eine gleichartig aufgebaute Sammlung von Daten, die nach bestimmten Merkmalen erfaßt und geordnet, nach anderen bestimmten Merkmalen umgeordnet und ausgewertet werden kann. Akten und Aktensammlungen fallen nur dann unter das BDSG, wenn sie durch automatisierte Verfahren umgeordnet und ausgewertet werden können. Hier erweist sich das Gesetz als zu eng. Auskunfts-, Berechtigungs-, Sperrungs- oder Löschungsansprüche sind auch dann zuzugestehen, wenn personenbezogene Daten außerhalb einer Datei aufbewahrt werden. Die Notwendigkeit einer solchen gesetzlichen Ergänzung hat das BAG jüngst aus dem Recht auf informationelle Selbstbestimmung des einzelnen geschlossen.[31] Eine unter diesem Gesichtspunkt vorgenommene (verfassungskonforme) Auslegung des § 1004 BGB ergab eine Verpflichtung des Arbeitgebers, Daten, die anläßlich einer Bewerbung auf einem Bewerbungsbogen erhoben worden sind, bei erfolgloser Bewerbung zu löschen. Diese begrüßenswerte Rechtsprechung vermag eine klare gesetzliche Vorgabe jedoch nicht zu ersetzen.

Die Vorschriften des BDSG betreffen ferner nur bestimmte Verarbeitungsphasen, und zwar das Speichern, Übermitteln, Verändern und Löschen. Erhebung, Verwendung und Auswertung sind vom BDSG nicht erfaßt.

Die Beschränkung auf die im Gesetz genannten Verarbeitungsphasen ist ebenfalls nicht sachgerecht. Gerade die riskanteste Phase in der Datenverarbeitung – nämlich die Verknüpfung unterschiedlicher Datenbestände – ist nirgends geregelt. Folglich steht dem einzelnen gegen die Verknüpfung etwa von Betriebsdaten, die durch kontinuierliche Speicherung von Produktionsabläufen gewonnen werden, mit seinen Personaldaten aus der Verwaltung weder ein Auskunfts- noch ein Abwehrrecht zur Seite. Auch der bisherige Regelungsverzicht für die Phase der Datenerhebung stellt den Arbeitnehmer weitgehend schutzlos. Zwar hat im Laufe der Zeit eine umfangreiche und detaillierte Judikatur der Arbeitsgerichte die Informationserhebung richterrechtlich begrenzt. Danach kann ein Arbeitnehmer sanktionslos Fragen nicht oder falsch beantworten, die in keinem sachlichen Zusammenhang zum Arbeitsverhältnis stehen. Diese Rechtsprechung wirkt jedoch nur zugunsten des arbeitsrechtlich kundigen Arbeitnehmers, der weiß, daß er bestimmte Fragen falsch beantworten darf. Solange jedoch der Gesetzgeber nicht klargestellt hat, welche Auskünfte gegeben werden müssen – und vor allem welche nicht –, steht der »normale« Arbeitnehmer dem Informationsverlangen des Arbeitgebers hilflos gegenüber. Deshalb ist es unerläßlich, die von der Rechtsprechung herausgearbeiteten Konturen gesetzlich nachzuziehen.

3.4 Informationelle Selbstbestimmung und das kollektive Arbeitsrecht am Beispiel des § 87 Abs. 1 Nr. 6 BetrVG

Im Bereich der Arbeitsbeziehungen kann die Sicherung und Durchsetzung von Grundrechten des Arbeitnehmers nicht ausschließlich individuell erfolgen. Um Abhängigkeit und Fremdbestimmung des einzelnen Beschäftigten und die daraus resultierende Möglichkeit der Beeinträchtigung seines Selbstbestimmungsrechtes jedenfalls teilweise zu kompensieren, bedarf es wirksamer Beteiligungs- und Kontrollrechte der Betriebs- und Personalräte.

Eine zentrale Norm in der Auseinandersetzung um Mitbestimmung des Betriebsrates bei der automatisierten Verarbeitung von Arbeitnehmerdaten ist § 87 Abs. 1 Nr. 6 BetrVG. Danach hat der Betriebsrat ein Mitbestimmungsrecht bei der Einführung und Anwendung von technischen Einrichtungen, die bestimmt sind, das Verhalten oder die Leistung der Arbeitnehmer zu überwachen.

Das Volkszählungsurteil des BVG hat der Auslegung dieser Norm entscheidende Impulse gegeben. Die im BVG-Urteil aufgezeigten Gefahren für das Grundrecht auf informationelle Selbstbestimmung durch automatische Datenverarbeitung haben das BAG am 14. 9. 1984 veranlaßt, nunmehr auch die automatische Auswertung von Leistungsdaten, die zuvor manuell erhoben worden sind, der Mitbestimmung nach § 87 Abs. 1 Nr. 6 BetrVG zu unterstellen.[32] Damit hat sich das Gericht gegen die Ansicht gewandt, welche die automatische Erfassung der Daten (z. B. mittels einer Kamera) zur notwendigen Voraussetzung einer Mitbestimmung erklärte. Dieser Beschluß stellt folglich auch eine bedeutende Weiche für die Beurteilung der Mitbestimmungspflicht von Personaldaten- und -informationssystemen. Durch Urteil vom 11. 3. 1986 hat das BAG entschieden,[33] daß bei der Einführung eines Personalinformationssystems, das Datenabläufe über Erkrankungen und unentschuldigte Fehlzeiten erstellt, ein Mitbestimmungsrecht des Betriebsrates besteht und daß der Betriebsrat bei allen Folgemaßnahmen beteiligt werden muß, damit aus den gewonnenen Erkenntnissen keine unkontrollierbaren Folgerungen gezogen werden.

Ein gewisser Zuwachs an Klarheit ist dadurch erreicht, daß das BAG das ungeschriebene Tatbestandsmerkmal »unmittelbarer« Eignung der technischen Einrichtung zur Überwachung im Beschluß vom 14. 9. 1984 nicht mehr aufgegriffen hat. Dieses Unmittelbarkeitskriterium hat in der Vergangenheit zu erheblicher Rechtsunsicherheit geführt. Es war aufgrund seiner Vagheit nicht in der Lage, die Grenze zwischen Mitbestimmungspflicht und -freiheit präzise zu markieren.[34] Es bleibt zu hoffen, daß es höchstrichterlich endgültig verabschiedet ist.

Schwierigkeiten wird auch in Zukunft die Frage danach bereiten, wann eine DV-Anlage objektiv zur Überwachung geeignet ist. Dies soll nach Ansicht des Gerichts anhand der konkret verwendeten Software beurteilt werden. Bei Zugrundelegung dieser Rechtsprechung ist also jeweils zu prüfen, ob »Überwachungsprogramme« auf der Anlage installiert sind oder nicht. Hier wird es sicherlich zu unterschiedlichen Einschätzungen kommen. Das BAG will in diesem Punkt danach entscheiden, ob Leistungs- oder Verhaltensdaten verarbeitet werden. (Das Mitbestimmungsrecht des Betriebsrats nach § 87 Abs. 1 Nr. 6 BetrVG greift ja nur im Fall einer Verhaltens- oder Leistungsüberwachung ein.) Welche personenbezogenen Daten Leistungs- oder Verhaltensdaten sind und welche dagegen nicht, ist jedoch auch nach dem Beschluß vom 14. 9. 1984 noch eine offene Frage. Zur Beantwortung dieser Frage bestand allerdings auch kein Anlaß, weil dem Gericht ein Sachverhalt vorlag, in dem tätigkeitsbezogene Daten, z. B. Dauer, Art und Anzahl von Arbeitsvorgängen, ausgewertet wurden. Solche Daten sind nach einhelliger Ansicht Leistungsdaten.[35] In bezug auf Personalinformationssysteme ist problematisch, ob die sogenannten Personalstammdaten, die keinen konkreten Tätigkeitsbezug aufweisen,

Leistungs- oder Verhaltensdaten sind. Für Abrechnungssysteme spitzt sich die Fragestellung darauf zu, ob sogar die zur Lohn- und Gehaltsabrechnung erforderlichen Grunddaten, wie z. B. Name, Wohnort, Religionszugehörigkeit, Familienstand, Kinderzahl, Krankenkasse, vermögenswirksame Leistungen, Eintrittsdatum, Zulagen, Art der Tätigkeit u.a.m. dazugehören.

Nach dem Wortlaut des § 87 Abs. 1 Nr. 6 BetrVG kommt es nicht darauf an, ob schon das einzelne Datum einen Leistungs- oder Verhaltensbezug aufweist. Es genügt vielmehr, daß eine bestimmte Datenverknüpfung einen solchen Rückschluß zuläßt. Dies ermöglichen aber auch Verknüpfungen von Abrechnungsdaten. Ein Beispiel: Ein Arbeitnehmer ist in relativ kurzer Zeit in der Lohngruppenhierarchie mehrfach aufgestiegen. Dann erlaubt die Historie seines Abrechnungsdatums »Lohngruppe« auf die Qualität und Quantität seiner Arbeitsergebnisse zu schließen. Wenn jedoch die Verknüpfung an sich »harmloser« Daten den Leistungsbezug herstellt, erscheint die Unterscheidung zwischen Leistungs- oder Verhaltensdaten und anderen Personaldaten fragwürdig, wenn nicht sogar überholt. Unter den Bedingungen automatisierter Auswertung sind deshalb auch die zur Lohn- und Gehaltsabrechnung erforderlichen Grunddaten als Leistungs- oder Verhaltensdaten zu qualifizieren.[36]

Gleichwohl ist einzuräumen, daß der jetzige § 87 Abs. 1 Nr. 6 BetrVG auch unter Zugrundelegung der neuen Rechtsprechung eine Auslegung zuläßt, welche im Ergebnis die Mitbestimmung bei Personaldatensystemen verneint. Deshalb ist es erforderlich, daß der Gesetzgeber klare Festlegungen im BetrVG trifft. Damit sollte der Streit, ob einfache Personaldatensysteme bereits der Mitbestimmung unterliegen, beendet werden. Eine entsprechende Regelung im § 87 BetrVG müßte eine klare Trennung zwischen Personaldatensystemen, deren Einsatz stets der Mitbestimmung zu unterstellen ist, und sonstigen technischen Überwachungseinrichtungen zum Ausdruck bringen. In Anlehnung an neue Regelungen im hessischen und nordrhein-westfälischen Personalvertretungsgesetz könnte die Formulierung lauten:

Der Betriebsrat hat mitzubestimmen bei:

Einführung, Anwendung, wesentlicher Änderung oder Erweiterung

– von Dateien und Anlagen zur automatisierten Verarbeitung personenbezogener Daten der Arbeitnehmer,

– von sonstigen technischen Einrichtungen, soweit diese dazu geeignet sind, das Verhalten oder die Leistung der Arbeitnehmer zu überwachen.

4. Forderungen an den Gesetzgeber

Zu dem Themenbereich des Arbeitnehmerdatenschutzes hat die Bundesregierung in einer vom Bundesminister für Arbeit und Sozialordnung erarbeiteten Stellungnahme vom 30.4.1985 gegenüber dem Bundestagsinnenausschuß folgende Aussagen gemacht:

– Bei der Anwendung des geltenden Rechts ergeben sich in Einzelfragen Probleme, zu deren Lösung eine bereichsspezifische Regelung des Arbeitnehmerdatenschutzes beitragen könnte;

– die vielfältigen Einsatzmöglichkeiten von Personalinformationssystemen führen je nach Ausgestaltung im Einzelfall zu Gefährdungen des informationellen Selbstbestimmungsrechts der Arbeitnehmer, denen durch gesetzliche Regelungen insbesondere zum Schutz der Zweckbindung und der Transparenz von Arbeitnehmerdaten entgegengewirkt werden könnte;

– darüber hinaus wäre dann auch eine gesetzliche Klarstellung und Ergänzung der bisherigen Rechtsprechung zum Fragerecht des Arbeitgebers, zur Zulässigkeit von Anstellungsuntersuchungen und psychologischen Tests, zum Zeugnisrecht und zur Erteilung von Auskünften an Dritte sinnvoll;

– gesetzliche Regelungen zum Schutz von Arbeitnehmerdaten könnten sich jedoch nicht auf Regelungen im Bereich des Individualarbeitsrechts beschränken;

– ein geschlossenes Konzept zur Gewährleistung eines wirksamen Datenschutzes für Arbeitnehmer bedürfte der Ergänzung durch effektive Kontrollinstanzen.

– Im Hinblick auf eine solche gesetzliche Regelung ist das grundlegende Urteil des Bundesverfassungsgerichts vom 15.12.1983 zu berücksichtigen.

Dem allem stimmen wir zu und halten es wie die Bundesregierung für notwendig, daß der Schutz von Arbeitnehmerdaten durch bereichsspezifische und präzise gesetzliche Bestimmungen geregelt wird. Anders als die Bundesregierung sind wir aber der Auffassung, daß der Auftrag des Volkszählungsurteils es gebietet, diese Regelungen unverzüglich zu schaffen. Wir können uns nicht länger damit begnügen,

– daß bereits nach geltendem Recht Arbeitnehmerdaten nur in gewissem Umfang geschützt sind,

– und daß allein künftige arbeitsgerichtliche Entscheidungen die Grundsätze des Volkszählungsurteils beachten und im Wege der verfassungskonformen Auslegung arbeits- und datenschutzrechtlicher Normen dem Datenschutz im Arbeitsrecht einen höheren Rang als bisher verschaffen werden.

Dabei halten wir es für eine Frage von sekundärer Bedeutung, in welches Gesetz Regelungen zur Verbesserung des Arbeitnehmerdatenschutzes aufgenommen werden. Angesichts des Fehlens eines Arbeitsgesetzbuches erscheint es uns aber nicht sachfremd, wenn

– individualrechtliche Regelungen ins BDSG (oder dienstrechtliche Regelungen ins Beamtenrecht) und

– kollektivrechtliche Regelungen ins Betriebsverfassungsgesetz und die Personalvertretungsgesetze

übernommen werden.

Ausgehend von den Entwürfen für eine Novellierung des Bundesdatenschutzgesetzes, die die SPD-Fraktion im Bundestag (BT-Drucks. 10/1180) und die SPD-regierten Länder im Bundesrat (BR-Drucks. 121/86) eingebracht haben, könnte die Datenverarbeitung im Rahmen des Arbeitsverhältnisses wie folgt geregelt werden:

– Der Arbeitgeber darf personenbezogene Daten des Arbeitnehmers vor Abschluß des Arbeitsvertrages oder im Rahmen eines bestehenden Arbeitsvertrages abweichend von §§ 23 und 24 BDSG nur erheben, verarbeiten oder sonst nutzen, soweit dies zur Eingehung, Durchführung, Beendigung oder Abwicklung des Arbeitsverhältnisses erforderlich ist oder eine andere Rechtsvorschrift dies vorschreibt. Der Arbeitgeber darf vom Arbeitnehmer die Einwilligung für eine darüber hinausgehende Datenverarbeitung nicht verlangen. Wenn ein Personalfragebogen (§ 94 Abs. 1 Betriebsverfassungsgesetz) verwendet wird, so beschränkt sich die Datenerhebung auf die darin enthaltenen Fragen; gleiches gilt für persönliche Angaben in schriftlichen Arbeitsverträgen, die allgemein für den Betrieb verwendt werden (§ 94 Abs. 2 Betriebsverfassungsgesetz).

– Der Arbeitgeber darf beim Arbeitnehmer vor Abschluß des Arbeitsvertrages Daten über berufliche und fachliche Kenntnisse, Erfahrungen und Fähigkeiten erheben. Sonstige Daten, insbesondere hinsichtlich persönlicher und wirtschaftlicher Verhältnisse darf der Arbeitgeber nur erheben, soweit die zu besetzende Arbeitsstelle oder die zu leistende Arbeit dies erfordert.

– Die Erhebung medizinischer Daten bei ärztlichen Untersuchungen des Arbeitnehmers vor Abschluß des Arbeitsvertrages ist nur zulässig, soweit dadurch seine Eignung für die von ihm zu leistende Arbeit festgestellt wird und er vorher sein Einverständnis zu Art und Umfang der Datenerhebung erteilt hat. Der untersuchende Arzt darf dem Arbeitgeber i. d. R. nur das Ergebnis der Eignungsuntersuchung mitteilen.

– Die Erhebung psychologischer Daten ist nur zulässig, soweit sie wegen besonderer Anforderungen an den Arbeitnehmer im Hinblick auf die von ihm zu leistende Arbeit erforderlich sind, vorhandene Bewerbungsunterlagen zur Beurteilung nicht bereits ausreichen, der Arbeitnehmer zuvor über Art und Umfang der Datenerhebung informiert wurde und sein Einverständnis hierzu erklärt hat. Daten im Zusammenhang mit psychologischen Tests dürfen nur von Psychologen mit staatlich anerkannter wissenschaftlicher Abschlußprüfung erhoben werden; sie sind nach Feststellung des Ergebnisses unverzüglich zu sperren.

– Die Ergebnisse medizinischer und psychologischer Untersuchungen des Arbeitnehmers dürfen nur automatisiert verarbeitet werden, wenn dies dem Schutz des Arbeitnehmers dient. Arbeitsrechtliche Beurteilungen dürfen nicht allein auf Informationen gestützt werden, die unmittelbar durch automatisierte Datenverarbeitung gewonnen werden.

– Personenbezogene Daten, die vor Abschluß des Arbeitsvertrages erhoben worden sind, sind unverzüglich zu löschen, sobald feststeht, daß ein Arbeitsvertrag nicht zustandekommt oder soweit sie im Falle eines Vertragsabschlusses für den Arbeitgeber nicht mehr erforderlich sind. Nach Beendigung des Arbeitsverhältnisses kann der Arbeitnehmer beantragen, daß diese Daten gelöscht werden, sobald feststeht, daß sie für die Abwicklung des Arbeitsverhältnisses nicht mehr benötigt werden und Rechtsvorschriften nicht entgegenstehen.

– Personenbezogene Daten, die im Rahmen der Durchführung von technischen und organisatorischen Maßnahmen gem. § 6 Abs. 1 Satz 1 BDSG und der Anlage dazu gespeichert werden, dürfen nicht zu anderen Zwecken verarbeitet oder sonst genutzt werden.

In einer weiteren Vorschrift, die die Rechte der Arbeitnehmer zu sichern hätte, ist der Auskunftsanspruch des Arbeitnehmers über § 26 Abs. 2 BDSG hinaus auszudehnen auf alle, nicht nur die regelmäßigen Datenempfänger, sowie auf die Auswertungsprogramme bzw. Einzelauswertungen, in die seine Daten einbezogen sind. Die Auskunftsbeschränkungen nach § 26 Abs. 4 Nrn. 4 und 5 BDSG (bei Daten aus allgemein zugänglichen Quellen und bei gesperrten Daten) müssen entfallen.

Über die bisherigen Regelungen hinaus und in Anlehnung an die neugefaßten Mitbestimmungsregelungen in den Personalvertretungsgesetzen einiger Bundesländer müssen die Betriebs- und Personalräte ein eindeutiges Mitbestimmungsrecht haben bei der Einführung und Anwendung sowie bei wesentlicher Änderung und Erweiterung von Dateien mit personenbezogenen Daten der Arbeitnehmer und von Anlagen zur automatisierten Verarbeitung personenbezogener Daten der Beschäftigten und von sonstigen technischen Einrichtungen, soweit diese dazu geeignet sind, das Verhalten oder die Leistung der Beschäftigten zu überwachen.

Schließlich trägt es zur Verbesserung des Datenschutzes auch für die Arbeitnehmer (wie für alle anderen Betroffenen) bei, wenn die Stellung des betrieblichen Datenschutzbeauftragten (bDSB) gestärkt und die Befugnisse der Aufsichtsbehörde erweitert werden.

Der betriebliche Datenschutzbeauftragte (bDSB) sollte zur Stärkung seiner Unabhängigkeit einen verbesserten Kündigungsschutz erhalten, etwa in der Weise, daß die Kündigung seines Arbeitsverhältnisses bis zu einem Jahr nach Beendigung seiner Aufgaben nur aus wichtigem Grund (§ 626 BGB) zulässig wäre. Ferner sollte das Vertrauensverhältnis zwischen bDSB und Betriebsrat gestärkt werden. Dies könnte dadurch erreicht werden, daß Bestellung und Abberufung des bDSB an die Zustimmung des Betriebsrates geknüpft werden und eine gesetzliche Verpflichtung zur engen Zusammenarbeit zwischen bDSB und Betriebsrat mit gegenseitigen Informationspflichten eingeführt wird.

Darüber hinaus sollte gesetzlich festgelegt werden, daß der bDSB sich ständig über die Entwicklung neuer Datenverarbeitungsanwendungen und die technischen und organisatorischen Veränderungen in der Datenverarbeitung zu informieren und gegenüber allen Beteiligten beratend mitzuwirken hat. Sinnvoll wäre schließlich die Einführung einer Pflicht zur Berichterstattung über seine Tätigkeit.

Im 3. Abschnitt des BDSG sollte die Aufsichtsbehörde nicht nur auf die Beschwerde des Betroffenen hin, sondern immer dann tätig werden können, wenn Anhaltspunkte dafür vorliegen, daß gegen eine Vorschrift des BDSG oder eine andere Vorschrift über den Datenschutz verstoßen worden ist. Die Aufsichtsbehörde sollte die Betroffenen über eine unzulässige Verarbeitung ihrer Daten unterrichten dürfen.

Weiter ist unbefriedigend, daß die Aufsichtsbehörden über keine Instrumente verfügen, um festgestellte Mißstände zu beseitigen. Zu einem wirksamen Datenschutz gehört auch, daß die Aufsichtsbehörden über ihre jetzigen Befugnisse hinaus (Zutritts- und Auskunftsrechte, Möglichkeit zur Äußerung von unverbindlichen Rechtsansichten) Anordnungs- und Untersagungsbefugnisse erhalten. Im einzelnen sollten dies folgende Befugnisse sein:

- Maßnahmen zum Vollzug des § 6 BDSG (technische Maßnahmen zur Datensicherung) anzuordnen;
- den Einsatz einzelner Verfahren zu verbieten, soweit durch solche Anordnungen ausreichender Datenschutz sonst nicht zu bewirken ist;
- einen betrieblichen Beauftragten für den Datenschutz abzuberufen, wenn dieser seine Aufgaben nicht wahrnimmt oder erhebliche Mängel bei der Aufgabenwahrnehmung festgestellt werden.

Schließlich liegt es im Interesse von Öffentlichkeit, Parlamenten und Regierungen, daß die Aufsichtsbehörden über die Datenverarbeitung im nicht-öffentlichen Bereich regelmäßig berichten.

Anmerkungen

1 BVerfGE 65, 1 = NJW 1984, S. 419.

2 Beispiele entnommen aus: *Klotz/Degenhardt* (Hrsg.), Personalinformationssysteme, 1984, S. 12, sowie *Klebe/Schumann*, Die Rechte des Betriebsrates bei der Einführung und Anwendung von Personalinformationssystemen, in: ArbuR 1983, S. 40.

3 Ausführlich dazu *Simitis*, Schutz von Arbeitnehmerdaten, Humanisierung des Arbeitslebens, Band 31, Bonn 1980.

4 *Hentschel/Goldenbohm/Laicher*, Auskunfts-, Bescheinigungs- und Meldevorschriften im Personalwesen, 2. Aufl. 1983.

5 *Kilian/Taeger*, Gegenwärtiger Stand der Melde- und Auskunftspflichten des Arbeitgebers, BB 1984, Beilage 12.
6 Ausführlich dazu *Simitis*, a.a.O. (Anm. 3), S. 4.
7 *Linnenkohl*, Informationsrecht und Arbeitnehmerdatenschutz, ArbuR 1984, S. 129; *Steinmüller*, Informationsrecht – das Arbeitsrecht der zweiten industriellen Revolution?, DVR 1982, S. 170.
8 BVerfG, a.a.O. (Anm. 1).
9 BAG in: Der Betrieb 1985, S. 2513 = NJW 1985, S. 450.
10 So auch *Heußner*, Das informationelle Selbstbestimmungsrecht in der Rechtsprechung des Bundesverfassungsgerichts, SGb 1984, S. 279; *ders.* in diesem Band; *Krause*, Das Recht auf Informationelle Selbstbestimmung, JuS 1984, S. 268; *Simitis*, Die informationelle Selbstbestimmung – Grundbedingung einer verfassungskonformen Informationsordnung, NJW 1984, S. 398.
11 BVerfGE 27, 1, (6).
12 BVerfGE 27, 344 (350); 34, 205, (208).
13 BVerfGE 35, 202 (220).
14 BVerfGE 54, 138 (153).
15 BVerfGE 56, 37 (48).
16 *Mallmann*, Datenschutz in Verwaltungsinformationssystemen, 1976, S. 47ff.
17 So auch *Mückenberger*, Datenschutz als Verfassungsgebot, KJ 1984, S. 1 (13).
18 *Krause*, a.a.O., Anm. 10, 269; *Wente*, Informationelles Selbstbestimmungsrecht und absolute Drittwirkung der Grundrechte, NJW 1984, S. 1446 (1447).
19 *Simitis*, a.a.O. (Anm. 10) S. 401.
20 *Hesse* in: Benda/Maihofer/Vogel, Handbuch des Verfassungsrechts 1983, S. 79ff. (102).
21 *Simitis*, a.a.O. (Anm. 10), S. 401.
22 *Hesse*, Grundzüge des Verfassungsrechts der Bundesrepublik Deutschland, 13. Aufl. 1982, Rdnr. 357.
23 So aber *Zöllner*, Daten und Informationsschutz im Arbeitsverhältnis, 2. Aufl. 1986, S. 23ff.
24 So auch die Entschließung der Konferenz der Datenschutzbeauftragten des Bundes und der Länder vom 27. 3. 1984 in: Datenschutzberater 6/1984, S. 7ff. (11), = DÖV 1984, S. 504–510.
25 Dazu jetzt *Linnenkohl/Töfflinger*, Personalakte und Inhaltskontrolle durch den Arbeitnehmer, in: ArbuR 1986, S. 199–208, sowie BAG vom 27. 11. 1985, in: ArbuR 1986, S. 222–224 (Entfernung einer Abmahnung aus der Personalakte).
26 So auch die Entschließung a.a.O. (Anm. 24).
27 Vgl. *Denninger* (in diesem Band) zum absoluten und relativen Persönlichkeitsprofil.

28 So auch die Entschließung, a. a. O. (Anm. 24).

29 So hat der BGH im Urteil vom 15. 12. 1983 – III ZR 187/82 –, NJW 1984, S. 1887, ausgesprochen, das bloße Bereithalten zum Abruf sei keine »regelmäßige Übermittlung«. Ein Auskunftsanspruch über die Empfänger bestünde folglich nicht. Kritisch dazu *Ringwald,* Das unverstandene Phänomen: Der Datenabruf, NJW 1984, S. 2397; einen Anspruch auf Auskunft über den Empfänger von Daten nach § 34 Abs. 2 Satz 1 bei manueller Datenverarbeitung hat der BGH abgelehnt im Urteil vom 19. 5. 1981 – VIZR 273/79 – in NJW 1981, S. 1738.

30 So auch die Entschließung a. a. O. (Anm. 24).

31 BAG vom 6. 6. 1984 – 5 AZR 286/81 – in: Neue Zeitschrift für Arbeitsrecht (NZA) 1984, S. 331.

32 BAG, Urteil vom 14. 9. 1984 – 1 ABR 23/82 in: DB 1984, S. 2513 = NJW 1985, S. 450; vgl. dazu auch *Klebe,* Mitbestimmung bei technischer Überwachung, NZA 1985, S. 44; *Simitis,* Mitbestimmung als Regulativ einer technisierten Kontrolle von Arbeitnehmern, NJW 1985, S. 401; Anm. *Kilian* zu BAG a. a. O. in: NJW 1985, S. 453.

33 BAG v. 11. 3. 1986, in: ArbuR 1986, S. 155 = BB 1986, S. 1292; dazu auch *Linnenkohl* in diesem Band.

34 Ablehnend u. a. LAG Frankfurt, Beschluß vom 1. 9. 1983, 4 TaBV 9/83, DB 1984, S. 459, m. w. Nw.

35 *Zöllner,* a. a. O. (Anm. 23), J III 3; *Schwarz,* Arbeitnehmerüberwachung und Mitbestimmung, 1982, S. 105.

36 So auch *Klebe,* Mitbestimmung bei technischer Überwachung, NZA 1985, S. 44 ff. (47).

Karl Linnenkohl
Technologische Entwicklung und Arbeitnehmerdaten

Neben Eigentum und Besitz an Produktionsmitteln wird die Macht des Arbeitgebers in zunehmendem Maße durch seine *Verfügungsgewalt über Informationen des »abgebildeten« Arbeitnehmers* begründet. Dies ist ein arbeitsrechtlich bedeutsames Merkmal der »Informationsgesellschaft«. Es stellt eine Herausforderung an das neue Arbeitsrecht – das »Informationsrecht« – dar.[1] Dabei geht es um den Schutz des Arbeitnehmers vor ungerechtfertigten und somit rechtswidrigen Eingriffen in seine Privatsphäre als Bestandteil des allgemeinen Persönlichkeitsrechtes. Dieser Schutzzweck bestimmt auch Datenschutzrecht und Gesetzgebung.

I. Arbeitnehmerdaten

Arbeitnehmerdaten sind »personenbezogene« Daten. Hierunter versteht das Bundesdatenschutzgesetz (BDSG) Einzelangaben über persönliche und/oder sachliche Verhältnisse des Betroffenen (§ 2 Abs. 1). Bereits bei der Bewerbung erhält der Arbeitgeber Angaben über Schulbildung, berufliche Ausbildung, bisherige Tätigkeiten etc. Diese Angaben erweitern sich im Laufe der Zeit um weitere Informationen über die Tätigkeit des Arbeitnehmers. In aller Regel dürfen dem Arbeitgeber folgende Daten vorliegen:

Name, Geburtsdatum, Anschrift, Telefonnummer, Geschlecht, Name der Ehefrau (des Ehemannes) und der Kinder, Personalnummer, Telefonnummer am Arbeitsplatz, Eintrittsdatum, Parkplatznummer, Kfz-Kennzeichen, Mitgliedschaft in einer Gewerkschaft (zur Beitragseinziehung), Urlaubsdaten, Krankheitszeiten, Wehrpflichtzeit, Schwerbehindertenprozentsatz, Mutterschutzdaten, Angaben über Funktion, besondere Kenntnisse, Fähigkeiten (z. B. Fremdsprachen), Leistungsdaten (Beurteilungen, Zeugnisse, Testergebnisse), Zulagen, Aufzeichnungen über Gleitzeit, Schul- und Berufsausbildung, Fortbildungskurse, Konfession (Kirchensteuer), frühere Beschäftigungen und Arbeitgeber, Lohn- und Gehaltsdaten. Darüber hinaus sammelt der Arbeitgeber weitere Daten für Versicherungsträger, insbesondere solche der Sozialversicherung, sowie für übrige Behörden und Körperschaften des öffentlichen Rechts.

II. Technologische Entwicklung

Im Bereich der Personaldatenverarbeitung ist die technologische Entwicklung vor allem dadurch gekennzeichnet, daß in zunehmendem Maße an die Stelle der herkömmlichen *manuellen* die maschinelle, automatische Datenverarbeitung (ADV) durch den Einsatz von Computern tritt. Immer mehr ersetzt die ADV die sogenannte »Papier«-Verwaltung. Diese Entwicklung hat bereits der Gesetzgeber des am 1. Januar 1978 inkraftgetretenen Bundesdatenschutzgesetzes gesehen, wenn er in § 2 Abs. 2 Nr. 3 Akten und Aktensammlungen vom Begriff der Datei, d. h. der Datensammlung, im Sinne des BDSG ausnimmt, sofern sie nicht durch automatisierte Verfahren umgeordnet und ausgewertet werden können. Was hier noch als Ausnahmetatbestand angesehen wird, ist heute vielfach alltägliche Routine, insbesondere bei Großunternehmen. Die Personaldatenverarbeitung wird immer mehr durch den Einsatz von Computern rationalisiert. Für den Arbeitgeber bietet die maschinelle Personaldatenverarbeitung mannigfaltige Vorteile. Im administrativen Bereich, z. B. in der Lohnbuchhaltung sowie der reinen Personalverwaltung (organisatorische und soziale Betreuung), bietet die Personaldatenverarbeitung durch EDV gegenüber der manuellen Bearbeitung Vorteile, die vor allem in größerer Schnelligkeit und Genauigkeit der DV sowie in der erheblich gestiegenen Verarbeitungskapazität zu sehen sind. Außerdem vermag der maschinelle Einsatz mittel- und langfristig die Kosten der Personalsachbearbeitung zu senken. Soweit der EDV-Einsatz im Personalbereich der Rationalisierung sowie der Verbesserung der Qualität der Personalsachbearbeitung dient, ergeben sich hiergegen keine grundsätzlichen Bedenken. Solche entstehen erst dann, wenn Arbeitnehmerdaten, die z. B. zu administrativen Zwecken erhoben und gespeichert worden sind, gleichzeitig zur *Personalführung* verwendet werden. Dies kann im Rahmen sogenannter *Personalinformationssysteme* geschehen.

1. Verwendung von Arbeitnehmerdaten in Personalinformationssystemen

Unter einem Personalinformationssystem (PIS) kann man »intelligente Dokumentation von Personalangaben«[2] oder auch eine Organisation zur Bereitstellung von Informationen für Aufgaben im

Personalbereich, d.h. zielgerichtete Personaldatenorganisation, verstehen. Zweifellos sind PIS geeignet, die Effizienz des Managements, insbesondere bei der Personalplanung, zu steigern. Auch besteht darüber Einigkeit, daß systematische Informationsverarbeitung für verläßliche Personalplanung unverzichtbar ist. Zugleich ergibt sich hieraus jedoch eine erhöhte Gefährdung für die Integrität der Persönlichkeit des Arbeitnehmers. In dieser Wertung spiegelt sich eine Grundeinstellung wider, die zwar einerseits die informationstechnische Entwicklung als unausweichlich akzeptiert, andererseits jedoch um einen möglichst wirksamen Schutz des Betroffenen bemüht ist. Schätzt man dagegen die Gefahr des Datenmißbrauchs im Zusammenhang mit PIS gering ein, wird man hierin vor allem eine begrüßenswerte Innovation erblikken, deren Anwendung möglichst nicht durch den Ausbau des Datenschutzes und der Beteiligungsrechte des Betriebsrates rechtlich eingeschränkt und behindert werden sollte. In diesem Falle betont man die Vorzüge der EDV-mäßigen Datenverarbeitung, nämlich die Verbesserung der Entscheidungsfindung unter Nutzung der Technik durch mehr Transparenz und Objektivität, was im Ergebnis zu mehr Gerechtigkeit führen soll. Eine derartige Einstellung läßt jedoch die Auseinandersetzung mit dem Mißbrauchspotential dieser technischen Einrichtung vermissen. Hiermit hängt auch die Entscheidung über die Frage der »sozialen Akzeptanz« der technologischen Entwicklung auf diesem Sektor zusammen. Zur Gewichtung der technologischen Entwicklung auf dem Gebiet der elektronischen Datenverarbeitung von Arbeitnehmerdaten ist auf Ziele und Zwecke von PIS einzugehen.

2. *Ziele von Personalinformationssystemen*

Neben dem möglichst optimalen Personaleinsatz steht gleichrangig die Verwendung der PIS zur Erfüllung gesetzlich gebotener sozialer Schutzaufgaben. Der Einsatz von PIS zur Erfüllung gesetzlicher Schutzaufgaben ist nicht die Folge unternehmerischer Intention, sondern ursächlich vom Gesetzgeber verordnet, der die Unternehmen als »staatliche Inkassostellen« (z.B. für Lohnsteuer- und Sozialversicherungsabzüge) benutzt. Das Teilziel »Sozialschutz« ist deshalb insoweit ein bloßer Reflex. Das Unternehmen ist durch Bündelung privater und öffentlicher Informationserwartungen, vor allem in Folge der massierten Informationsansprüche der staatlichen Administration, ganz besonders der Sozialversicherung, »wichtigster Kristallisationspunkt für die Erhebung und Verarbeitung personenbezogener Daten«.[3] Dieses Phänomen kann man mit dem Begriff des »Informationsdruckes« charakterisieren. Inwieweit in diesem Zusammenhang eine »Informationsbereitschaft« des Arbeitnehmers besteht, ist fraglich. Angeblich sollen Arbeitnehmer enttäuscht sein, wenn ihre besonderen Fähigkeiten, Leistungen oder Erfahrungen nicht in das betriebliche PIS eingehen. Der Arbeitgeber verhalte sich somit unsozial, wenn er nur das »absolute Minimum« an Eignungs-, Leistungs- und Sozialdaten seiner Arbeitnehmer erhebe.[4]

Soweit die Datenverarbeitung auf Gesetz beruht (z. B. wie bei Lohnsteuer- und Sozialversicherungsabzügen), kann schon begrifflich nicht von »Informationsbereitschaft« gesprochen werden, weil die Informationserhebung und Verarbeitung zwangsweise erfolgt. Wenn darüber hinaus z. B. im Rahmen der betrieblichen Personalplanung als eines Führungsinstruments für den Personaleinsatz Fähigkeits- und Leistungsdaten erfaßt und gespeichert werden, so ist die Gegenfrage zu stellen, ob sich die »Informationsbereitschaft« der Arbeitnehmer auch auf negative Beurteilungen ihrer Person erstreckt, die im Rahmen der Mitarbeiterbeurteilung Grundlage für den »Personalabgleich« sind. Ahnungen über das Datenverarbeitungspotential von PIS dürften in dem Arbeitnehmer eher ein Gefühl des Unbehagens über die abstrakten Mißbrauchsgefahren und der Bedrohung der Persönlichkeitsinteressen durch Speicherung größerer Datenmengen mit vielfältigen praktischen Verwendungsmöglichkeiten hervorrufen und ein Gefühl der »Überkontrolle« und der jederzeitigen »Persönlichkeitsdurchleuchtung« entstehen lassen. Nach einer umfangreichen rechtstatsächlichen Untersuchung in über 200 deutschen Großunternehmen hat *Kilian*[5] festgestellt: Als Zielsetzungen für PIS sind von den deutschen Unternehmen in erster Linie die Rationalisierung des Arbeitsablaufs im Personalbereich, an zweiter Stelle die Verbesserung der Entscheidungsbasis für den Personalleiter und drittens die Verbesserung einzelner Personalfunktionen (hier Personalbedarfsplanung, Personalbeschaffung, Personalerhaltung, Personaleinsatz, Personalfreisetzung) bzw. ihrer Planung genannt worden. Erst an fünfter Stelle wurden Gründe wie Entlastung von Routine-(Abrechnungs-)Arbeiten sowie Durchführung von Massen- und

Routinearbeiten bei freiwerdender personeller Kapazität und Betreuungsfunktion erwähnt.

3. *Empirische Untersuchungsergebnisse zu Zwecken von PIS*

In jedem Falle dienen PIS der Lohn- und Gehaltsabrechnung (98,5 v. H.), der Urlaubsermittlung und Fortschreibung (94,0 v. H.), der Abwicklung der Altersversorgung (92,5 v. H.) sowie der statistischen Erfassung und Auswertung von Arbeitnehmerdaten (Personalinformations-Statistik der wichtigsten Personaldaten 94 v. H., Fehlzeiten-Statistik 94 v. H., Bestands- und Fluktuations-Statistik 94 v. H., Altersaufbau- und Betriebszugehörigkeit 98,5 v. H.). Mit weiteren hohen Prozentzahlen werden genannt: Allgemeine Personalverwaltung (85,1 v. H.), Aktenführung, Fortschreibung der Personalstammblätter (85,1 v. H.), statistische Zeit- und Kostenkontrolle (85,1 v. H.) sowie Überstunden-Statistik (86,6 v. H.). Mittlere Häufigkeit weisen Leistungsbewertung und Leistungsbeurteilung (55,2 v. H.), Lohn- und Gehaltsfindung (53,7 v. H.) und das Erstellen von Stellenbesetzungsplänen (46,3 v. H.) auf.

Wie die prozentuale Aufteilung von Funktionen existierender PIS zeigt, haben betriebliche PIS auch die Aufgabe, Verhalten und/oder Leistung der Arbeitnehmer zu überwachen (Leistungsbeurteilung 55,2 v. H.). Soweit gespeicherte Arbeitnehmerdaten nicht zu einer Verhaltens- und Leistungskontrolle bestimmt sind, ist jedoch ihre Eignung hierzu nicht zweifelhaft. Dies ist fachlicher Erkenntnisstand. Die beliebige Auswertung von Personaldaten ist – abgesehen von den Kosten – lediglich eine Frage des entsprechenden Software-Programmes. Selbst wenn ein PIS zunächst ausschließlich oder vorwiegend dazu bestimmt ist, der bloßen Personalverwaltung zu dienen, ermöglicht jedoch der vorhandene Personaldatenbestand jederzeit durch Programmerweiterung oder -änderung eine Verhaltens- und Leistungskontrolle der Arbeitnehmer.

PIS bauen zwar auf Arbeitnehmerdaten auf und sind insoweit »arbeitnehmerorientiert«. Nach Konzept und Funktion sind sie jedoch nicht arbeitnehmerschutzfreundlich. Zusätzlicher »Sozialschutz« sowie Erhöhung des Gerechtigkeitsgrades von Personalentscheidungen sind meist nur Nebenwirkungen. Aus unternehmerischer Sicht sind Personalinformationssysteme Führungsinstrumente des Managements zur Initiierung, Vorbereitung, Durchführung und Absicherung unternehmerischer Entscheidungen im Personalsektor. Zwar können – durch die Vielzahl der Daten und ihrer Verknüpfungsmöglichkeiten – PIS auch zur Ermittlung weiterer Beschäftigungsmöglichkeiten für die Arbeitnehmer eingesetzt werden; andererseits erleichtern PIS jedoch die Vorbereitung von Kündigungen (leichtere Ermittlung und Auswertung von Fehl- und Krankheitszeiten). Obwohl PIS also auch administrativen Zwecken im Interesse der Arbeitnehmer dienen, führen sie doch für diese letztlich zu »ambivalenten Nutzenfunktionen«. Da die weitere Entwicklung der Daten- und Informationstechnik unter anderem durch sich ständig steigernde Speicherungs-, Auswertungs- und Verknüpfungsmöglichkeiten der Daten charakterisiert ist, sei die *These* gewagt, *daß die künftige elektronische Verarbeitung von Arbeitnehmerdaten mit einer wachsenden Mißbrauchsgefahr sowie zunehmenden Erhöhungen der Entscheidungsmacht des Arbeitgebers verbunden sein wird.*

III. EDV und Mißbrauchsgefahr

Zweifellos nimmt die Transparenz des Arbeitnehmers für den Arbeitgeber durch Einsatz von PIS laufend zu. Die Vision vom »gläsernen« Arbeitnehmer ist daher nicht mehr nur rein symbolhaft. Mißbräuchlich ist z. B. jede Verarbeitung von Arbeitnehmerdaten ohne Rechtsgrundlage. So ist etwa die Aufrechterhaltung der Speicherung von Daten abgelehnter Bewerber über den Zeitraum des Bewerbungsstadiums hinaus nach Auffassung des Bundesarbeitsgerichts rechtswidrig. Die Verarbeitung von Bewerberdaten ist zwar zwecks Bewerberauswahl zulässig, nach Abschluß des Auswahlverfahrens sind die verwendeten Daten jedoch zu löschen, soweit es sich um Personaldaten abgelehnter Bewerber handelt (vgl. § 23 BDSG). Ob zunächst zu administrativen Zwecken erhobene Arbeitnehmerdaten später in ein PIS zur Personalplanung, z. B. zur Personalfreisetzung, eingegeben und verwendet werden dürfen, ist fraglich. § 23 BDSG sieht vor, daß die Datenspeicherung im Rahmen der Zweckbestimmung eines Vertragsverhältnisses zulässig ist. Gleiches gilt für die Phase der Datenübermittlung sowie der Datenveränderung (§§ 24, 25 BDSG). Als Rechtfertigungsgrund nach § 23 BDSG kommt für die Speicherung die Zweckbestimmung des Arbeitsverhältnisses (1. Alternative) sowie die Wahrung berechtigter Interessen des Arbeitgebers in Betracht, soweit kein Grund zur Annahme besteht, daß dadurch schutzwürdige Belange des Betroffenen beeinträchtigt werden (2. Alternative). Immer schon war zweifelhaft, in welchem Umfange Arbeitnehmerdaten aufgrund der Zweckbestimmung des Arbeitsverhältnisses verarbeitet werden dürfen. Der zweiten Alternative, der berechtigten Interessen des Arbeitgebers, stehen die schutzwürdigen Belange des Betroffenen, d. h. sein Persönlichkeitsrecht, gegenüber. Nach dem Entscheid des Bundesverfassungsgerichts in Sachen Volkszählungsgesetz vom 15. 12. 1983[6] kommt den schutzwürdigen Belangen des betroffenen Arbeitnehmers eine besondere Bedeutung zu. Das Verfassungsgericht hat ein Grundrecht des Bürgers auf »informationelle Selbstbestimmung« im Rahmen des allgemeinen Persönlichkeitsrecht (Art. 1 und Art. 2 des Grundgesetzes) anerkannt. Da dem allgemeinen Persönlichkeitsrecht als Grundrecht unmittelbare Drittwirkung zukommt, steht das »informationelle Selbstbestimmungsrecht« auch dem Arbeitnehmer im Bereich des geltenden Arbeitsrechts zu.[7] Dem entspricht das grundsätzliche Verbot der Datenverarbeitung (Verbotsprinzip mit Erlaubnisvorbehalt) i. S. d. Bundesdatenschutzgesetzes (§ 3 BDSG). Für die praktische Rechtsanwendung bedeutet die Entscheidung des Bundesverfassungsgerichts, daß die sehr allgemein gefaßten Erlaubnistatbestände (»Legalisierungsschleusen«) des Bundesdatenschutzgesetzes (z. B. §§ 23, 24, 25, 32, 33 BDSG) zukünftig auf dem Hintergrund des informationellen Selbstbestimmungsrechts des betroffenen Arbeitnehmers zum Schutze der Integrität seiner Persönlichkeit zu interpretieren sein werden. Hiervon ist nicht nur die Datenverarbeitung im engeren Sinne mit ihren durch das Bundesdatenschutzgesetz definierten Phasen, der Datenspeicherung, -ermittlung und -veränderung und -löschung (§ 2 Abs. 2 BDSG), sondern auch das Vorstadium der Datenerhebung betroffen.

1. Kontrolle durch den betroffenen Arbeitnehmer

Angesichts dieser Rechtslage wird man zur Begründung der Rechtmäßigkeit der Datenverarbeitung von Arbeitnehmerdaten im Rahmen eines PIS die *Einwilligung* des betroffenen Arbeitnehmers verlangen müssen. Ob damit allerdings der bestehenden Mißbrauchsgefahr wirksam entgegengetreten werden kann, erscheint fraglich. Vielfach wird der Arbeitnehmer aufgrund seiner schwächeren Position die erforderliche Einwilligung aus Sorge um den Bestand seines Arbeitsverhältnisses erteilen. Hinzu kommt, daß die durch PIS erhöhte Entscheidungsmacht des Arbeitgebers eine Kontrolle der Verwendung der Arbeitnehmerdaten erfordert. Der einzelne Arbeitnehmer ist hierzu nur in unzulänglicher Weise in der Lage. Sowohl das Einsichtsrecht in die Personalakte (§ 83 BetrVG) als auch das Auskunftsverlangen gem. § 26 Abs. 2 BDSG sind unzureichende Instrumente.

2. *Kontrolle durch den Betriebsrat*

Demgegenüber verspricht eine kollektivrechtliche Kontrolle durch den Betriebsrat mehr Wirksamkeit. Damit stellt sich für PIS das Grundproblem der betriebsverfassungsrechtlichen Mitbestimmung, nämlich die Beschränkung der unternehmerischen Entscheidungsfreiheit. Eingangs wurde bereits darauf hingewiesen, daß im Rahmen der zunehmenden Informatisierung die Macht des Arbeitgebers in zunehmendem Maße durch seine Verfügungsgewalt über Informationen des »abgebildeten« Arbeitnehmers begründet wird. Durch Nutzung von Informationssystemen auf der Arbeitgeberseite erhöht und vermehrt sich die Entscheidungs- und Selektionsmacht (»selection power«) des Arbeitgebers. Dabei geht es nicht nur um administrative und/oder dispositive Personalinformationssysteme, sondern vor allem auch um Informationssysteme, die Betriebsdaten mit reinem Sachbezug verarbeiten und einen unmittelbaren oder mittelbaren Personalbezug erst durch Generierung oder Verknüpfung mit weiteren Daten herstellen. Hier ist beispielsweise an »Techniker-Berichtsysteme« mit Techniker-Aktivitätsanalysen (z. B. »Intex D 03« der Firma Rank Xerox) für unmittelbaren Personenbezug zu denken. In diesen Zusammenhang gehören auch das computergestützte Konstruktionszeichen (CAD = Computer Aided Design) und rechnerintegrierte automatisierte Fertigung (»Computerized Integrated and Automated Manufacturing = CIAM«) für mittelbaren Personenbezug.

Das erwähnte »Technikerberichtsystem« dient u. a. der Kontrolle der Lagerhaltung, der Ersatzteilbeschaffung sowie der Kundenabrechnung. Insoweit ist das System produktbezogen. Darüber hinaus enthält es Aussagen über die einzelnen Aktivitäten der Kundendiensttechniker, wie z. B. die Dauer der Reisezeit für jeden

Kundenbesuch, die Arbeitszeit beim Kunden selbst sowie die Zeit für die Beschaffung eines Ersatzteiles (Logistikzeit) sowie die Art der durchgeführten Arbeitsaufgabe. Insoweit ist das Technikerberichtsystem auch personenbezogen. Hierin hat das Bundesarbeitsgericht in seinem Beschluß vom 15.9. 1984[8] zugleich ein Personalinformationssystem gesehen, das zur Überwachung von Leistung oder Verhalten der Arbeitnehmer bestimmt ist und dessen Einführung und Anwendung deshalb der Mitbestimmung des Betriebsrates untersteht.

Personalinformationen liefert auch CAD, bei dem der Rechner das Konstruktionszeichnen teilweise oder ganz übernimmt und insoweit die Tätigkeit des technischen Zeichners ersetzt. Dieser ruft nur noch die entsprechende Leistung des Computers ab, liefert damit aber zugleich Informationen über die Benutzung der Maschine, der Art und Dauer seiner Tätigkeit, die in einem Informationssystem gespeichert und verarbeitet werden können (mittelbarer Personenbezug).

Während CAD eine Automation der geistigen Arbeit darstellt, handelt es sich bei CIAM um automatisierte Fertigung. Sie umfaßt die Automatisierung sowohl einzelner Prozeßschritte als auch deren Verkürzung zu einer Prozeßkette sowie die damit in Zusammenhang stehenden Aufgaben der Informationsverarbeitung. Auch in diesem Falle entstehen »Benutzerdaten« des Bedienungspersonals, die – ebenso wie bei CAD – Personalinformationen liefern.

Zur Charakterisierung der künftigen Entwicklung der Informationstechnik ist darauf hinzuweisen, daß die bereits vorhandene Netzwerktechnologie es ermöglichen wird, heute noch voneinander relativ isolierte betriebliche Informationssysteme, insbesondere prozeßnahe und zentrale Systeme, miteinander zu verknüpfen. Es wird eine Integration bisher punktueller CAD/CAM-Anwendungen sowie die Entwicklung von Qualitätsüberwachungssystemen möglich, mit denen eine genauere Zuordnung zwischen Mangel und verursachendem Arbeitsplatz gegeben ist. Die Produktionsplanungs- und Steuerungssysteme können derartige Daten zusammen mit dem Qualitätsüberwachungssystem einem Personalinformationssystem bereitstellen. Durch neue und verfeinerte rechnerintegrierte Produktionsplanungs- und Steuerungssysteme wird auch der Arbeitseinsatz zentraler planbar. Hinzu kommt die Flexibilisierung des Arbeitseinsatzes durch Reduzierung der Qualifikationsdifferenzierungen, die es ermöglicht, Arbeitnehmer innerhalb eines größeren Rahmens kostengünstiger kurzfristig einzusetzen. Die Verwendung der Personaldaten liegt insoweit nicht mehr in den Händen menschlicher Entscheidungsträger (z. B. Meister oder Vorarbeiter). Ein Großteil ihres Wissens saugen die neuen und verfeinerten Produktionsplanungs- und Steuerungssysteme auf. Der Arbeitgeber kann genauer und schneller personalmäßige Konsequenzen aus Veränderungen des Produktionsprogramms oder der Produktionstechnologie berechnen mit allen Vorteilen in innerbetrieblichen oder tariflichen Auseinandersetzungen. Diese Beispiele zeigen, welchen Einfluß die Informatisierung der Produktionstechnologie auf Art, Gewinnung und Verwendung von Personalinformationen ausübt.

a) Kontrollrechte

Die Einführung und Anwendung von PIS können verschiedenartige *Beteiligungsrechte des Betriebsrates* auslösen.[9] Hat z. B. die Einführung und Anwendung eines PIS zugleich die Einrichtung von Bildschirmarbeitsplätzen zur Folge, so kann für den Betriebsrat ein Beteiligungsrecht nach § 91 Betriebsverfassungsgesetzes (BetrVG) gegeben sein. Hiernach kann der Betriebsrat angemessene Maßnahmen zur Anwendung, Milderung oder zum Ausgleich von Belastungen verlangen, die durch die Änderung der Arbeitsplätze, des Arbeitsablaufs oder der Arbeitsumgebung entstehen und den gesicherten arbeitswissenschaftlichen Erkenntnissen über die menschenrechte Gestaltung der Arbeit offensichtlich widersprechen. Für das Stadium der Datenerhebung zwecks Eingabe in ein PIS spielt das Mitbestimmungsrecht des Betriebsrates bei Personalfragebogen gem. § 94 eine entscheidende Rolle. Hiernach bedürfen Personalfragebogen der Zustimmung des Betriebsrats.

Das in diesem Zusammenhang entscheidende Beteiligungsrecht des Betriebsrates ist jedoch das Mitbestimmungsrecht gem. § 87 Abs. 1 Nr. 6 BetrVG. *Hiernach hat der Betriebsrat mitzubestimmen bei Einführung und Anwendung von technischen Einrichtungen, die dazu bestimmt sind, das Verhalten oder die Leistung der Arbeitnehmer zu überwachen.* Juristisch ist umstritten, ob es sich bei PIS um *»technische Einrichtungen«* im Sinne des § 87 Abs. 1 Nr. 6 BetrVG handelt. Gegen das Vorliegen einer technischen Einrichtung wird eingewandt, die erforderliche Verhaltens- oder Leistungskontrolle über den Arbeitnehmer übe im Falle des PIS der

Mensch selbst aus. Der Zweck der Mitbestimmung sei es, den Arbeitnehmer vor »seelenloser« Überwachung des Arbeitsvorganges durch Maschinen zu schützen. Die durch PIS z. B. abrufbar gestaltete Erfassung des Überschreitens einer vorgegebenen Fehlzeitenhöhe sei keine maschinelle Überwachung. Dies soll nur dann anders zu beurteilen sein, wenn der EDV-Anlage eine Information »unmittelbar« von einer technischen Einrichtung zugeführt wird.[10] Hierzu ist zu bemerken, daß dies vielfach schon im Rahmen eines Informationssystems betriebliche Realität ist. Es ist aufgrund der inzwischen verfeinerten Darstellungstechnik möglich, Ergebnisse und Speicherungen in Datenbanken nach vorher festgelegten Programmen unmittelbar auf einen Bildschirm zu bringen. Computer werden heute bereits zur Transformation, Übermittlung und Darstellung der Informationen eingesetzt, die von Stechuhren oder Produktographen stammen. *Die Anonymität technischer Kontrolleinrichtungen unterscheidet sich daher bei einer EDV-Anlage nicht von einer Stechuhr oder einem Produktographen und ist somit »seelenlose« maschinelle Überwachung.* Außerdem dürfte es weniger von der Konstruktion des Gerätes als vom Zweck seiner Verwendung abhängen, ob eine »Überwachung« vorliegt.[11] Nach der »Produktographen«-Entscheidung des *Bundesarbeitsgerichtes* vom 9. 9. 1975[12] sind nicht die Bestimmung und Funktion der technischen Einrichtung, sondern die *objektive Möglichkeit* einer Überwachung – wenn auch als Nebeneffekt – ausreichend, um ein Mitbestimmungsrecht des Betriebsrats nach § 87 Abs. 1 Nr. 6 BetrVG auszulösen. *Nicht die subjektive und jederzeit veränderbare Zielrichtung des Arbeitgebers soll maßgebend sein, sondern die technische »Potenz« der Einrichtung.* Eine weitsichtige Entscheidung, die die von der technischen Entwicklung ausgehenden Gefahren für humane Arbeitsbedingungen antizipiert und zutreffend einschätzt.

Diese den Datenschutz vielfach erst sicherstellende Komplementärfunktion des mitbestimmenden Betriebsrats kann nicht ausdrücklich genug betont werden, zumal § 87 Abs. 1 Nr. 6 BetrVG nur die Verhaltens- oder Leistungsüberwachung, nicht dagegen andere Personalinformationszwecke (z. B. Ermittlung eines allgemeinen Persönlichkeitsprofils) sowie die Auswertung von sonstigen Arbeitnehmerdaten (z. B. Sozialdaten, Vermögensdaten, Daten über das Freizeitverhalten) durch technische Einrichtungen erfaßt. Nach geltendem Recht bietet die Vorschrift des § 87 Abs. 1

Nr. 6 BetrVG die Chance, das Informationsverhalten von Unternehmens- bzw. Betriebsrat auf die technologischen Wandlungen einzustellen und das Prinzip der betriebsverfassungsrechtlichen Zusammenarbeit zu einem »informationellen Mitbestimmungsmodell« weiterzuentwickeln.

b) Rechtsprechung des BAG

In diese Richtung tendiert auch die neue Rechtsprechung des Bundesarbeitsgerichtes. So hat der 1. Senat dieses Gerichtes in seiner sogenannten »Pan Am«-Entscheidung vom 6. 12. 1983[13] beschlossen, daß dem Betriebsrat gemäß § 87 Abs. 1 Nr. 6 BetrVG ein Mitbestimmungsrecht hinsichtlich der Installation von Datensichtgeräten zusteht, wenn diese in Verbindung mit einem Rechner zur Überwachung des Verhaltens und der Leistung der Arbeitnehmer bestimmt sind. Nach Auffassung des Gerichtes ist das der Fall, wenn aufgrund vorhandener Programme Verhaltens- und Leistungsdaten ermittelt und aufgezeichnet werden, die bestimmten Arbeitnehmern zugeordnet werden können, unabhängig davon, zu welchem Zweck diese Daten erfaßt werden. Dasselbe Gericht hat bei Beurteilung des »Technikerberichtsystems« der Fa. Rank Xerox seine Rechtsprechung in dem erwähnten Beschluß vom 14. 9. 1984[14] aufrechterhalten und weiterentwickelt. Es hat insbesondere auf die Gefahr der technischen Auswertung von Verhaltens- und Leistungsdaten in enger Anlehnung an das Urteil des Bundesverfassungsgerichtes vom 14. 12. 1983 hingewiesen und zum Ausdruck gebracht, daß das Empfinden, ein »Beurteilungsobjekt« zu sein, zu unerwünscht hohem Anpassungsdruck und erhöhter Abhängigkeit des Arbeitnehmers führen könne. Demgemäß stelle nicht nur die technische Erhebung – wie im Falle der Pan Am-Entscheidung –, sondern auch die *technische Auswertung* von Verhaltens- und Leistungsdaten eine »Überwachung« dar. In diesem Zusammenhang sei es unerheblich, ob der letzte Schritt des gesamten Überwachungsvorganges, nämlich der Vergleich des Ist-Zustandes mit einem vorgegebenen Soll, vom System selbst vorgenommen werde oder durch z. B. einen Vorgesetzten erfolge. Nach dem der Entscheidung zugrundeliegenden Sachverhalt hatten Kundendiensttechniker nach Plänen der Firma in einem sogenannten Techniker-Berichtsystem (Intex DO3) 63 Belegzettel auszufüllen, mit denen produkt- und leistungsbezogene Angaben über die Ausführung des Auftrages gemacht werden sollten und in die auch die Personalnummer des Kundendiensttechnikers einzutragen war. Die Belege wurden anschließend in einer EDV-Anlage ausgewertet. Auch in diesem Falle hat das Bundesarbeitsgericht, ebenso wie in der Pan Am-Entscheidung, dem Betriebsrat ein Mitbestimmungsrecht zuerkannt. »Gleiches gilt für die Installation einer Telefondatenerfassungsanlage und eines PIS, das Datenabläufe über Erkrankungen und unentschuldigte Fehlzeiten erstellt.«[15]

c) Auswertung von Personaldaten und Mitbestimmung

Eine weitere Frage, die die Rechtsprechung bisher noch nicht behandelt hat, betrifft die *Auswertung von Personaldaten und das Mitbestimmungsrecht* des Betriebsrats im Rahmen des § 87 Abs. 1 Nr. 6 BetrVG. *Kilian*[16] weist darauf hin, daß gerade in der schnellen, nachträglich festlegbaren, multifunktionalen Verwendungs- und Verwertungsmöglichkeit des Datenbestandes der entscheidende Vorteil einer automatisierten Verarbeitung von Personaldaten liege. Es existieren Programme, mit deren Hilfe »Basisdaten« für bestimmte Zwecke weiterverarbeitet werden können. Entnimmt der Arbeitgeber die hierfür erforderlichen Daten einem Personalfragebogen, dem praktisch wichtigsten Verfahren zur Datenerhebung, so besteht zwar für den Betriebsrat nach § 94 Abs. 1 BetrVG unstreitig eine Kontrollmöglichkeit hinsichtlich der arbeitsrechtlichen Zulässigkeit des Fragenkataloges. Ob jedoch die Verwertung der Daten unter das Mitbestimmungsrecht des Betriebsrats fällt, ist für § 94 Abs. 1 des Betriebsverfassungsgesetzes ebenso wie für die Regelung des § 87 Abs. 1 Ziff. 6 Betriebsverfassungsgesetz umstritten. *Simitis*[17] vertritt hierzu die Auffassung, daß die Kompetenz des Betriebsrats nicht bei der »Redaktion« der Fragebogen aufhöre, sondern sich genauso auf die Informationsverwaltung und -verarbeitung erstrecke. Er räumt jedoch zugleich ein, daß es sich hierbei keineswegs um eine allgemein akzeptierte Auslegung handele. Das gleiche gelte für § 87 Abs. 1 Nr. 6 BetrVG. Eine nur allgemeine Information des Betriebsrats durch den Arbeitgeber über die geplante Verwendung der Daten reiche somit nicht aus. Die Mitbestimmung müsse sich vielmehr, beginnend mit der Datenerhebung, auf den gesamten Verlauf der Verarbeitung beziehen. *Weiss*[18] führt hinsichtlich des § 94 BetrVG aus, daß der Gegenstandsbereich der Mitbestimmung angesichts der technischen Möglichkeiten der Informationsgewinnung entschieden zu eng gefaßt sei und deshalb auf PIS jeder Art ausgedehnt werden müsse. Es sei zu beklagen, daß die Verarbeitung der durch Fragebogen gewonnenen Daten ebenso wie deren weitere Verwendung nicht der Mitbestimmung unterliege, wobei der Gesetzgeber für Korrektur sorgen müsse. Dem ist auch mit Blick auf § 87 Abs. 1 Nr. 6 BetrVG zuzustimmen. Angesichts fortschreitender Informatisierung des Personalbereichs müssen sich auch Umfang und Qualität der Mitbestimmung ändern bzw. erweitern, um den Machtzuwachs des Arbeitgebers zu kontrollieren. *Deshalb ist mit Kilian zu fordern, daß der Gesetzgeber außer der Verhaltens- und/oder Leistungskontrolle auch die Auswertung durch technische Einrichtungen der Mitbestimmung unterstellt.* »Einen positiven Ansatz stellt die BAG-Entscheidung vom 11. 3. 1986 dar, durch die die Beteiligung des Betriebsrats bei allen Folgemaßnahmen eines PIS (Datenabläufe über Erkrankungen und Fehlzeiten) sichergestellt wird, damit aus den gewonnenen Erkenntnissen keine unkontrollierbaren Folgerungen gezogen werden.«[19]

Wenngleich auch nach geltendem Recht die betriebsverfassungsrechtlichen Mitbestimmungs- und Kontrollmechanismen bei Informationsgewinnung und -verarbeitung unzureichend ausgestaltet sind, so ergibt sich aus dem fehlenden Mitbestimmungserfordernis zur Verwertung von Personaldaten zumindest kein datenschutzrechtlicher »Freibrief für beliebige Auswertung«. So eröffnen die §§ 23 und 25 BDSG dem einzelnen Arbeitnehmer gewisse Kontrollmöglichkeiten über die Speicherung und Veränderung seiner Personaldaten im Rahmen eines Personalinformationssystems. Darüber hinaus setzen die Vorschriften der §§ 92 ff. BetrVG über das Beteiligungsrecht des Betriebsrats bei der Personalplanung und bei personellen Einzelmaßnahmen »der Verfügbarkeit von Personaldaten« gewisse Grenzen.

IV. Ausblick

Es ist einmal festgestellt worden, die Geschichte des Arbeitsrechtes sei die Geschichte der Zurückdrängung des freien Vertrages. Die Geschichte des modernen Arbeitsrechtes, des sogenannten Informationsrechtes, könnte – in Abwandlung dieses Satzes – die Reduktion der Freiheit der Informationsverarbeitung sein. In diese Richtung weist die Entscheidung des Bundesverfassungsgerichtes in Sachen Volkszählungsgesetz vom 15. 12. 1983, mit der es ein

Grundrecht des Bürgers auf informationelle Selbstbestimmung im Rahmen des allgemeinen Persönlichkeitsrechtes anerkannt hat. Das »Informationsrecht« ist somit das typische Recht der Industrialisierung der geistigen Arbeit und somit in erster Linie Datenrecht. Durch Fortschreiten der Informatisierung durchdringt das Informationsrecht das geltende Arbeits- und Sozialrecht, das seine Entstehung auf die Industrialisierung der körperlichen Arbeit zurückführt. Dabei bleiben die bisherigen Strukturen des Arbeitsrechtes vorerst bestehen; sie erhalten jedoch teilweise eine neue Qualität. Das Arbeitsrecht bietet sich als »Auffanggesetz« für die sozialen Folgen der Industrialisierung der geistigen Arbeit an, in dem es sich zu einem »informationellen Arbeitsrecht« weiterentwickelt. Wie die arbeitsrechtliche Problematik von Bildschirmarbeitsplätzen sowie die möglichen Verhaltens- und Leistungskontrollen von Arbeitnehmern durch Personalinformationssysteme zeigt, *sind rechtlich qualitativ veränderte Anforderungen an die weitere Ausgestaltung eines wirkungsvollen Arbeitnehmerschutzes zu stellen,* und zwar bis hin zu der Forderung einer »human sized technology«. Im Zuge fortschreitender Informatisierung, insbesondere durch Nutzung von Informationssystemen auf der Arbeitgeberseite, wird auch die Weiterentwicklung des kollektivrechtlichen Arbeitnehmerschutzes im Rahmen des Betriebsverfassungsgesetzes notwendig werden. Nach Ansicht von *Simitis*[20] zeigen Entwicklung und Struktur des Arbeitsrechtes, daß sich der Datenschutz in erster Linie über kollektivrechtliche Abwehrmaßnahmen vollziehen dürfte. *Um daher der mit der Abbildung von Arbeitnehmern entstehenden Datenmißbrauchsgefahr wirkungsvoll begegnen zu können, bedarf der Betriebsrat effektiver Kontrollmöglichkeiten hinsichtlich der Informationsverarbeitung des Arbeitgebers.* Dabei ist als Voraussetzung für eine erfolgreiche Ausübung der Beteiligungsrechte *ein Informationsgleichgewicht zwischen Arbeitgeber und Betriebsrat anzustreben.* Dies würde zugleich der Erhaltung und Stabilisierung des dualistischen Prinzips als Grundlage partnerschaftlicher Kooperation zwischen dem betrieblichen Sozialpartner dienen sowie der sozialen Akzeptanz technologischer Entwicklungen förderlich sein.

Der durch die bestehende Mißbrauchsgefahr erforderliche Schutz von Arbeitnehmerdaten und der weitere technische Fortschritt in der Personaldatenverarbeitung sind keine unversöhnlichen Gegensätze.

1 *Linnenkohl,* Informationsrecht und Arbeitnehmerschutz, in: Arbeit und Recht (ArbuR) 1984, S. 129ff.; vgl. auch *Steinmüller,* Informationsrecht – das Arbeitsrecht der zweiten industriellen Revolution, DVR 1982, S. 179ff.

2 *Kilian,* Entwicklungsstand automatisierter Personalinformationssysteme in der Wirtschaft, DVR Beiheft 13/1982, S. 1ff.

3 *Simitis,* »Schutz von Arbeitnehmerdaten, Regelungsdefizite – Lösungsvorschläge« Bonn 1980, S. 9.

4 *Zöllner,* »Daten- und Informationsschutz im Arbeitsverhältnis«, 2. Aufl. S. 82.

5 *Kilian,* »Personalinformationssysteme in Großunternehmen« 1982, S. 38ff.

6 BverfG NJW 1984, S. 419ff.

7 *Jobs* in: Jobs-Samland, »Personalinformationssysteme in Recht und Praxis« 1984, S. 128. Zur Drittwirkung vgl. auch *Heußner* in diesem Band.

8 BAG vom 14.9. 1984, in: Der Betrieb 1984, S. 2513 (= BAGE 46, S. 367).

9 Vgl. *Jobs* a. a. O. (Anm. 7), S. 141ff.

10 *Zöllner* a. a. O. (Anm. 4), S. 85.

11 *Kilian* a. a. O. (Anm. 5), S. 50.

12 BAG vom 9. 9. 1975, in: ArbuR 1976, S. 27.

13 BAG vom 6. 12. 1983, in: Betriebsberater 1984, S. 850ff.

14 BAG vom 15.9. 1984 (Anm. 8), weitere Rechtsprechung: BAG vom 23.4. 1985, in: Recht der Datenverarbeiter (RDV) 1985, S. 53 und 55; BAG vom 18. 2. 1986, in: DB 1986, S. 1178 = RDV 1986, S. 138; sowie Entscheidungen vom 27. 5. 1986 und 11. 3. 1986 (Anm. 15). Die Typisierung von Verhaltens- und Leistungsdaten ist nicht unproblematisch. Vgl. hierzu: Klebe, DB 1986, S. 380, und Linnenkohl/Sekuh/Rauschenberg, NZA 1986, S. 769.

15 BAG vom 27. 5. 1986 in: ArbuR 1986, S. 216 (Telefondatenerfassungsanlage) (zur betrieblichen Telefondatenverarbeitung vgl. auch *Wohlgemuth/Mostert,* Rechtsfragen der betrieblichen Telefondatenverarbeitung, ArbuR 1986, S. 138ff.); BAG vom 11. 3. 1986 in: Informatik und Recht 1986, S. 464–473 = ArbuR 1986, S. 155 = BB 1986, S. 1292 (zum PIS »PAISY«).

16 *Kilian* a. a. O. (Anm. 5), S. 210.

17 *Simitis* in: Simitis/Dammann/Mallmann/Reh, BDSG, 3. Aufl., § 23 Rdnr. 20.

18 *Weiss,* BetrVG, 2. Aufl., § 94 Rdnr. 7.

19 BAG vom 11. 3. 1986 (Anm. 14).

20 *Simitis* a. a. O. (Anm. 17).

Spiros Simitis
Thesen zum Schutz von Krankenkassen-Daten*

Die in mehreren Bundesländern durchgeführten »Modellversuche zur Erhöhung der Leistungs- und Kostentransparenz in der gesetzlichen Krankenversicherung« haben einen *Zielkonflikt*[1] sehr deutlich werden lassen: den Zielkonflikt zwischen dem legitimen Einsatz der automatisierten Datenverarbeitung zur Effizienzsteigerung in der Sozialversicherung und dem grundrechtlichen Anspruch des einzelnen Versicherten auf Wahrung seines informationellen Selbstbestimmungsrechts.[2] Am Beispiel des Projekts der Allgemeinen Ortskrankenkasse Main-Kinzig in Hanau hatte ich im 12. Tätigkeitsbericht die datenschutzrechtlichen Probleme aufgezeigt, die durch die Speicherung, Verknüpfung und Auswertung großer Mengen von Gesundheitsdaten entstehen können. Dabei habe ich unterstrichen, daß die Rechtsgrundlagen – insbesondere die Bestimmung des § 223 der Reichsversicherungsordnung[3] – nicht ausreichen, um Art und Umfang der Verarbeitung personenbezogener Versichertendaten in den Modellversuchen zu rechtfertigen.

Der Hessische Landtag hat meine Rechtsposition übernommen und die Auffassung vertreten, »daß die ursprüngliche Form der Datenerfassung bei dem Modellversuch der AOK Main-Kinzig nicht durch § 223 RVO abgedeckt« gewesen sei. »Vor der Durchführung der weiteren Phasen des Versuchs und etwaiger sonstiger Datenverarbeitungsprojekte zur Kosten- und Leistungstransparenz«, so lautet der Beschluß weiter, sei »jeweils in Abstimmung mit dem Datenschutzbeauftragten zu prüfen, ob die Rechtsgrundlagen ausreich(t)en« (vgl. Drucks. 11/1551). Zur Umsetzung des Beschlusses hat der Sozialminister im Oktober einen Erlaß an alle hessischen Sozialversicherungsträger bzw. deren Verbände gerichtet mit der Aufforderung, ihm derartige Vorhaben rechtzeitig zur Abstimmung mit dem Datenschutzbeauftragten mitzuteilen.

1. Die Abwicklung des Projekts der AOK Main-Kinzig

Anfang Mai 1984 hat mir die AOK Main-Kinzig das überarbeitete Verfahrenskonzept für das Modellvorhaben vorgelegt. Als »Handlungsfelder«, also Untersuchungsbereiche, wurden die Arzneimittelinformation für Ärzte, die produktbezogene Arzneimittelberatung und die Ermittlung betriebsbezogener Krankheitsschwerpunkte definiert. Klargestellt wurde, daß der erfaßte umfangreiche sogenannte »Transparenz-Datenbestand« aus dem Jahr 1981 anonymisiert wird und ausschließlich der Feststellung möglicher geeigneter Fallgruppen für eine spätere detailliertere Untersuchung der Leistungs- und Kostentransparenz dient, also als statistische bzw. aggregierte Informationsbasis für eine spätere Umsetzungsphase.

Auf der Grundlage dieser Zusagen sowie eines weiteren Besuches bei der Kasse habe ich abschließend meine Anforderungen an eine datenschutzgerechte Fortführung des Modellversuchs festgelegt, wobei sich Vorstand und Geschäftsführung der AOK Hanau – von fortbestehenden Meinungsdivergenzen über die juristische Beurteilung abgesehen – sehr kooperativ verhalten haben. Die wichtigsten Punkte:

1. Gegenstand meiner Stellungnahme konnte nur die derzeit laufende Phase der Entwicklung geeigneter Auswahlprogramme aus dem anonymisierten »Transparenz-Datenbestand«, die in Zusammenarbeit zwischen der Kasse und einem externen Forschungsinstitut (IGES Berlin) erfolgt, sein. Vor Eintritt in die nächste Projektphase, bei der es um die Umsetzung der gefundenen Auswahlverfahren auf konkrete Einzelfälle oder Fallgruppen mit neuem, zeitnah erfaßtem Datenmaterial geht, ist der Datenschutzbeauftragte zur Prüfung der Rechtmäßigkeit sowie der dann erforderlichen Datenschutz- und Datensicherungsmaßnahmen erneut einzuschalten.

2. Die AOK liefert das Datenmaterial an das Forschungsinstitut (IGES Berlin) in einer Form, in der die Angaben, die einen Personenbezug auf Versicherte und Ärzte erlauben (z. B. Versichertennummer, Arztnummer), verschlüsselt werden.

3. Der personenbezogene Original-Datenbestand wird bei der AOK nur so lange vorgehalten, bis notwendige Bereinigungen und Korrekturen des Datenmaterials erfolgt sind. Danach wird er gelöscht.

4. Das Forschungsinstitut führt eine zweite Verschlüsselung vor der Rücklieferung des Datenbestandes an die AOK durch, so daß eine spätere Wiederherstellung des Personenbezugs bei der AOK verhindert wird.

Die Vorgaben 1 bis 3 sind inzwischen realisiert. Derzeit findet die Aufbereitung durch das beauftragte Forschungsinstitut statt. Mit Meßergebnissen wird etwa im Frühjahr 1985 gerechnet. Für den weiteren Fortgang des Modellversuchs ist auch die in § 223 RVO vorgesehene Mitwirkung der Kassenärztlichen Vereinigung (KV) Hessen gesichert. In einer Kooperationsvereinbarung vom 1. Juni 1984, die unter maßgeblicher Vermittlung des Bundesministers für Arbeit und Sozialordnung zustandekam, sind die Einzelheiten des Zusammenwirkens zwischen der AOK Main-Kinzig und der KV festgelegt worden. Über Ziele und Rahmenbedingungen des Projekts wurde prinzipielle Einigkeit erzielt. Allerdings behält sich die Kassenärzteschaft ihre Zustimmung zum Einstieg in die nächste Projektphase bis zur Bewertung des derzeit laufenden Auswertungsabschnitts vor. Außerdem machte sie die »irreversible Anonymisierung« der Arzt- und Versichertendaten zum Vorbehalt ihres Einverständnisses.

Im Ergebnis wird mithin das Verarbeitungskonzept in der kommenden Umsetzungsphase im nächsten Jahr sowohl mit dem Datenschutzbeauftragten als auch mit der Kassenärztlichen Vereinigung Hessen abgestimmt werden müssen. Dabei wird gemäß dem Landtagsbeschluß (s. o.) nicht zuletzt zu prüfen sein, in welchem Umfang dann personenbezogene Daten verwendet werden sollen und inwieweit dafür »die Rechtsgrundlagen ausreichen«, d. h. die rechtlichen Vorgaben der RVO sowie des Datenschutzrechts beachtet sind bzw. werden können.[4]

2. Verarbeitungsvoraussetzungen und -grenzen in der Sozialversicherung

Die Modellversuche sind – als ein Instrument zur Kostendämpfung im Gesundheitswesen – bundesweit zu einem wichtigen Thema der gesundheitspolitischen Diskussion geworden. Im Jahr 1984 haben sich u. a. der Bundesminister für Arbeit und Sozialordnung, die 59. Gesundheitsministerkonferenz, der Deutsche Gewerkschaftsbund sowie die verschiedensten Einrichtungen und

Verbände der Sozialversicherung und der Ärzte zu Wort gemeldet.

Nach meiner Auffassung muß bei der künftigen Auseinandersetzung um die Verarbeitungsvoraussetzungen und -grenzen, insbesondere in der gesetzlichen Krankenversicherung, von folgenden *Grundüberlegungen* ausgegangen werden:

1. Lange Zeit hat die gesetzliche Krankenversicherung eher im Hintergrund der Datendiskussion gestanden. Sie war nicht mehr als einer von vielen ebenso selbstverständlichen wie alltäglichen Anwendungsfällen der Verarbeitung personenbezogener Daten. Spätestens seit den Modellversuchen zur Erhöhung der Leistungs- und Kostentransparenz steht jedoch die gesetzliche Krankenversicherung mit im Vordergrund aller Überlegungen über Aktualität und Aufgaben des Datenschutzes. Die Modellversuche haben einerseits den Blick für die Möglichkeiten einer konsequenten Datenverarbeitung geschärft, andererseits aber auch die Notwendigkeit einer gezielten Verarbeitungsregelung verdeutlicht. Manche Streitfrage ist mittlerweile, nicht zuletzt dank der intensiven Gespräche zwischen den für einzelne konkrete Projekte zuständigen Krankenkassen und den jeweiligen Datenschutzbeauftragten, geklärt worden. Nach wie vor wird jedoch die Auseinandersetzung über Voraussetzungen und Grenzen der Modellversuche durch eine Reihe von Mißverständnissen und Fehlinterpretationen belastet.

2. *Ziel sämtlicher Modellversuche* ist es, den ständig steigenden Kosten der gesetzlichen Krankenversicherung entgegenzuwirken. Sie sollen eine bessere Kenntnis der Bedingungen vermitteln, unter denen gegenwärtig Leistungen erbracht werden, und damit zugleich die Grundlage für eine Politik schaffen, die, um einer langfristigen Sicherung der Leistung willen, die Kosten dämpft. Die Modellversuche sind insofern ihrer ganzen Struktur und Funktion nach Instrumente einer auf die Zukunft der gesetzlichen Krankenversicherung angelegten Planung. In diesem Rahmen stellt sich die Frage nach der Verarbeitung von Versichertendaten und damit unterscheidet sie sich zugleich von all den Fällen, in denen beispielsweise im Hinblick auf die Überprüfung einer bereits erbrachten einzelnen Leistung auf bestimmte individuelle Angaben zurückgegriffen wird. Argumente, die im Zusammenhang mit diesen konkreten Einzelsituationen zu den Verarbeitungsmodalitäten von Versichertendaten entwickelt worden sind, lassen sich deshalb nicht auf die Bewertung der Modellversuche übertragen.

3. Die gesetzliche Krankenversicherung ist Teil der Sozialverwaltung. Sie kann und darf daher ihre Aufgaben immer nur unter den für die Sozialverwaltung ebenso wie für die Verwaltung überhaupt geltenden Handlungsbedingungen erfüllen. Konkret: Die rechtliche Zulässigkeit der Entscheidungen zur gesetzlichen Krankenversicherung mißt sich zuvörderst an ihrer Übereinstimmung mit den Erfordernissen einer strikt rechtsstaatlich agierenden, verfassungskonformen Verwaltung. Genau diese Voraussetzung ist aber nur solange erfüllt, wie der vom Grundgesetz geforderten und garantierten informationellen Selbstbestimmung auch und gerade dort Rechnung getragen wird, wo es um die Verarbeitung der Versichertendaten im Rahmen der gesetzlichen Krankenversicherung geht. So gesehen *ist der Datenschutz zwingende, in der Verfassung abgesicherte Funktionsvoraussetzung der gesetzlichen Krankenversicherung.* Wie sie ihren Aufgaben nachzugehen hat, bestimmt sich infolgedessen nicht am Datenschutz vorbei oder gar im Gegensatz zu ihm, sondern ausschließlich in Kenntnis und unter strikter Beachtung seiner konstitutiven Voraussetzungen, vor allem also einer *klaren Zweckbindung* sowie einer für den Betroffenen *jederzeit erkennbaren, nachvollziehbaren und kontrollierbaren Verarbeitung.*

4. Genau diese Erwartung läßt sich nicht erfüllen, wenn die Verarbeitung von Versichertendaten weitgehend mit mehr oder weniger allgemein gehaltenen Hinweisen auf die Aufgaben der gesetzlichen Krankenversicherung gerechtfertigt wird. Niemand kann ernsthaft bestreiten, daß den Krankenkassen keineswegs nur die Funktion eines bloßen Kostenträgers zukommt. Mit jedem Schritt auf eine Konzeption hin, die in der Tätigkeit der Krankenkassen die Konkretisierung eines allgemeinen Auftrags zur Sicherstellung der Gesundheit sieht, verändern sich allerdings auch die Informationsansprüche. Spätestens in dem Augenblick, in dem präventive Gesichtspunkte in den Vordergrund rücken, fällt es zunehmend schwer, die Verarbeitungsvoraussetzungen und -grenzen präzise und nachvollziehbar zu umschreiben. Eine konsequent auf die Prävention bedachte Informationspolitik weist tendenziell stets über eine auf die medizinischen Angaben beschränkte Verarbeitung hinaus. Daten über das jeweilige soziale Umfeld des Versicherten geraten genauso in den Mittelpunkt des Interesses. Ganz abgesehen davon *verstärkt eine auf präventive Ziele gerichtete Verarbeitung die multifunktionale Verwendung der Daten und er-*

schwert damit erneut eine verläßliche Beschreibung der Verarbeitungsanlässe und -inhalte.

5. Mangelnde Präzision kann nicht durch den immer wiederkehrenden Hinweis auf die »soziale Solidarität« als dem eigentlich tragenden Prinzip der Krankenversicherung kompensiert werden. Die »Solidarität« vermag ebensowenig wie etwa die »öffentliche Sicherheit« einen gleichsam offenen Verarbeitungsprozeß zu rechtfertigen. Der Versicherte geht mit seiner Aufnahme in die gesetzliche Krankenversicherung ohne Zweifel Bindungen ein, die sich nicht zuletzt in den Informationserwartungen der Krankenkassen und den durch sie veranlaßten Verarbeitungsprozessen konkretisieren. Nicht minder relevant ist aber, daß die gesetzliche Krankenversicherung mit ihrer Tätigkeit einen für den Betroffenen lebenswichtigen Bereich berührt. Der Versicherte ist insofern von vornherein auf die Leistungen angewiesen und deshalb von der Krankenkasse abhängig. Genaugenommen befindet er sich in einer Situation, die mit der Lage des Arbeitnehmers durchaus vergleichbar ist. *Ebensowenig wie deshalb der bloße Verweis auf das bestehende Arbeitsverhältnis genügt, um Personalinformationssysteme zu legitimieren, reicht die Erwähnung der Solidarität, um eine nicht weiter präzisierte Verarbeitung von Versichertendaten zu begründen.* Der Vergleich mit dem Arbeitsverhältnis macht zudem noch ein weiteres deutlich: Die Abhängigkeit des Versicherten und die sich daraus für die Verarbeitung ergebenden Folgen werden nicht deshalb behoben, weil die Versicherten Vertreter in die Aufsichtsgremien entsenden. Auch die gesetzlich garantierte Mitbestimmung der Arbeitnehmer ändert nichts an ihrer Abhängigkeit und entbindet daher nicht von der Verpflichtung, den Verarbeitungsprozeß an klare und verbindliche Bedingungen zu knüpfen.

6. Selbst dort aber, wo an die Stelle allgemeiner Bemerkungen zur Solidarität scheinbar weitaus präzisere Hinweise, wie etwa auf die §§ 223 oder 182 Abs. 2 RVO, treten, ist die unter Datenschutzgesichtspunkten für solche Modellversuche unerläßliche Präzision der Verarbeitungsbedingungen nicht erreicht. Generalklauseln wie etwa die Formulierung, die Krankenpflege müsse ausreichend, zweckmäßig und notwendig sein, bewegen sich auf einer notwendigerweise abstrakten Ebene. Sie legen keineswegs den Handlungsspielraum verbindlich fest, sondern beschreiben nur allgemeine Handlungsziele. *Für die Gewährung von Sozialleistungen gilt jedoch nicht anders als in allen weiteren Fällen einer zwangs-*

weisen Erhebung personenbezogener Daten das Gebot einer präzisen gesetzlichen Umschreibung des Verwendungszwecks, die allein auch eine strikte, ständig überprüfbare Zweckbindung sichern kann. Die Konstruktion eines allgemeinen Auftrags zur Herstellung von Kosten- und Leistungstransparenz mit Hilfe einer Auflistung verschiedener RVO-Vorschriften genügt diesem Bestimmtheitsgebot genausowenig, wie außerhalb der gesetzlichen Krankenversicherung vergleichbar unspezifiziert gefaßte Regelungen die Verarbeitung rechtfertigen können. Die Entscheidung des Bundesverfassungsgerichts (BVerfG) zum Volkszählungsgesetz (VZG) besagt, entgegen mancher anderslautenden Bemerkung, nichts Gegenteiliges. Das Gericht hat lediglich festgestellt, daß es im Sozialgesetzbuch ebenso wie etwa in der Abgabenordnung bestimmte, konkret auf den Datenschutz zugeschnittene Vorschriften gibt. Das BVerfG hat aber nirgends gesagt, weitere Überlegungen zu den Konsequenzen des Datenschutzes für die Sozialverwaltung überhaupt und speziell die gesetzliche Krankenversicherung seien damit überflüssig. Spätestens an den Modellversuchen erweist sich, wie sehr es darauf ankommt, über diese wenigen, sicherlich besonders wichtigen Vorschriften hinaus den Gesamtkomplex der Datenverarbeitung durch die Sozialversicherungsträger in ein dem Bestimmtheitsgebot entsprechendes gesetzliches Regelungssystem einzuordnen. Sicherlich müssen die Versicherungsträger die Chance zur Selbstverwaltung nutzen, um alle ihnen möglichen Maßnahmen zur Präzisierung und Transparenz des Verarbeitungsprozesses zu treffen. Eine noch so große Bereitschaft, selbst Vorkehrungen vorzusehen, ersetzt aber nicht eine gesetzliche Regelung. Die im Rahmen der eigenen Entscheidungskompetenz getroffenen Maßnahmen sind immer nur komplementär, nicht jedoch alternativ zur gesetzlichen Festschreibung der Verwendungsziele.

7. Alle Überlegungen zu den notwendigen Verarbeitungsbedingungen müssen von einer *sorgfältigen Interessenanalyse* ausgehen. Mit der einfachen Gegenüberstellung der legitimen Kostendämpfungserwartungen einerseits und der Datenschutzanforderungen andererseits ist es nicht getan. Sie verkürzt die Problemsicht und verführt zu einer einseitigen Argumentation. Zunächst: Eine Gesellschaft, die sich für eine gesetzliche Krankenversicherung entscheidet, muß sich ohne Zweifel fortlaufend mit den Leistungsbedingungen auseinandersetzen, um die Leistungsfähigkeit des Ver-

sicherungssystems zu garantieren. Sie darf aber nicht, soll ihre demokratische Struktur nicht gefährdet werden, eine umfassende Verhaltenssteuerung durch die Sozialverwaltung hinnehmen. Ferner: Die Leistungsfähigkeit der Krankenversicherung spielt auch aus der Perspektive des Versicherten eine zentrale Rolle, zumal davon nicht zuletzt seine finanzielle Belastung abhängt. So gesehen, spricht aus seiner Sicht ebenfalls viel für ein Höchstmaß an Transparenz der Kostenstruktur. Nur ist es dem Versicherten keineswegs gleichgültig, wann, zu welchen Zwecken, in welchem Umfang und mit welchen Konsequenzen auf die Angaben zu seiner Person zurückgegriffen wird. Schließlich: Der Vertraulichkeit kommt auch und gerade für den Arzt eine besondere Bedeutung zu. Sie ist, genaugenommen, elementare Voraussetzung seiner Aktivität. Insoweit ist seine Zurückhaltung gegenüber einer Verarbeitung von Gesundheitsdaten einsichtig und legitim. Sie wird dagegen dann problematisch, wenn sie die Intransparenz der eigenen, sich auf die Kostenstruktur der Versicherung auswirkenden Entscheidungen sichern soll.

8. Bedenkt man diesen Hintergrund, dann werden Funktion und Grenzen einer am Datenschutz orientierten Verarbeitungsregelung sichtbar. *Der Datenschutz ist kein Instrument der Auseinandersetzung mit der Opportunität sowie der Struktur der gesetzlichen Krankenversicherung.* Wer deshalb seine Kritik am Sozialleistungssystem auf die Datenschutzebene verlagert, führt sie unter falschen Voraussetzungen. Ebensowenig geht es an, standespolitische Erwartungen als Datenschutzforderungen auszugeben. Notwendigkeit und Umfang der Verarbeitungsregelung richten sich nicht nach dem Verarbeitungsverständnis eines bestimmten Berufes. Wo daher der Datenschutz unter standespolitischen Aspekten gesehen und vereinnahmt wird, bleiben seine rechtlich allein relevanten Ansatzpunkte außer Betracht. Sie ergeben sich einzig aus der Notwendigkeit, die gesetzliche Krankenversicherung durchweg so zu organisieren, daß die Verarbeitung von Versichertendaten, wo sie nachweislich erforderlich ist, unter feststehenden, jederzeit nachprüfbaren Bedingungen stattfindet.

Konsequenterweise dürfen sich die Datenschutzbeauftragten keineswegs darauf beschränken, konkrete »Mißbräuche« aufzuzeigen oder gar erst im nachhinein abzustellen. Mit ihre wichtigste Funktion ist es im Gegenteil, die Entwicklung der Verarbeitungs- und Kommunikationstechnik kontinuierlich zu verfolgen, um mögliche Gefahren rechtzeitig offenzulegen und durch gezielte Maßnahmen aufzufangen. *Datenschutz hat insofern eine präventive Funktion.* Nur solange sie berücksichtigt sowie konsequent gehandhabt wird, können die Datenschutzbeauftragten die ihnen obliegende, vom BVerfG ausdrücklich bestätigte Aufgabe eines »vorbeugenden Rechtsschutzes« erfüllen. Genau darum geht es aber in erster Linie bei den Überlegungen und Vorschlägen zu den Modellversuchen.

9. Der Datenschutz setzt Prioritäten. *Der Zugriff auf personenbezogene Angaben muß*, so wünschenswert er erscheinen mag, *die Ausnahme bleiben.* Die gesetzliche Krankenversicherung hat insofern keine Alternative. Alle Aufmerksamkeit muß sich zunächst darauf konzentrieren, wie das für die Reflexion zur Kostendämpfung notwendige Informationsmaterial mit Hilfe *anonymisierter Daten* gewonnen werden kann. Zudem: »Globaldaten« mögen oft kaum aussagefähig sein. Nur läßt sich mit dieser Feststellung keineswegs der uneingeschränkte Rückgriff auf personenbezogene Angaben rechtfertigen. Vielmehr gilt es festzustellen, ob und in welchem Umfang sich die Ziele der Modellversuche mit fallbezogenen Angaben, Daten also, die keinen Versichertenbezug aufweisen, erreichen lassen.

10. Weit mehr als bisher gilt es zu prüfen, inwieweit die Erhebung und Speicherung von Versichertendaten durch die Kassen auf dem Weg über *alternative Beschaffungsformen* überflüssig gemacht werden könnte. DEVO und DÜVO etwa verpflichten den Arbeitgeber, eine Vielzahl von Informationen für die Sozialversicherung zu sammeln, aufzubereiten und weiterzuleiten. Mit Hilfe besonderer Übermittlungspflichten, die, sei es gesetzlich, sei es vertraglich – wie im Falle der Kassenärztlichen Vereinigungen – zu statuieren wären, ließe sich eine Information der Krankenkassen in dem erforderlichen Umfang sicherstellen, zugleich aber die Verarbeitung von Versichertendaten gezielt reduzieren.

11. Ganz gleich, welche Wege man beschreitet, der Betroffene muß in jedem Fall den Verarbeitungsprozeß überschauen können. Keinesfalls reicht es daher aus, auf die Selbstverwaltung der Krankenkassen hinzuweisen, um es dann bei einer Information der jeweiligen Selbstverwaltungsgremien bewenden zu lassen. Vielmehr gilt es auch gerade bei Projekten, die, wie die Modellversuche, Versichertendaten so detailliert verarbeiten, für eine genaue Information der Betroffenen über Anlaß, Mittel und Ziele der Verarbei-

tung zu sorgen. Sie ist die unabdingbare Voraussetzung einer rechtlichen Zulässigkeit der Verarbeitung.

12. Die Verarbeitung muß unter Bedingungen erfolgen, die gezielt den Gefahren einer »Normung« des Patientenverhaltens entgegenwirken. Gemeint ist damit ein für die automatische Datenverarbeitung typisches und deshalb keineswegs auf die Verwendung personenbezogener Angaben durch die Krankenkassen begrenztes Risiko. Konkret: *Jede Massenverarbeitung von Informationen wird zumeist von einem Kontextverlust begleitet. Die Folge sind abstrakte Schematisierungen und Kategorisierungen, die sehr leicht,* und zwar gerade dann, wenn abweichendes Verhalten ermittelt werden soll, *zu falschen, für den Betroffenen äußerst gefährlichen Etikettierungen führen.* Vor allem dort also, wo, wie bei den Modellversuchen, vorhandene Daten für neue Ziele verwendet werden sollen, *kommt es darauf an, die Qualität der Angaben sicherzustellen,* mithin Verkürzungen zu vermeiden, die ein unzutreffendes, für den Betroffenen gefährliches Bild entstehen lassen. Mit den ständig wiederkehrenden Feststellungen, die endgültigen Entscheidungen würden von Menschen und nicht von Maschinen getroffen, argumentiert man am eigentlichen Sachverhalt vorbei. Die Entscheidung erfolgt auf der Grundlage eines Informationsmaterials, das durch die Verarbeitung schon eine bestimmte Gestalt angenommen hat und deshalb festgefügte Vorstellungen über das Patientenverhalten vermittelt, deren Hintergrund nicht mehr erkennbar und ohne weiteres korrigierbar ist. Der Datenschutz kann und darf sich unter diesen Umständen nicht für das Informationsmaterial desinteressieren, sondern muß auf eine aus der Perspektive des Betroffenen korrekte Informationsvermittlung bedacht sein, die Qualität der verwendeten Daten also sicherstellen.

Anmerkungen

* Der Text ist ein Ausschnitt aus dem 13. Tätigkeitsbericht des Hessischen Datenschutzbeauftragten.

Zur Problematik des Datenschutzes im Gesundheitsbereich vgl. außerdem: Die Abschnitte »Gesundheit« im 14. und 15. Tätigkeitsbericht, die Entschließung der Konferenz der Datenschutzbeauftragten des Bundes und der Länder vom 14. März 1986 zum Datenschutz im Krankenhaus, abgedruckt im 15. Tätigkeitsbericht des Hessischen Datenschutzbeauftragten unter Punkt 12.4 und den Gesetzentwurf für ein Hessisches Krankenhausgesetz, Landtagsdrucksache 11/7223; sowie Seelos, Hans Jürgen, *Informationsrechtliche Aspekte bei der Implementierung von Qualitätssicherungsprogrammen im Bereich der Krankenhausmedizin,* in: Med R 1986, 288.

1 Nach § 75 ist unter der Voraussetzung der vorherigen Genehmigung der Aufsichtsbehörde die Offenbarung personenbezogener Daten für wissenschaftliche Forschung und Planung im Sozialleistungsbereich zulässig, soweit schutzwürdige Belange des Betroffenen nicht beeinträchtigt werden.
Nach § 95 II SGB X sollen die Leistungsträger, ihre Verbände und die im SGB genannten öffentlich-rechtlichen Vereinigungen Forschungsvorhaben über Aufgabendurchführung, Bedarfsermittlung, Bereitstellung und Inanspruchnahme sozialer Dienste und Einrichtungen aufeinander abstimmen.

2 Die 1983 durchgeführte Analyse ergab auf dem Medikationssektor eine Konzentration von Medikamenten und Kosten auf relativ kleine Patientenklientele.
25 % der Kosten entfielen auf ca. 5 % der mit Medikamenten behandelten Patienten. 50 % der Kosten konzentrierten sich auf ca. 15 % der Patienten.

3 Natürlich gibt es auch außerhalb dieser Modellversuche große datenschutzrechtliche Problemfelder: Im Rechenzentrum des Hessischen AOK-Landesverbandes in Ziegenheim lassen 18 der 23 Allgemeinen Ortskrankenkassen von Hessen ihre Versichertendaten verarbeiten. Gespeichert sind Datensätze vo ca. 900 000 Hauptversicherten und ca. 600 000 mitversicherten Familienangehörigen. Etwa 750 Datenendgeräte werden in den angeschlossenen Kassen eingesetzt und können direkt (»online«) auf den Datenbestand beim Rechenzentrum zugreifen. Hier ergaben sich u. a. Beanstandungen wegen unzulässiger pauschaler Datenzugriffe sowie Mißachtungen des Sperrungs- und Löschungsgebots (§ 14 Abs. 2 Satz 2 BDSG; § 19 Abs. 2 Satz 2 HDSG); vgl. dazu 14. TB des Hessischen Datenschutzbeauftragten, vorgelegt zum 31. 12. 1985, S. 41–45.

4 § 223 RVO lautet: »Die Krankenkasse kann *in geeigneten Fällen* im Zusammenwirken mit den Kassenärztlichen Vereinigungen, den Krankenhausträgern für den jeweiligen Bereich sowie den Vertrauensärzten die Krankheitsfälle vor allem im Hinblick auf die in Anspruch genommenen Leistungen überprüfen; die Krankenkasse kann den Versicherten und den behandelnden Arzt über die in Anspruch genommenen

Leistungen und ihre Kosten unterrichten.« (Hervorhebung hinzugefügt).

5 Sachstand von Ende 1984. Die Auswertungsphase läuft noch und erfolgt in Abstimmung mit dem Hessischen Datenschutzbeauftragten.

Erich Gradek
Das Transparenz-Forschungsprojekt der AOK Lindau
GKV-Forschung im Spannungsfeld von Zielkonflikten

Eine 1976 erschienene Abhandlung des Leiters des Instituts für Gesundheitssystemforschung Kiel, Prof. Dr. Beske, ist auch neun Jahre nach ihrer Veröffentlichung noch hochaktuell:

»Es ist geradezu bestürzend, in welchem Umfang wissenschaftlich gesicherte Analyse- und Prognosedaten, Planungsgrundlagen und Entscheidungshilfen fehlen, die das ganze Spektrum unseres Systems der gesundheitlichen Sicherung erfassen. Daraus erwächst die Gefahr, daß Konzeptionen und Modelle zur Strukturveränderung unseres Gesundheitswesens ohne wissenschaftliche Fundierung ihrer Bedingungen, Voraussetzungen und Wirkungen zu technokratischen Utopien werden. Sie können Fehlentwicklungen und Fehlleistungen der knappen Ressourcen verursachen, die später nicht mehr oder nur schwer korrigierbar sind. Dieser Gefahr kann durch die Entwicklung und Anwendung der Systemforschung im Gesundheitswesen begegnet werden.«

Waren es damals fehlende EDV-technische Werkzeuge und -Daten, die einer Verbesserung der Informationsgrundlagen entgegenstanden, sind es zur Zeit Bedenken und Widerstände der Datenschutzbeauftragten, die die Bemühungen der gesetzlichen Krankenversicherung (GKV) zur Herstellung einer besseren Leistungs- und Kostentransparenz erschweren.

Zulange wurden Monologe statt Dialoge geführt. Statt nach Lösungsmöglichkeiten zu suchen, die sowohl den Belangen der Praxis als auch des Datenschutzes Rechnung tragen, wurden Hürden aufgebaut. Die Transparenzdiskussion gehört versachlicht und entmystifiziert. Transparenz ist zu vielschichtig, um mit einem Entweder-Oder, bzw. einem Dafür oder Dagegen abgetan zu werden. Transparenz ist auf das soziale Sicherungssystem als Ganzes auszurichten. Daß dabei den Erfordernissen des Datenschutzes Rechnung zu tragen ist, steht außer Frage.

Das vor kurzem abgeschlossene und vom Bund geförderte Forschungsvorhaben der AOK-Lindau hatte mit den auf RVO § 223 gestützten Transparenzvorhaben anderer Krankenkassen nichts zu tun.

Seine Ansätze waren handlungsorientiert anglegt und primär auf die Verbesserung der Gesundheitschancen der Versicherten, die Steigerung der Effizienz der Sachbearbeitung im Leistungsbereich und des ärztlichen Prüfwesens ausgerichtet. Es verfolgte außerdem das Ziel, Massendaten wie Krankenscheine und Arzneiverordnungen mit einem Minimum an Aufwand und unter Verzicht auf medizinische Informationen datentechnisch zu verarbeiten, um gleichzeitig der Verpflichtung zur *Überprüfung der Leistungsabrechnung und Rechnungslegung der Vertragspartner unter den Aspekten Kassenzuständigkeit und Mitgliedschaft, Rechtmäßigkeit und Ordnungsmäßigkeit, Wirtschaftlichkeit und Zweckmäßigkeit* nachzukommen. In anonymisierter Form sind die Daten für Strukturanalysen verwendbar.

Die angesprochenen Handlungsfelder entsprechen der gewandelten Aufgabenstellung der gesetzlichen Krankenversicherung. Diese wurden längst um die Komponenten Gesundheitssicherung durch Prävention und Rehabilitation erweitert. Im übrigen sind Krankenkassen Sozialleistungsträger und als solche nach § 95 Abs. 2 SGB X zur Durchführung von Forschungsvorhaben legitimiert.[1] Diese Rechtsnorm hat den Krankenkassen ein neues, nicht nur auf die Beurteilung von Einzelfällen eingeengtes, Handlungsfeld erschlossen.

In ihrem Bemühen um besseres Tatsachenwissen über das Leistungsgeschehen und seine Einflußfaktoren kann sich die AOK-Lindau im übrigen auf Tradition berufen. Eine Eintragung im Protokollbuch des Vostandes aus dem Jahre 1916 lautet:

»Wegen der rückständigen Arztrechnungen wurde beschlossen, den Ärzten ein Schreiben zugehen zu lassen mit der Weisung, daß zur geordneten Kassenführung die vertragsgemäße Vorlage der Rechnungen verlangt werden muß, sowie für jedes erkrankte Mitglied die Art der Krankheit und die gemachten Leistungen.«

Dies zeigt, daß die Forderung nach einer besseren Transparenz des Leistungswesens fast so alt wie die Kasse selbst ist.

Situationsbeschreibung

Seit mehr als einem Jahrzehnt wird die Diskussion um die Notwendigkeit einer wirkungsvollen Kostendämpfung im Gesundheitswesen geführt und auf das Erfordernis hingewiesen, Fehlentwicklungen zu beseitigen und Fehlverhalten, Mißbrauch und Manipulation zu verhindern. Dabei treten bei den Beteiligten und Betroffenen, im Hinblick auf die Bewertung von Ursachen und Wirkungen, Maßnahmen und Vorgehensweisen, gravierende Meinungsgegensätze zutage.

Ein neuer, mit Beitragssatzerhöhungen auf breiter Basis verbundener Kostenschub in der Krankenversicherung entfacht zur Zeit eine heftige Diskussion über die Effektivität und Effizienz des Gesundheitswesens, die gerechtere Verteilung der Gesundheitsgüter und um die Herstellung eines stabilen ökonomischen Gleichgewichtes.

Bei allen am Gesundheitswesen Beteiligten wird im Sinne der Bewußtseinsprägung Verständnis für die Auffassung gefordert, daß die Kosten der medizinischen Versorgung auf das leistungsrechtlich geschuldete Maß begrenzt werden müssen und die Leistungsanbieter mehr als bisher das Wirtschaftlichkeitsgebot zu beachten haben.

Unbestritten ist, daß die bisherigen Kostendämpfungsmaßnahmen auf gesetzlicher oder vertraglicher Grundlage ohne nennenswerte Erfolge geblieben sind. Jetzt erörtern Gesetzgeber, Krankenkassen, Ärzte, Krankenhäuser und die Pharmaindustrie Maßnahmen, die vom Einfrieren der Beitragssätze über die Pauschalierung ärztlicher und zahnärztlicher Honorare, höhere Selbstbeteiligung beim Zahnersatz, bei der Arznei- und Heilmittelverordnung bis hin zur Ermächtigung der Selbstverwaltung gehen sollen, Leistungen in bestimmten Bereichen abzubauen.

Ursachen für das Ausufern der Kosten

Der Gesetzgeber richtet die »Schuldzuweisung« für den überproportionalen Kostenanstieg an die Adressen der Selbstverwaltungen von Krankenkassen, Ärzten und Zahnärzten. Er wirft ihnen vor, die Honorar- und Vergütungsverträge nicht so gestaltet oder strukturiert zu haben, daß die Kosten auf ein finanzierbares Maß, ohne Erhöhung der Beitragssätze, begrenzt werden konnten.

Die vom Gesetzgeber selbst verfügten Kostendämpfungsmaßnahmen blieben ohne nennenswerte Wirkung. Die Leistungen wurden nicht eingedämmt, es wurde nur die Finanzierung durch

Selbstbeteiligung der Versicherten geändert. Die Einkommen der Leistungsanbieter blieben unangetastet; die Kostenbremse wurde allein beim Versicherten angezogen. Die Selbstbeteiligung erwies sich schnell als ein ungeeigneter Weg.

Härtefallregelungen befreiten Versicherte mit hohem Leistungsbedarf oder mit geringfügigem Einkommen vom Selbstbehalt. Aber gerade bei Schwerkranken und Rentnern ist der Behandlungsaufwand überdurchschnittlich hoch. Die Selbstbeteiligung bei der Arzneiverordnung hat beispielsweise gerade diejenigen Versicherten getroffen, deren Leistungsinanspruchnahme maßvoll war, bei denen der Behandlungsumfang dem Wirtschaftlichkeitsgebot entsprach und im übrigen für die Erreichung des Heilerfolges notwendig ist.

Wirkungslos blieb bis heute auch der 1977 in die Reichsversicherungsordnung eingefügte § 223 RVO. Die Ärzteschaft verweigert das in dieser Rechtsvorschrift vorgesehene Zusammenwirken mit den Kassen bei der Überprüfung der Leistungen und Kosten in der Begrenzung auf geeignete Fälle. Sie hält auch die Vermittlung von Kostenkenntnis an Ärzte und Versicherte für einen wenig erfolgversprechenden Weg, wenn nicht gar für ein Wagnis.

Die Krankenkassen und die Sozialpartner sehen den Grund für die Kostenflut im ambulanten Bereich in der Ärzteschwemme und einem Versorgungssystem, das dem einmal zugelassenen Partner ein Behandlungsmonopol und eine Einkommensgarantie auf Lebenszeit einräumt und es ihm außerdem erlaubt, mit der Festlegung der Behandlungsart und des Behandlungsumfanges auch noch die Höhe des eigenen Einkommens zu bestimmen. Dabei beklagen die Kassen häufig ein bedenkliches Ungleichgewicht zwischen Behandlungskosten und Behandlungserfolg.

Angesichts der ausufernden Kosten des Krankenhausbereichs fordern die Krankenkassen seit langem ein neues Finanzierungssystem, das Anreize zur sparsamen Wirtschaftsführung und zum Abbau nicht bedarfsgerechter Krankenhausbetten gibt.

Die Leistungsanbieter sehen hauptsächlich zwei Ursachen für die ausufernden Kosten des Gesundheitswesens. Einmal die Anspruchsmentalität der Versicherten, die immer nach mehr und besseren Leistungen rufen würden. Zum anderen die kostenträchtigen Auswirkungen einer zunehmend von Technik geprägten Medizin.

Ärzte, Zahnärzte, Apotheken, Krankenhäuser, die Pharmaindustrie und die Medizintechnik sehen als Anbieter der Gesundheitsgüter Besitzstände und Marktanteile in Gefahr. Deshalb mobilisieren sie alle Kräfte zur Abwehr von Sparmaßnahmen, von denen ihre wirtschaftliche Existenz tangiert wird.

Der Forderung der Beitragszahler nach Begrenzung der Kosten und nach Beitragssatzstabilität stellen die Leistungsanbieter das Argument entgegen, daß Kostensenkungen im Gesundheitswesen nur um den Preis einer Leistungsminderung zum Schaden der Gesundheit der Patienten erreichbar seien und ein Weniger an Behandlung und Therapie zwangsläufig Arbeitsplatzverluste in den Heilberufen zur Folge habe.

Bei nüchterner Betrachtung wird man zugeben müssen, daß in jedem Argument ein Kern von Wahrheit steckt; die kontroversen Standpunkte verdeutlichen die Schwierigkeiten für gemeinsam zu tragende, auf Kostensenkung ausgerichtete Initiativen.

Besseres Tatsachenwissen ist nötig!

Unbestritten ist, daß bei der Breite des medizinischen Versorgungsangebotes, bei der Übersättigung des Gesundheitsmarktes und der Konkurrenz der Vertragspartner untereinander die Linie sparsamen und wirtschaftlichen Handelns häufig verlassen wird. Wer diese Situation ändern will, muß mehr über das Leistungsgeschehen und seine Einflußfaktoren wissen. *Die Bemühungen der Krankenkassen um eine bessere Leistungs- und Kostentransparenz laufen darauf hinaus, Fehlentwicklungen und Schwachstellen aufzudecken, Ursachenanalysen zu ermöglichen sowie Verantwortlichkeiten, aber auch Handlungsspielräume auf der Leistungsanbieter- und Nachfragerseite sichtbar zu machen. Transparenz soll außerdem die Planung eines bedarfsgerechten Leistungsangebotes verbessern helfen und zu sozialmedizinisch und sozialökonomisch verwertbaren Erkenntnissen führen.* Dabei vollzieht sich das Wirken der an Transparenzvorhaben beteiligten Kassen in einem Spannungsfeld von Zielkonflikten.

Dem einzelnen Versicherten haben sie im Krankheitsfalle individuelle, zeitlich fast unbegrenzte Leistungsansprüche zu erfüllen. Die Behandlung muß den Regeln ärztlicher Kunst entsprechen. Die Kassen haben die Verbesserung der Gesundheitschancen ihrer Mitglieder im Auge zu behalten und im Bedarfsfall den Heilerfolg durch geeignete Heil- und Behandlungsmaßnahmen sicherzustellen.

Gegenüber der Solidargemeinschaft stehen die Krankenkassen aber in der Verpflichtung, das System sozialer Sicherung leistungsstark und bei maßvollen Beiträgen finanzierbar zu halten. Sie haben Mißbrauch und Manipulation zu unterbinden und die Zweckentfremdung der Mittel auszuschließen.

Die Ärzteschaft steht den auf Leistungs- und Kostentransparenz ausgerichteten Maßnahmen skeptisch gegenüber. Sie verweigert bisher das im RVO § 223 vorgesehene Zusammenwirken bei der Überprüfung der Leistungen und Kosten unter den Aspekten der Störung des Vertrauensverhältnisses zwischen Arzt und Patient und der Gefährdung des Datenschutzes. Sicher geht es ihr aber auch um die Verteidigung eines Monopols, das den Kassenärztlichen Vereinigungen die Zuständigkeit zur Sicherstellung der ambulanten ärztlichen Versorgung garantiert, ihnen die Kompetenz für die Abrechnung und Überprüfung ärztlicher Leistungen gegenüber den Krankenkassen unter den Gesichtspunkten der Wirtschaftlichkeit und der Qualitätssicherung einräumt.

Die einzelnen Krankenkassen haben eine ausgesprochen schwache Stellung: Die Honorarvereinbarungen und Verträge werden auf Landesebene zwischen den Kassenärztlichen Vereinigungen und den Krankenkassenverbänden geschlossen. Der einzelnen Kasse bleibt die Aufbringung der Mittel, die fristgerechte Leistung der Zahlungen an die KVen, das Recht, die Abrechnungen im nachhinein sachlich und rechnerisch zu prüfen, und Anträge auf Überprüfung der Wirtschaftlichkeit ärztlicher Behandlungsmaßnahmen zu stellen.

Weil der Aufwand für umfassende und qualifizierte Prüfungen hoch ist, beschränken sich die Prüfmaßnahmen der Kassen in der Regel auf Ärzte mit einem überdurchschnittlichen Kostenniveau der eigenen oder von ihnen veranlaßten Leistungen. Eine kontinuierliche, alle Ärzte umfassende Prüfung unterbleibt. Dies ist eine der Schwächen des gegenwärtigen Systems und ein Grund für die immer stärker werdende öffentliche Kritik, die Krankenkassen kontrollierten zum Schaden der Beitragszahler die medizinischen Leistungen nicht oder viel zu wenig.

Zielkonflikte bestehen aber auch im Hinblick auf den Datenschutz: Jede Auswertung oder Nutzung von Daten der gesetzlichen Krankenversicherung (GKV-Daten), ob sie die Routineverarbeitung betrifft oder im Zusammenhang mit einem Forschungsvorhaben steht, wird vom Datenschutz tangiert.

Die Ansicht der Datenschutzbeauftragten mag zutreffen, daß das in den letzten 70 Jahren gewachsene und den Einzelfall regelnde Versicherungsrecht den Erfordernissen des Datenschutzes aus heutiger Sicht nicht ausreichend entspricht und es im Hinblick auf die Gewährung des Rechtes auf informationelle Selbstbestimmung alsbaldiger Neuregelungen bedarf. Sicher ist aber, daß sich die Verarbeitung der Geschäftsvorfälle in der Krankenversicherung noch nie im Freiraum willkürlichen Ermessens, sondern immer auf den Grundlagen geltenden Versicherungs- und Vertragsrechts sowie höchstrichterlicher Rechtsprechung vollzog. Im übrigen hat es in der Sozialversicherung schon immer gesetzliche Bestimmungen über die Geheimhaltungs- und Schweigepflicht gegeben; die Krankenkassenbediensteten sind im Fall der Verletzung der Geheimhaltungs- und Schweigepflicht vom Verlust der beruflichen Existenz bedroht.

Das Verständnis für die Notwendigkeit einer besseren Transparenz im Gesundheitswesen hat sich in den letzten Jahren gewandelt. Die anfänglich sehr emotional geführten Debatten um das Pro und Contra von Modellvorhaben haben sich versachlicht. Unter dem Druck der öffentlichen Diskussion um die Notwendigkeit wirkungsvoller Kostenbeeinflussung hat sich die Auffassung durchgesetzt, daß besseres Tatsachenwissen über das Leistungsgeschehen erforderlich ist und Modellvorhaben existierende Informationsdefizite beseitigen können.

Über den Umfang und die Größe der darauf ausgerichteten Datenerhebungen gibt es Meinungsverschiedenheiten. Doch wurde ein Konsens dahingehend erzielt, daß der Abschluß der laufenden Vorhaben abgewartet werden soll, um die Ergebnisse bewerten und den Nutzen abschätzen zu können. Die zur Zeit laufenden Vorhaben werden von den regional zuständigen Kassenärztlichen Vereinigungen und Krankenkassenverbänden begleitet. Dies hat zur Beruhigung beigetragen und die Durchführung der Vorhaben erleichtert und gefördert.

Nur auf der Grundlage personenbezogener Individualdaten kann Transparenz im Gesundheitswesen entstehen; diese aber fordert für die Verwendung unverwechselbarer Ordnungsbegriffe die Zuordnung der Leistungen und Kosten auf Versicherte als Leistungsempfänger und auf Ärzte als Auslöser aller Maßnahmen der medizinischen Versorgung sowie auf die übrigen an der Leistungserbringung Beteiligten.

Versichertenbezogen interessiert, welche Einrichtungen der medizinischen Versorgung von den Mitgliedern und ihren anspruchsberechtigten Familienangehörigen in Anspruch genommen werden (Arztpraxen, Apotheken, Krankenhäuser, Masseure etc.), wer welche Leistungen für sie erbracht hat und welche Behandlungskosten angefallen sind. Im Hinblick auf die Verbesserung der Gesundheitschancen interessiert im Arbeitsunfähigkeits-, Krankenhaus- und Rehabilitationsfall auch die behandelte Krankheit.

Arztbezogen interessiert, welche Leistungen und Kosten bei der ärztlichen Behandlung, der Arznei- und Heilmittelversorgung, den Krankenhauseinweisungen und AU-Schreibungen ausgelöst werden, auf welche Versicherten sie sich beziehen und ob die Behandlung und Therapie selbst durchgeführt wurde oder ob die Leistungserbringung durch Dritte erfolgte. Im Hinblick auf *die übrigen Leistungserbringer* wird nachvollziehbar, für welche Versicherten Leistungen erbracht wurden, welcher Arzt sie veranlaßt hat und welche Kosten entstanden sind.

Auswertungen können sich jeweils auf die einzelnen Versicherten, die einzelnen Ärzte, die einzelne Apotheke, das einzelne Krankenhaus etc. beziehen. Sie können aber auch auf Versichertengruppen nach demographischen Merkmalen, Facharztgruppen, vergleichbare Krankenhäuser oder auf die jeweiligen Gesamtheiten bezogen werden.

Die Aggregierung anonymisierter Einzeldaten zu Gruppenwerten führt zu Strukturdaten und damit zu Informationen, die sich für Steuerung, Planung und Prognosen, aber auch zur Bestimmung der Risikostruktur verwerten lassen.

Diese Konzeption geht auf eine von der AOK-Lindau maßgeblich beeinflußte datentechnische Verfahrenslösung aus den Jahren 1972 bis 1978 zurück, bei der Zielvorgaben des Bundesarbeitsministeriums, der Krankenkassenspitzenverbände, der Sozialpartner sowie von Wissenschaft und Forschung im Hinblick auf die Entwicklung integrierter Datenverarbeitungs- und Informationssysteme für Krankenkassen z. T. realisiert wurden. Sie hat die Erprobung als Verfahrenslösung nicht nur bei Forschungsvorhaben, sondern auch in der Praxis bestanden.

Zur Zeit schließt die AOK-Lindau ein anwendungsbezogenes Forschungsvorhaben ab, dessen Ziel es ist, für die Schwerpunktbereiche *Medikation, Arbeitsunfähigkeit/Rehabilitation und Krankenhauswesen* EDV-gestützte Arbeits- und Auswertungsverfahren zu entwickeln. Diese sollten eine bessere Beurteilung des Leistungsgeschehens unter Zweckmäßigkeits- und Wirtschaftlichkeitsgesichtspunkten ermöglichen, die Effizienz vertrauensärztlicher Tätigkeit durch ein besseres Einbestellverfahren steigern, die Gesundheitschancen der Versicherten durch die rechtzeitige Einleitung von Maßnahmen der Prävention und Rehabilitation verbessern helfen und zu einer stationären Patientenflußanalyse für Planungszwecke führen. Vom Einsatz der entwickelten Instrumente im Routinebetrieb erwartet die Kasse mittelfristig günstige Auswirkungen auf die Kostenentwicklung.

Das Vorhaben wurde in der Zeit vom 1. 1. 1982 bis 31. 12. 1984 durchgeführt. Es war Teil des vom Bundesministerium für Arbeit und Sozialordnung und vom Bundesministerium für Forschung und Technologie gemeinsam ausgeschriebenen Projektes zur *»Erfassung und Auswertung von Informationen aus Prozeßdaten der gesetzlichen Krankenversicherung«*.

In einer dem eigentlichen Vorhaben vorgeschalteten Definitionsphase wurden die Möglichkeiten der Ausschöpfung des gesamten Informationsgehalts der GKV-Daten und ihrer Handlungsrelevanz für eine unmittelbare und eigenen Zwecken dienende Nutzung untersucht. Es wurde aber auch analysiert, wie komplex und strukturiert ein Datenkörper sein muß, der auf der Management- und Selbstverwaltungsebene für Entscheidung, Steuerung und Planung bis hin zur Bestimmung der Risikostruktur verwendet werden soll.

Bei diesen Untersuchungen wurde klar, daß Kosten- und Strukturanalysen ohne Mindestdaten der ärztlichen Behandlung, der Zahnbehandlung und der Arzneiversorgung uninformativ sind. Deswegen drängten Selbstverwaltung und Geschäftsführung darauf, daß die Grunddaten aus ärztlichen und zahnärztlichen Abrechnungsfällen und aus den Arzneiverordnungen erhoben werden.

Die Handlungskompetenz leitete die AOK Lindau im Hinblick auf Fragen zur Zulässigkeit des Vorhabens aus dem Sozialgesetzbuch, der Reichsversicherungsordnung, den Grundsätzen höchstrichterlicher Rechtsprechung, sowie aus Verträgen und Vereinbarungen und aus dem Rehabilitationsangleichungsgesetz ab.

Das Sozialgesetzbuch verpflichtet die Versicherungsträger zur

Wirtschaftlichkeit und Sparsamkeit. Es spricht unter § 95 Abs. 2 SGB X die Zulässigkeit der Sozialleistungsträger zur Forschung ausdrücklich an.

Die Reichsversicherungsordnung begrenzt u. a. den Leistungsrahmen und bestimmt, daß die Krankenpflege ausreichend und zweckmäßig sein soll, das Maß des Notwendigen aber nicht überschreiten darf.

Der Versicherte kann Leistungen, die für die Erzielung des Heilerfolges nicht notwendig oder unwirtschaftlich sind, nicht beanspruchen, der Arzt darf sie nicht bewirken oder verordnen, die Kasse darf sie nachträglich nicht bewilligen. Die Krankenkassen haben im Bedarfsfall die Nachprüfung der Versicherungsleistungen und die Begutachtung der Arbeitsunfähigkeit durch einen Vertrauensarzt zu veranlassen. Letzteres gilt im Zusammenhang mit der Sicherung des Heilerfolges oder der Beseitigung von begründeten Zweifeln an der Arbeitsunfähigkeit. RVO § 368 enthält auch die Rahmenvorschriften für die Vereinbarung des Verfahrens zur Überwachung und Prüfung der Wirtschaftlichkeit ärztlicher Behandlungsmaßnahmen.

Die höchstrichterliche Rechtsprechung des Bundessozialgerichts läßt sich im Zusammenhang mit der Überprüfung ärztlicher Leistungen ebenfalls zur Begründung der Handlungskompetenz der Kasse heranziehen.

Das Rehabilitationsangleichungsgesetz hat die Zuständigkeiten der Krankenkassen auf dem Gebiete der Gesundheitssicherung wesentlich erweitert.

Ein Datenkatalog, der das einzelne Feld jeder Datei im Hinblick auf seine Rechtsgrundlage, das Erfordernis für die Aufgabenerledigung und die integrativen Beziehungen zu den einzelnen Sachbereichen der Kasse beschreibt, ist zur Zeit in Arbeit. Er schließt eine große, von den Datenschutzbeauftragten beklagte Lücke und ergänzt die allgemeinen Hinweise auf die durch das sozialversicherungsrechtliche Regelungssystem gegebene Normenklarheit durch präzise und detaillierte Informationen.

Kurzbeschreibung zur Aufgabenstellung der Handlungsmodelle

Die einzelnen Handlungsmodelle waren nach Prioritäten und Inhalten in folgende Komplexe gegliedert:

Medikationsanalyse: Auf der Grundlage des GKV-Arzneimittelindex wurde die Medikation analysiert und ein Beratungskonzept entwickelt, das Ärzte über die Verordnungsschwerpunkte, das Verordnungsspektrum, Kostenverteilungen auf Versicherte etc.[2] informieren, ihnen Wege zu einer wirtschaftlichen und zweckmäßigen Arzneiverordnung aufzeigen und versichertenbezogen die individuellen Einzelverordnungen in chronologischer Folge und in der Aufschlüsselung nach Artikeln, Darreichungsformen, Pakkungsgrößen, Stärken und Preisen dokumentieren kann.

Das Problem des Patientenrisikos bei einer nicht indikationsgerechten Arzneitherapie, den Wechsel-, Neben- und Folgewirkungen sowie des Abhängigkeitspotentials bei Übermedikation spielt bei der Analyse ebenso eine Rolle wie der Verordnungsmix, der durch die Medikation mehrerer Ärzte bei ein und demselben Versicherten u. U. noch zur gleichen Zeit entsteht. Sichtbar wird auch die u. U. gegebene Dramatik und Streubreite einer auf viele Therapiegruppen ausgerichteten Langzeittherapie.

Arbeitsunfähigkeit/Rehabilitation: Die Datenauswertungen erlauben die Beobachtung und Beurteilung langfristiger Krankheitsverläufe und die Bestimmung krankheitsspezifischer Risikogruppen. Sie sind insbesondere auf Versicherte ausgerichtet, bei denen Arbeitsunfähigkeiten innerhalb eines Dreijahresblockes oder eines längeren Zeitraumes häufig auftraten oder lange dauerten, eventuell von schweren Krankheitsbildern geprägt zu sein scheinen oder mit einem häufigen Arztwechsel verbunden sind. Es geht in diesem Handlungsfeld auch darum zu klären, ob zur Vermeidung einer latenten Gesundheitsgefährdung alternative Behandlungsmaßnahmen zur Sicherung des Heilerfolges angezeigt erscheinen und ob, bzw. welche Defizite im Hinblick auf die Einleitung und Durchführung notwendiger Präventiv- oder Rehabilitationsmaßnahmen bestehen.

Ziel dieses Komplexes war es ferner, die Effektivität der Zusammenarbeit der Fachbereiche mit dem vertrauensärztlichen Dienst zu steigern und nicht sachgerechte Vorladungen zum Vertrauensarzt zu vermeiden.

Die Identifikation berufsbedingter Gesundheitsrisiken gehörte ebenfalls zu den Problemstellungen dieses Arbeitspaketes. Untersucht wurde, ob hohe, über dem allgemeinen Durchschnitt liegende betriebliche Krankenstände ihre Ursache in berufs-, betriebs- oder branchenbedingten Arbeitsbelastungen haben oder ob sie durch eine ungünstige strukturelle Zusammensetzung der Arbeitnehmerschaft nach Alter, Geschlecht, Nationalität oder anderen Ausprägungen bedingt sind.

Eine *Patientenflußanalyse des stationären Bereichs* führte zu gesicherten Daten über die örtliche und regionale Krankenhaussituation unter Planungsaspekten.

Sie war als Instrument angelegt, das die Bestimmung der Krankenhausbelegung nach dem Herkunftsort der Patienten, den Belegungsfrequenzen in den einzelnen Krankenhäusern und ihren Fachabteilungen und der Einweisungspraxis der einzelnen Ärzte erlaubt.

Das Problem zunehmender Patientenabwanderung aus dem Raum Lindau und den Seegemeinden in benachbarte württembergische Krankenhäuser ist für die AOK-Lindau von erheblicher Bedeutung. Die Auslastungsquote der örtlichen Häuser ist zu niedrig, um einen wirtschaftlichen Krankenhausbetrieb zu gewährleisten, und bedingt ein hohes Pflegesatzniveau.

Die Kasse beabsichtigt im Benehmen mit der KVB auch der Frage nachzugehen, was Ärzte zur Einweisung in auswärtige Krankenhäuser veranlaßt oder welche Gründe für die Versicherten maßgebend sind, nicht das örtliche Bettenangebot zu nutzen, sondern konkurrierende Nachbarkrankenhäuser aufzusuchen.

Im Hinblick auf *Struktur- und dispositive Führungsdaten* existieren in der gesetzlichen Krankenversicherung erhebliche Informationsdefizite. Durch Ergänzung der aus der Routineverarbeitung stammenden Daten um Teilinformationen aus Krankenscheinen und Rezepten (keine Diagnosen, keine einzelnen Leistungspositionen, keine Medikamente) vervollständigt die Kasse die Datenbasis zu einem nach verschiedenen Gesichtspunkten, Kriterien, Problemstellungen und Kumulationsstufen auswertbaren Datenkörper, der die Schlüsselrolle des Arztes als Auslöser aller Maßnahmen der medizinischen Versorgung verdeutlichen und Gewißheit über die Überweisungstätigkeit, Substitutionsmöglichkeiten, Leistungsverlagerungen bis hin zu entlastenden Krankenhauseinweisungen verschaffen kann.

Einen unmittelbaren und fiskalisch hoch zu veranschlagenden Nutzen verschaffen die Grunddaten ärztlicher Behandlung und der Medikation durch die Möglichkeit, unter dem Gesichtspunkt der Besonderheiten des Rentnerfinanzausgleichs und der Überprüfung der Anspruchsberechtigung zum Zeitpunkt des Leistungsbezuges Falschzuordnungen etc. zu korrigieren.

Die Grunddaten zeigen Leistungsüberschneidungen auf und erlauben im Hinblick auf die Behandlungs- und Verordnungskosten eine alternative, der individuellen alters- und geschlechtsspezifischen Schichtung des Patientenklientels entsprechende Fallkostendurchschnittsberechnung. Am Datenbestand der Grundgesamtheit kann die Eignung diverser Stichprobenauswahlverfahren erprobt werden.

Die Verdichtung der einzelfallbezogenen Daten aller Bereiche zu Gruppenwerten ermöglichen eine *Risikoanalyse* nach Versichertengruppen in ihrer demographischen Vielfalt, eine *Risikoverteilungsanalyse* über den Konzentrationsgrad der Kosten in der Verteilung auf Gruppen und eine *Risikoentwicklungsanalyse* zur Simulation von Änderungen des Risikobestandes.

Damit ist der Regelkreis von der operativen zur dispositiven Datenverarbeitung geschlossen; die Basis für Strukturanalysen ist vorhanden.

Datenschutz

Den Erfordernissen des Datenschutzes hat die AOK-Lindau in allen Phasen des Vorhabens Rechnung getragen. Die nötigen organisatorischen, personellen, technischen und baulichen Maßnahmen wurden in Abstimmung mit dem Landesdatenschutzbeauftragten durch den Datenschutzausschuß der Kasse schon in der Planungsphase festgelegt. Seit 1975 erfolgt die Erfassung, Verarbeitung, Speicherung und Archivierung der die Mitgliedschaft, Beiträge, Leistungen und Kosten betreffenden Belege bzw. Daten ausschließlich auf der kasseneigenen EDV-Anlage im eigenen Haus der AOK-Lindau. Dies gilt sowohl für die Routineverarbeitung als auch für das Forschungsvorhaben.

Abgesehen von den technischen Maßnahmen zur Sicherung der Daten vor unzulässigen Zugriffen, sichern geschulte und auf die Einhaltung der Schweigepflicht, den Datenschutz und die Wahrung des Sozialgeheimnisses besonders verpflichtete Mitarbeiter den Schutz der Persönlichkeitsrechte der Versicherten, Arbeitgeber und der Vertragspartner. Im übrigen gehört zu den Schutzvorkehrungen auch die Möglichkeit, Ordnungsbegriffe (wie z. B. die Rentenversicherungsnummern, die KV-Kontonummern, die Lieferanten- bzw. Institutionskennzeichen etc.) in einem passwortgesteuerten kryptographischen Verfahren zu anonymisieren. Die Ordnungsbegriffe werden durch Gruppenmerkmale wie Alter, Geschlecht, Nationalität, Versicherungsstatus etc. ersetzt. Für wissenschaftliche Begleituntersuchungen ist dies erforderlich und für eigene Analysen auch ausreichend. Im übrigen gewährleisten der Datenschutzbeauftragte der Kasse und die Innenrevision durch laufende Überwachung und Kontrollen die Einhaltung der vielfältigen Schutzmaßnahmen.

Im Zusammenhang mit früheren Forschungsvorhaben stehende Überprüfungen der Datenschutzmaßnahmen der AOK-Lindau haben dem Bayerischen Landesprüfungsamt für Sozialversicherung und dem Datenschutzbeauftragten keinen Anlaß zu Beanstandungen gegeben.

Das verdeutlicht, daß für die AOK-Lindau Datenschutz nichts Abstraktes, sondern Teil einer vom Umgang mit sensiblen Daten geprägten Sachbearbeitung ist. Die Kasse ist dem Schutz der Persönlichkeitsrechte ihrer Versicherten, der Geschäfts- und Vertragspartner besonders verpflichtet. *Im Recht auf informationelle Selbstbestimmung sieht sie ein hohes Gut, aber auch die Schwierigkeit seiner praktischen Verwirklichung.* Sie befürchtet, daß dieses Recht in der Interpretation der Datenschutzbeauftragten solange platonisch bleibt, als seiner Umsetzung in der Praxis ein hoher Aufwand und damit ein bürokratisches Hindernis entgegensteht.

Mit dem in der Verfassung abgesicherten Recht auf informationelle Selbstbestimmung fordert das Bundesverfassungsgericht, daß der einzelne wissen müsse, wer welche Daten zu welchem Zweck von ihm benutzt und wohin die Daten gegeben werden.

Die Kasse vertritt dazu die Auffassung, daß dem Versicherten aus der Abwicklung der sein Versicherungsverhältnis berührenden Geschäftsvorfälle und die Vordruckgestaltung bekannt ist, welche Daten von der Kasse erhoben und für welchen Zweck sie verwendet werden. Die vom Bundesverfassungsgericht geforderten gesetzlichen Grundlagen für Beschränkungen des informationellen Selbstbestimmungsrechtes sind insofern erfüllt, als die Verwendung der personenbezogenen Daten auch ohne ausdrückliche Einwilligung der betroffenen Person, als Korrelat zur Leistungsgewährung und Kostenübernahme in einem Sachleistungssystem unentbehrlich ist. Diesen Zusammenhang machen die im Sozialgesetzbuch geregelten Mitwirkungspflichten des Leistungsberechtigten deutlich. Auch das Bundesverfassungsgericht weist ausdrücklich darauf hin, daß derjenige, der die Wohltaten der gesetzlichen Krankenversicherung genießt, sachgemäße Beschränkungen in Kauf nehmen muß. Die durch das Recht der informationellen Selbstbestimmung gesetzten Grenzen hat die Kasse nicht überschritten; über die Aufgaben der GKV ist sie nicht hinausgegangen.

Das Vorhaben ist nicht unter Ausschluß der Öffentlichkeit abgelaufen. In den Sitzungen des Vorstandes wurde laufend über den Sachstand berichtet. Dies geschah ebenfalls in den öffentlichen Vertreterversammlungen der Kasse und in den jährlichen Geschäftsberichten. Die Berichte über Motive und Ziele, Erfahrungen aus den Forschungsvorhaben und ihre Übertragbarkeit auf das Verwaltungshandeln haben bei den Versicherten und Arbeitgebern und in der Öffentlichkeit eine positive Resonanz gefunden.

Trotz 10jähriger Aktivitäten auf dem Feld der Sozial- und Gesundheitsforschung hat bisher noch nicht ein Mitglied eine Auskunft über die gespeicherten Daten erbeten.

Für das Vorhaben galten im übrigen folgende Grundsätze:

Herr der Daten ist ausschließlich die AOK-Lindau. Die Erhebung, Speicherung und Auswertung der Daten erfolgt ausschließlich auf dem eigenen EDV-System und im eigenen Haus, sie muß datenschutzrechtlich unbedenklich sein. Der Datenschutzausschuß der Kasse hat die erforderlichen organisatorischen, personellen, technischen und baulichen Schutzvorkehrungen festzulegen; der Datenschutzbeauftragte hat ihre Einhaltung laufend zu überwachen. Daten für eventuelle wissenschaftliche Begleituntersuchungen sind ausnahmslos in einer irreversiblen Art zu anonymisieren. Der Zugriff Dritter auf die Daten darf nicht möglich sein. Die Berechtigung des Zugriffs auf die beim Vorhaben erhobenen Daten wird auf den wissenschaftlichen Berater und auf das mit der Datenerfassung betraute Personal beschränkt. Die Güte der Erfassung und die Validität der Daten sind durch Stichproben und Kontrollen sicherzustellen. Der Zugriff auf die Urbelege muß jederzeit gewährleistet sein. Die entwickelten Arbeitsverfahren müssen sich für die Einbeziehung in die Routineverarbeitung eignen. Die Meldung zum Datenschutzregister ist gegebenenfalls zu aktualisieren. Aufgetretene Schwachstellen sind dem Datenschutzbeauftragten unverzüglich anzuzeigen.

Konsequenzen

Bringt man die Kontroversen um Transparenz und Datenschutz auf ihren zentralen Punkt, dann läßt sich aus der Sicht der Krankenkassenpraxis die Situation folgendermaßen skizzieren:

Die Datenschutzbeauftragten fordern, die Priorität des Datenschutzes zu akzeptieren und das Verwaltungshandeln stets am Gesichtspunkt des Rechtes auf informationelle Selbstbestimmung zu orientieren. Der Verwirklichung steht ein Krankenversicherungsrecht entgegen, das auf das Jahr 1914 zurückgeht, im Laufe der Zeit den jeweiligen sozial- und gesellschaftspolitischen Konstellationen bzw. Interessen angepaßt wurde, auf die Regelung des Einzelfalles ausgerichtet ist und das ohne personenbezogene und in Teilbereichen auch medizinische Daten nicht durchgeführt werden kann.

Krankenkassen sind Sozialleistungsträger und als solche nach §75 und 95 Abs. 2 SGB X zur Durchführung von Forschungsvorhaben legitimiert. Diese Rechtsnorm hat den Krankenkassen ein neues, nicht nur auf Einzelfälle eingeengtes Handlungsfeld erschlossen und die Aufgabenstellung erweitert.

Unrealistisch erscheint die Annahme, daß kurzfristig eine Anpassung des Versicherungs- und Datenschutzrechtes erfolge. Die Krankenkassen werden sich auf absehbare Zeit mit dem gegenwärtigen Schwebezustand abzufinden haben. Nichts hindert sie aber daran, bereits jetzt der berechtigten Forderung der Datenschutzbeauftragten nachzukommen und die Verarbeitung von Versichertendaten so zu organisieren, daß sie unter feststehenden, jederzeit nachprüfbaren Bedingungen stattfindet.

Die AOK-Lindau hat einen Schritt in diese Richtung getan. Durch Arbeitsplatzorientierung, Übergang auf Echtzeitverarbeitung und eine komfortable Thesaurustechnik konnte die arbeitsteilige Belegvorbearbeitung, Datenerfassung, -verarbeitung und Fehlernachbehandlung aufgegeben und in einen Arbeitsgang zusammengefaßt werden. Mit der Abwicklung eines komplexen Geschäftsvorfalls ist nur noch ein Mitarbeiter und nicht mehr eine Arbeitsgruppe befaßt.

Die Zugriffsberechtigung wird durch Passwortsteuerung in einem gestuften Verfahren auf den Handlungsbedarf jedes einzelnen Mitarbeiters beschränkt; individuell und dem jeweiligen Sachgebiet und Verantwortungsbereich bzw. den Kompetenzen entsprechend ist die Befugnis für Abfragen, Fallanlagen, Änderungen, Inaktivierungen oder Löschungen festgelegt; dem Geschäftsführer sind z. B. nur Abfragen erlaubt.

Jede den einzelnen Datensatz betreffende Transaktion und der sie auslösende Mitarbeiter ist ausgehend vom aktuellen Satz zurück bis zum Erstsatz zu rekonstruieren bzw. zu identifizieren.

Die Dateien mit den im Rahmen des Vorhabens gesondert erhobenen Daten aus Krankenscheinen und Arzneiverordnungen sind auf Band ausgelagert und dem allgemeinen Zugriff entzogen.

Im Zusammenhang mit dem Vorhaben erforderliche Auswertungen dürfen ausschließlich vom wissenschaftlichen Mitarbeiter in Abstimmung mit dem Geschäftsführer durchgeführt werden. Die Auswertungen sind hinsichtlich der Anzahl der Ausdrucke und ihres Empfanges zu registrieren.

Anmerkungen

1 Nach § 95 II SGB X sollen die Leistungsträger, ihre Verbände und die im SGB genannten öffentlich-rechtlichen Vereinigungen Forschungsvorhaben über Aufgabendurchführung, Bedarfsermittlung, Bereitstellung und Inanspruchnahme sozialer Dienste und Einrichtungen aufeinander abstimmen.

2 So konnte z. B. 1983 festgestellt werden, daß auf 38 Versicherte (4,68 % der Fälle) 30 % der Kosten oder 25 % der Verordnungen entfallen. Durch Beratungen des Arztes über andere Medikationen wird eine Kostenreduzierung erhofft.

Friedrich W. Schwartz und Maria R. Meye

Arzt- und Patientendaten zwischen Anonymität und Offenbarung
Kritische Anmerkungen zu den Transparenzprojekten

1. Einleitung

Nach wie vor hat die volle Ausschöpfung EDV-technischer Möglichkeiten als Mittel zur Verwirklichung von »Leistungs- und Kostentransparenz« im Gesundheitswesen Attraktivität. Unter dem Diktat der »leeren Kassen« bzw. einer an dieser Prämisse orientierten Politik und einer zunehmend sensibilisierten Öffentlichkeit bleibt der Druck konstant, das Leistungs- und Abrechnungsgeschehen transparent zu machen. Zahlreiche größere und kleinere Modellversuche dienten und dienen der Erprobung von »Transparenz« in der Hoffnung, geeignete Instrumente zur Kostendämpfung zu erhalten. Datenschutzprobleme wurden dabei lange als randständig oder gelöst betrachtet. Erst seit der Konferenz der Datenschützer des Bundes und der Länder vom März 1984[1] – stimuliert durch das Volkszählungsurteil des BVerfG[2] vom 15. 12. 1983 – hat die Position der Datenschutzbeauftragten an politischem Gewicht gewonnen, derzufolge auch in der Sozialversicherung informationstechnologisch nahezu unbegrenzte Verarbeitungs- und Verknüpfungsmöglichkeiten aufgabenbezogen zu begrenzen bzw. kontrollfähig zu halten sind.

2. Transparenz im Gesundheitswesen aus der Sicht der siebziger Jahre bis heute

Die Idee, daß mehr Transparenz im Bereich der sozialen Sicherung nötig sei, wird bereits seit Beginn der siebziger Jahre propagiert. Die Krankenkassen wandten sich damals verstärkt der *Gesundheitsvorsorge* und der *Krankheitsfrüherkennung* zu. Für eine daran orientierte Politik, die sich zudem noch mit einem wachsenden Anteil an chronischen sozial- und umweltbedingten Krankheiten konfrontiert sah, konstatierte man einen Bedarf an Sozial- und Gesundheitsdaten, der die Datenbasis der bisherigen eher reaktiven Gesundheitspolitik wesentlich übertraf.

Parallel dazu zeichnete sich eine bis dahin ungekannte Ressourcenverknappung ab. Um die für eine auf Effektivitäts- und Effizienzüberlegungen basierende Prioritätensetzung notwendige Datenbasis zu schaffen, sollten alle Kassen – ebenso die übrigen Zweige der sozialen Sicherung – Informationssysteme aufbauen, die auf Bundesebene zusammenführbar waren. An die Spitze dieser Informationssysteme wurde die *Sozialdatenbank* des Bundesministeriums für Arbeit und Sozialordnung (BMA)[3] gestellt. Die Idealvorstellung, personenbezogene Erfassungen mit einem bereichsübergreifenden Identifikationssystem zu verbinden, befand sich im System der Gesetzlichen Krankenversicherung (GKV) schon, rechtlich abgesichert über einen neu eingeführten § 319 RVO, im einführungsreifen Planungsstadium: Mit der bundesweiten Einführung einheitlicher *Versichertenausweise*[4] sollten alle Anspruchsberechtigten, alle leistungserbringenden und versorgenden Institutionen in der GKV einheitlich numeriert (Identifikationsnummer) und alle leistungsauslösenden Formulare und Bescheinigungen personenbezogen erfaßt werden. Dieses Projekt wurde damals aufgrund datenschutzrechtlicher Bedenken nicht weiter verfolgt, und auch die Sozialdatenbank basiert immer noch auf sekundär seitens der Kassenverbände angelieferten aggregierten Daten. Die dahinterstehenden Ideen haben aber nie ihre Attraktivität verloren.

Nach einem ersten Anlauf zur arzt- und patientenbezogenen Erfassung sämtlicher Leistungsbelege in der AOK Lindau im Jahr 1976, der damals einigen politischen Wirbel verursachte,[5] wird »Transparenz« heute in politisch und publizistisch unterstützten »Modellversuchen« erprobt. Ob es sich um *Projekte zur Erhöhung der Leistungs- und Kostentransparenz* aufgrund des eigens dafür 1977 neu eingeführten § 223 RVO oder um interne Verfahren zur Auswertung von Prozeßdaten handelt, in allen Fällen wird eine *Datenbank aus personenbezogenen Leistungsbelegen* aufgebaut.[6] Als Begründung werden Fehlentwicklungen und »Schwachstellen« im GKV-System angeführt, denen man mit Hilfe der Transparenzprojekte begegnen möchte:

– Gesichertes Wissen über das Leistungsgeschehen in der GKV und seine Bestimmungsfaktoren fehle.
– Der Mangel an Informationen für den Arzt über seine Stellung

im Leistungsgeschehen in der GKV, vor allem im undurchsichtigen Arzneimittelmarkt, lasse vermuten, daß der einzelne Arzt stellenweise unwirtschaftlich handeln muß.

– Aus mangelnden Informationen für die Patienten wird auf eine unangemessene Anspruchshaltung geschlossen, man hält auch bedenkliche Mehrfach-Medikationen für möglich.[7]

– Die patientenbezogene Kostenzuordnung ermögliche außerdem die Aufdeckung von Inanspruchnahmen ohne Berechtigung.

– Die AOK Dortmund z. B. kommt aufgrund ihres ersten Modellversuchs zu dem Schluß, daß allein die ex post festgestellten Fehlbuchungen zu Ersatzansprüchen führen, die die zusätzlichen Erfassungskosten übersteigen, und will daher die patientenbezogene Erfassung über den Projektzeitraum hinaus weiterführen.[8]

Das BMA steht den Bemühungen um Transparenz im GKV-Bereich positiv gegenüber. Im Rahmen des mit 450 Mio DM ausgestatteten Forschungsförderungsprogramms 1978/81 wurden verschiedene Modellprojekte gestartet und im Folgeprogramm 1982/86 fortgesetzt.[9] Bedenken seitens der Datenschutzbeauftragten der Länder haben allerdings einen zeitweiligen Stop der Modellversuche nach § 223 RVO und einige Modifikationen bewirkt. So konnte das Dortmunder Arzneimittelprojekt erst mit einer Verzögerung anlaufen, nachdem die Gesamtkonzeption noch einmal einer datenschutzrechtlichen Revision unterzogen worden war. Die ursprünglich vorgesehene Arzneimittelberatung der Versicherten durch die Kassen unterbleibt, außer die Versicherten beantragen sie selber.[10]

3. Typisierung der Transparenzprojekte

3.1 Handlungsfelder und Zielsetzungen der Transparenzprojekte

Grundsätzlich zielen alle Verfahren darauf ab, ein zusätzliches Steuerungs- und Kontrollpotential zur Kostendämpfung und Strukturverbesserung im Gesundheitswesen zu schaffen. Deshalb geht es in den Transparenzprojekten hauptsächlich darum, sogenannte »geeignete Fälle« unter den Versicherten oder Ärzten aufzuspüren, um durch entsprechende informationelle oder tatsächliche Interventionen unwirtschaftliche oder unzweckmäßige Verhaltensweisen zu ändern. Gegenstand des Untersuchungsinteresses sind neben den Ursachen des unwirtschaftlichen Leistungsverbrauchs auch bestimmte Krankheitsrisiken.

Die Transparenzprojekte unterscheiden sich zum Teil darin, in welchem Umfang Daten gesammelt werden, um daraus »geeignete Fälle« auszuwählen. Während die eine Kasse ihr »Handlungsfeld« gezielt auf einen leistungsintensiven Teilbereich beschränkt, möchte die andere Kasse möglichst alle Leistungsarten auf unwirtschaftliche Behandlungsweisen untersuchen. (Z. B. BKK Voith: Zahnärztlicher Bereich, IKK Göppingen: behandlungsintensive Fälle im ambulanten Bereich und Krankenhauseinweisungen, AOK Main-Kinzig und BKK Volkswagenwerk: betriebsbezogene Krankheitsschwerpunkte, Arzneimittel, AOK Dortmund: Arzneimittel.)[11]

Letztendlich sollen durch die EDV-gerechte Darstellung und durch umfangreiche Analysen des Prozeßdatenmaterials randomisierte Routineinstrumente gewonnen werden, die zur Kontrolle und Steuerung des Leistungsgeschehens einsetzbar sind, z. B.

- die Auswahlverfahren für »geeignete Fälle«,
- Informationsinstrumente für Versicherte oder Leistungsanbieter,
- Beratungsinstrumente für Versicherte oder Leistungsanbieter,
- Unterlagen für Prüfverfahren/Forderungen gegen Leistungsanbieter

Geeignete Fälle vermutet man z. B. dann, wenn

- kostengünstigere Therapiemaßnahmen der gleichen Art zur Verfügung stehen,
- kostengünstigere gleichwertige Therapiemaßnahmen anderer Art zur Verfügung stehen (ambulant statt stationär, Haus- statt Arzneimittel),
- es an einer therapeutischen Gesamtkonzeption mangelt (z. B. bei Vielfachmedikation),
- es an einer Langzeittherapie und an Patientenführung mangelt,
- schulmedizinische Standards nicht beachtet werden,
- langfristige Krankheitsverläufe die Einleitung von Rehabilitationsmaßnahmen angezeigt sein lassen.[12]

Der Einsatz der Informations-, Beratungs- und gegebenenfalls auch Interventionsinstrumente soll bei den betroffenen Ärzten oder Versicherten Verhaltensänderungen erzielen. Die Messung dieser Verhaltensänderungen ist in den Transparenzprojekten durchweg wenig operationalisiert; kontrollierte Vergleiche mit nicht einbezogenen, vergleichbaren Versicherten- oder Anbietergruppen sind nicht etabliert. Das wird die objektive sozialpolitische und ökonomische Beurteilbarkeit der Projekte deutlich erschweren.

3.2 Auswertungsverfahren zur Realisierung der »Transparenz«

Die Datenbasis für die Erstellung der Routineinstrumente wird durch spezielle Verknüpfung der Prozeßdaten bereitgestellt. Die personenbezogene Auflistung der erfaßten Versicherten-, Arzt- und Leistungsdaten geschieht z. B. in folgenden Formen: Das *»Versichertenblatt«* als rechnergestützte Stamm- und Leistungskarte gibt die administrativen und soziodemographischen Daten sowie die Krankheitsfälle mit sämtlichen Behandlungsereignissen und -daten (incl. Kosten) für den Versicherten chronologisch wieder.[13]

Eine *Differenzierung der Patientenkarrieren nach Krankheitsarten und Zeitintervallen* legt zeit- und diagnosebezogene Häufungen offen. Man möchte dadurch Hinweise auf chronifizierende Krankheitsprozesse erhalten, um rechtzeitig gezielte Gesundheitsmaßnahmen einleiten zu können. Diesem Verfahren wird sogar »eine integrative Funktion zugewiesen . . ., die, durch die kontinuierliche Fortschreibung solcher Daten, wieder zum Patienten als ›Gesamtheit‹ hinführen könnte«.[14]

Versichertengruppenbezogene Statistiken verknüpfen soziodemographische Daten einer Versichertengruppe mit ihren Leistungsdaten. Sie dienen der Identifikation und Analyse untersuchungsrelevanter Versicherten- und Krankheitsfallgruppen. Für die Versicherten eines Betriebes z. B. sollen dadurch »betriebliche Risiken« erkennbar werden.

Arztbezogene Auswertungen finden ihren Niederschlag in Informationsblättern zur kassenärztlichen Gesamttätigkeit, die auch durch Überweisungen veranlaßte Leistungen ausweisen, je nach Arzt und Arztgruppe, in Darstellungen zum allgemeinen Verordnungsverhalten des einzelnen Arztes und seiner Gruppe sowie zum Verordnungsverhalten in einzelnen Indikationsgebieten.

Als nicht personenbezogenes Auswertungsverfahren gibt der *»Leistungsstrukturreport«* eine differenzierte Übersicht über die mengen- und kostenmäßige Leistungsverteilung auf die Versicherten jeder Kasse, gegebenenfalls gegliedert nach soziodemographischen Merkmalen.

Mit diesen detaillierten Informationen sind Auswertungen praktisch in jeder gewünschten Form möglich.

3.3 »Transparenz« als Mittel zur ärztlichen Leistungsbeurteilung

Wie die Kriterien für die Auswahl der »geeigneten Fälle« zeigen, *zielen die Projekte nicht nur auf eine Beurteilung der kassenärztlichen Tätigkeit insgesamt, sondern auch auf eine Bewertung spezieller Behandlungsmuster ab.* Im Dortmunder Arzneimittelprojekt lassen sich die Bewertungskriterien an den Indikatoren ablesen, die der Auswahl näher zu informierender Ärzte dienen:

- größeres Verordnungsrepertoire,
- häufige Verordnung nicht angemessener Packungsgrößen,
- häufige Verordnung neuer Arzneimittel,
- häufige Verordnung teurer Arzneimittel, obwohl billigere und indikations- bzw. qualitätsidentische Mittel zur Verfügung stehen,
- überdurchschnittlich häufige bzw. langdauernde Verordnung von Benzodiazepinen,
- häufige Verordnung von Arzneimitteln, deren therapeutische Wirksamkeit nicht zweifelsfrei belegt ist.[15]

Die Analysen in der von *Borgers und Schräder*[16] herausgegebenen Studie haben das erklärte Ziel, in der klinischen und pharmakologischen Literatur gefestigte Normvorstellungen über das diagnostische und therapeutische Vorgehen mit der Wirklichkeit der ambulanten Medizin zu vergleichen.

Insofern versuchen die Kassen also, ihren Kontrollbereich bis in grundlegende ärztliche Handlungsbereiche und Freiheitsgrade hinein auszudehnen.

3.4 »Transparenz« als Grundlage für Information und Beratung

Durch die Weitergabe der Erkenntnisse aus den aufwendigen Analysen soll eine Verhaltensänderung bei den Betroffenen erzielt werden. Seitens der Kassen wird dabei unter »Information und Beratung« ein breites Spektrum von fachlich kompetenter Einzelfallberatung (durch Apotheker, Kassen oder einen Beratungsarzt) verstanden bis hin zu einer mehr generellen erzieherischen Einwirkung auf Versicherte und Ärzte. Gerade die Modellversuche nach § 223 RVO betonen ihre inhaltlich-medizinische Ausrichtung, die bei erkannten Problemen nicht vorrangig zu rechtlich-ökonomischen Sanktionen führen soll, sondern deren Beseitigung vor allem durch Überzeugungsarbeit erreichen will.

Insgesamt gesehen versuchen die Kassen, mit den Transparenzprojekten auf das Verhalten aller am Leistungsgeschehen in der GKV Beteiligten derart einzuwirken, daß Leistungsbeschränkungen einerseits und die Wahl günstigerer Behandlungsalternativen andererseits zu Kostendämpfungen und, so hofft man, zugleich zu Struktur- und Qualitätsverbesserungen führen. Auch hierzu ist anzumerken, daß kontrollierte Evaluationsansätze zur Objektivierung dieser hohen Erwartungen nicht vorgesehen sind.

4. Schwachstellen und Probleme der Transparenzprojekte

4.1 Probleme der Angemessenheit und der Validität der Daten

Die in den Transparenzprojekten der Krankenkassen verarbeiteten Daten sind Prozeßdaten, die aus laufenden Behandlungen von Patienten gewonnen werden. Daten über den Behandlungserfolg selbst sind darin üblicherweise nicht enthalten. Bis auf Daten aus Krankenhausentlassungsdiagnosen lassen die verwendeten Informationen nicht erkennen, an welchem Punkt der jeweiligen Krankheitsepisode der Betroffene steht.

Allerdings ist es möglich, aus der längsschnittlichen personenbezogenen Verkettung solcher Einzeldatenabläufe über die Zeit »Patientenkarrieren« zu rekonstruieren, in denen auch Endpunkte, wie bleibende Erwerbsminderung, völliges Ausscheiden aus dem Arbeitsleben oder vorzeitiger Tod, erkennbar werden. Andere wesentliche Informationen über Krankheitsverläufe, wie subjektive Befindlichkeit und Alltagstauglichkeit, lassen sich nicht oder nur teilweise erschließen, z. B. über gehäuften Arztwechsel oder Arbeitsunfähigkeitsereignisse. Viele dieser Ereignisdaten bleiben dennoch skelettierte Einzelangaben, die in der Interpretation viel Spielraum zulassen.

Die Frage, ob die in den Transparenzprojekten erhobenen Daten deshalb *»angemessen«* in dem Sinne sind, daß sie den Kranz der Informationen, die zur Beurteilung eines Krankheitsverlaufs, einer diagnostischen Maßnahme oder einer Behandlungsweise nötig sind, auch tatsächlich erfassen, muß daher so beantwortet werden, daß dies zwar der Fall sein kann, aber nicht sein muß.

Falls eingewendet wird, daß die Angabe von Diagnosen hinreichende Information biete, ist entgegenzuhalten, daß Diagnosen eine solche umfassende Funktion keineswegs haben. Diagnosen sind zunächst der Versuch, wahrgenommene Symptome mit bekannten Krankheitsbildern zu verknüpfen. Sie sind nicht identisch mit einem konkreten Krankheitsbild, sondern sind Typisierungen und Abstraktionen, zugleich auch Momentaufnahmen in einem unterschiedlich rasch und meist keineswegs gleichmäßig ablaufenden pathogenetischen Prozeß eines Individuums und der beteiligten Umwelt. Stadienbezeichnungen, Schweregrade und andere erläuternde Zusätze zu diagnostischen Kernbegriffen, insbesondere aber katamnestische und epikritische Feststellungen, wie sie typischer Gegenstand von Arztbriefen sind, suchen dies auszudrükken.[17]

Das weitere Datenmaterial im Rahmen der Prozeßdaten bezieht sich auf die Ziffern der Einzelleistungsgebührenordnungen.[18] Die ausführlichen Erläuterungen bekannter Gebührenordnungs-Kommentare[19] belegen die geringe Präzision zahlreicher Ziffern für einzelne tatsächliche diagnostische und therapeutische Maßnahmen. Auch gelten diese Gebührenordnungen im GKV-Bereich nur für den ambulanten Sektor, nicht für den stationären.

Die wenigen Bemerkungen zeigen, *daß sowohl die Angemessenheit der Daten in bezug auf Tiefe, Breite und Gewichtigkeit der tatsächlichen Krankheits- und Versorgungsereignisse, als auch ihre Gültigkeit, Validität* (im einzelnen), ausgedrückt etwa durch die scheinbare Genauigkeit von Gebührenziffern, *bezweifelbar ist.* Es ist ohne Frage möglich, auf der Grundlage solcher Daten Inplausibilitäten herauszufinden, die dann Gegenstand eines eingehenderen Prüfungsverfahrens (unter Einschaltung der fachkollegial zusammengesetzten Prüfungsorgane)[20] sind, bei denen zusätzliche Informationen herangezogen werden.

Die Daten sind jedoch selten in sich schon allein schlüssig, wie etwa in den Beispielen kontraindizierter Medikationen bei Alkoholikern oder bei Schwangeren.[21] Bei Analysen der letzteren Art taucht natürlich auch das Problem der Zuverlässigkeit von Daten insofern auf, als für die medizinische Bewertung z. B. die reliable Dokumentation des erwarteten Geburtstermins von Bedeutung ist.

Die Massenverarbeitung von Daten, etwa der Diagnosen, ist zwangsläufig mit einem Kontextverlust verbunden. Kommen andere, ebenfalls von ihrem Hintergrund gelöste Daten, zum Beispiel zum Versorgungsgeschehen, hinzu, potenziert sich die Gefahr unzulässiger Verkürzungen und falscher Kategorisierungen mit der Folge, daß sich »Patientenkarrieren« u. U. ganz anders darstellen, als sie in Wirklichkeit erlebt wurden.

Bei allen hier angesprochenen Angemessenheits- und Gültigkeitsproblemen gilt es zu beachten, daß es keinerlei Standardisierungen bei der Dokumentation der Prozeßdaten durch die verschiedenen Instanzen im Gesundheitswesen gibt (ausgenommen einzelne, genau definierte Leistungen der Gebührenordnungen und Daten mit prima facie-Richtigkeit, wie Namen verordneter Arzneimittelspezialitäten).

4.2 Gefahren der Bürokratisierung

Durch vertragliche Pflichten ist der Kassenarzt veranlaßt, auf einer Vielzahl von Vordrucken und gesonderten, auf den Einzelfall bezogenen Auskunftsersuchen den Krankenkassen tagtäglich Informationen über Gesundheit und Leistungsfähigkeit seiner ihm anvertrauten Patienten weiterzugeben. Dieser Strom u. U. hochsensibler Daten fließt direkt oder über die kassenärztliche Vereinigung zu den vielfältigen Leistungsträgern des sozialen Sicherungssystems, vor allem adressiert an Sachbearbeiter oder die maschinelle Datenverarbeitung. Angesichts des Inhalts der zunehmenden Formularflut kann man sich des Eindrucks nicht erwehren, daß das »Praktische« oder »technisch Mögliche« mit dem »Erforderlichen« gleichgesetzt wird. *Schlecht definierter und damit ausufernder »Datenhunger«* von Verwaltungen jedweder Art ist von der Bürokratieforschung längst als Indikator von Überbürokratisierung identifiziert.[22] Das *Streben zum organisatorischen Perfektionismus* widerspricht aber den berechtigten Interessen des Patienten, der ein Recht darauf hat, daß sein Zustand nur seinen unmittelbaren Helfern bekannt wird, daß er keine unnötigen Fragen beantworten muß und nicht zuletzt, daß er wegen seiner Krankheit nicht benachteiligt wird.

4.3 Gefahr der Gewichtsverschiebung in der Selbstverwaltung

Als wesentliches Erkenntnisinteresse führen die Verfechter der Transparenzprojekte auf Kassenseite eine fundierte Beurteilung der Effizienz und Wirtschaftlichkeit der ärztlichen Tätigkeit ins Feld. Dabei wird übersehen, daß die gesetzes- und vertragsmäßige Durchführung der kassenärztlichen Versorgung und die Überwachung der kassenärztlichen Gesamtvergütung nach geltendem Recht[23] Angelegenheiten der Kassenärztlichen Vereinigungen sind. An gleicher Stelle bestimmt das Gesetz, daß »zur Überwachung der Wirtschaftlichkeit der kassenärztlichen Versorgung im *einzelnen*« die Kassenärztlichen Vereinigungen Prüfungs- und Beschwerdeausschüsse zu errichten haben.

Die paritätische Mitwirkung der Vertreter der Krankenkassen in diesen Gremien seit 1977 ist aus kassenärztlicher Sicht eine Möglichkeit zu einer willkommenen Zusammenarbeit. Es kann daraus jedoch nicht geschlußfolgert werden, daß die Sammlung und Bevorratung auf Dauer von Daten zu Prüfungszwecken die gesetzliche Aufgabe der Krankenkassen sei. Der Versuch der Kassen, direkt auf die Ärzte und ihr Kostenverhalten einzuwirken, *stellt den Gewährleistungsauftrag der KV in Frage* und den Sinn einer selbstverwalteten Kassenärzteschaft mit der gesetzlich verankerten kollegialen Prüfung, bei der der Kassenarzt sich im Konfliktfall letztlich nicht vor einem Computer, sondern vor einer Gruppe von Kollegen in Anwesenheit der Kassenvertreter[24] zu rechtfertigen hat.

4.4 Datenschutzfragen

Das Verfassungsgerichtsurteil vom 15. 12. 83 zum Volkszählungsgesetz hat auch für den Bereich der Sozial- und Gesundheitsverwaltung einige Klarstellungen gebracht.[25] In diesem Urteil leitet das Bundesverfassungsgericht das Recht auf »informationelle Selbstbestimmung« unmittelbar aus Artikel 2 Abs. 1 in Verbindung mit Artikel 1 Abs. 1 Grundgesetz ab und ordnet damit dem Datenschutz Verfassungsrang zu. Insofern ist Datenschutz mehr als Schutz vor Mißbrauch. Der Gesetzgeber ist verpflichtet, für jede Einschränkung des Selbstbestimmungsrechts über persönliche Daten eine *gesetzliche Grundlage* zu schaffen, die den rechtmäßigen Umgang mit diesen Daten regelt. Zwar wird den Krankenkassen ein berechtigtes Interesse am Einsatz der EDV zur Effizienzsteigerung in der Verwaltung zugestanden. Allerdings ist es fraglich, inwieweit die Rechtsgrundlagen ausreichen, um Art und Ausmaß der Verarbeitung personenbezogener Versichertendaten in den einzelnen Modellversuchen zu rechtfertigen.[26]

Wie jede andere Verwaltung auch, muß die Krankenversicherung verfassungskonform arbeiten. Daraus folgt im Zusammenhang mit dem Volkszählungsurteil, daß die Daten nur für einen *präzise formulierten, gesetzlich bestimmten Zweck* verwendet werden dürfen. Damit korrespondiert das strikte Verbot, personbezogene Daten auf Vorrat, d.h. zu unbestimmten oder noch nicht bestimmbaren Zwecken zu sammeln.

Rechtliche Einschränkungen der informationellen Selbstbestimmung sind nur im *überwiegenden Allgemeininteresse* und nur auf einer gesetzlichen Grundlage zulässig, die den Grundsätzen der *Normenklarheit* und der *Verhältnismäßigkeit* genügen muß. Weder allgemeine Hinweise auf die Aufgaben der GKV noch auf die »soziale Solidarität« können einen personenbezogenen Verarbeitungsprozeß rechtfertigen, auch die Schaffung von »Kosten- und Leistungstransparenz« zur Erfüllung verschiedener RVO-Vorschriften kann nicht als präzise Umschreibung des Verwendungszwecks gewertet werden.[27] Außerdem wurde bisher kaum gezielt überlegt, welche medizinischen Informationen zu welchen Steuerungszielen tatsächlich routinemäßig gebraucht werden oder ob die Ziele der Modellversuche auch auf der Basis *fall*bezogener Daten verwirklicht werden könnten. Hinzu kommt, daß für eine verstärkte präventive Ausrichtung der Gesundheitspolitik der Krankenkassen auch Daten über den gesellschaftlichen Hintergrund des einzelnen interessant werden, was eine präzise Abgrenzung der notwendigen Erhebung zunehmend erschwert. Aber gerade wenn Versichertendaten so umfangreich verarbeitet werden, muß der betroffene Bürger die *Voraussetzungen* und den *Umfang* der Beschränkungen klar erkennen und den Verarbeitungsprozeß überschauen können. Durch gezielte Informationen über Begründung, Mittel und Ziele der Projekte muß eine ausreichende Transparenz gewährleistet werden.

Erfolgt eine Datenerhebung *unter Zwang*, ist eine Beschränkung auf das *notwendige Minimum*, ein möglichst wenig belastendes Erhebungsverfahren, ein präziser Verwendungszweck, ein amtshilfefester Schutz gegen Zweckentfremdung und ein Verzicht auf die Erhebung unzumutbarer Intimangaben und von Selbstbezichtigungen zu gewährleisten.[28]

Das Recht auf informationelle Selbstbestimmung darf grundsätzlich nur aufgrund bereichsspezifischer Regelungen eingeschränkt werden. Dies gilt auch für die Datenverarbeitung privater Institutionen. Die Erhebung und Verwendung von *Patientendaten* muß auf den *Behandlungszusammenhang* beschränkt sein. Eine Verwendung für andere Zwecke, wie Forschung, bedarf der Einwilligung des Betroffenen. (Dabei darf trotz der allgemeinen Mitwirkungspflicht nach § 60 SGB I keine pauschale Einwilligungserklärung verlangt werden, ohne daß die Notwendigkeit der Datenerhebung bzw. -weitergabe streng geprüft worden ist.)[29]

In diesem Zusammenhang muß auch die Frage nach den rechtlichen Grundlagen zum Informationshandeln des Kassenarztes gestellt werden. Unter Berufung auf § 368 Abs. 2 Satz 2 RVO werden dem Kassenarzt als formale Pflichten eine Vielzahl von formatierten Bescheinigungen und detaillierten Berichten über seine Patienten abverlangt (Details regelt eine sogenannte »Vordruckvereinbarung«).[30] Dem Arzt gegenüber kann dies als formal ausreichend geregelt gelten, nicht aber gegenüber dem Patienten.[31] Dem Patienten werden nämlich Daten zur weiteren Verwertung in einem vielgliedrigen Datensystem abverlangt, über dessen Zusammenhang er keine Kenntnis hat. Es ist daher *fraglich, ob der Patient mit Eingehen des Behandlungsvertrages »konkludent« sein Einverständnis zu den extensiven Informationspflichten des Kassenarztes gibt.* Zu berücksichtigen ist auch die Abhängigkeitsposition des Patienten, dem die Leistungen verweigert werden können, wenn er seiner Mitwirkungspflicht nicht nachkommt.[32]

Natürlich hat der Versicherte – ebenso wie der Arzt – auch ein starkes Interesse an der Erhaltung der Leistungsfähigkeit der Krankenkassen bei stabilen Beitragssätzen. Für ihn spricht also auch vieles für maximale Kostentransparenz. Mit seinen Interessen unvereinbar wäre allerdings eine Rechtsordnung, in der er nicht mehr feststellen kann, wer was wann über ihn weiß. Das Vertrauensverhältnis zwischen Arzt und Patient wäre schnell ohne Wert, sobald der Betroffene vor der Alternative steht, auf die Wahrung seiner Intimdaten oder auf eine wirksame Hilfe zu verzichten. In ihrer Rolle als Anwalt der Patienten müssen die Ärzte daher ausufernden Transparenzprojekten und den daraus resultierenden unübersehbaren Gefahren für eine am Individuum orientierte ärztliche Tätigkeit kritisch gegenüberstehen. Einer intakten Vertrauensbeziehung »kommt auch und gerade für den Arzt eine besondere Bedeutung zu. Sie ist, genau genommen, elementare Voraussetzung seiner Aktivität. Insoweit ist seine Zurückhaltung gegenüber einer Verarbeitung von Gesundheitsdaten einsichtig und legitim. Sie wird dagegen dann problematisch, wenn sie die Intransparenz der eigenen, sich auf die Kostenstruktur der Versicherung auswirkenden Entscheidungen sichern soll.«[33]

Fazit: Als Konsequenz des Bundesverfassungsgerichtsurteils ist u. a. der Bereich der Sozial- und Gesundheitsverwaltung vordringlich zu regeln. So sind im Sozialgesetzbuch weitere Verbesserungen geboten, insbesondere ergänzende Regelungen zum Umfang der Datenerhebung und zum Austausch personenbezogener Daten der Sozialleistungsträger untereinander.

§ 69 SGB X läßt, wenn es für die Aufgabenerfüllung erforderlich ist, einen großzügigen Datenaustausch zwischen den Sozialleistungsträgern und in die Gewährung von Sozialleistungen eingebundenen Stellen zu. »In zunehmendem Maße erhalten die Sozialversicherungsnummer, aber auch andere Kennzeichen (wie z. B. Betriebsnummer und Institutsnummer) die Funktion von Surrogaten eines Personenkennzeichens.«[34] Hier müssen klarere Grenzen gezogen werden.

Ein hoher Regelungsbedarf besteht auch für den Gesundheitsbereich. »Zwar gewährleistet die ärztliche Schweigepflicht Schutz vor der Offenbarung medizinischer Daten an Dritte. In welchem Umfang aber etwa im Rahmen der öffentlichen Gesundheitsfürsorge oder der kassenärztlichen Abrechnung Daten offenbart werden dürfen, ist weitgehend unklar.«[35] Also müssen Erhebung und Verarbeitung, Zugriffsberechtigung und Datensicherung bei medizinischen Daten zunächst eindeutig geregelt werden.

4.5 Probleme der Aufwand-Nutzen-Relation

Dazu liegen bislang wenige Berechnungen vor. Die an anderen Stellen schon zitierten Aussagen der AOK Dortmund[36] vermögen uns nicht zu überzeugen, da bislang keine Gesamtbilanz einschließlich der dabei verwendeten Drittmittel der fördernden Bundesministerien vorgelegt wurde.

Auch die Bilanz staatsanwaltlicher Ermittlungsbemühungen wegen Abrechnungs- oder Rezeptbetrug sieht anders aus, als man zu Anfang glauben mochte: Von 2430 Ermittlungsverfahren gegen Ärzte, Apotheker, Zahnärzte und -techniker, Optiker, Arzt- und Apothekenhelfer, Krankengymnasten, Masseure, Patienten in der Kassenärztlichen Vereinigung Westfalen-Lippe z. B. sind bis Mitte 1985 65 zur Anklage gebracht worden, in 280 Verfahren wurde ein Strafbefehl erlassen. In 1118 Fällen wurde das Verfahren, z. T. nach Erfüllung von Auflagen, wegen geringer Schuld eingestellt, 1173 Verfahren erledigten sich überwiegend mangels hinreichendem Tatverdacht. Zu dieser Zeit sind noch 334 Verfahren anhängig.[37]

Auch ist zu beachten, daß der »Aufwach-Effekt« neugestarteter Transparenzprojekte in den betroffenen Regionen (und gegebenenfalls darüber hinaus) nach einiger Zeit auslaufen dürfte. Zunächst wird die Aufdeckung unwirtschaftlicher Verfahrensweisen zu einer Alarmstimmung unter den Beteiligten, möglicherweise zu einer präventiven Korrektur der Verfahrensweisen führen. Im Laufe der Zeit entsteht bei Fortbestehen der Transparenzprojekte ein neues Gleichgewicht, das nach aller Erfahrung unterhalb dieses reaktiven Gipfels liegt. Maßnahmen auf Stichprobenbasis oder unangemeldet periodisch wiederkehrende Gesamtüberprüfungen können dann einen ebenso großen oder sogar ausgeprägteren Effekt haben als eine langfristig angelegte, mit hohem Daueraufwand durchgeführte Routine-Institutionalisierung.

Das gilt umso mehr, als auf der Aufwandseite nicht nur die tatsächlich eingesetzten finanziellen und geistigen Ressourcen zu würdigen sind, sondern auch die immateriellen Kosten, die durch die in den Abschnitten 4.3 und 4.4 angesprochenen Risiken entstehen. Gerade solange Transparenzprojekte als drittmittelgeförderte Einzelprojekte durchgeführt werden und noch nicht zu einer allgemeinen Institutionalisierung geführt haben, ist an die Adresse der Mittelgeber die Forderung zu stellen, solche Projekte auch von der Aufwand-Nutzen-Relation her kritisch zu durchleuchten, am besten durch eine unabhängige gutachtende Institution.

4.6 Diffusions- und Kontinuitätsprobleme

Im vorigen Absatz sind schon einige mögliche Effekte angesprochen worden, die auftreten können, wenn mit hohem Aufmerksamkeitsgrad versehene, publizistisch begleitete Einzelprojekte zur Dauereinrichtung werden. Die lange Latenz zwischen Datenerfassung, Datenaufarbeitung und präsentierter Ergebnisbewertung einzelner Transparenzprojekte[38] zeigt, welch bedeutender Kraftansatz notwendig ist, um zu stimulierenden Resultaten solcher Bewertung zu kommen.

Die Institutionalisierung auf Dauer läßt erfahrungsgemäß die interpretativen Impulse verkümmern, kompetente Autoren wenden sich neuen Themen zu. Es bleibt dann kritisch abzuwarten, ob ihre gedankliche Leistung in die Alltagsroutine von Verwaltungen überführt werden kann. Damit verbundene Rückbildungserscheinungen treten aller Erfahrungen nach um so eher auf, je schneller neue Projekte zur regional unterschiedslosen Regelhaftigkeit werden. Am ehesten bleiben noch stimulierende Elemente dann erhalten, wenn und solange der Modellcharakter beibehalten wird mit deutlichen regionalen Differenzierungen, die auch die Beteiligten zu vergleichenden Bewertungen herausfordern. (Solche vergleichenden Ansätze sind allerdings, wie schon angemerkt, in den derzeitigen Projekten gering oder gar nicht etabliert.) Insgesamt scheint es langfristig angemessener und aussichtsreicher zu sein, einige der mit den Transparenzprojekten angestrebten Ziele, insbesondere eine Verbesserung der Qualität der diagnostischen und therapeutischen Versorgung bei gegebenen wirtschaftlichen Mitteln (nichts anderes will das »Wirtschaftlichkeitsgebot« der Reichsversicherungsordnung), über eine Intensivierung, insbesondere fachliche Vertiefung des kollegialen, unter Kassenbeteiligung durchgeführten Prüfverfahrens anzustreben. Verbesserungen kann auch die Etablierung dezidierter Qualitätssicherungsprogramme bewirken. Dabei werden bestimmte Probleme im Rahmen des medizinischen Leistungsgeschehens ausgewählt und auf der Basis der jeweiligen Behandlungsdaten daraufhin untersucht, ob die Patientenbehandlung tatsächlich das erreicht hat, was nach Maßgabe gewählter Standards zu erwarten war.

Als Beispiel sei auf die Qualitätssicherungsprogramme in der Perinatologie, der Chirurgie, der Labormedizin, der Röntgendiagnostik hingewiesen.[39] Es sind darüber hinausgehende Qualitätsführungsansätze in der ambulanten Versorgung denkbar, die sich nicht nur auf einzelne Behandlungsmaßnahmen oder Risikogruppen erstrecken, sondern auf diagnostisch-therapeutische Leistungskomplexe mit fließendem Übergang in der ärztlichen Fortbildung.[40] Ein Beispiel für das Bemühen um Verbesserungen der Information der Kassenärzte stellt die Preisvergleichsliste dar, die eine qualitative Bewertung der in der kassenärztlichen Versorgung verfügbaren Arzneimittel bietet, allerdings ohne eine Klassifizierung im Sinne einer Positiv-Negativ-Liste.[41]

5. Resümee und Ausblick

Die Transparenzprojekte werfen eine Vielzahl noch ungelöster Probleme auf hinsichtlich Angemessenheit und Gültigkeit der Daten, davon ausgehender Bürokratisierungstendenzen, einer Gewichtsverschiebung in einer auf Parität angelegten Selbstverwaltung, des Daten-Persönlichkeitsschutzes, der Angemessenheit der Ziel-Mittel-Relation und Probleme, die sich bei ihrer Implementierung auf Dauer durch Ermüdung und Routine erwarten lassen. Es ist dennoch wichtig, daß diese Projekte durchgeführt werden, damit diese Erfahrungen gesammelt und kritisch gewürdigt werden. Voraussetzung dafür ist, daß eine tatsächliche kritische Überprüfung der Projekte begleitend oder nach ihrem Abschluß stattfindet, und zwar nicht nur durch die Projektbetreiber selbst. Eine öffentliche Diskussion solcher Bewertung ist erwünscht, weil die Strukturen der sozialen Krankenversicherung in das Leben nahezu der gesamten Bevölkerung eingreifen. Insofern könnten Transparenzprojekte bei wohlverstandenem Gebrauch tatsächlich zu einer vermehrten Wachheit auch in der Bevölkerung und in den Kreisen der Betroffenen hinsichtlich der Ziele, der Handlungsmöglichkeiten und der Probleme der gesetzlichen Krankenversicherung mit ihren verschiedensten Vollzugsorganen und Handlungsweisen beitragen. Damit, aber auch nur über einen solchen ausführlichen und öffentlichen Reflektionsprozeß, würde ein tatsächlicher Beitrag zu einer verstärkten »Transparenz« des so großen und unüberschaubar gewordenen Gebildes der gesetzlichen Krankenversicherung geschaffen werden.

Anmerkungen

1 Stellungnahme der Konferenz der Datenschutzbeauftragten vom 27./28. März 1984, abgedruckt in: Die öffentliche Verwaltung 1984, S. 504–510 (Sozialdaten: S. 509).
2 BVerfGE 65, 1 = NJW 1984, 419.
3 *Zschau*, H.: Sozialdatenbank – Aufbau und Aspekte; in: Die Betriebskrankenkasse (1976) 2, 37; *ders.:* 10 Jahre Sozialdatenbank, Entwicklung und Aspekte, in: Bundesarbeitsblatt (1983) 12, 5 ff.
4 *Schwartz, F. W.:* GKV-Versichertenausweis oder Krankenschein? in: Arbeits- und Sozialpolitik (1976) 10, 362 ff.; *F. W. Schwartz:* Höchste Zeit zur Klärung; in: Arbeits- und Sozialpolitik (1977) 1, 25.
5 Vgl. z. B.: Der Verdacht erhärtet sich: Politischer Daten-Skandal; in: Deutsches Ärzteblatt (1976), 40, 2487 ff.

6 *Schwartz, F. W.; Meye, M. R.* (Bearb.): Transparenzprojekte in der GKV – Arzt- und Patientendaten zwischen Anonymität und Offenbarung. Köln 1984 (Wissenschaftliche Reihe des Zentralinstituts, Band 29).

7 *Schwartz, F. W.; Meye, M. R.:* a. a. O. (Anm. 6), 85.

8 Ergebnis der Untersuchung »Effizienz und Wirtschaftlichkeit erbrachter und veranlaßter kassenärztlicher Leistungen« einiger Krankenkassen mit dem Schwerpunkt Dortmund; in: Die Ortskrankenkasse (1985) 7–8, 322ff.

9 BMFT: Programm der Bundesregierung zur Förderung von Forschung und Entwicklung im Dienste der Gesundheit 1978–1981, Bonn 1978 und BMFT, BMA, BMJFG: Forschung und Entwicklung im Dienste der Gesundheit, Programm der Bundesregierung 1983–1986, Bonn 1983. Vgl. z. B. auch das Referat von MinDir. G. *Fischwasser* vom BMA »Modellversuche zur Erhöhung der Leistungs- und Kostentransparenz« anläßlich des FZV-Symposions ›Datenschutz im Gesundheitswesen‹ am 5. 12. 84 in Bonn.

10 Leistungs- und Kostentransparenz. Dortmunder Arzneimittel-Modellversuch wird Realität, in: Die Ortskrankenkasse (1984) 23-23, 944.

11 *Fischwasser,* G., a. a. O. (Anm. 9), 25.

12 Modellversuche zur Erhöhung der Leistungs- und Kostentransparenz in der GKV gemäß § 223 RVO – Konzeptionelle Grundlagen und ausgewählte Anwendungsbeispiele, Sept. 1983 (IGES-Papier Nr. G 146b).

13 *Borgers, D.; Schräder W. F.* (Hrsg.): Behandlungsverläufe in der ambulanten medizinischen Versorgung – Möglichkeiten ihrer Analyse auf der Basis von Routinedaten der Krankenversicherung, Berlin 1982, 14f. Eine ähnliche chronologische Fortschreibung des Krankheitsgeschehens zeigt *Seelos* am Beispiel AU-Zeiten eines Patienten: *H.-J. Seelos:* Algorithmen zur qualitativ-quantitativen Charakterisierung von Patientenkarrieren; in: Öffentliches Gesundheitswesen 47 (1985), 165.

14 *Seelos,* a. a. O. (Anm. 13), 165.

15 Dornier-System GmbH: Arzneimitteltransparenz und Arzneimittelberatung am Beispiel der Region Dortmund – Konzept und Arbeitsplan – (Manuskript), Friedrichshafen 1984.

16 *Borgers und Schräder,* a. a. O. (Anm. 13.).

17 *Schwartz, F. W., Schwefel, D.* (Hrsg.): Diagnosen in der ambulanten Versorgung: Aussagefähigkeit und Auswertbarkeit. Eine Expertenumfrage in der Bundesrepublik Deutschland, Köln 1978 (Wiss. Reihe des Zentralinstituts, 9).

18 Bewertungsmaßstab für kassenärztliche Leistungen 1978 (BMÄ '78), Deutscher Ärzte-Verlag, Köln, Loseblattsammlung Ersatzkassen-Gebührenordnung (E-GO), Deutscher Ärzte-Verlag, Köln, Loseblattsammlung.

19 *Brück, D.:* Kommentar zur Gebührenordnung für Ärzte, Köln, Lose-

blattsammlung; *Wezel, H., Liebold, R.:* Handkommentar BMÄ und E-GO, St. Augustin 1984.

20 Vgl. RVO § 368 n. Abs. 5, ergänzend Bundesmantelverträge, Landesmantelverträge und Sozialgerichtssprechung.

21 *Borgers, D., Schräder, W. F.,* a. a. O. (Anm. 13).

22 Vgl. *Wittkämper/Hohmann,* in: Wittkämper, G. W. (Hrsg.): Bürokratisierung und Entbürokratisierung, Regensburg 1982, 70–111.

23 § 368 n Abs. 4 RVO.

24 § 368 n Abs. 5 RVO.

25 Vgl. Stellungnahme der Datenschutzbeauftragten a. a. O. (Anm. 1).

26 Nach Ansicht des hessischen Datenschützers *Simitis* (in diesem Band) war z. B. die ursprüngliche Form der Datenerfassung bei dem Modellversuch der AOK Main-Kinzig nicht durch § 223 RVO abgedeckt. Er setzte verschärfte Verschlüsselungs- und Löschungsanforderungen durch und behielt sich für die noch folgenden Projektphasen weitere Prüfungen vor. Ebenso führten die Einwände der Landesdatenschutzbeauftragten von Baden-Württemberg (Ruth Leuze) dazu, daß das gesamte Projektkonzept (Trägerschaft: Sozialministerium Baden-Württemberg) völlig überarbeitet und neu gefaßt wurde. Die einzelnen Datenverarbeitungsmaßnahmen sollen auch in Zukunft mit der Datenschutzbeauftragten abgestimmt werden; vgl. *W. Wurster:* Der Modellversuch einer Leistungs- und Kostentransparenz in Baden-Württemberg, in: Die Ortskrankenkasse 67 (1985) 19, 711.

27 Dazu auch der Beitrag von *Simitis* in diesem Band.

28 Stellungnahme der Datenschutzbeauftragten a. a. O.(Anm. 1).

29 Vgl. Stellungnahme a. a. O. (Anm. 1), 506 und 509, sowie die §§ 67 ff. SGB X – insbes. § 75 SGB X –, dazu allgemein *J. Medding:* Das Sozialgeheimnis und seine Durchbrechungen, in: Sozialgerichtsbarkeit (SGb) 1986, 55–60 (58). Eine allerdings nur auf das Krankenhaus bezogene Zusammenstellung von Anforderungen zum Datenschutz gibt die Entschließung der Datenschutzbeauftragten des Bundes und der Länder vom 14. 3. 1986 zum Datenschutz im Krankenhaus, Anlage 3 zum 9. Tätigkeitsbericht des Bundesbeauftragten für Datenschutz vom 1. 1. 1987, BTD 10/6816.

30 *Schwartz, F. W.:* Zum Spannungswechsel zwischen Arztgeheimnis und der Verwertung vorgegebener Dokumentationsmittel beim Kassenarzt, in: Reichertz, P. L., Kilian, W.: Arztgeheimnis – Datenbanken – Datenschutz, Berlin u. a. 1982.

31 *Bull, H. P.:* Rechtliche Grundlagen der Offenbarung von Patientendaten durch Kassenärzte, in: Schwartz, F. W., Meye, M. R., a. a. O. (Anm. 6), 97 ff.

32 §§ 66 und 67 SGB I.

33 *Simitis* in diesem Band. – Als rechtens beurteilt das Bundessozialgericht (BSG) allerdings die Verpflichtung des Kassenarztes, der KV zum

Zweck der Qualitätsprüfung Röntgenaufnahmen nebst Befunden für namentlich aufgeführte Kassenpatienten vorzulegen (vgl. Urteil des BSG vom 19. 11. 1985 in: Neue Juristische Wochenschau [NJW] 1986, 1574). Bull kommentiert diese Entscheidung als zwar abgewogen, sie liefert aber noch keine klare gesetzliche Regelung.

34 Stellungnahme der Datenschutzbeauftragten a. a. O. (Anm. 1), 509.

35 Ebenda.

36 *Balthasar, R., Oesingmann, U.:* Das ›Wunder von Dortmund‹ – eine Seifenblase? in: Deutsches Ärzteblatt (1983) 19, 51–58.

37 Zahlen belegen: Die Ärzte sind besser als ihr Ruf, in: Niedersächsisches Ärzteblatt (1985) 12, 14–16.

38 Vgl. *Borgers, D., Schräder, W. F.:* a. a. O. (Anm. 13) und *Schwefel, D., Brenner, G., Schwartz, F. W.* (Hrsg.): Beiträge zur Analyse der Wirtschaftlichkeit ambulanter Versorgung, 1979 (Wissenschaftliche Reihe des Zentralinstituts, Band 12)

39 *Selbmann, H. K., Überla, K.* (Hrsg.): Quality Assessment of Medical Care. Publ. for the Robert Bosch-Stiftung (Stuttgart), Gerlingen 1982; *Schwartz, F. W., Selbmann, H. K.* (Hrsg.): Qualitätssicherung ärztlicher Leistungen, Köln 1981 (Wissenschaftliche Reihe des Zentralinstituts, Band 20); *dies., Eimeren, W. van* (Hrsg.): Qualitätssicherung in der Medizin. Probleme und Lösungsansätze. GMDS-Frühjahrstagung Tübingen 1981. Berlin u. a. 1981 (Medizinische Informatik und Statistik, 31). *Seelos,* H.-J.: Informationsrechtliche Aspekte bei der Implementierung von Qualitätssicherungsprogrammen im Bereich der Krankenhausmedizin, in: MedR (1986), 288–291.

40 *Senftleben, H. U.:* Die Qualität ärztlicher Verrichtungen im ambulanten Versorgungsbereich, Köln 1980. Vgl. Ausführungen zum Arzneimittel-Informationssystem der Kassenärztlichen Vereinigung Niedersachsen, in: Kassenarzt in Niedersachsen, Hannover 1983 (Schriftenreihe der Kassenärztlichen Vereinigung Niedersachsen, 9)

41 Vgl.: Preisvergleich rechtlich abgesichert, in: Deutsches Ärzteblatt 83 (1986) 48, 3052.

Nachweise

Helmut Bäumler: Das Recht auf informationelle Selbstbestimmung im Sicherheitsbereich und der maschinenlesbare Ausweis (Originalbeitrag).
Michael Bergmann: Auf dem Weg zu einer rechtlichen Regelung des grenzüberschreitenden Datenflusses (Originalbeitrag).
Hans-Peter Bull: Vom Datenschutz zum Informationsrecht – Hoffnungen und Enttäuschungen (Originalbeitrag).
Erhard Denninger: Das Recht auf informationelle Selbstbestimmung. Nachdruck (leicht gekürzt) des Aufsatzes »Das Recht auf informationelle Selbstbestimmung und Innere Sicherheit« aus: Kritische Justiz 1985, S. 215–244 (mit freundlicher Genehmigung der »Kritischen Justiz«). Der Text in der Kritischen Justiz ist eine etwas gekürzte und überarbeitete Fassung des gleichnamigen Beitrags in: Andreas von Schoeler (Hrsg.), Informationsgesellschaft oder Überwachungsstaat?, Opladen 1986 (mit zusätzlicher Genehmigung des Westdeutschen Verlags).
Erich Gradek: Das Transparenz-Forschungsprojekt der AOK Lindau (Originalbeitrag).
Bernhard Großfeld: Computer und Recht. Nachdruck aus: JZ 1984, S. 696–699 (mit freundlicher Genehmigung der »Juristenzeitung«).
Hermann Heußner: Datenverarbeitung und Grundrechtsschutz. Geringfügig veränderter Nachdruck des Aufsatzes »Datenverarbeitung und die Rechtsprechung des BVerfG im Spannungsfeld zwischen Recht und Politik«, aus: ArbuR 1985, S. 309–315 (mit freundlicher Genehmigung der »Arbeit und Recht«).
Harald Hohmann: Folgen des Einsatzes neuer Bürotechnologien (Originalbeitrag). Vorabdruck (mit Genehmigung von Suhrkamp Verlag und »Informatik und Recht«) in: Informatik und Recht 1986, S. 434–443.
Karl Linnenkohl: Technologische Entwicklungen und Arbeitnehmerdaten (Originalbeitrag).
Otwin Massing: Von der Volkszählungsbewegung zur Verrechtlichung, oder: Öffentlichkeit, Herrschaftsrationalisierung und Verfahren. Nachdruck aus: Otwin Massing, Verflixte Verhältnisse. Über soziale Umwelten des Menschen, Opladen 1987 (mit freundlicher Genehmigung des Westdeutschen Verlags).
Adalbert Podlech: Vorwort (Originalbeitrag).
Claus H. Schapper/Gabriele Waniorek: Informationelle Selbstbestimmung auch für Arbeitnehmer? (Originalbeitrag).
Eggert Schwan: Auf dem Weg zum Überwachungsstaat? Plädoyer für eine rechtsstaatliche Datenverarbeitung bei der Polizei (Originalbeitrag).
Friedrich W. Schwartz/Maria R. Meye: Arzt- und Patientendaten zwischen Anonymität und Offenbarung: Kritische Anmerkungen zu den Transparenzprojekten (Originalbeitrag).

Jürgen Seifert: Der Lauschangriff als Erhebung personenbezogener Daten. Gründlich überarbeitete Fassung des in der »Frankfurter Rundschau« vom 8.8. 1985, S. 14 abgedruckten Vortrags vor der Humanistischen Union (mit freundlicher Genehmigung der »Frankfurter Rundschau«).
Spiros Simitis: Thesen zum Schutz von Krankenkassen-Daten. Nachdruck aus: 13. Tätigkeitsbericht des Hessischen Datenschutzbeauftragten, vorgelegt zum 31. 12. 1984, S. 78–87 (mit freundlicher Genehmigung des Autors).
Jürgen Simon: Rechtsprobleme des Volkszählungsgesetzes 1987 (Originalbeitrag).
Wilhelm Steinmüller: Betroffenenschutz bei offenen Netzen (Originalbeitrag).

Über die Autoren

Bäumler, Helmut, Dr. jur., geb. 1948, Oberregierungsrat beim Bundesbeauftragten für den Datenschutz; Veröffentlichungen zum Wirtschaftsverfassungs- und Wirtschaftsverwaltungsrecht sowie mehrere Aufsätze zum Datenschutzrecht, u. a. Staatliche Investitionsplanungen unter dem GG, Heidelberg 1980.
Bergmann, Michael, Dr. jur., geb. 1955, Rechtsanwalt, mehrjährige Tätigkeit als Wissenschaftl. Mitarbeiter an der Universität Frankfurt (insbes. Wirtschaftsrecht), Veröffentlichung der Dissertation: Grenzüberschreitender Datenschutz, Baden-Baden 1985.
Bull, Hans Peter, Dr. jur., geb. 1936, Professor für Öffentliches Recht an der Universität Hamburg, Februar 1978 bis Mai 1983 Bundesbeauftragter für den Datenschutz. Veröffentlichungen: Verwaltung durch Maschinen, 2. Aufl. Köln 1964; Die Staatsaufgabe nach dem Grundgesetz, 2. Aufl. Kronenberg/Taunus 1977; Verwaltungspolitik (Hrsg.), Neuwied und Darmstadt 1979; Allgemeines Verwaltungsrecht, Königstein/Taunus 1982 (2. A. Heidelberg 1985 in Vorber.); Datenschutz oder Die Angst vor dem Computer, München 1984; Aufsätze zu Fragen des Staats- und Verwaltungsrechts, der Rechtspolitik, des Datenschutzes und der Juristenausbildung.
Denninger, Erhard, Dr. jur., geb. 1932, Professor für Öffentliches Recht und Rechtsphilosophie an der Universität Frankfurt; zahlreiche Veröffentlichungen zum Staats- und Verwaltungsrecht; u. a.: Staatsrecht 1, Reinbek 1973; Staatsrecht 2, Reinbek 1979; Freiheitliche demokratische Grundordnung (Hrsg.) 2 Bände, Frankfurt 1977; zus. mit K. Lüderssen: Polizei und Strafprozeß im demokratischen Rechtsstaat, Frankfurt 1978; Hochschulrahmengesetz-Kommentar (Hrsg.), München 1984.
Gradek, Erich, Direktor der AOK Lindau.
Großfeld, Bernhard, Dr. jur., geb. 1933, zunächst in Göttingen, dann in Ann Arbor/USA und seit 1973 in Münster Professor für ausländisches und internationales Privat- und Wirtschaftsrecht; zahlreiche Veröffentlichungen zum deutschen und internationalen Wirtschafts- und Privatrecht.
Heußner, Hermann, Dr. jur., Richter am Bundesverfassungsgericht und Honorarprofessor an der Universität Gießen, vorher Richter am Bundessozialgericht; Mitherausgeber der Zeitschrift DVR, verschiedene Veröffentlichungen zum Datenschutz- und Sozialrecht.
Hohmann, Harald, geb. 1956, Studium der Rechts- und Politikwissenschaft in Münster und Genf, zunächst Wissenschaftliche Hilfskraft, jetzt Rechtsreferendar und Doktorand, verschiedene Aufsätze zum Umwelt-, Europa- und Völkerrecht u. ä.
Linnenkohl, Karl, R. H., Dr. jur., geb. 1933, Professor für Arbeitsrecht an der Universität Gesamthochschule Kassel; zahlreiche Veröffentlichungen

zum Arbeits- und Datenschutzrecht, Mitherausgeber der Zeitschrift RDV.
Massing, Otwin, Dr. phil., Dipl.-Soziologe, geb. 1934, Professor für Politikwissenschaft an der Universität Hannover; Zahlreiche Veröffentlichungen zur politischen Soziologie, politischen Rechtstheorie und politischen Philosophie, u. a.: Fortschritt und Gegenrevolution, Stuttgart 1966; Politische Soziologie, Frankfurt 1974; Reform im Widerspruch, Gießen 1976; Verflixte Verhältnisse. Über soziale Umwelten des Menschen, Opladen 1986; Politik als Recht – Recht als Politik, Baden-Baden (i. E.).
Meye, Maria Rita, Dipl.-Volkswirtin, geb. 1955, Studium der Volkswirtschaftslehre in Köln, Wissenschaftliche Mitarbeiterin am Zentralinstitut für die kassenärztliche Versorgung; Veröffentlichung: Transparenzprojekte in der GKV, bearbeitet von M. R. Meye und F. W. Schwartz (Wiss. Reihe des Zentralinstituts Bd. 29) Köln 1984.
Podlech, Adalbert, Dr. phil. Dr. jur., Professor für Öffentliches Recht an der TH Darmstadt und Richter am Hessischen Landessozialgericht, einer der Bevollmächtigten der Beschwerdeführer beim Volkszählungsurteil; Mitherausgeber der Zeitschrift DVR, zahlreiche Veröffentlichungen zum Staats-, Verwaltungs- und Datenschutzrecht, Mitkommentator beim Alternativkommentar zum Grundgesetz.
Schapper, Claus-Henning, geb. 1937, Hamburgischer Datenschutzbeauftragter seit 1982, zuvor in der niedersächsischen Landesverwaltung tätig; Veröffentlichungen u. a.: Datenschutzrecht Niedersachsen, Hannover 1979.
Schwan, Eggert, Dr. jur., geb. 1938, Privatdozent an der Freien Universität Berlin und Professor an der Fachhochschule für Verwaltung (Fachbereich: Polizei), Mitkommentator (Kamlah/Schimmel/Schwan) zum Bundesdatenschutzgesetz; Amtsgeheimnis oder Aktenöffentlichkeit?, München 1984 und zahlreiche andere Veröffentlichungen zum Datenschutz.
Schwartz, Friedrich W., Dr. med., geb. 1943, Studium der Medizin und Sozialwissenschaft, ehemaliger Leiter des Zentralinstituts für die kassenärztliche Versorgung in Köln (1974–84), jetzt Professor an der Medizinischen Hochschule Hannover, Institut für Epidemiologie und Sozialmedizin; verschiedene Veröffentlichungen zum medizinischen Datenschutz, u. a. Transparenzprojekte in der GKV (siehe oben unter: Meye); mit Robra et alii: Medizinische Orientierungsdaten ..., Köln 1984 (Wiss. Reihe des Zentralinstituts Bd. 30).
Seifert, Jürgen, Dr. jur., geb. 1928, Professor für Politische Wissenschaft an der Universität Hannover, Bundesvorsitzender der Humanistischen Union, Mitherausgeber der »Kritischen Justiz« und der »Vorgänge«; Exponent der Anti-Notstandsopposition 1962–1968; Veröffentlichungen zur Notstandsgesetzgebung, zur Spiegel-Affäre, zur Struktur und Politik von Parteien und Gewerkschaften und zur Verfassungsentwicklung der Bundesrepublik (Grundgesetz, insbesondere »Innere Sicherheit«).
Simon, Jürgen, Dr. jur., geb. 1943, Dipl.-Kfm., Studium der Rechtswis-

senschaft und der Betriebswirtschaftslehre, Akad. Rat am Institut für Rechtsinformatik an der Universität Hannover; zahlreiche Veröffentlichungen zu Zivil-, Wirtschafts-, Arbeitsrecht, Rechtsgeschichte und Rechtsinformatik; u. a.: Das allgemeine Persönlichkeitsrecht und seine gewerblichen Erscheinungsformen, Berlin 1981; Rasterfahndung (zus. mit J. Taeger), Baden-Baden 1981.

Simitis, Spiros, Dr. jur., Hessischer Datenschutzbeauftragter und Professor für Arbeitsrecht, Bürgerliches Recht und Rechtsinformatik an der Universität Frankfurt; Kommentator zum Bundesdatenschutzgesetz (Simitis/Dammann/Mallmann/Reh), Mitherausgeber der Zeitschriften DVR und CuR; zahlreiche Veröffentlichungen zum Datenschutz-, Arbeits- und Familienrecht; u. a.: Schutz von Arbeitnehmerdaten, Bonn 1980 (hg. vom Bundesarbeitsminister).

Steinmüller, Wilhelm, Dr. jur., geb. 1934, Professor für Rechts- und Verwaltungsinformatik an der Universität Bremen, langjähriger Datenschutzsachverständiger u. a. des Bundestags, einer der Bevollmächtigten der Beschwerdeführer beim Volkszählungsurteil; Mitherausgeber der Zeitschriften DVR und CuR; zahlreiche Veröffentlichungen zur Rechtsinformatik und zum Datenschutz, u. a.: Hrsg. der Gesetzessammlung Datenschutz, ADV-Recht Bd. I, München 1981; ADV und Recht. Einführung in die Rechtsinformatik und das Recht der Informationsverarbeitung 2. Aufl. Berlin 1976.

Waniorek, Gabriele, geb. 1952, Dipl.-Mathematikerin, Studium der Rechtswissenschaft in Hamburg, Rechtsreferendarin.

edition suhrkamp. Neue Folge

258 Konrad H. Jarausch, Deutsche Studenten 1800–1970
259 Josef Mooser, Arbeiterleben in Deutschland 1900–1970
260 Dietrich Staritz, Geschichte der DDR 1949–1984
261 Gilbert Ziebura, Weltwirtschaft und Weltpolitik 1922/24–1931
262 Ulrich Kluge, Die Deutsche Revolution 1918/1919
263 Horst Dippel, Die Amerikanische Revolution 1763–1787
264 Karl-Egon Lönne, Politischer Katholizismus
265 Volker R. Berghahn, Unternehmer und Politik in der Bundesrepublik
266 Wolfram Siemann, Die Revolution 1848/49 in Deutschland
267 Dietrich Thränhardt, Geschichte der Bundesrepublik 1949–1984
268 Peter Christian Witt, Die deutsche Inflation 1914–1924
269 Horst Möller, Deutsche Aufklärung 1740–1815
270 Gotthard Jasper, Von der Auflösung der Weimarer Republik zum NS-Regime
271 Klaus J. Bade, Europäischer Imperialismus im Vergleich
272 Dieter Grimm, Deutsche Verfassungsgeschichte 1803–1980
273 Hanna Schissler, Geschichte des preußischen Junkertums
274 Jürgen von Kruedener, Deutsche Finanzpolitik 1871–1980
275 Rüdiger vom Bruch, Deutsche Universitäten 1734–1980
276 Reinhard Sieder, Geschichte der Familie
277 Heinz-Günther Reif, Sozialgeschichte des deutschen Adels
278 Michael Mitterauer, Sozialgeschichte der Jugend
279 Hans-Christoph Schröder, Die Englische Revolution 1640–1688
280 Ernst Hinrichs, Die Französische Revolution 1789
281 Bernd Wunder, Geschichte der deutschen Bürokratie
282 Wolfgang Hardtwig, Vereinswesen in Deutschland 1780–1980
283 Hans-Peter Ullmann, Wirtschaftliche und politische Interessenverbände in Deutschland 1870–1980
284 Ute Frevert, Geschichte der deutschen Frauenbewegung
285 Hartmut Kaelble, Europäische Sozialgeschichte 1880–1980
286 Dieter Langewiesche, Deutscher Liberalismus
287 Klaus Schönhoven, Deutsche Gewerkschaften 1860–1980
288 Martin Greschat, Politischer Protestantismus

290 Octavio Paz, Zwiesprache
291 Franz Xaver Kroetz, Furcht und Hoffnung der BRD
292 Wolfgang Hildesheimer, The Jewishness of Mr. Bloom/ Das Jüdische an Mr. Bloom. Engl./Dt.
293 György Konrád, Antipolitik
294 Alexander Kluge, Neue Geschichten
295 Reto Hänny, Ruch
296 Atomkriegsfolgen. Der Bericht des »Office of Technology Assessment«
297 Peter Sloterdijks »Kritik der zynischen Vernunft«
298 Die Selbstbehauptung Europas. Hg. von Willy Brandt
299 Konrad Wünsche, Der Volksschullehrer Ludwig Wittgenstein
300 edition suhrkamp. Ein Lesebuch

edition suhrkamp. Neue Folge